U0036912

元華文創
頂尖文庫 EA016

臺灣政治經濟思想史論叢

Proceedings: The History of Taiwan Political and Economic Thought III

陳添壽 著

自序

2017年我自應聘臺北城市大學榮譽教授起，我的閱讀與書寫生涯，又轉進了另一種全新的心境。回溯我自 2000 年 2 月開始到中央警察大學專任教職之後，我就專心於教學與研究的工作，不再參與任何政黨活動，或為人作嫁的行政職務，乃至於選舉的助選工作。

我也從2016年8月自中央警察大學退休之後，就決定不再擔任指導學生撰寫論文，和要求自己儘量減少在研討會上發表論文。我之所以決定這麼做，主要是因為我越來越感受到自己已經從65歲以後的向晚，逼近70歲的古稀寶貴時光，我已經是進入與時間的競賽，我實在沒有太多的時間和體力，分神於不是屬於臺灣治安史領域，和旁雜於撰寫臺灣政治經濟思想史專書以外的事情了。

現在我專心致力的閱讀與書寫，只保留我繼續在臉書與群組上的自述性文字，和報紙上的專欄評論。其他時間我都花在整理和增補自己的舊作文稿，以備全力完成這套5冊，目前正審修的《臺灣政治經濟思想史論叢》。

很高興地，我已經如願如期出版了《臺灣政治經濟思想史論叢》(卷一)與(卷二)的兩本書，目前(卷三)又即將出版發行，而且呈現在各位讀者眼前，心中自有滿分的喜悅。我特別藉此機會，針對(卷三)中所收錄的我每一篇論文，稍作背景的敘述。

(卷三)在編排上，仍採取與(卷一)、(卷二)的相同方式分類，惟在主題方面分別為「臺灣經驗與近代中國化」、「臺灣觀點與治安史書寫」、「臺灣企業與中國式管理」等三部分。

第一部分「臺灣經驗與近代中國化」，主要敘述我對於臺灣與中國大陸關係的連結，篇目包括：

1.〈我撰寫《近代學人著作書目提要》的心路歷程〉，是我 1987 年 7 月 10 日發表於《大華晚報》，原篇名是〈我構思撰寫《近代學人著作書目提要》的經過〉。這篇的內容有如自述性文體的記憶書寫，旨在敘述我大學時期對於學術研究的充滿熱忱，回顧自己的未能堅持完成，如今直感汗顏。

因此，我在本文的內容儘量保留原有文字的敘述，對於近年來有關胡適著作的出土與大量整理出版，相較之下，我的這篇文字在整體資料的蒐集與編寫明顯有所欠缺，但也突顯在 30 年前我就已經針對胡適著作有了深入探討，我把自己大學時代研讀圖書館學方法做了一次大膽的嘗試。

2.〈1950 年代前後臺灣「胡適學」與自由主義思潮〉，是根據我 1972 年 6 月發表於輔仁大學《圖書館學刊》創刊號的〈胡適之先生著作書目提要〉，和 1973 年 2 月 16 日發表於輔仁大學圖書館學系所刊行《耕書集》第 8 期的〈《胡適留學日記》底透視〉的兩篇舊稿增修而成。

對於胡適在學術上的成就，絕不是我這一篇短短的文字所能完整敘述，我只能聚焦在論述 1950 年代前後，胡適對於當時中華民國的處境，及其思想對臺灣學術發展的影響。

希望未來有機會能再有所增修，特別是針對近年來中國大陸所整理出版有關於胡適早年一系列的檔案和文獻，如 1998 年由北京中國社會科學出版社出版，耿雲志編的《胡適論爭集》的爭論性議題，以及 2003 年由安徽教育出版社出版的《胡適全集》(共 44 卷)等作品。

3.〈近代臺灣發展本土化的變遷〉，是我 2003 年 7 月發表於國立空中大學《商學學報》第 11 期。原篇名〈臺灣經濟發展在地化與國際化〉，我為了將「在地化」的涵義敘述得更明確，覺得使用「本土化」不但可以突顯近代以來，臺灣發展的「相互主體性」與「歷史結構性」特性，更能貼近我以中華民國史觀，或「一個中國框架」的論述《臺灣治安史》和《臺灣政治經濟思想史》。因此，我幾乎重寫了這篇〈臺灣經濟發展在地化與國際化〉的文字內容。

4.〈中華民國大陸時期警政發展(1912-1949)〉，是我 2009 年 11 月 17 日發表於中央警察大學通識教育中心所舉辦「通識教育與警察人才培育學術研討會」，感謝警大警政管理學院院長章光明教授的提供卓見。

這是我以「相互主體性」和「歷史結構性」論述臺灣治安史的研究途徑，我覺得增列中華民國在大陸時期這一段治安史發展的敘述，讓我建構《臺灣治安史》的書寫能更加完整。

第二部分「臺灣觀點與治安史書寫」，主要敘述了我的臺灣治安史論述，篇目包括：

1.〈我的臺灣治安史研究、教學和書寫〉，是我發表於 2013 年 11 月 5 日中央警察大學通識教育中心舉辦的「警察通識教育與人文學術研討會」。這篇文字旨在敘述，我自 2000 年 2 月到中央警察大學專任教職之後的教學與研究歷程，感謝時任警大行政警察學系主任葉毓蘭教授的評論。

2.〈臺灣治安史的檔案文獻探討〉，是我於 2013 年 7 月 8 日發表於中華檔案暨資訊微縮管理學會在臺北舉辦的「2013 年海峽兩岸檔案暨微縮學術交流會」。感謝該學會理事長、前警大警政所所長吳學燕教授的邀約，讓我多年來研究與撰寫《臺灣治安史》的參考文獻，得以論文的單篇方式發表。

2015 年 11 月我更以該文為基礎，彙整出版了《警察與國家發展——臺灣治安史的結構與變遷》一書。這書是我繼 2010 年 2 月出版《臺灣治安制度史——警察與政治經濟的對話》，和 2012 年 8 月出版《臺灣治安史研究——警察與政經體制關係的演變》之後的第三本有關於臺灣治安史系列的叢書。

3.〈臺灣傳統治安史的分析(1624-1895)〉，是我 2008 年 5 月 27 日發表於中央警察大學通識教育中心舉辦的「警察通識與警察專業學術研討會」，感謝警大外事系劉進福教授的評論。本篇原名〈臺灣傳統治安與產業發展的歷史變遷〉，嗣經增修曾收錄在我 2009 年 2 月出版的《臺灣經濟發展史》。

4.〈臺灣日治時期殖民治安分析(1895-1945)〉，是我綜合兩篇的論文而成。一篇 2004 年 5 月 25 日以〈臺灣殖民化經濟警察角色演變之探討(1895-1945)〉為題，發表於中央警察大學通識教育中心舉辦的「第一屆通識教育與警察學術研討會」，感謝警大國境系教授、移民署署長謝立功的評論。

另一篇是同年 8 月我以〈臺灣殖民體制與資本主義發展(1895-1945)〉為題，發表於國立空中大學《商學學報》第 12 期，感謝匿名審查委員的惠提意見。

5.〈中華民國臺灣時期戒嚴治安分析(1945-1992)〉，是我 2002 年 9 月發表中央警察大學出版的《警學叢刊》第 33 卷第 2 期，感謝匿名審查委員的惠提意見。本篇原名〈政經轉型與警察角色變遷之研究〉，並經增修曾收錄在我 2012 年 8 月出版的《臺灣治安史研究——警察與政經體制關係的演變》。

第三部分「臺灣企業與中國式管理」，主要敘述臺灣企業管理與中華文化思想的源淵，篇目包括：

1.〈近代管理思潮與臺灣企業管理演進〉，是我增修自 1997 年 1 月 18 日講於臺南縣文化中心的稿子，全文曾刊載在臺南縣文化中心出版的【文化講座專輯 9】《人生贏家》。感謝時任臺南縣文化中心葉佳雄主任的邀約，讓我有機會回到自己年輕時期成長的臺南後壁老家，儘管家鄉隨著歲月流逝，已逐漸轉為他鄉，乃至於變成了故鄉，但那裡畢竟孕育了許多我的幼年成長故事，和培養我喜歡閱讀與書寫的記憶。

2.〈中國式人間學管理的探討〉，是我 1995 年 3 月 8 日講於銘傳大學管理科學研究所學術專題講座，感謝所長林進財教授的邀請。講演題目原是〈人際關係管理的探討〉，因為當時我還擔任中華民國企業管理研究學會理事長。感謝幫我整理文字稿的梁文恆、許盈足、遲文麗、黃承昱、何雅琳等研究生。

我記得當時有學生提出第一個問題是：請教理事長在人際關係上有很成功的經驗，可否與我們分享？

我的簡要回答是：人見面就是有緣，應很高興結此緣，而進一步要修此緣，建立更深層的關係，和維持此方面的關係。同學未來可能跨入學術界、商業界，而同學應即早釐清及定立目標，越早釐清目標則自己對目標追求更明確，則效果越早顯現，成功就會越早來臨。所以，才會有流行「人生出名要趁早」的這句話。

第二個問題：請教理事長各階層的朋友非常的多，而您是如何在朋友之間做一些選擇和割捨？

我的簡要回答是：人際關係的建議，到最後來說，應以「誠」為出發點，在效果和效率上，管理中是以追求效果，再追求效率，故人際關係中亦應先追求效果，再追求效率為主，我選擇還是以學術界的人士為主、企業朋友為輔。

如今多年過後，電腦網際網路的進步，科技文明的日新月異，儘管溝通的通路已經有了很大變化，但是人際關係的建立和其對每個人的人生目標還是一樣的重要。尤其隨著我自己歲月的增長，更感到維繫人際關係正是儒家提倡「人間學」的大學問。

3.〈多元化一體發展的臺灣文創產業分析〉，原篇名〈臺灣發展文創產業的政府角色分析〉，最先我發表於 2009 年 12 月 12 日「中華中小企業研究發展學會」在臺北舉辦的「2009 年會暨年度論文發表會」，感謝該學會的創會理事長黃深勳教授的邀約。

該篇當時只是我的演講初稿，嗣經我的文字整理之後，發表於 2010 年 9 月由天津市政府、南開區政府旅遊局、天津天后宮等單位，舉辦「第五屆中國·天津媽祖文化旅遊節」的「中華媽祖文化學術研討會」，嗣後並被收錄在《中華媽祖文化學術論壇論文集》。

4.〈臺灣媽祖文創產業的客製型服務管理〉，是我發表於 2011 年 7 月由中華媽祖文化產經慈善發展協會主辦、上海社會科學院協辦的「2011 年世界媽祖文化論壇」，感謝這兩個單位的盛情邀約，讓我將行銷學上所謂「客製型管理」的概念，透過比較完整的文字論述，將這正夯理論運用在臺灣媽祖文創產業的分析。

上述，總計 13 篇的論文，我幾乎都在突顯一個主題，就是強調有關臺灣政治經濟思想的歷史變遷。現有機會得以列入《臺灣政治經濟思想史論叢》(卷三)，我除了應該先感謝上述所列各大學、學術研究和政府單位的邀請，和提供發表的園地之外，我還是要再感激出版的元華文創公司，以及總編輯蔡佩玲、執行主編陳欣欣，和她們的工作團隊的鼎力協助。

最後，我要向多年來一直關心我閱讀與書寫的朋友和讀者報告，本人自 2018 年元月 1 日起，榮幸應聘擔任元華文創公司發行之《臺灣政治經濟思想史論叢》叢書系列主編，協理該叢書之擘劃、徵稿等相關事宜，敬請海內外諸位先進多多賜予指教。

陳添壽 謹識

2018 年 6 月於臺北城市大學圖書館

目次

臺灣治安史的檔案文獻探討 185

臺灣傳統治安史的分析(1624-1895) 217

臺灣日治時期殖民治安分析(1895-1945) 237

第一部分

臺灣經驗與近代中國化

- 我撰寫《近代學人著作書目提要》的心路歷程
- 1950 年代前後臺灣「胡適學」與自由主義思潮
- 近代臺灣發展本土化的變遷
- 中華民國大陸時期警政發展（1912-1949）

我撰寫《近代學人著作書目提要》的心路歷程

一、前言

關於我的撰寫《近代學人著作書目提要》，時間該溯自 1960 年代前後，不但西方受存在主義的風靡，而且臺灣也受到西風的影響，不只是在當時的大學校園裏，連當時念高中的我，都顧不得升學壓力的沉重，整天把自己沉溺在笛卡爾（Rene Descartes,1596-1650）的「我思故我在」、尼采（Friedrich Wilhelm Nietzsche, 1844-1900）的「上帝已死」等這些似懂非懂的流行名詞裏。

還有對當時王尚義所寫的《從異鄉人到失落的一代》、《狂流》、《野鴿子的黃昏》、《深谷足音》、《野百合花》、《荒野流泉》等書，更是手不釋卷的捧讀，雖然我並不完全接受書中的某些觀點，但是這些書卻也讓我和許多青年學生著迷。

1968 年 10 月我在當時我就讀的省立嘉義中學的《嘉中青年》刊物上，發表了一篇〈從王尚義到野鴿子的黃昏〉，文中刻劃出「人要活著，就應該活得真實，不應該把火箭射到太空，靈魂卻自地獄墮落；高喊著真理，卻愛說謊話；說著愛好大自然，卻盡其能地破壞大自然。」由於這篇文章的發表，引起了不少的迴響，於是自己誤以為書寫和學術研究是一件簡單的事。

1970 年我負笈臺北，就讀大學一年級時候的國文老師曹昇之教授，當他聽到我有這個撰寫《近代學人著作書目提要》的構想，而且在我向他請益之後，老師就不斷的鼓勵和協助我，於是指導我如何就近代學人中擬定對象。

由於我對西洋近代學人的涉獵不多，但是老師還是極力鼓勵我要如何展開一系列的閱讀與書寫。最後，雖曰「近代學人」，其實我的選擇對象也只限於近代中國的學人罷了，尤其是 1949 年隨國民政府來臺灣的重要學人。

二、恩師來函鼓勵

回溯 1971 年 8 月正當我在南臺灣鄉下老家渡大學的第一個暑假時，我接到了曹師昇之教授的來信鼓勵說，我構想寫的近代學人著作書目提要，這是一件很意義的工作，不過晚近一世紀是中國變化最大的時代，思想分歧，新舊水火。所謂學人，很難評價。

老師的這封信，整整寫了 13 張信紙，內容可說是從國父孫中山先生及先總統蔣公對近代中國歷史的影響，談到青年學子應該如何治學，洋洋大觀，真是豐富之至；同時對於我構思撰寫《近代學人著作書目提要》的計畫，除了表示讚同之外，也臚列了一份近代學人的名單。老師信上的內容寫道：

> 添壽賢棣：兩封來信都已收悉，因病稽延作復，這幾年來我自覺老了不少故希望有接棒人。你出身農村沒有都市青年浮華習氣，又肯好學，我很願意指導你走向正確的道路，成為創造時代的青年。你想寫近代學人著作書目提要，這是一件很有意義的工作，不過晚近一世紀是中國變化最大的時代思想分岐新舊水火。
>
> 所謂學人，很難評價。我是純粹儒家思想，以延續中華文化道統為職志。但我的腦筋並不陳腐，對於西洋十八世紀以來名種名著，也曾涉獵，例如達爾文、赫胥黎、邊沁、休漠、斯賓塞、斯賓洛塞、難布士、洛克、盧梭、虛德斯、孔德、柏格森、歐文、康德、菲希特、黑格爾、克勞塞維茲、基特、亞丹斯密、約翰穆勒、培根、里嘉圖、蒲魯東、

克魯泡特金、蒲來士、尼帝、墨沙里尼、尼采、叔本華、卡爾馬克斯、恩梅爾斯、蒲列哈諾夫、普希金、列寧、傑弗遜、林肯、孟祿、杜威等人著作言論，都曾閱讀，惟對于數學、物理、化學、機械、電磁、原子能學卻是不明。我對古代人最崇拜的孔子、穌格拉底、釋迦、耶穌、因為他們是以救世為首，不是偏於一門學問、一種見解。

近代人我最崇敬的是孫中山先生，他是集中西古今文化之大成而創造時代的人，二千年來沒有他人能夠比得上國父思想之博大精深。其次是蔣總統，他的思想是淵源於儒學，以仁義為宗旨，若以國父比孔子，蔣總統便同於孟子，他領導的中國國民革命，路綫正確，例如為民國十六年毅然拒俄清黨，民國二十六年全面抗戰，民國三十一年廢除不平等條約，民國卅五年對日本寬大，以及近二十年的反共抗俄都是為國家爭生存、為人類爭正義，為文化爭延續的偉大舉動。我之擁護蔣總統是為民族國家的前途而擁護他，是為世界和平人類正義而擁護他，並不為個人升官發財喫飯而擁護他，希望你要認識清楚。

至於胡適先生，他的思想除承受杜威實驗主義之外，沒有中心，他以個人自由為人性自覺，以打破宗教、廢除禮義為人性解放，這一點是大錯特錯，他以反古而進步，以全盤西化為革新，又是偏見，我和他是小同鄉，數代姻婭，可是我不贊成他的主張，自五四運動以來，他的思想影響青年很廣，他的文學革命，可以說是功之首也是罪之魁。但是我深知他讀書很博，又很深入理解、熱愛國家、待人誠懇、慈祥、沒有官僚政客擺架子，玩手段等習氣，不失為一位純正學者。

至於蔣夢麟、傅斯年、羅家倫、毛子水等人，在我心目中還夠不上稱為學者。

三、近代學人名錄與簡介

老師信的內容繼續寫到：

茲將自民國初年到現在六十年間新舊學人略舉如下：

1. 國父孫先生：廣東香山人，著有三民主義、建國方略、建國大綱、地方自治實行法、錢幣革命以及演講論著，有中山全書出版。
2. 蔣總統：浙江奉化人，著有科學與學庸、力行哲學、中國之命運、反共抗俄論、蘇俄在中國及歷年文告訓詞。
3. 康有為：字長素、廣東南海人，學歷識淵，著有大同書、中庸注、新學偽經考及詩文集、為清末主張君主立憲維新之領導人。
4. 梁啟超：字卓如，號任公，廣東新會人，康有為之弟子，亦為維新重要人物，著有飲冰室全集、先秦諸子概論、清代學術概論、歷史研究法。
5. 王闓運：字壬秋，湖南湘潭人，滿清遺老，著作甚多，擅長六朝文治公羊學，著有湘綺樓文集。
6. 廖平：字季平，四川人，王闓運弟子，研究公羊學。
7. 孫貽讓：字仲容，浙江瑞安人，著有周禮正義、王海樓詩文集，滿清遺老。
8. 馬其昶：字通伯，安徽桐城人，為經學大家，著出甚多，滿清遺老。
9. 姚永樸：字仲實，安徽桐城人，著有蛻斯軒文集、文學研究法。
10. 辜鴻銘：字易堂，通英、法、義、拉丁文，著作甚多，滿清遺老。
11. 王國維：字靜安，滿清遺老，著文學書甚多，為文學批評大家。
12. 羅振玉：為甲骨文最有研究者。
13. 葉德輝：湖南長沙人，學藝傳，但不純正，民國十六年被共匪殺害。

14. 章炳麟：字太炎，浙江餘杭人，著有章氏叢書，太炎文錄、精通經學，文字訓詁及文辭。
15. 劉師培：字申叔，江蘇高郵，經學家。
16. 嚴復：字幾道，號又陵，翻譯英法名著甚多。
17. 柯遠芬：新元史作者。
18. 熊希齡：字秉三，湖南人，為近代教育家。
19. 易盛鼎：字實甫，湖南人，擅文學即，易君左之父。
20. 蔡元培：字子民，浙江人，任北京大校長多年，提倡美學，近代教育家。
21. 吳敬恒：字稚暉，無政府主義者，為近代思想家。
22. 鄭孝胥：字蘇戡，號海藏，福建人，任偽滿洲國內閣總理、詩學之家。
23. 陳三立：字伯嚴，江西人，著有散原精舍詩文集，為近代文學之家。
24. 林損：字公鐸，浙瑞安人，（為林尹之伯父）
25. 黃侃：字季剛，湖北人，太炎弟子，長于文字學、聲韻學。
26. 黃節：字晦聞，廣東人，近代詩家，北大教授。
27. 錢玄同：太炎弟子，後為疑古派，北大教授。
28. 顧頡剛：太炎弟子，北大教授。
29. 蔣方震：字百里，浙江人，為近代軍事學家。
30. 胡適：字適之，乳名嗣穈，家名洪騂，安徽績溪人，著有中國哲學史大綱、嘗試集、胡適文存、胡適言論集。
31. 陶孟和：天津人，社會學家。
32. 郭紹虞：江蘇省蘇州市人，中國語文學家，著有中國文學批評史。
33. 陳漢章：浙江象山人，史學家、經學家。
34. 顧實：字惕生，江蘇武進人，長于文宇學。

35. 郭秉文：江蘇人，東南大學校長，近代教育家。
36. 柳貽徵：字翼謀，江蘇人，史學家。
37. 陳衍：石遺老人，福建人，詩家。
38. 宋平子：浙江平陽人。
39. 歐陽竟旡：江西人精佛學，文學。
40. 熊十力：精佛學，為近代思想家。
41. 胡樸安：安徽涇縣人，鐘學家。
42. 胡懷琛：安徽涇縣人，胡樸安之弟，著中國文學史。
43. 梁漱溟：廣西人，著有東西文化及其哲學等書。
44. 馮友蘭：著中國哲學史。
45. 李石岑：著中國哲學史。
46. 丁文江：字在君，地質學家、科學家。
47. 曾琦：字慕韓，中國青年黨領導人。
48. 張君邁：中國民主社會黨領導人。
49. 江亢虎：江西人，早年研究社會主義，後為汪精衛偽政府中考試院長。
50. 戴傳賢：字季陶，為三民主義理論哲學之解釋人。
51. 胡漢民：字展堂，廣東人，著有三民主義連環性。
52. 邵元沖：字翼為，浙江人，著有玄圃文集，其夫人張默君女士擅詩文。
53. 沈尹黙：擅文學書法，陷大陸。
54. 張季鸞：前大公報主筆、政論家。
55. 周亞衛：軍事家。
56. 何炳松：浙江人，政治學、社會學。
57. 張慰慈：政治家。
58. 馬　浮：字一浮，浙江人，學甚博，陷大陸。
59. 錢基博：江蘇人，文學甚深，陷大陸。

60. 謝旡量：四川人，著中國大學史，陷大陸。
61. 劉大白：著中國文化發達史，陷大陸。
62. 郭任遠：哲學。
63. 蔣伯潛：著四書新解、諸子考證，陷大陸。
64. 喬大壯：太炎弟，擅詞學，三十七年投水死。
65. 吳　梅：號腥菴，東南大學教授，擅曲學。
66. 朱彊村：浙江人，詞學大家。
67. 馬寅初：浙江人，經濟學者，陷大陸。
68. 趙元任：語音學家。
69. 陳寅恪：江西人，陳三立之子，歿於香港。
70. 蔣光前：在美國聖若望大學。
71. 程其保：在美國。
72. 楊振寧：原子能，在美國。
73. 李政道：原子能，在美國。
74. 吳健雄：女，江蘇人，原子能研究，在美國。
75. 陳省身：在美國，為世界五大數學家之一。
76. 董作賓：字彥堂，為甲骨文最有成就之人，已歿。
77. 方東美：安徽桐城人，臺灣大學哲學系任，在臺。
78. 錢　穆：字賓四，江蘇無錫人，在臺。
79. 廖維藩：字華森，湖南人，立法委員，已歿。
80. 陳大齊：江蘇人，孔孟學會理事長，在臺。
81. 樓桐蓀：浙江人，立法委員，政治學，經濟學，在臺。
82. 陳　槃：中研院士，在臺。
83. 何孝元：福建人，中興大學法學院院長，民法學者，在臺。
84. 周德偉：湖南人，臺大教授，經濟學者，在美。
85. 方　豪：史學，在臺。
86. 吳湘湘：史學，在臺。

87. 李　濟：史學，在臺，中研院院士。

88. 吳　康：哲學，臺大教授，在臺。

89. 梁實秋：西洋文學，師大教授，在臺。

90. 蕭一山：監察委員，清史專家，在臺。

91. 姚從吾：河南人，史學，在臺歿。

92. 劉伯閔：易經研究，已歿。

93. 張鐵君：陽明學研究，在臺。

94. 顧毓琇：字一樵，教育學，在臺。

95. 顧翊群：字季高，哲學，在臺。

96. 王雲五：字山由盧，研究中國歷代政治制度，在臺。

97. 潘重規：安徽人，黃侃之婿，文字學，聲韻學，在港。

98. 張知本：字懷九，湖北人，黨國元老，法學家。

99. 吳經熊：江蘇人，五五憲章起草人。

100. 李宗黃：雲南人，研究地方自治。

101. 王世杰：字雪艇，湖北人，中研院院長。

102. 曾約農：湖南人，孔孟學會理事長。

以上略舉一〇二人，以供參考。一時記憶不起遺漏的人尚多。至於我自己還不自菲薄。對中國經學、史學、哲學、文學都曾研究，與時下諸公相比，不輸誰人。惟學海無涯，我不敢自滿，故對人謙虛，自謙並無自卑；自強不可自大，這是治學的態度，我看了許多佛經，都作有劄記，你要研究佛學，可先閱大乘起信論，金剛般若經，首楞嚴經，六祖壇經，圓覺經，瑜珈師地論，成唯識論等便夠。

學佛不是迷信，卻是自修成最高人格，明心見性，故第一步留守戒，殺，盜，淫，妄，酒。第二步習禪定，第三步聽說法，或讀經典，除去貪嗔痴慢識等劣性諸惡莫作，眾善奉行，而達到發大菩提心，慈悲利他救世，勸化惡人。至於建廟塑像燒香上供，乃是欺騙愚夫婦的，執相而不知空，何能見佛？執空而不明性，也不能見佛，只要記牢阿耨多羅三藐三菩提（無上正等正覺）為宗旨，便可以由十二因緣而明四諦了。（苦、集，滅，道）佛教經典浩瀚，法門眾多，不能一一研究，可專修止觀法門較實在。

總之中國文化博大高明，今又與西方學術融匯，範圍更廣，青年們更要努力用功，不走邪路，不走近路，腳踏實地，多閱讀，多問，多求理解，自可入學術之門，望自努力。即祝

安好。

曹昇　手復八月二十二日

上述這階段的名單經昇之老師函覆擬定名單後，我就著手蒐集這百人的著作與書目。要尋找這麼多的書籍和目錄都已發生困難了，更何況以後的閱讀做箚記和撰提要，真是難上加難，這絕不是我一個人短時間內可以完成的。

所以，我想了再想，能蒐集幾位就先蒐集幾位，最後我終於大膽的最先選擇在臺灣當時最富盛名，爭議也最多，而且對國家很有貢獻的胡適之先生，做為我首選這項撰寫工作的第一人。

四、胡適之先生著作書目提要

(一) 胡適生平介紹

我在書寫〈胡適之先生著作書目提要〉的期間，學習臺灣大學已故校長傅斯年「上窮碧落下黃泉，動手動腳找資料」的勤於閱讀與書寫。當年尚無現在網際網路所帶來的便捷，雖然 1970 年代初期，我在輔大圖書館系的學生時期，系上已經有多位留美歸國的老師，開始講授有關資訊科學方面的課程，但畢竟電腦科技的資訊管理沒有現在的先進。

我在閱讀與蒐集胡適著作的同時，除了胡適本人的著作之外，也旁及其他

作者評論有關他思想的專書。李敖先生寫的《胡適評傳》(第一冊)和《胡適研究》、陳之藩在《在春風裡》收錄他與胡適來往的信札，以及臺灣學生書局出版《胡適之先生紀念集》，都是我當時參考的重要資料與文獻。

特別是在胡適剛過世不久即出版的《胡適之先生紀念集》，有簡要的胡適生平介紹：

> 胡適，字適之，安徽績溪人。生於清光緒 17 年（1891），卒於民國 51 年（1962）。美國康乃爾碩士，哥倫比亞大學哲學博士。歷任北京大學教授、系主任、院長、校長，光華大學教授，中國公學校長兼文理學院院長，中華文化教育基金會董事兼編輯委員會主任委員，駐美大使，美國國會圖書館名譽顧問，哈佛、哥倫比亞、普林斯頓等大學教授，國大代表，中央研究院院長，國家長期發展科學委員會主任委員等重要職務。[1]

(二)胡適著作書目提要

蒐集胡適之先生的著作並不很難，因為畢竟當時他剛過世不久，而且在南港中央研究院有胡適紀念館可以提供資料，一定可以找到不論是他自己著、編或別人為他輯錄的書，於是我慢慢的從這些資料中，羅列出了一份胡適之先生的著作書目，總計 47 本。

在這份書目中，我開始依續閱讀，遇到光有書名，沒有出版處，更無法查閱其內容，例如《廬山遊記》、《人權論集》這兩本書，我就在撰寫這篇提要的過程中，去函請教胡適紀念館，當時負責館內業務的是王秘書志維，他非常詳細的函覆我一封信：

---

[1] 馮愛群編，《胡適之先生紀念集》，（臺北：學生書局，1962 年 3 月），頁 1-3。

《盧山遊記》，係絕版書，本館曾尋求很久，迄今未得到。《人權論集》，在民國十九年一月發行前一日即被查禁，外間未流傳，僅少數三、五人有此書，此書至今仍為查禁書，目錄另鈔奉。

以下這47本有關胡適的著作只限於1970年前後，我在臺灣可以找到的文獻資料，簡介如下：

1.《中國哲學史大綱》（卷上）

1919年上海商務印書館出版，1970年臺北商務印書館人人庫重新出版。胡先生任北京大學教授，講授「中國古代哲學史」、「中國名學」等課程，而以西洋科學方法來整理中國哲學的作品，後改名為《中國古代哲學史》。蔡元培、梁啓超對這書均有批評。

本書共分十二篇：

第一篇，導言，述哲學的定義；明變、求因、評判是哲學的目的；校勘、校詁、貫通是整史料的方法。

第二篇，中國哲學發生的時代，胡先生將老子孔子以前的二、三百年，當作中國哲學的懷胎時代。

第三篇，老子，述老子略傳，老子考，老子論天道，論無，論名與無名，論無為和論他不爭主義的人生哲學。

第四篇，孔子，記孔子略傳，提倡正名主義，和以一貫之忠恕仁義思想。

第五篇，孔門弟子，以子夏子游曾子為代表，胡先生將他們的學說思想歸納成孝、禮兩個大觀念。

第六篇，墨子，記墨子略傳，墨子的哲學方法，三表法和墨子提倡的宗教。

第七篇，楊朱，介紹楊朱思想，彰顯其拔一毛而利天下不為也的自私自利思維。

第八篇，別墨，以惠施、公孫龍等人為代表。

第九篇，莊子，記他萬物自生自化的主張和萬物皆一的哲學思想。

第十篇，荀子以前的儒家，以曾子、子思、孟子為代表，其中以孟子最能發揮孔子的學說，他提倡性善，和自動自發的教育方法，人民有充分的政治自由權。

第十一篇，荀子，記荀子性惡論和演繹法的名學，並且主張正名。

第十二篇，古代哲學的終局，胡先生認為中國古代哲學的終絕，最主要的原因不是焚書坑儒，真主要的原因是懷疑主義的名學，狹義的功用主義，專制的一尊主義，方士派的迷信，使得中國古代哲學中道斷絕。

2.《短篇小說》（翻譯、第一集）

1919 年上海亞東圖書館出版，內容共有 10 和 1 篇附錄，論短篇小說的意義。10 篇中，法國有 5 篇，是歌德 2 篇，莫泊桑 3 篇，英國吉百齡 1 篇，俄國泰來夏甫契可夫各 1 篇，瑞典史特林堡 1 篇，義大利卡得奴勿 1 篇。

3.《嘗試集》

1920 年北大出版部初版，1971 年胡適紀念館再版。分 3 篇和 1 附錄〈去國集〉。第 1 篇是經稍微洗刷過的舊詩，第 2 篇是打破了五言七言的整齊句法，但仍停留於自由變化的詞調時期，第 3 篇的詩，才正是走上白話詩的路徑了。附錄的〈去國集〉則是胡先生純粹古詞之作。

4.《杜威五大講演》

1920 年北平晨報社出版，1970 年臺灣仙人掌出版社再版。杜威在 1919 年 5 月 1 日，到達中國講學，直到 1921 年 7 月才離開，在中國共住了 2 年 2 個月，講演過的地方有 11 省之多，所講的 5 種演講是：近代教育的趨勢 3 講，社會哲學與政治學 16 講，教育哲學 16 講，倫理學 15 講，思想的派別 8 講，共 58 講。而仙人掌所出版的杜威五大講演，只收錄政治哲學與社會哲學 16 講，教育哲學 16 講，共 32 講。

5.《胡適文存》（第一集）

1921 年上海亞東圖書館出版，1953 年 10 月臺北遠東圖書公司出版。分四卷，卷一是論文學的文，卷二卷三是帶點講學性質的文章，卷四是雜文。不過對照遠東版較亞東版的少了 3 篇文章，包括《致藍志先書》、《寄吳又陵先生書》、《朋友與兄弟（答王子直）》等。

6.《章實齋先生年譜》

1922 年上海務印書館出版，1968 年臺北商務印書館重新出版。胡先生在這書的自序裏，談到這書有三種新的體例：

第一，我把章實齋的著作，凡可以表示他的思想主張的變遷沿革的，都擇要摘錄，分年編入。

第二，實齋批評同時的幾個大師，如戴震、汪中、袁枚等有很公平的話，也有很錯誤的話，我把這些批評，都擇要鈔出，記在這幾個人死的一年。這種批評，不但可以考見實齋個人的見地，又可以當作思想史的材料。

第三，向來的傳記，往往只說本人的好處，不說他的壞處。我這部年譜不但說他的長處，還常常指出他的短處。這書並附有姚名達先生的補訂。

7.《中國古代哲學方法之進化史》（英文本）

1922 年哥倫比亞大學出版。這書或稱為先秦名學史，乃是胡先生在 1917 年畢業美國哥倫比亞大學的博士論文。共有 4 篇和緒言。緒言是論哲學方法及哲學。第一篇記時代。第二篇孔子之名學。第三篇墨家之名學。第四篇進化論與名學。

8.《胡適文存》（第二集）

1924 年上海亞東圖書館出版，1953 年 10 月臺北遠東圖書公司重新出版。分四卷，遠東版則刪剩下二卷。刪去的文章是：〈一個最低限度的國學書目〉和〈附錄〉共四篇，〈梁任公墨經校釋序〉和〈附錄〉共 3 篇，〈論墨學〉，〈十七年的回顧〉，〈祝白話晚報〉，〈黃梨洲論學生運動〉，〈政治概論序〉，〈天乎帝乎序〉，〈我們的政治主張〉和〈附錄〉共 2 篇，〈我的歧路〉和〈附錄〉共 4 篇，〈聯省自治與軍閥割據（答陳獨秀）〉和〈附錄〉共 2 篇，〈國際的中國〉，〈一個平庸的提議〉，〈與一涵等四位的信〉，〈這一週（六十三則）〉，〈北京的平民文學〉和〈附錄〉共 2 篇，〈讀王國維先生的曲錄〉，共 28 篇。

9.（詞選）（選註）

1927 年上海商務印書館出版，1970 年臺北商務印書館出版。胡先生所選的內容，可分作三個段落：歌者的詞，詩人的詞，詞匠的詞。蘇東坡以前，是教坊樂工與娼家妓女歌唱的詞；東坡到稼軒後村，是詩人的詞；白石以後，直到宋末元初，是詞匠的詞。總共選註 350 首。分為 6 篇。

10. **《戴東原的哲學》**

1927 年上海亞東圖書館出版，1967 年臺北商務印書館人人文庫出版。戴東原於雍正元年，誕生於徽州。小時即受良好的小學與經學教育，20 歲以後，又曾受學於「治經數十年，精於三禮及步算、鐘律、聲韻、地名沿革」的朱學大家江永。乾隆二十七年中試舉人。《孟子字義疏證》和《原善》二書，是他的主要著作。

本書共有三章和一個附錄。第一章引論：記宋理學到了清初時，遭遇反動。有所謂「反玄學」的革命，如攻擊「談心說性」和「先天象數」的玄學，建設起注重實用，注重經學的新哲學，以戴東原為集大成。

第二章記戴東原的哲學思想，他是顏元李思想的嫡派，論天道，則是一元的宇宙論；論理，與李、程廷祚大旨相同，都說理是事物的條理分理，與陸王一派認心即是理，程朱一派認理即是性，得之天而具於心，大不相同。論欲，則是個樂利主義者，目的在求最大多數的最大幸福，注重生養之道，主張無私而非無欲，認為凡出於欲，無非以生以養之事，有別於禁人欲的宋儒。

第三章戴學的反響：胡先生列舉了 10 位受戴學影響的學者，但卻尋不出一位是戴學的正宗了。

11. **《白話文學史》（上卷）**

1918 年上海新月書店出版，1969 年胡適紀念館出版。這書是從漢朝的民歌、散文談起，經魏晉、南北朝而到唐朝元稹、白居易的白話詩為止。胡先生在自序裏，對這書的體例有一說明：

第一，白話文學史其實是中國文學史；

第二，白話文學的範圍放大，故包括舊文學中那些明白清楚近於說話的作品；

第三，這部文學史裏，每討論一人或一派的文學，一定要舉出這人或這派的作品為例子。故這部書不但是文學史，還可算是一部中國文學名著選本。

第四，對讀者感到抱歉的是這書不曾從三百篇談起。

12. 《廬山遊記》

1928年上海新月書店出版，在臺灣是很難尋到這書，連專搜購胡適藏書的胡適紀念館都沒有保存此書。

13. 《人權論集》

1930年上海新月書店出版。胡先生與梁實秋、羅隆基三人合著。共11篇，胡先生占7篇：〈小序〉、〈人權與約法〉、〈人權與約法的討論〉、〈我們什麼時候才可有憲法？〉、〈論人權〉、〈知難、行亦不易〉、〈名教〉，羅隆基3篇：〈論思想統一〉、〈新文化運動與國民黨〉、〈專家政治〉，梁實秋1篇：〈告壓迫言論自由者〉。

14. 《胡適文存》（第三集）

1930年上海亞東圖書館出版共九卷，1953年臺北遠東圖書公司出版，只剩八卷。刪去的文章是：〈我們對於西洋近代文明的態度〉一文的附錄、〈歐遊道中寄書：寄慰慈（三封），寄志摩（兩封）〉、〈老殘遊記序〉的尾聲、〈漢初儒道之爭〉、〈讀北史雜誌〉、〈蘇洵的辨姦〉、〈歐陽修的兩次獄事〉、〈考作象棋的年代〉、〈胡笳十八拍〉、〈建文遜國傳說的演變（跋崇禎本遜國逸書殘本）〉、〈墨子〉和附錄、〈宋元學案補遺四十二卷跋〉和附錄、〈吳淞月刊發刊詞〉、〈曲海序〉、〈揚州的小曲〉、〈小雨點序〉、〈人生有何意義〉、〈市政制度序〉、〈四角號碼檢字法序〉和後記、〈追想胡明復〉。

15. 《胡適文選》

1930年上海亞東圖書館出版，1967年臺北遠東圖公司出版。這書是由胡適文存中的文章選輯而成。共22篇文字，分作5組：第1組6篇，泛論胡先生思想的方法，如何受赫胥黎、杜威的影響。第2組3篇，主要論人生觀，可用二個字來包括，就是科學。第3組3篇，主要論中西文化。第4組6篇，代表胡先生對於中國文學的見解。第5組4篇，是胡先生對於整理國故問題的態度與方法。

16.《神會和尚遺集》

1930 年上海亞東圖書館出版，1970 年胡適紀念館出版。胡先生校編此書共分三部分：卷首荷澤大師神會傳。第二部分是神會和尚遺集，分四卷。第三部分是胡先生晚年對神會和尚的研究。

17.《中國中古思想史長編》

1930 年上海中國公學油印本，1971 年 2 月臺北南港胡適紀念館出版。共七章，其中第五章淮南王書，又另成一專書，由臺北商務印書館出版。

第一章齊學，分思想混合的趨勢、齊學的正統、陰陽家的支流、齊學與神山家、齊學與黃老之學等五節分述。齊學包括陰陽家神仙家道家（黃老），因為這些都起於齊國，故總稱齊學。齊學後來成為道家，征服全中國的思想信仰有二千多年之久。

第二章呂氏春秋，分雜家與道家、呂氏春秋的貴生主義、呂氏春秋的政治思想等三節分述。呂氏春秋是提倡健全的個人主義和根於「法大地」的自然主義，側重人間情欲，建立一種愛利主義的政治哲學。

第三章秦漢之間的思想狀態，分統一的帝國、李斯、陸賈、叔孫通等四節分述。

第四章道家，分道家的來源與宗旨和七十年的道家政治等二節分述。

第五章淮南王書，分淮南王書(上)淮南王翰他的著書、淮南王書(上)論道、淮南王書(上)無為與有為、淮南王書(下)政治思想、淮南王書(下)出世的思想、淮南王書(下)陰陽感應的宗教等六節分述。

第六章統一帝國的宗教，分統一以前的民族宗教、秦帝國的宗教、漢帝國初期的宗教、漢文帝與景帝、漢武帝的宗教、巫蠱之獄等六節分述。在秦始皇未統一中國以前，各國各有他們的宗教習慣。秦帝國統一之後，各地方的民族宗教都成為帝國祠祀的一部分。秦滅後，宗教為之大亂，到漢文景帝則傾向道家的無為而治。漢武帝時，這個帝國宗教的範圍更擴大了，一切民間迷信，一切方士爭奇鬥勝的方術，都受他的崇信敬禮，造成一個幼稚迷信的宮廷和幼稚迷信的社會，到晚年則釀成巫蠱之獄。

第七章儒家的有為主義，分無為與有為、漢初儒生提出的社會政治問題、王制、董仲舒與司馬遷、儒生與漢家制度等五節分述。

書後附錄商務印書館影印本《淮南王書》序，和毛子水寫的〈中古思想史長編手稿本跋〉一文，特別提到胡先生生平以思想史為他做學問的主題。

18. **《淮南王書》**

1931 年上海新月書店出版，1962 年臺北商務印書館出版。這書是胡先生《中國古思想史長編》中的第五章。分六章：第一章記淮南王和他的著書。第二章論道，記淮南王書是道家的集大成。第三章記淮南王界於有為與無為之間的思想。第四章記淮南王主張虛君法治，充分運用眾智力的政治。第五章記淮南王主張賤物而貴身的出世思想。第六章記唯有道能通其志，建立起天人感應的宗教。

19. **《中國文學史選例》（卷一、古代）**

1931 年北大出版部出版，1967 年臺北商務印書館出版。這本書簡單扼要，把先秦各種文體的例子，蒐羅無遺。

20. **《中國中古思想史的提要》**

1932 年北大出版部出版，1969 年臺北南港胡適紀念館出版，則易名為《中國中古思想小史》。是胡先生 1931 年至 1932 年在北大教書時所寫的講義，共十二講。

21. **《四十自述》**

1933 年上海亞東圖書館出版，1954 年臺北遠東圖書公司出版。胡先生在自序裏說：「我的《四十自述》，只是我的『傳記熱』的一個小小的表現。」共分 7 篇，前 6 篇：〈我的母親的訂婚〉、〈九年的家鄉教育〉、〈從拜神到無神〉、〈在上海（一）〉、〈在上海（二）〉、〈我怎樣到外國去〉。都是曾在《新月雜誌》上發表過。最後 1 篇〈逼上梁山〉則是在《東方雜誌》登出。

22. **《短篇小說》（翻譯，第二集）**

1933 年上海亞東圖書館出版。共 6 篇，主要作家以俄國、美國為主。

23.《中國文藝復興運動》（英文本）

1934 年芝加哥大學出版。這書是胡先生 1933 年應美國芝加哥大學所作的演講稿。

24.《建設理論集》

1935 年良友圖書公司出版，這書是《中國新文學大系》的其中一集，是胡先生所選編。《中國新文學大系》是由蔡元培寫的總序。

25.《胡適論學近著》或稱《胡適文存》（第四集）

1935 年上海商務印書館出版，1953 年臺北遠東圖書公司出版，改名為《胡適文存》第四集。刪去兩篇，把原有五卷改編成四卷。

26.《南遊雜憶》

1935 年良友圖書公司出版。胡先生於 1935 年作第一次西南之旅所寫的遊記。記遊香港名勝，遊廣州廣雅書院黃花岡七十二烈士墓園，又到梧州，遊武鳴、桂林、陽朔等地，飽覽西南風景名勝。

27.《張蘭生先生七十生日紀念文集》

1937 年上海商務印書館出版，由胡先生與蔡元培、王雲五三人合編。論文共 22 篇，作為這位富有新思想的舊學家，畢生致力於文化出版事業的學術貢獻。

28.《新學制國語科教科書》（初中用）

是胡先生與顧頡剛、葉紹鈞、吳研因等四人合編。

29.《藏暉室劄記》

1939 年上海亞東圖書館出版，1947 年上海商務印書館出版，改名為《胡適留學日記》共 17 卷，計約 10 萬字，分裝成 4 冊。所記的是胡先生留美 7 年（1910-1917）的日記和雜記。

30.《中國也在為保衛生活方式而戰》（英文本）

1942 年 Grabborn 公司彙集出版。這是胡先生在波士頓所作的演講稿。

31.《胡適的時論一集》

1948 年六藝書局出版。

32.《我們必須選擇的方向》

1949 年臺北自由中國社出版。是《胡適的時論一集》增改本。有 5 篇文章：〈兩種根本不同的政黨〉、〈眼前世界文化的趨向〉、〈我們必須選擇我們的方向〉、〈國際形勢裏的兩個問題〉和〈自由主義是什麼〉。這 5 篇均是胡先生在 1947、1948 年的作品。

33.《齊白石年譜》

1949 年上海商務印書出版。胡先生初稿，黎錦熙、鄧廣銘補訂而成。記這位由木工出身，而一躍為近代藝術界巨擘，他一生中的勤苦克儉，努力創造自己在繪畫和治印方面的風格，可惜這年譜只記述白石的 88 歲為止。

34.《臺灣紀錄兩種》

1951 年臺灣省文獻委員會出版。胡先生的父親胡鐵花，在光緒年間，曾越洋到臺灣的臺東任職，著有《臺灣日記》及《臺灣稟啓存稿》。後經胡先生與羅爾綱重新合編，改為《臺灣紀錄兩種》，為《臺灣叢書》第三種，日記和稟啓各為一。1959 年臺灣銀行的《臺灣文獻叢刊》列為第七一種，而且依日記和稟啓按時日合編，而又改名為《臺灣日記》與稟啓共二冊。

35.《胡適言論集》（甲編、乙編）

1953 年臺北華國出版社印行。甲編是學術之部，共 13 篇。乙編是時事之部，共 21 篇。均是胡先生在 1953 年應臺灣大學和師範大學之請，回國講學的演講稿。

36.《中國新文學運動小史》

1958 年臺北啓明書局出版。記新文學革命的歷史、淵源和變遷。原是《建設理論集》中導言刪去的第一段啓。

37.《丁文江的傳記》

1956 年臺北南港中央研究出版，1960 年臺北啓明書局出版，增加 1 篇〈丁文江的校勘後記〉。這書開始是 1 篇 1 千多字的〈引言〉，略述作傳的緣起與蒐集材料的因難。〈引言〉後面就是傳記的本文，共有 17 章和〈附錄〉，這篇〈附錄〉，也就是丁文江先生的遺囑。

38. **《胡適之先生詩歌手迹》**

1964 年臺北商務印書館出版。在胡先生的遺稿裏，有〈努力集〉、〈日黃中〉、〈新詩第二集〉、〈嘗試後集〉等稿件。這本詩歌手迹，便是以〈嘗試後集〉為主，再加上若干首後集所沒有收的詩稿影印而成。

39. **《哲學的改造》**

1965 年臺北文星書店出版。由胡先生與唐擘黃先生同譯，杜威原著。此書共八章，胡先生只譯第一章正統哲學的起源，其餘七章，均是唐先生所譯。

40. **《胡適選集》（共十三本）**

1966 年臺北文星書店出版。分為述學、考據、人物、年譜、歷史、政論、序言、雜文、日記、書信、詩詞、翻譯、演說。

41. **《胡適的一個夢想》**

1966 年臺北南港胡適紀念館出版。共收胡先生 3 篇文字和附錄文章 2 篇。這 3 篇是：〈康南耳君傳〉、〈美國醫學教育和大學教育的改造者弗勒斯納先生〉、〈爭取學術獨立的十年計劃〉。附錄文章 2 篇均是記美國大學教育的革新者吉爾曼。

42. **《史達林策略下的中國》（中英對照）**

1967 年臺北南港胡適紀念館出版。由三篇文字集成：〈史達林策略下的中國〉、〈主戰場在亞洲〉、〈中國大陸反共抗暴運動〉。初稿均是英文，現附有中文。〈史達林策略下的中國〉譯文，是聶華苓女士的手筆，〈主戰場在亞洲〉的譯文，是中央社的譯本。〈中國大陸反共抗暴運動〉，則是採用聯合國總部所發表的中文電稿，胡先生這篇的演說被譽為歷來聯合國中最動人的演說之一。

43. **《胡適手稿》（共 10 集）**

第 1 集在 1966 年由臺北南港胡適紀念館出版。第 2 集至第 10 集以後則陸續出版。胡先生這套遺稿共有 5 千 2 百多頁。第 1 集到第 6 集都是關於《水經注》的考據。第 7、8 兩集，是關於中國佛教史。第 9 集是於朱子類鈔和其他考證。第 10 集為胡先生最後 20 年的雜文和絕句選。

44.《胡適語粹》

1970 年臺北大西洋圖書公司出版。內容文章是由各不同地方蒐集而成，可窺胡先生思想大要。分「哲學、思想史」、「宗教、迷信」、「東西文化」、「中國前途」、「政治」、「社會」、「經濟」、「教育、知識人」、「方法論、國故」、「文學語文」、以及「人物」共分 10 大類，而每大類再分小單元，共有 5 百個小單元。

45.《胡適講演集》（上、中、下、三冊）

1970 年臺北南港胡適紀念館出版。由王志維編選。上冊共收 8 篇，中冊 14 篇，下冊 15 篇。

46.《詩選》

1971 年臺北南港胡適紀念館出版。由胡適手稿第 10 集之中選錄而成。有絕句 100 首，所選對象以宋代有名詩人作品為主。最後附有歌謠，如江南的民歌、北方民歌的歌辭、鮮卑民族的馬上樂歌、以及倫敦本、巴黎本的雲謠集雜曲子共 30 首。

47.《嘗試後集》

1971 年臺北南港胡適紀念館出版。胡先生在 1920 年出版《嘗試集》以後，又陸續完稿白話詩，而且將以前發表過沒收入《嘗試集》的詩作收錄，名為《嘗試後集》，但沒出版，只置於遺稿中。1968 年胡適手稿出版，則被收入在第 10 集中，後來整理胡先生遺稿的胡頌平和王志維先生，應青年朋友的要求而出版。內容大抵與商務印書館出版的《胡適之先生詩歌手迹》相同。

五、中央研究院胡適紀念館函覆

我就在撰寫這篇提要的過程中，曾去函請教胡適紀念館，當時負責館內業務的王志維秘書針對我所提出的問題，給我的答覆函如下：

天授先生：

謝謝您八月十五日來信，因事忙未能即時奉覆，至歉。所詢各書，奉答為下：

1.《廬山遊記》係絕版書，本館曾尋求很久，迄今未得到。
2.《人權論集》，在民國十九年一月發行前一日即被查禁，外間未流傳，僅少數三、五人有此書，此書至今仍為查禁書，目錄另鈔奉。
3.《胡適言論集》乙編目錄另鈔奉。
4.二日藝版《時論》一集，此書一時無法找到，可能在本院其他圖書館中藏有此書，因此無法註明與《我們必須選擇我們的方向》一書內容之不同，一俟找到《時論》原書對照後，當另奉告。耑此奉覆並頌大安

王志維敬上 六十年八月廿六日

另附鈔錄目錄（共五張）

《人權論集》目錄 一九三〇年一月出版

小序（胡適）

人權與約法（胡適）

「人權與約法」的討論（胡適、張羣、諸青來）

我們什麼時候才可有憲法？（胡適）

論人權（胡適）

論思想統一（羅隆基）

告壓迫言論自由者（梁實秋）

新文化運動與國民黨（羅隆基）

知難，行亦不易（胡適）

專家政治（羅隆基）

名教（胡適）

以上為《人權論集》目錄

《胡適言論集》（乙編）目錄

—時事問題

前言：自由中國編輯委員會(四十二年三月二十八日)

一、國際形勢與中國前途(四十一年十一月卅日在臺北三軍球場)

二、今日世界(四十一年十二月十一日在臺中新球場)

三、聯合國的理想與實際(四十一年十二月十四日在聯合國後國同志會)

四、五十年來的美國(四十二年一月五日在聯合國中國同志會)

五、立法院歡迎會上講詞(四十一年十二月四日)

六、監察院歡迎會上講詞(四十一年十二月九日)

七、立監兩院制憲國大代表歡迎會上講詞(四十二年一月一日)

八、國大代表聯誼會歡迎會上講詞(四十一年十一月廿六日)

九、北大同學會歡迎會上講詞(四十一年十二月七日)

十、中國公學校友會歡迎會上講詞(四十一年十二月廿三日)

十一、「自由中國雜誌三週年紀念會上講詞(四十一年十一月廿八日於臺北)

十二、臺中農學院座談會上答問(四十年十二月十一日於臺中)

十三、臺北市中等以上學校校長座談會上答問(四十一年十二月十九日)

十四、臺東縣文化座談會上答問(四十一年十二月廿八日)

十五、臺北市記者招待會上答問(四十一年十一月十九日)

十六、臺北市編輯人協會歡迎會上講詞(四十一年十二月一日)

十七、臺北市報業公會歡迎會上講詞(四十二年一月七日於臺北「記者之家」)

十八、國語日報歡迎會上答問(四十二年一月六日)

十九、對日本每日新聞記者訪問談話(四十一年十二月十六日)

二十、對大陸文化教育界人士廣播(四十二年一月十四日在自由之聲電臺對大陸文化教育界人士講)

二十一、離臺前播講歸國觀感(四十二年一月十四日在臺灣廣播電臺)

《我們必須選擇我們的方向》目錄

一、兩種根本不同的政黨(三十六年七月二十日)

二、眼前世界文化的趨向(三十六年八月一日)

三、我們必須選擇我們的方向(三十六年八月廿四日)

四、國際形勢裏的兩個問題(給周鯁生先生的一封信)(三十七年二月七日)

五、自由主義是什麼?(三十七年八月十二日)

以上是 1971 年 8 月 22 日中央研究院胡適紀念館王志維先生函覆，有關胡適之先生著作的內容。

我就這樣勉強的撰寫成〈胡適之先生著作書目提要〉，也就是《近代學人著作書目提要》的第一篇；同時於 1972 年 6 月刊登在《圖書館學刊》上，當我把這份雜誌送去給當時居住在內雙溪的昇之老師寓所時，他老人家看了非常高興，鼓勵我一定要繼續撰寫，不要怕困難，如有發生任何問題時，隨時可以找他幫忙。

而且在這時候，恩師昇之教授從他書房裏拿出一張除了有他和師母、中國公學旅臺校友與胡適之先生於 1949 年 3 月 29 日在臺北合照的相片，送給我做紀念，我才知道原來昇之老師不僅與胡適之先生是安徽績溪的小同鄉，而且還有親戚關係，這真是一張非常有價值，而且更有歷史性的相片，我一直珍藏到今天。照片的下方還寫有：

吳淞中國公學旅北同學歡迎胡校長適之先生紀念,〔民國〕三八年三月廿九日於臺北

六、結論

我想起當年的志大才疏，自己的毫不量力，也為了不辜負老師的殷切期望，雖然以後我又陸續蒐集梁啓超、陳寅恪、錢賓四等人的著作書目，但是都因為自己沒恆心和忙於其他主題的研究，而未能傾全力地完成這項書寫的工作。

所幸我構想撰寫《近代學人著作書目提要》的學術專著，也因 20 世紀末電腦網際網路技術的快速進步，特別是維基百科資訊管理等網路查詢功能，透過搜尋近代學人的相關著作和作品介紹，很容易而且快速就可以取得，完整取代了傳統圖書館學查詢與彙整資料的功能。其他，諸如聯經出版公司陸續蒐錄於 1984 年出版《胡適之先生年譜長編初稿》，和 2000 年出版的《胡適日記全集》，是研究胡適思想和言論，最值得閱讀與推薦的新作。

不過對於喜歡閱讀紙本的讀者，和從事學術研究者，我的構想撰寫《近代學人著作書目提要》的模式，也代表另一種書寫存在的歷史意義和功能。顧炎武在《日知錄》書上說：「文須有益於天下」，我的撰寫《近代學人著作書目提要》工作，雖然談不上學術巨著，惟對於一位當時只是一年級的大學生而言，何嘗不是一項很有意義的治學與磨鍊。

我遺憾的是自己既然無法利用大學階段來完成這項工作，而在大學畢業後，雖有再繼續深造進修，但研究領域已從人文科學轉向社會科學，也終因自己無法鼓起重振當年的熱情和傻勁，更何況受到工作和家庭環境因素的影響，使得這項工作無疾而終。

胡適廣博的通識之學，重視「理未易明，善未易察」的治學精神，我不但未能盡可能地追索其原始檔案和文獻，在選擇近代學人著作書目提要的閱讀與書寫，也僅勉強完成這一篇。每當我憶起當年老師的殷切期望，自己有愧師恩，實感汗顏不已。

現在進入 21 世紀，隨著電腦網際網路的發展，對於查閱資料、文獻與檔案等資訊的功能，不僅快速詳實，未來希望能夠善用此方式來填補我的缺憾，這是文末我所至盼的。

1950年代前後臺灣「胡適學」與自由主義思潮

一、前言

有關胡適思想的研究，是臺灣學術圈一直是熱門的討論焦點，幾乎可以用「胡適學」的顯學稱之。對於胡適的相關研究資料與文獻也汗牛充棟，不過針對1950年代前後胡適政治思想與中國國民黨之間關係的研究並不多見，但隨著時間的過去，和新資料的不斷出現，研究胡適的相關著作仍有許多新發現。

本文試圖從1950年代中國國民黨政府撤退到臺灣以後，檢視有關胡適出版的著作和其發表的政治言論，聚焦在他對於自由主義的觀點作深入的探討，以釐清他與《自由中國》雜誌，以及與「雷震案」之間的關係，並論及他主張的自由主義思想，對當前臺灣政經環境所產生的影響。

本文首先，除了前言之外；其次，敘述臺灣有關的胡適政治思想研究，探究他為什麼會從相信社會主義的轉而崇尚自由主義；第三部分，是檢視1950年代前後臺灣自由主義新思潮，胡適對「新思潮」的定義為何；第四部分，則探討胡適、《自由中國》、「雷震案」三者之間的關係；第五，是針對胡適政治思想對臺灣政治的影響作一簡單的結論。

二、臺灣有關的胡適學術與思想研究

1971 年我在撰寫〈胡適之先生著作書目提要〉時，正好歷史學家吳相湘教授出版《民國百人傳》(四大冊)，對其中有篇〈胡適「但開風氣不為師」〉的內容深深吸引著我。雖然這篇文字未述及胡適與《自由中國》雜誌、「雷震案」，乃至於「中國民主黨」之間的關係，但是我發現文內有段引述《胡適文存》(第三集卷一)的第一篇〈我們對於西洋近代文明的態度〉很值得參考。[1]

吳書略述：胡適於 1954 年間，曾在一次臺北歡迎茶會的演說，公開表示懺悔過去對社會主義觀感的錯誤。因為，胡適曾於 1926 年 6 月在他這篇〈我們對於西洋近代文明的態度〉的文中指出：

> 十八世紀的新宗教信條是自由、平等、博愛。十九世紀中葉以後的新宗教信條是社會主義。這是西洋近代的精神文明，這是東方民族不曾有過的精神文明。在當時，一般知識份子總以為社會主義這個潮流當然是將來的一個趨勢。

所以，胡適才會在 1954 年間再進一步指出：

> 在外國，如在美國，現在有幾個雜誌，最著名的如《自由人》(*Freeman*)雜誌，裡面的作家有許多都是當初做過共產黨的、做過社會主義信徒的，現在回過頭來提倡個人主義、自由主義的經濟制度。這種在思想上的根本改變，我們不能不歸功於三十七年來世界上這幾個大的社會主義實驗的失敗，使我們引起覺悟——包括我個人，在今天這樣的大

[1] 胡適，《胡適文存》(第三集)，(臺北：遠東圖書公司，1953 年 12 月)，頁 1-15。

> 會當眾懺悔。我方才講，這是好現象。我希望政府的領袖，甚至於主持國營公營事業的領袖，聽了這些話……應該自己反省反省……像我胡適之當眾懺悔的話，值得大家仔細一想的！[2]

承上述，1920 年代的胡適崇尚社會主義，經歷時間與環境的變化，到了 1950 年代的胡適卻轉而主張自由主義，我們檢視其從社會主義到自由主義思想的轉折變化，胡適的自由主義思想不但深深影響整個臺灣思想界，進而牽動《自由中國》雜誌創刊，和關係後續發生有關籌組「中國民主黨」、「雷震案」的發展。

檢視 1950 年代以後胡適在臺灣的提倡自由主義思想，1952 年 12 月 1 日，胡適在臺北市編輯人協會歡迎會上指出，要把自由看做空氣一樣的不可少，這個比喻比不自由毋寧死更說明自由在日常生活中的不可或缺。言論自由並不因為法律上有規定，或者憲法上有這一條文，就可以得來，就是有規定也是沒有用的。言論自由都是爭取來的。[3]

另外，胡適於 1954 年 3 月 5 日在裝甲兵軍官俱樂部舉辦的《自由中國社》歡迎茶會指出：

> 什麼叫做資本主義？資本主義不過是「勤儉起家」而已。我國的先哲孟子說：老百姓的勤苦工作是要「仰足以事父母，俯足以畜妻子，樂歲終身飽，凶年免於死亡。」老百姓的辛勤終歲，就是希望在年成好時能吃得飽，成年不好時可以不至於餓死。這怎能算是過分的要求？但這個要求可以說是資本主義的起點。……老百姓辛苦血汗的所得，若說他們沒有所有權是講不通的。從這一個做起點，使人人自己能自食其力，「帝力何有於我哉！」這是資本主義的哲學，個人主義、自由主義的哲學，這是天經地義，顛撲不破的。從這一點想，我們還是應

---

[2] 吳相湘，《民國百人傳》(第一冊)，(臺北：傳記文學社，1971 年 1 月)，頁 203-204。

[3] 胡適，自由中國社編輯，《胡適言論集乙編》，(臺北：華國出版社，1953 年)，頁 93-94。

由幾個人來替全國五萬萬人來計劃呢？還是由五萬萬人靠兩隻手、一個頭腦自己建設一個自由經濟呢？這是我們現在應該討論的。……。

胡適這篇講話稿其中還有一句：

社會主義也不過是共產主義的一個方面；它的成功的程度，還遠不如共產主義那麼大。如要社會主義成功，非得獨裁不可，非用極端獨裁、極端專制不可，結果一定要走上，如海耶克所說的，「奴役之路」。[4]

胡適對資本主義經濟的論述，突顯胡適、雷震、殷海光等人在《自由中國》雜誌裡的強調自由主義精神。殷海光指出：

這個時代的知識份子感受到種種思想學術的挑戰：有社會主義，有自由主義，有民主政治，也有傳統思想背逆的反應。每一種大的思想氣流都形成各個不同的漩渦，使得置身其中的知識份子目眩神搖，無所適從。在這樣的顛簸之中，每一個追求思想出路的人，陷身於希望與失望，吶喊與徬徨，悲觀與樂觀，嘗試與武斷之中。我個人正是在這樣一個巨浪大潮中試著摸索自己道路前進的人。

這些文章所論列的方面固然不同，但是它發展的軌跡卻是有明顯的線索和條理的。在一方面，我向反理性主義、曖昧主義、褊狹主義、獨斷的教條毫無保留的奮戰；在另一方面，我肯定了理性、自由、民主、仁愛的積極價值——而且我相信這是人類生存的永久價值。這些觀念，始終一直的浸潤在我我這些文章裏面。但是，我近來更痛切的感到任何好的有關人的學說和制度，包括自由民主在內，如果沒有道德

[4] 殷海光等著，《海耶克和他的思想》，胡適，〈從「到奴役之路」說起〉，(臺北：傳記文學社，1969年12月)，頁149-156。

理想作原動力，如果不受倫理規範的制約，都會被利用的，都是非常危險的，都可以變成它的反面。民主可以變成極權，自由可以成為暴亂。自古以來，柏拉圖等大思想家的顧慮，並不是多餘的。[5]

正式文內還收錄一篇原發表於1957年5月中央研究院歷史語言所集刊第二十八本：慶祝胡適先生六十五歲論文集的〈胡適思想與中國前途〉一文，特別略述：

「胡適思想」是中國自由主義底核心，遭受左方社會主義和右方保守主義的聯合打擊。[6]

承上論，除了左方社會主義之外，右方保守主義指的是徐復觀、胡秋原、任卓宣等人。徐復觀在《徐復觀文錄》第三冊的一篇〈哭高阮〉文中指出：

我和你相識於儔人之中。在十多年前，你一再寫信，要到東海大學來看我。因為我知道你很尊敬胡適之先生，所以不知不覺地以冷淡的態度覆你的信。你終於來了，是因為我主張個人自由，和國家獨立，應當是不可分的，因此，和「自由中國」發生了爭論。……你為了洗刷胡適之先生不是全盤西化者，費了許多時間，寫了許多文章。……你和海光都是烈士型的人物；我在這一點上，對海光之死，感到非常難過。[7]

另外，胡秋原針對有關《自由中國》雜誌和其相關主張的敘述：

---

[5] 殷海光，《殷海光選集》，〈自敘〉，(香港：友聯出版社，1971 年)，頁 i-ii。

[6] 殷海光，《殷海光選集》，〈胡適思想與中國前途〉，(香港：友聯出版社，1971 年)，頁 277-283。

[7] 徐復觀，《徐復觀文錄》(第三冊)，〈哭高阮〉，(臺北：寰宇出版社，1971 年 1 月)，頁 223-226。

傳統主義或中國文化派(如錢穆、唐君毅、牟宗三、徐復觀等)，西化主義或西方文化派(如胡適、蔣夢麟、蔣廷黻及「自由中國等」)都致力於反共；後者之中之一部分人因「反對黨」運動而一挫，不過一部分致力於「長期科學發展」。五十年左右，中西文化之爭復起，而後太平洋學會之手則插進來，以「全盤西化」為面具，以公然的知識詐欺手段，打擊中國民族主義，提倡「臺灣民族主義」。首先了解這一點喚起大家注意的，是徐高阮先生。傳統派中除少數人外，並不注意，而西化派反有意無意為其利用(如王世杰、毛子水等)。[8]

另一位參與《自由中國》雜誌論戰的任卓宣在〈政治評論底創辦、立場和遭遇〉一文中指出：

提到：「真正創辦《政治評論》的人，是它底發行人，也就是我，纔真正知道《政治評論》底由來。……或許人會以為創辦一個刊物來對付另一刊物為無價值吧。其實不然。從思想上說，《自由中國》宣傳個人主義及個人主義的民主自由，在中國政治思想中有其意義。《政治評論》闡揚民族主義及三民主義的民主自由，與之對峙，豈能說它在中國政治思想中無意義嗎？而且這在個人主義及其民主自由思想流行之際，是富有意義的事。何況《自由中國》反反共，反光復，危害國家民族甚大，有辭而闢之的必要呢？……那麼創辦《政治評論》以批評《自由中國》，就很有意義了。[9]

1970年代前後，不論是被歸類為傳統主義或中國文化派的代表性人物，例如錢穆、唐君毅、牟宗三、徐復觀等等，或是被歸類為西化主義或西方文化派

[8] 胡秋原，《一百三十年來中國思想史綱》，(臺北：學術出版社，1971年12月)，頁192。

[9] 帕米爾書店編輯部編輯，《任卓宣評傳》，(臺北：帕米爾書店，1964年3月)，頁377-389。

的代表性人物，例如胡適、殷海光、蔣廷黻、蔣夢麟、梁實秋等等，都與臺灣的胡適思想研究產生密切的聯結。

三、1950 年代前後臺灣自由主義思潮

余英時在《重尋胡適歷程——胡適生平與思想再認識》一書中指出：

> 在人文學的領域內，胡適可以說是以均衡的通識見長。一涉及專業——任何一方面的專業——許多專家都勝過他。這是為什麼以專門絕業自負的人拜〔士〕都對他不服氣，但又似乎不便徹底否定他的整體貢獻，也許開風氣的啟蒙人物正當如此。[10]

余英時繼續論述：

> 胡適在中國提倡自由民主運動恰好能發揮他的通識的長處，因此他在這一方面的言論在今天還有值得參考的地方。……第一，他〔胡適〕在 1948 年所寫的〈自由主義是甚麼？〉一篇短文中說：基本權利是自由，多數人的統治是民主，而多數人的政權能夠尊〔重〕少數人的基本權利才是真正自由主義的精髓。[11]

胡適也曾為「新思潮」作一定義，他說：

> 新思潮的根本意義只是一種新態度，這種新態度可以叫做「評判的態

[10] 余英時，《重尋胡適歷程——胡適生平與思想再認識》，(臺北：聯經，2007 年 4 月)，頁 259。

[11] 余英時，《重尋胡適歷程——胡適生平與思想再認識》，(臺北：聯經，2007 年 4 月)，頁 259。

度」。評判的態度，簡單說來，只是凡事要重新分別一個好與不好。仔細說來，評判的態度含有幾種特別的要求：

（一）對於習俗相傳下來的制度風俗，要問：「這種制度現在還有存在的價值嗎？」

（二）對於古代傳統下來的聖賢教訓，要問：「這句話在今日還是不錯嗎？」

（三）對於社會上糊塗公認的行為與信仰，都要問：「大家公認的，就不會錯嗎？人家這樣做，我也該這樣做嗎？難道沒有別樣做法比這個更好，更有理，更有益的嗎？」[12]

我覺得他這種態度可用來為他在留學期間對中國「舊的社會還沒破壞，新的時代尚未建立」的社會作一寫照：他為太太江冬秀的放棄「三寸金蓮」而感到興奮，並希望她能在家鄉提倡放足運動，為全鄉除此惡俗。

胡適又批判中國家庭制度以嗣續為中堅，而造成六大流弊。公然主張「無後」，及「遺產不留子孫」。持「無後」之說，是希望沒有妻室來連累，而能勉盡自身最大力量，對社會有所貢獻。

持「遺產不留子孫」之說則在革除兒女依賴父母之惰性，使之能有獨立作為。胡適的「新思潮」思想對當時中國傳統社會無異是一聲晴天霹靂。同時，也給 1950 年代前後臺灣社會帶來新思潮，並為其自由主義思想帶來重大影響。

臺灣自 1945 年 8 月二次世界大戰結束，到 1947 年「二二八事件」發生的前後，是知識份子追求思想解放的旺盛時期，也突顯臺灣當時存在省籍對立的現象，吳濁流就批評當時在狹小的臺灣裡，外省人與本省人也是對立、相爭著。啊，多傻、多胡鬧喲！[13]

---

[12] 胡適、李濟、毛子水等著，《胡適與中西文化》，〈新思潮的意義〉，(臺北：水牛，1968 年 1 月)，頁 26。

[13] 吳濁流，《黎明前的臺灣》，(臺北：遠行出版社，1977 年)，頁 69。

檢視 1946 年 1 月陳儀政府開始實施〈臺灣省漢奸總檢舉規則〉，同年 4 月臺灣省國語推行委員會正式成立，訂定六條〈臺灣省國語運動綱領〉，6 月更成立臺灣文化協進會，意味著戰後臺灣知識份子的一個大結合，9 月創刊《臺灣文化》，由臺北市長游彌堅擔任該雜誌發行人，其成立宗旨是要聯合文化教育的同志及團體，協助政府宣揚三民主義，傳播民主思想，改造臺灣文化，推行國語國文。

1948 年 10 月 25 日光復節《國語日報》從北平《國語小報》在臺復刊的創刊號發行，更加強調「統一國家，必須統一國語」，中國文化必須在臺深耕的意義。[14]

臺灣文化協進會的主要工作，便是官方能夠透過一個民間機構，使中國化的文化政策推行到廣大的知識份子之中。因此，除了發行《臺灣文化》之外，也不定期舉辦文化講座、座談會、音樂會、展覽會與國語推行。

然而，反諷的是部分臺籍知識份子，卻利用《臺灣文化》發表迂迴諷刺的批判文章，對中國化政策進行杯葛與揭發。10 月政府禁用日語的政策付諸實踐，臺灣知識份子在經歷了 1937 年禁用漢語，與這次禁用日語的官方政策，臺灣社會出現嚴重錯亂的文化認同現象。

《臺灣文化》的刊行還有另一任務，就是要臺籍作家與外省作家合作，以便突破大陸與臺灣之間語言和文化的隔閡，建設民主的臺灣新文化和科學的新臺灣。在此刊物發表文章的大陸籍作家通常有一共同特色，便是具有左翼思想的色彩，特別是在蘇新開始接編《臺灣文化》之後。

《臺灣文化》還有一個重要特色，則是他們致力於魯迅思想的傳播甚深，如李何林的〈談「魯迅書簡」〉，許壽裳的〈魯迅和我的交誼〉、〈魯迅的遊戲文章〉，和刊登《魯迅的思想與生活》一書的廣告等文字。這雖是突顯了臺灣抗日傳統與中國五四精神嘗試結盟的一個重要契機，就已暗含反國民黨政權的意義，卻由於政治環境的不容許，這種結盟很快地因為爆發了「二二八事件」，而

[14] 洪炎秋，《廢人廢話》，〈國語日報十五年〉，(臺中：中央書局，1964 年 10 月)，頁 43-48。

無法再繼續發揮影響力。

陳儀政府為肅清日本殖民統治臺灣時期，皇民政策在臺灣文化思想上的遺毒，依據〈取締違禁圖書辦法八條〉，足證當時黨國化思想檢查的嚴密，對於文化的創作空間已構成重大威脅，突顯臺灣抗日傳統與中國五四精神的這兩股文學結盟，遭受陳儀政府極力的阻撓並鎮壓，導致 1947 年發生「二二八事件」所引發的社會不安，其中文化差異的衝突也是占其中很重要因素，暴露出這階段政府推動文化認同的運動是失敗的。

在這場中國化的國家認同與文化認同運動中，引發的文化人除了楊逵入獄百日之外，還包括捲入「鹿窟武裝基地事件」的呂赫若；曾經領導臺灣文藝聯盟的張深切與張星建在「二二八事件」之後長期亡命；《臺灣文化》編輯蘇新，則偷渡逃亡到香港；小說家張文環逃至山中躲藏；王白淵則被指控知情不報，判刑入獄兩年；鹽分地帶詩人吳新榮遭到通緝，在自首之後受到監獄、審判，經過三個月後才獲釋；《民報》發行人林茂生，和《人民導報》發行人王天燈都在事件中遭到殺害。

另外，戰後在臺灣曇花一現的「魯迅幫」，是以許壽裳為中心而形成。許壽裳曾以浙江官費派往日本留學，而結識魯迅，後來並與周作人共同編撰《魯迅年譜》。戰後許壽裳來臺擔任陳儀臺灣行政長官公署的編譯館館長，雖於其任內負有編輯各種教科書，致力於使臺灣同胞了解祖國的文化、主義、國策、政令等任務，但不幸於 1948 年 2 月在擔任臺大中文系系主任任內遇害。

根據洪炎秋引用上海《大公報》的臺北通信有幾句話說：

> 這樁悲劇性的案件，應該是如判決書中所說的，它是「反映社會動盪，呈露極度杌隉不安之型態。」如果這是個有秩序的人性的社會，許壽裳教授是不會被砍五刀而死的。[15]

[15] 洪炎秋，《廢人廢話》，〈悼許季茀先生〉，(臺中：中央書局，1964 年 10 月)，頁 145。

洪炎秋指出：

> 兇手的手段毒辣，行動殘酷，固然是殘絕人寰，而有餘辜；然猶有可諉者，因為他乃是一個沒有知識的失業工役，又誤認季茀〔壽裳〕先生的手電筒作手槍，故爾頓生殺機，欲以自保，如此兇狠，尚在情理之中；不意同時乃有自居社會木鐸，不遠千里而來，欲以領導我們臺灣民眾的一二新聞、雜誌的筆者，對此人格高潔、舉世崇敬的有數耆儒的慘死，不但未表哀悼，反而假公行私，無中生有，以閨闥曖昧的私事材料，用汙衊下流的口吻，妄肆喧染，來加以誹謗中傷，實在令人疾首痛心。[16]

至於其他大陸來臺的作家如臺靜農、黎烈文雖然留在臺灣大學教書，卻終身不太願意也不敢再提起「魯迅思想」，這也影響了臺灣溯自 1920 年代以來的「五四文學」傳播，致使許多臺灣作家只能從事「五四文學」的橫面移植，而無法進行「五四文學」的縱面傳承。

檢視「二二八事件」後，又緊接著實施綏靖與清鄉的軍事鎮壓，臺灣社會經歷軍事的壓制，民間社團的被解散，報紙刊物又被查封，致使知識份子沉默下來，不但是造成省籍之間的裂痕，繼而又使臺灣社會文化傳承發生嚴重的斷層。

特別是 1948 年至 1949 年曾經發生在外省作家與本省作家，處在不同政治文化背景下所引發的臺灣文學論戰，導致社會再度陷入受到日本殖民的臺灣人與來自祖國新文學的文化認同爭論。

1949 年 3 月 22 日胡適曾到臺北做了一星期的短暫訪問，並在中山堂以〈中國文化裡的自由傳統〉為題，做了一次公開演講，此時強調自由，當然意義深遠。4 月 6 日從上海乘船赴美，14 日在船上寫了〈自由中國的宗旨〉一文，提

[16] 洪炎秋，《廢人廢話》，〈悼許季茀先生〉，(臺中：中央書局，1964 年 10 月)，頁 146-147。

到：

> 我們在今天看見共產黨的武力踏到的地方，立刻就罩下了一層十分嚴密的鐵幕。在那鐵幕底下，報紙完全沒有新聞，言論完全失去自由，其他的人民基本自由更無法存在。……我們實在不能坐視這種可怕的鐵幕普遍到全中國。因此，我們發起這個結合，作為「自由中國」運動的一個起點。[17]

換言之，臺灣於 1949 年 4 月爆發「四六事件」之前，臺灣已出現許多新文藝思想的活動，如新生報「橋」副刊主編歌雷、作家楊逵等人的討論過方言文學問題，還有麥浪歌詠隊隊員臺靜農之女臺純懿、楊逵之子楊資崩當時都是小學生，與藝術教授黃榮燦等人，選擇以「祖國大合唱」、「黃河大合唱」為招牌的曲目。

「四六事件」的發生，時任臺大校長傅斯年對當局不經法律程序逕行進入校園內逮捕師生高度不滿，他極力保全涉案學生，並保留他們學籍，希望他們將來有機會復學。當時包括張光直等人也在事件中入獄，一般認為「四六事件」是臺灣 1950 年代校園白色恐怖的濫觴。

發生「四六事件」當天的楊逵被逮捕，係因 1949 年 1 月 21 日在上海《大公報》發表了一份〈和平宣言〉，呼籲國共內戰不要席捲到臺灣，要求當局應該實施地方自治，主張島上的文化工作者不分省籍團結起來，使臺灣保持一塊淨土。這場文化認同的議題也因楊逵被捕而平息下來。楊逵後來因為此案被判刑 12 年。

1949 年 6 月新任行政院長閻錫山在未事先知會胡適同意的情況下，發表胡適為外交部長，葉公超、董顯光為次長，胡適力辭不就。12 月吳國禎繼陳誠出

[17] 周質平，〈胡適的離亂歲月——閱讀胡適從未發表過的家書〉，(臺北：聯合報，2006 年 5 月 4 日-10 日)。

任臺灣省主席兼臺灣省保安司令部司令。

1950 年 3 月蔣經國出任國防部總政治部主任，執掌軍中的政治作戰工作，並透過原單位「政治行動委員會」，後更名「總統府機要室資料組」主任的名義，掌握情治系統的重要人事動態。6 月 23 日美國國務院魯斯克(Dean Rusk)拜訪寓居紐約的胡適，顯然提到以胡(適)替蔣(介石)的可能性，被胡適當下拒絕。[18]

6 月 25 日南北韓爆發戰爭，改變美國的對臺政策，國府政局獲得喘息機會。8 月蔣經國兼任中國國民黨幹部訓練委員會主任委員。1954 年 1 月 23 日政府為紀念 1 萬 4 千名韓戰反共戰俘投奔臺灣，特別稱「一二三自由日」。

檢視 1949 年年底至 1950 年上半年，是中國國民黨在臺灣建立反共反蘇的文化運動的關鍵時期。尤其 1950 年 4 月成立中華文藝獎金委員會與中國文藝協會，特別是在黨國體制思想下成立的中國文藝協會，是以團結全國文藝界人士，研究文藝理論，從事文藝創作，展開文藝運動，發展文藝事業，實踐三民主義文化建設，完成反共抗俄復國建國任務，促進世界和平為宗旨。

隨著 1950 年 12 月 1 日《臺灣文化》的停刊，中國文藝協會乃發行《文藝創作》刊物，作為文藝界人士發表作品的園地，和聯繫情感的重要媒介。張道藩在 1951 年 5 月 4 日《文藝創作》發刊詞指出：

> 兩年來自由中國的文藝運動，隨著反攻抗俄的高潮，呈現了空前的蓬勃。無數忠於民族國家的文藝作家，各各發揮其高度的智慧與技巧，創作了許多有血有肉可歌可泣的作品，貢獻給戰鬥中的軍民同胞，使我們驚喜於中國文藝復興將隨著中國民族的復興而開拓了無限燦爛的遠景。[19]

1951 年中國文藝協會呼應國防部總政治部主任蔣經國的文藝到軍中去運

---

[18] Jay Taylor, 林添貴譯，《蔣介石與現代中國的奮鬥》(下卷)，(臺北：時報，2010 年 3 月)，頁 554。

[19] 張道藩，《酸甜苦辣的回味》，(臺北：傳記文學，1981 年 6 月)，頁 95。

動，提倡軍中革命文藝的推廣活動。當時陸軍總司令孫立人反對政戰制度及以黨領軍，但無法阻止政戰制度的推行，加上孫立人與胡適、雷震等人的互有來往，亦導致孫立人辭職的原因之一。

1951 年葉石濤因與左派文人來往，被以「知匪不報」罪名逮捕，判刑 5 年，嗣因蔣介石連任總統而獲減刑，才得以服刑 3 年出獄。1954 會 5 月 4 日中國文藝協會更以 1953 年 11 月蔣介石完成的〈民生主義育樂兩篇補述〉為最高指導原則，推動文化清潔運動，並強力將文藝思想推廣到軍中。

同時，為吸納本省籍作家的參與，中國文藝協會在下設的 17 個委員會中，成立民俗文藝委員會，更突顯臺籍作家在文化位階與認同仍存有落差。另外，為全面貫徹黨國化思想的目標，特別在中國青年反共救國團下成立中國青年寫作協會，並發行《幼獅文藝》；在臺灣省黨部成立臺灣省婦女寫作協會，以黨團系統掌控社會中國化的話語權。

當 1950 年代反共文學如火如荼進行之際，迫使臺灣文化界充分追求自由的文學想像受到抑制，1951 年 8 月胡適因為「軍事機關」（保安司令部）干涉《自由中國》言論自由而辭去發行人名義，以及聶華苓主持《自由中國》文藝版的極力突顯不為當道接受的自由主義文學觀。

尤其 1958 年 5 月 4 日文藝節，胡適接受中國文藝學會的邀請，以〈中國文藝復興、人的文學、自由的文學〉為題做公開演講，胡適批判所謂文藝機構與文藝政策的不當，說明文藝創作不應受到任何權力干涉。例如 1960 年 3 月 25 日發生版畫家秦松在「現代藝術中心」展出，其《春燈》的畫作中暗藏一個倒寫「蔣」字的所謂「倒蔣事件」。[20]

檢視 1953 年至 1965 年臺灣接受美援時期的帝國主義文化影響，臺灣社會文化成為冷戰軍事圍堵共產主義下的一員。臺灣到了 1960 年代中期以後，反共文學的強調戰鬥氛圍已呈現疲態，同時，臺灣社會分別出現「為藝術而藝術」

[20] 參見：《2007 臺灣文學年鑑》，〈秦松〉〈http://nrch.culture.tw/twpedia.aspx?id=14167〉(檢索日期：2018.5.9.)。

議題的現代主義，和 1970 年代興起「為人生而藝術」議題的鄉土文學論戰而進入一個新的階段。

回溯 1964 年 4 月吳濁流創辦《臺灣文藝》，從雜誌名稱要突顯承續日治時期臺灣文藝聯盟未竟的歷史使命，也要強調臺灣文學有其固有的特殊性與自主性，當治安人員以各種有形無形的方式來威脅他辦刊物時，吳濁流仍然不放棄《臺灣文藝》的命名。

檢視臺灣鄉土文學雖萌芽於擺脫殖民文化附庸的 1930 年代，直到 1977 年爆發的鄉土論戰與黨國文化的轉型，尤其是 1977 年國民黨為鄉土文化論戰召開第二次文藝會談，呼籲作家堅持反共文學立場。

1977 年 8 月 22 日余光中於《聯合報》副刊發表《狼來了》一文指出，臺灣鄉土文學為工農兵文學，認為某些臺灣鄉土文學的「文藝批評」跟中國大陸政治掛帥提倡階級鬥爭的「工農兵文學」竟似有暗合之處。余文的最後指出，

> 說真話的時候已經來到，不見狼而叫「狼來了」，是自擾，見狼而不叫「狼來了」，是膽怯，問題不在帽子，在頭，如果帽子合頭，就不叫「戴帽子」，叫「抓頭」，在大嚷「戴帽子」之前，那些「工農兵文藝工作者」，還是先檢查檢查自己的頭吧。[21]

之後鄭學稼、徐復觀、胡秋原、錢江潮等人發表文章，反對以鄉土文學將人入罪。隔年國軍文藝大會上，中國國民黨文工會主任楚崧秋，和總政治部主任王昇強調要發揚民族文化，也要團結鄉土，認為鄉土之愛、就是國家之愛、民族之愛，因而停止官方對鄉土文學的批判，也讓鄉土文學論戰暫時平息下來。

檢視臺灣從 1930 年代臺灣語文運動、1950 年代開始的說國語運動，到 1970 年代中期臺灣鄉土文學運動，充分暴露出臺灣社會文化的受制於黨國文化桎

[21] 參見：《聯合新聞網》，〈原文再現！余光中的「狼來了」與「向歷史自首」〉〈https://udn.com/news/story/7314/2879398〉(檢索日期：2018.5.9.)。

梏，導致臺灣的語言、文學與歷史都遭到刻意邊緣化，胡適政治思想和他的自由主義也普遍不為當局所接受。

四、《自由中國》與「雷震案」

1950 年當蔣介石復職總統後，隨即以任務編組方式成立一個「政治行動委員會」，來整頓在大陸時期原隸屬於國民黨中央黨部的「中統」，和軍事委員會的「軍統」等情報組織。之後該「政治行動委員會」改名隸屬「總統府機要室資料組」，由蔣經國擔任組長、陳建中為副組長。

接著，將國防部政工局改組為總政治部，由蔣經國擔任主任，以重建軍隊的政工來加強思想教育，竭誠服膺領袖的領導，並透過黨的組織建置來掌握軍隊。同時，政府面對兩岸戰爭新局勢和為了鞏固領導中心，乃透過戒嚴時期強化威權政治結構的重組。首先進行中國國民黨的改造工作。

改造的目標是要貫徹以黨對政、軍、警、情治，及工會、商會、漁會、農會、青年、婦女、文化界等社會團體的指揮機制，建立「以黨治國」的威權體制，並強烈主張代表的是中國合法正統，不容許有任何反對言論和行動的對政權提出挑戰。改造時間是從 1950 年 8 月起到 1952 年 10 月國民黨召開第七次全國代表大會開幕之日止。

1952 年 10 月國民黨召開第七次全國代表大會，並通過修改黨章，藉由中央委員會的組織結構，接掌原已運作的中央改造委員會職權。中央委員會閉會期間則透過中央常務委員的權力核心執行黨務工作，對中央委員會負其責任。

這次的全國代表會議結果，正式宣告所謂的 CC 派陳果夫與陳立夫兄弟，還有宋子文、孔祥熙、孫科等重量級人士，以及閻錫山、白崇禧、楊森等多位將校紛紛被解除軍職，而被排出權力核心。蔣介石繼續完成全面性的掌控中國國民黨，威權政經體制獲得更進一步的鞏固。

對於國民黨改造的期間，胡適覺得國民黨獨大是阻礙臺灣民主發展最主要的原因，他在 1951 年 5 月 31 日寫信給蔣介石，建議「國民黨自由分化，分成幾個獨立的新政黨」，而首要的條件是「蔣先生先辭去國民黨總裁」。對此，蔣介石在 1958 年 6 月 3 日的日記中表示了極大的震驚和憤怒：

> 至於毀黨救國之說，聞之不勝駭異。中華民國本由國民黨創建，今遷台灣，全名亦由國民黨負責保全，如果毀了國民黨，只有拯救共匪的中華人民共和偽國，如何還能拯救中華民國乎?何況國民黨人以黨為其第一生命，而且視黨為其國家民族以及祖宗歷史所寄托者，如要我毀黨，亦即要我毀我自己祖宗與民族國家無異，如他認其自己為人而當我亦是一個人，那不應出此謬論，以降低其人格也。以上各言，應由辭修〔陳誠〕或嶽軍〔張群〕轉告予其切戒。[22]

蔣介石為鞏固戒嚴時期的黨國體制，還採取凍結總統、中央民意代表的選舉，繼續以〈動員戡亂時期臨時條款〉及〈戒嚴令〉，限制人民的言論、集會、結社、出版，及新聞等自由，並強調以「法統說」來掌控國會的權力運作。

至於 1950 年中再度審理包含省長民選在內的《省自治通則》法案，並進入二讀，由於當時擔任行政院長的陳誠主張應該慎重其事，使得審議中止，因而出現臺灣省主席陳誠所提出的臺灣省長民選法案，竟出現被自己擔任行政院長所否決的矛盾現象。

黨國體制也突顯在 1952 年 10 月 31 日成立的「中國青年反共救國團」，強制規定所有高中以上學生為當然團員，團員必須信仰三民主義、宣傳三民主義，以三民主義為中心思想。救國團本身擁有《幼獅通訊社》、《幼獅月刊社》、幼獅廣播公司、中國青年寫作協會等單位，以加強青年的聯繫和輔導工作，達成如同 1947 年 9 月國民黨第六屆四中全會通過〈統一中央黨部團部組織案〉，將三

[22] 文中多處最新公開的蔣介石日記，對胡適與蔣介石的交往有詳細的評述。參見：周質平，〈張弛在自由與威權之間：胡適、林語堂與蔣介石〉，《21 世紀評論》(總第一四六期)，(香港：香港中文大學，2014 年 12 月)，頁 28-52。

民主義青年團與國民黨進行黨團合併模式。

黨國體制藉由「黨團合一」、「黨外無黨、黨內無派」的完成，不但確立國民黨在臺灣一黨獨大的優勢，和鞏固以蔣介石和培植蔣經國為權力核心的威權體制，因而引發雷震、吳國楨等人的嚴厲批評。吳國楨向雷震抱怨：

> 偌大一個組織，未經立法院立法，只由總統一紙命令，蔣總統即為團長，蔣經國即為團主任，主持一切，這是甚麼作法呢？除了「家天下」之外，別無其他解釋。[23]

吳國楨也曾針對國民黨應採取鼓勵組織反對黨的作法，向蔣介石總統兼國民黨總裁諫言：

> 那麼你〔指蔣介石〕為什麼不讓國民黨自己分成兩個黨？就像土耳其凱末爾做的那樣呢？國民黨一直分成許多派，直到現在，有分歧時還只是在黨內談，而未延伸到黨外。如你能將一黨分成兩黨，兩黨都承認你的領導，但只有一個黨執政，另一個作為反對黨，這樣就可以公開批評，我們就能逐漸發展成為真正的民主政府。不管哪邊掌權，你仍然是最高領袖。[24]

吳國楨當時反對蔣介石國民黨的一黨獨大，和蔣經國未經立法的運作反共救國團，導致 1954 年 3 月他因在臺灣省主席兼保安司令任內，除了不給予反共救國團的經費資助之外，還指責該團為希特勒的法西斯集團和共產黨的共青團，最後吳國禎被撤職查辦和被國民黨開除黨籍，乃至於吳國楨滯留國外未歸

---

[23] 雷震，《雷震全集》，傅正主編，第 11 冊，(臺北：桂冠圖書公司，1989 年)，頁 83。

[24] 吳國楨，《從上海市長到臺灣省主席(1946-1953 年)——吳國楨口述回憶》(*Reminiscence of Dr. Wu Kuo-cbeng*)，吳修垣譯，(上海：人民出版社，1999 年)，頁 137。

事件。

1954年3月18日《臺灣新生報》載：

> 總統於民國四十三年三月十七日頒布命令如下：據行政院呈：「本院政務委員吳國楨於去年五月藉病請假赴美，託故不歸，自本年二月以來，竟連續散播荒誕謠誣，多方詆毀政府，企圖謠亂國際視聽，破壞反共復國大計，擬請予以撤職處分。另據各方報告，該員前在臺灣省政府主席任內多有違法與瀆職之處，自應一併依法查明究辦。請鑒核明令示遵」等情。查核吳國楨歷任政府高級官吏，負責重要職責者二十餘年，乃出國甫及數月即被判國家誣衊政府，妄圖分化國軍，離間人民與政府及僑胞與祖國之關係，居心叵測，罪迹顯著，應即將所任行政院政務委員一職，予以撤免，以振綱紀。至所報該吳國楨前在臺灣省政府主席任內，違法與瀆職情事，並應依法澈查究辦。此令。[25]

國內的「吳國禎事件」之後，在國外並未因此而停息下來。胡適指出，吳國楨那時當臺灣省主席兼保安司令，蔣〔介石〕先生很信任他，他有權可以做事。臺糖公司沈正南的槍決，是他以保安司令的職務簽字的，怎麼可以反過來批評政府呢？他是個說誑的人。[26]

1954年6月29日《展望》雙周刊登出吳國楨一篇臺灣如何從一個有希望的民主堡壘，淪為「共產黨式國家」的悲劇故事，引來1954年8月16日胡適在《新領袖》雜誌上一篇〈福爾摩沙是多麼自由？〉的評論。[27]

雷震看了胡適在《新領袖》的文章中，堅稱雷震主編的《自由中國》享有奮鬥五年得來的言論自由，雷震寫信給胡適問說：

---

[25] 《臺灣新生報》，1954年3月18日刊載。

[26] 胡頌平編著，《胡適之先生晚年談話錄》，(臺北：聯經，1984年5月)，頁87。

[27] 殷惠敏，《誰怕吳國楨》，(臺北：允晨文化，2016年4月)，頁163-179。

先生〔胡適〕說《自由中國》之有言論自由是它五年爭得來的，不料我個人的自由則因是而一天比一天縮減，竟至變成囚犯。這是更多的民主與更多的自由麼？[28]

檢視這階段黨國體制所引發言論自由議題，主要是胡適、雷震、殷海光等自由人士，自 1949 年 11 月 20 日創刊至 1960 年 9 月 1 日被迫停刊的《自由中國》雜誌的批評。

《自由中國》每期必刊出的四條創刊宗旨是：第一，我們要向全國國民宣傳自由與民主的真實價值，並且要督促政府（各級政府），切實改革政治經濟，努力建立自由民主的社會；第二，我們要支持並督促政府用種種力量抵抗共產黨鐵幕之下，剝奪一切自由的極權政治，不讓他擴張他的勢力範圍；第三，我們要盡我們的努力，援助淪陷區域的同胞，幫助他們早日恢復自由；第四，我們的最後目標，是要使整個中華民國成為自由的中國。

《自由中國》創辦時的組合，主要是介乎國民黨的開明人士和自由主義知識份子之間的刊物。一開始是受到蔣介石支持的，立場明顯，就是支持蔣介石的反共抗俄政策，胡適擔任名譽發行人、實際發行人是雷震。聶華苓指出：

雷震從大陸到臺灣之前，就在上海和胡適商量創辦一個宣傳自由與民主的刊物。《自由中國》是胡適命名的，雜誌的宗旨是他在赴美的船上寫的。《自由中國》創辦時，他人在美國，卻是《自由中國》的發行人，雖不情願，也默認了，也為一小撮開明的中國知識份子撐腰。《自由中國》畢竟創刊了，他任發行人有關鍵性的作用。[29]

---

[28] 萬麗鵑、潘光哲(編校)，《萬山不許一溪奔——胡適雷震來往書信選集》，(臺北：中央研究院近代史研究所，2001 年)，頁 68。

[29] 聶華苓，《三輩子》，(臺北：聯經，2011 年 5 月)，頁 193。

檢視 1951 年 6 月爆發的〈政府不可誘民入罪〉社論，胡適於 8 月 11 日在美國寫信給雷震：

儆寰(指雷震)吾兄：我今天要正式提議請你們取消「發行人胡適」的一行字。這是有感而發的一個很誠懇的建議，請各位老朋友千萬原諒。……我正式辭去「發行人」的名義，一來表示我一百分贊成「不可誘民入罪」的社論，二來表示我對於這種「軍事機關」干涉言論自由的抗議。胡適 四十〔1951〕年八月十一日。[30]

1952 年胡適曾回臺灣受到《自由中國》全體編輯委員的熱烈歡迎。然而，《自由中國》的為了爭取言論自由和新聞自由，先後與當時黨國體制實施的政策多所違背。1952 年 12 月 13 日，蔣介石日記中有如下一段，最可以看出胡、蔣兩人對民主自由根本不同的見解：

十時，胡適之來談，先談臺灣政治與議會感想，彼對民主自由高調，又言大陸必須與民主國家制度一致，方能並肩作戰，感情融洽，以國家生命全在於自由陣線之中。余特斥之。
彼不想第二次大戰，民主陣線勝利而我在民主陣線中犧牲最大，但最後仍要被賣亡國也，此等書生之思想言行，安得不為共匪所侮辱殘殺。彼之今日猶得在台高唱無意識之自由，不自知其最難得之幸運，而竟忘其所以然也。同進午膳後別去。[31]

1953 年 1 月 16 日，胡適在日記中記錄了他和蔣介石的談話：

[30] 聶華苓，〈雷震與胡適〉，(臺北：聯合報，2003 年 12 月 16 日)。

[31] 周質平，〈張弛在自由與威權之間：胡適、林語堂與蔣介石〉，《21 世紀評論》(總第一四六期)，(香港：香港中文大學，2014 年 12 月)，頁 37。

> 蔣公約我晚飯，七點見他，八點開飯。談了共兩點鐘，我說了一點逆耳的話，他居然容受了。我說，臺灣今日實無言論自由。第一，無一人敢批評彭孟緝。第二，無一語批評蔣經國。第三，無一語批評蔣總統。所謂無言論自由，是「盡在不言中」也。我說，憲法止許總統有減刑與特赦之權，絕無加刑之權。而總統屢次加刑，是違憲甚明。然整個政府無一人敢向總統如此說！總統必須有諍臣一百人，最好有一千人。開放言論自由，即是自己樹立諍臣千百人也。[32]

其他犖犖大者還有 1956 年〈祝壽專號〉中胡適寫的〈述艾森豪總統的兩個故事給蔣總統祝壽〉、1957-1958 的〈今日的問題〉系列社論、〈出版法修正案〉等，都曾引發警總等情治單位的干擾。

1955 年中國大陸掀起批判胡適運動，臚列胡適的哲學思想、政治思想、歷史觀點、文學思想、哲學史觀點、文學史觀點、考據學、紅學的藝術性、紅學的人民性、禪宗研究等十大罪狀來批判胡適思想。這一批判胡適思想運動的尾聲，是以胡適的小兒子胡思杜自殺之後才告結束。

1958 年 4 月胡適在蔣介石總統的邀請下回到臺灣，正式就任中央研究院院長，蔣介石還親自出席就職典禮，並在致辭時指責五四運動提倡自由主義與打倒孔家店的問題，胡適則解釋其所謂的打倒，是打倒孔家店的權威性、神秘性，世界任何的思想學說，凡是不允許人家懷疑的、批評的，都要打倒。

1959 年 3 月胡適在《自由中國》發表「容忍比自由還更重要」的論述。11 月 15 日胡適眼看著蔣介石違憲連任已勢在必行，而《中華民國憲法》之法統也將受到考驗，他請當時的總統府秘書長張群向蔣介石轉達以下幾點：

> (1)明〔1960〕年二三月裡，國民大會期中，是中華民國憲法受考驗的時期，不可輕易錯過。(2)為國家的長久打算，我〔胡適〕盼望蔣總統

[32] 同上註。

給國家樹立一個「合法的，和平的轉移政權」的風範。不違反憲法，一切依據憲法，是「合法的」。人人視為當然，雞犬不驚，是「和平的」。(3)為蔣先生的千秋萬世盛名打算，我〔胡適〕盼望蔣先生能在這一兩個月裡，作一個公開的表示，明白宣布他不要作第三任總統，並且宣布他鄭重考慮後盼望某人可以繼他的後任；如果國民大會能選出他所期望的人做他的繼任者，他本人一定用他的全力支持他，幫助他。如果他作此表示，我相信全國人與全世界人都會對他表示崇敬與佩服。(4)如果國民黨另有別的主張，他們應該用正大光明的手段明白宣布出來，決不可用現在報紙上註銷的「勸進電報」方式。這種方式，對蔣先生是一種侮辱；對國民黨是一種侮辱：對我們老百姓是一種侮辱。[33]

當時雷震深受胡適批評蔣介石言論的影響，遂於 1960 年 6 月開始結合國民黨內的自由主義分子、民社黨與青年黨的菁英，以及李萬居、高玉樹等臺灣籍的非國民黨人士組織「地方自治研究會」，乃至於積極籌備成立反對黨，使得《自由中國》問題更加的複雜化。

《自由中國》雜誌被迫於 12 月 20 日正式宣布停刊，而雷震籌備成立反對黨——「中國民主黨」的組織工作也胎死腹中。1962 年 2 月 24 日胡適在主持中央研究院第五屆院士歡迎酒會時，不幸心臟病猝發逝世，更使得臺灣自由主義的氛圍受到重大影響。

回溯《自由中國》於 1959 年反對蔣介石的三連任之後，其與蔣介石的關係就已經出現很嚴重裂痕。尤其當 1960 年蔣介石以增訂臨時條款方式，總統任期將不受憲法第四十七條連任一次的限制，和中央民意代表不用定期改選的延續時，《自由中國》雜誌採取嚴厲批判的反對立下場，1960 年 9 月 4 日雷震等人最後以涉嫌叛亂被捕，《自由中國》雜誌被查封。

[33] 周質平，〈張弛在自由與威權之間：胡適、林語堂與蔣介石〉，《21 世紀評論》(總第一四六期)，(香港：香港中文大學，2014 年 12 月)，頁 47。

雷震等人在警總接受偵訊，當時胡適在美國開會，他對美聯社、合眾社記者表示，「雷案」應由法院來審理，不應由軍法審判。但「雷案」最後還是遭軍事檢察官依《懲治叛亂條例》罪起訴。

起訴的原因，軍事檢察官認定雷震「散播無稽謠言，打擊國軍士氣，煽惑流血暴動，蓄意製造變亂，勾通匪諜份子，從事有利於叛徒之宣傳，包庇掩護共諜」，審判庭作出「雷震明知劉子英為匪諜而不告密舉發，處有期徒刑七年」，以及「連續以文字為有利於叛徒之宣傳，處有期徒刑七年」，被判決須合併「執行有期徒刑十年，褫奪公權七年」。[34]

雷震發監執行後，胡適等四十人曾聯名請求特赦，而請求總統特赦雷震的那封信是成舍我起草的，他們拿來要我(指胡適)簽名。[35]1968 年聯合國人權保障委員會曾致函國府，要求赦免雷震刑期，但亦都無結果。檢討「雷震案」或稱「雷案」，也就因當時雷震與臺籍人士李萬居等人過從甚密，企圖組織反對黨所致，突顯當年從中國大陸隨國民政府來臺具有社會聲望的外省人士，與臺灣當地的本省仕紳結合，更是為執政當局所擔心和忌諱影響執政權力，其所不容許反對黨成立的活動之一。

《自由中國》雜誌在言論自由上的影響力，更直接衝擊了創刊於 1957 年，而結束於 1965 年的《文星》雜誌。雖然「文星」發刊詞標示的三項性質是：生活的、文學的、藝術的，在這種性質的內涵之下，它是「啟發智慧並供給知識」。

所謂「啟發智慧」是現代人「生活的」必要條件，它的範圍當然囊括了思想上的開明，和人權上的保障。所以，「思想的」討論，也自然屬於「文星」雜誌的一個主題。但是《文星雜誌》的為自由民主的奮鬥訴求，亦同樣難逃被警總發動圍剿、被封殺、被刑求、被下獄，而繼《自由中國》事件之後的悲劇下場。

同時段，1964 年臺大教授彭明敏、魏廷朝等人撰擬〈臺灣自救宣言〉，也

[34] 雷震著，林淇瀁校註，《雷震回憶錄之新黨運動黑皮書》，(臺北：遠流，2003 年 9 月)，頁 56。

[35] 胡頌平編著，《胡適之先生晚年談話錄》，(臺北：聯經，1984 年 5 月)，頁 111。

都在政府的監控和壓制之下，也同樣有人因叛亂罪而遭到入獄的悲慘遭遇。

這些為推動政治民主化和自由化的言論，其相對於武裝奪權和非法組織政黨的權力運作，都只是還停留在標榜延續「五四」精神的啟蒙運動，和對「東西文化」的論戰框框，純屬於部分知識份子的爭取言論自由層次，就如同當時存在的中國青年黨、中國民主社會黨的附和一樣，並未能對當時的黨國體制產生關鍵性的威脅。

五、奠定「胡適學」地位

由於胡適早年接受西方教育，受到西方文化的影響，而被認為他主張「全盤西化」。胡適主張中國須要改革為民主，科學，現代化這是無法否認的，但他是否完全反禮教、反儒學則有待商榷。余英時指出：

> 胡適在美國講中國民主歷史的基礎，也提到中國有許多好的傳統，可以和民主制度配合的。所以，我們不可一口咬定儒家文化不一定不能建立民主制度。[36]

胡適認為思想文化是沒有國界的，沒有「東方」和「西方」的差別。他在工業、科學、政治制度方面雖然主張「全盤西化」，但是對於中國文化問題則不然，他主張將中國傳統文化給與「重新的估價」，擷取精華，適合時代潮流，以融和西方文化，而產生一種「世界性的文化」。

胡適主張的「世界主義」，乃近似孫中山思想的「民族主義的世界主義」，而不是「變相」的世界主義，他曾為自己的世界主義作一界說：「世界主義者，愛國主義乃柔之以人道主義者也」。他也念及「羅馬所以滅亡，亦以統一過久，

---

[36] 余英時，《人文與民主》，(臺北：時報文化，2010 年 1 月)，頁 89。

人有天下思想而無國家觀……乃至於羅馬之滅亡」。

檢視 1950 年代前後的胡適思想，他崇尚自由，成為民主的鬥士，但從事政治活動並非他的首選，而他始終關心政治，他認為關心政治是他的責任，是他的義務。國家需要他時，他總是要挺身而出，幫助國家和人民作一抉擇。是常道者諍友，是百姓的發言人。

1955 年 4 月胡適在《自由中國》著文，呼籲爭取言論自由，不要學鳳凰的不說話，要學烏鴉「寧鳴而死，不默而生」，乃至於到 1962 年的猝死，胡適終其一生的堅持維護思想自由、學術自由、言論自由和民主自由的精神。蔣介石致贈輓聯，譽之為「新文化中舊道德的楷模，舊倫理中新思想的師表」。雖然臺灣威權體制的弱化一直要等到 1975 年 4 月 5 日蔣介石過世之後才有鬆動的跡象。

但是溯自 1950 年臺灣受到自由主義思潮的影響，1960 年代國民黨起用臺籍青年才俊的本土化政策，到了 1970 年代初更因為面對釣魚島爭議，和中華民國退出聯合國的遊行事件，突顯改革運動已普遍從省籍權力分配、社會利益分配，及政經主體性等實際結構和意識型態的直接挑戰威權體制。

尤其是一批年輕學者藉由《大學雜誌》的平臺，延續《自由中國》、《文星雜誌》書生論政的風格，督促政府尊重人權、政治民主化、國會全面改選的改革等訴求，要求政治革新的呼聲越來越高。1972 年底《大學雜誌》就分裂了，其中一部分被國民黨政權所吸收，一部分則透過選舉與「草根黨外」結合。

1975 年 8 月以黃信介為發行人、康寧祥為社長、張俊宏為總編輯，創辦了《臺灣政論》。這是首次以本省人為中心的政論雜誌。雖然在第五期就被禁止發行，但發行量卻高達 5 萬份，康寧祥也在同年底的「增額選舉」中再次當選。

1977 年 8 月 16 日臺灣長老教會發表的〈人權宣言〉，敦促政府面對現實，並採取有效步驟，以使臺灣成為一個新而獨立的國家，以及 11 月 19 日因地方公職人員選舉所發生的「中壢事件」，選舉結果導致臺灣地方政治權力結構的巨變。

1978 年 3 月第一屆國民大會第六次會議選舉蔣經國、謝東閔為第六任總統、副總統，5月20日正式就職，除了要面對「臺灣意識」的體制外改革運動的挑戰之外，在1978年12月16日美國與中國大陸建交，而在總統發布緊急處分令，致使原訂於12月23日舉行中央民意代表的選舉被迫延期。

然而，在這場選舉活動中，當時「黨外」作為反對勢力的角色卻進一步地成形。他們組織了「臺灣黨外人士助選團」，展開全國競選活動，導致1979年12月10日爆發「高雄事件」或稱「美麗島事件」。

然而，「美麗島事件」的發生，政府並沒有停止臺灣實施地方自治選舉的政策，反而加速推動臺灣政治自由化，1986年9月28日政府對於參與組織成立「民主進步黨」的「黨外人士」，乃採取以溝通協調的包容方式處理。

六、結論

民主進步黨的成立，相對於執政的國民黨而言，已建立起臺灣逐步發展政黨政治競爭機制的開始。尤其2000年政黨輪替之後，陳水扁政府認為戰後臺灣民主運動的一脈傳承是《自由中國》、《文星雜誌》、《大學雜誌》、《美麗島雜誌》到民主進步黨的成立。

這個排列方式等於把《自由中國》，以及因為《自由中國》而入獄的雷震，放在戰後廖文毅等人主張臺灣獨立的濫觴，以及中華民國推動民主政治的發軔與啟蒙角度，彰顯1950年代前後胡適思想對臺灣自由主義，以及開風氣之先的文化發展乃有了一定評價。

對於自由主義的內涵，胡適曾在《自由主義》一文中總结為自由、民主、容忍、和平漸進的改革。縱使晚年的胡適思想與言論亦曾遭受批評，說他已經不是「自由主義者」，而已是一位以確保美國霸權為宗旨的「新保守主義者」。

至於中國大陸清算胡適思想，不在本文的探討之內，未來個人希望有機會針對這一部分再做深入補述。

1982年12月17日唐德剛在《聯合報》發表一篇〈胡學前瞻〉指出：

近我國三千年思想史的整體來看，近百年來影響我們全民族的心態和生活方式，最深最遠的兩位思想家，當然就是孫文和胡適了。……適之先生基本上是個學者和思想家，他前半生的貢獻，可說是純學術性的，那時他也偶爾清談政治，但是那只是他底業餘工作，談起來多半迂闊而不合時宜，影響亦有限，可是胡氏的後半生，和他的底前半生，却正好相反，在後半生裏搞學問——如考校《水經注》反而變成他底遣興的工作，其影響力亦微不足道，但是談起政治來，他倒變成擎天一柱，所談也切中時弊，而有極深遠的影響！[37]

唐德剛所指出，胡適後半生的談起政治來也切中時弊，時間應該大約是在1950 年代前後，乃至於延續到胡適回到臺灣擔任中央研究院院長的這一時期，其在思想上對後世人的影響力。也因為具備了學術影響與政治影響的相互輝映，乃奠定了其「胡適學」在文化學術思想上的崇高地位。

1950 年代前後的胡適儘管享有「譽之所至」，但也遭致「謗亦隨之」的處境。[38]但最後，我特別要再引用周質平教授對胡適評價：

我們在論胡〔胡適〕與蔣〔蔣介石〕關係時，往往對胡適寄望過高，似乎真要他「以一人敵一黨」,「以一人敵一國」，以一個知識份子敵一個獨裁者。胡適畢竟只是一個手無寸鐵的讀書人，和他同時代的任何一個知識份子相比，他對中國的現代化，對民主自由的堅持和推進都毫無疑問是第一人。胡適常給人題《晏子春秋》的兩句話:「為者常成，行者常至。」這也是他樂觀哲學的基本信念。其他人不可及胡適處，並不在他的「成」和「至」，而是在他的「常為而不置，常行而不休」。

---

[37] 唐德剛，〈胡學前瞻——胡適密藏書信選再版序〉，(臺北：聯合報，1982 年 12 月 17-19 日)。

[38] 梁實秋對胡適評語，參見：岳南，《南渡北歸・傷別離》，(臺北：時報文化，2011 年 5 月)，頁 115。

這一點尤其體現在他對自由民主的追求和執著上。[39]

總結1950年代前後胡適的自由主義思想,對當時臺灣政治經濟思想和學術界的影響,當可作如是觀。

39 周質平,〈張弛在自由與威權之間:胡適、林語堂與蔣介石〉,《21世紀評論》(總第一四六期),(香港:香港中文大學,2014年12月),頁49。

近代臺灣發展本土化的變遷

一、前言

2016 年美國總統大選川普（Donald Trump）在競選和當選之後，其一再主張「美國第一」、「美國優先」的選擇保護其國內本土經濟發展。可是 2018 年 1 月 26 日當他在一貫以主張全球貿易立場的瑞士達沃斯世界經濟論壇(WEF)演說時，川普的「保護主義」色彩又不如外界預期的強烈，反而傳遞了「美國第一並不代表美國獨善其身」的說法，強調美國仍然開放和歡迎國外企業來美國投資，還表態願意與跨太平洋夥伴協定(TPP)成員國重啟談判協定。

川普在貿易立場仍表示強硬的捍衛美國利益，表示他不再對不公平的貿易行為視而不見，諸如中國大陸大規模竊取智慧財產權、產業補貼、國家主導的經濟計畫等。他認為這些掠奪性的行為正扭曲全球市場，也嚴重損害美國與全球的企業與勞工。

川普的論調再再突顯如美國政經實力這麼強大的國家，在經濟體制上也都面臨國內經濟保護主義與國際經濟自由主義的弔詭關係。

對照近代臺灣政經發展的深受國際環境改變的影響，尤其近代以來政治經濟學理論的興起，如希克斯(John Hicks)的「二元」(dual)經濟論的承襲經濟自由主義，認為市場的逐步演進，是人們為提高效率和增加財富而作出的反應。

華勒斯坦(Emmanuel Wallerstein)與佛蘭克(Andre Gunder Frank)的「現代世界體系論」(the theory of the Modern World System, MWS)，由於其受到馬克思

主義的影響，認為國際市場不過是資本主義國家，在經濟上剝削低度發展國家的一種機制。以及金德爾柏格(Charles P. Kindleberger)的「霸權穩定論」(the theory of hegemonic stability)，則從數個強國霸權的輪替主宰國際角度，闡明現代國際政治經濟的崛起和運作。

二、臺灣發展本土化的意義

檢視近代臺灣政經發展與變遷，臺灣經過了前現代(pre-modern)、現代(modern)、後現代(post-modern) 的社會進化歷史發展，都無可迴避於國際化(internationalization)、殖民化(colonialization)，或乃至於全球化（globalization）變遷，臺灣發展本土化思維也被迫必須的面對與因應，其所受到國際外在環境的衝擊與影響。

因而，從臺灣發展的「歷史結構性」與「相互主體性」觀點，突顯了「本土化」(indigenization)與「全球化」（globalization）的「本土的」(native)與「外來的」(foreign)，和「本土主義」(nativism)與「殖民主義」(colonialism)弔詭關係。

相對地突顯「本土化」、「本土的」、「本土主義」，在「相互主體性」強調原始土地與人民的主體性意識，也兼顧「歷史結構性」受之於政經社文的異質性政權意識。

從「異文化」(the other culture)或「文化異質性」(cultural heterogeneity)的角度而論，「the other」常譯為「另類」或「他者」。「他者」是使意識在發展過程中能夠從「這個」(this)的存在形態向前突進的力量，惟有通過「他者」與「這個」的持續衝突，意識才能在辯證過程的終結，提升為以自我對象的「主體」。

一個主體文化因客體文化的衝擊而引起的重整反映，是謂「本土運動」(nativistic movement)。亦即沒有一個社會的「主體性」可以藉由孤立而自存，它是與其他群體存在「相互主體性」的接觸、交流、比較、對照之後，才能確認自身的主體性。臺灣發展的多元化基礎，既要同化於全球的普遍性，又同時彰顯於本土的獨特性。

所以，透過影響近代臺灣發展的來自國外異質，與國內主體的兩大環境因素，彰顯了近代臺灣從16世紀至21世紀初發展本土化變遷的獨特歷史意涵。特別是從地緣角度檢視臺灣發展「本土化」(indigenization)的變遷，其所相對概念即是外來衝擊的「全球化」(globalization)，或稱「國際化」(internationalization)。

如果要繼續探究「在地化」(localization)與「本土化」(indigenization)有何程度上的區別時，我們可將「在地化」強調外來者融入所居地的客觀融入當地；「本土化」強調本地者歸返鄉土的主觀融入當地。

或者說「在地化」偏重經濟性商業活動的利益，而「本土化」偏重政治性文化的意涵。而「國際化」與「全球化」則有其明顯地域性的區別，「國際化」強調普遍性國家所涉入區域性層面的政經利益發展；「全球化」則是指強權國家所涉入全球性層面的政經利益發展。

因此，本文採用「本土化」是相對於受到「全球化」而來另一種發展的影響，是指一個地區或國家(state)，任何一種政經社文的流動，都必須為因應外來環境影響，和適應地方環境需求，導致該地區或國家發展的本土化。

近代以來，茲以最典型的美國強權為例，1932年羅斯福（Franklin D. Roosevelt）首度出馬競選總統時，他的舞台完全是以「孤立主義」(isolationism)作為歷史時代的背景，強調「選擇美國」(select America)的本土化運動。基本上，「孤立主義」是一種外交政策，它主要由國際政經層面所組成的國家發展策略。

就國際政治來看，「孤立主義」採取不干涉原則，除了被迫必須採取自衛性戰爭外，它不會主動干涉任何外部軍事衝突；而在經濟發展方面，則是透過國家政策所採取的限制貿易策略，突顯了在經濟上的民族主義思維。

檢視當時羅斯福（Franklin D. Roosevelt）對代表自由派胡佛（Herbert C. Hoover）所提出的主要控訴，認為胡佛對美國之外的國際政治經濟介入太深，不應將全力發展國家的政策放在「外人」的事務上，如日本的侵略中國，義大利的入侵衣索匹亞等，因而影響美國國內政策的制定和發展目標。

甚至於到了 1936 年，羅斯福（Franklin D. Roosevelt）總統競選連任所採取的策略，他對於國際事務政策採取的仍然是一位擁抱「孤立主義者」。他仍然繼續批評自由派的所謂「國際主義者」，指的是「華爾街銀行家」、「死神的商人」(Merchants of Death)、或是「英國殖民主義的工具」，不管怎麼說，都是「多金的罪犯」。

然而，到了 1938 年國外政經局勢開始有了轉變的時候，美國發現自己國家正面對著國際情勢環境的險惡危機，必須調整其國家實施孤立主義為國際主義的政策來加以因應，也因而突顯實施孤立主義與國際主義政策之間的弔詭關係，兩者都是隨著國內外政經情勢的演變而適時調整。

所謂能解決問題的方法或模式，只要能維護國家利益的政策，就是好的政策。無獨有偶的到了 21 世紀的川普(Donald John Trump)總統，多次向外宣稱他所採取要求美國企業返回美國本土投資的各種措施，強調的正是 「美國第一」(America first)的外交政策，也正是「選擇美國」(select America)的本土化運動。

圖 1 顯示，政經社文發展的環境結構性因素，受到國外情勢和國內環境影響的導致在地的本土化和外來的全球化，其間的關係彼此環環相扣，不但相互助益而且也互相制約，突顯其關係存在著平等互惠，與不平等的庸屬關係。

承上論，我們將近代臺灣發展本土化變遷，分為：反荷蘭掠奪時期的本土化、反列強侵入時期的本土化、反日本殖民時期的本土化、中華民國時期反國際共產赤化等四個時期來加以深入探討。

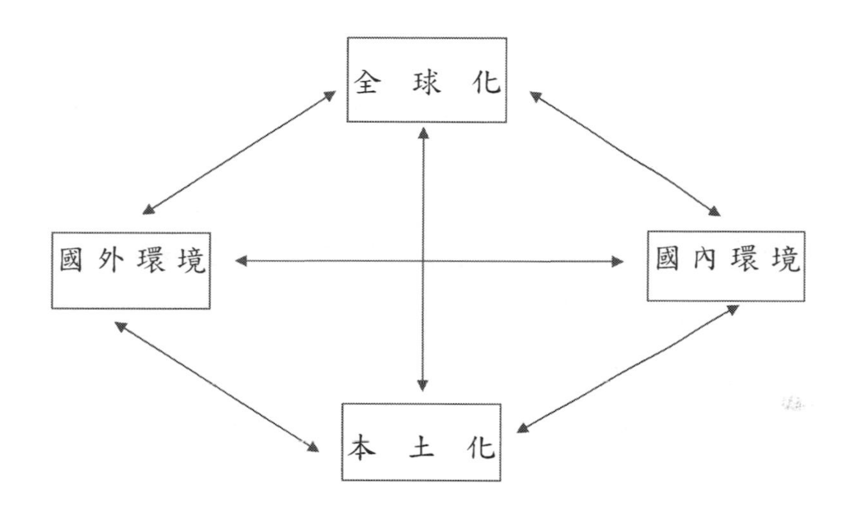

圖 1　臺灣發展本土化結構圖

說明：箭頭線表示相互影響。
資料來源：本研究。

三、歷史地理與原漢語族

(一) 臺灣歷史地理說

從臺灣地理位置的歷史說起，在福建東方之澎湖的東方臺灣海島，檢視最早的相關中文文獻，其明確記載的島名，叫「東番」，不叫「臺灣」。有首〈臺灣詩〉：

> 東番海島大員港，港邊居住新港人；荷蘭建城沙洲上，船來船往叫臺灣。

根據1574年(明神宗萬曆2年)6月與10月的《明實錄》：

逋賊林鳳鳴擁其黨萬人東走，福建總兵胡守仁招漁民諭東番合剿。海賊林鳳自澎湖逃往東番魍港。總兵胡守仁傳諭番人夾攻。[1]

1695年(康熙34年)曾經來臺1年的徐懷祖所寫《臺灣隨筆》：

臺灣於古無考，惟明季蒲田周嬰，著《遠遊編》，載〈東蕃記〉一篇，稱臺灣為臺員，蓋南音也。[2]

由「大員」或「臺員」的除了轉音為「臺灣」之外，明代澎湖是大明國(1368-1644)的領土。在明代官方文獻以臺灣島在澎湖東方，島上住有番人，故稱「東番」，原住民也叫「東番」。島上最早記載的地名是「魍港」。顯見「臺灣」之初稱，僅限於南部的一小區域，並非指全島而言。

回溯17世紀明末清初時期，臺灣南部的海岸線，向東屈伸，形成內港(時稱臺江)。在此內港之外，還有若干島嶼，其中最大者，稱一鯤身(即後來所稱的安平)。

《臺灣府志》：

一鯤身外在西南大海、內係臺灣內港，宛在水中央，採捕之人居之。[3]

《重修臺灣縣志》：

---

[1] 呂自揚，《詩寫臺灣詩》系列，參見：《民報網址》，〈http://www.peoplenews.tw/news/5b5e1da0-d789-449d-bbcf-149b7468284a〉，(檢索日期：2018.5.9.)

[2] 徐懷祖等纂，《臺灣與地彙鈔》，〈南投：臺灣省文獻委員會，1996年〉，頁3。

[3] 臺灣史料集成編輯委員會編，高拱乾纂輯、周元文增修，《臺灣府志》，(臺北：遠流，2004年11月)，頁77。

至萬曆末，紅毛番泊舟於此，因事耕鑿，設闤闠，稱臺灣焉。[4]

至於內港西岸為當時平埔族(Pepo group)所居的「大員社」或稱「臺員社」，而漢人則集中於此島，名之為「臺灣」，荷蘭人在此築「熱蘭遮城」(Zeelandia, 或稱臺灣城)；爾後，又在對岸「赤崁」築「旁遮城」(Provintia, 或稱赤崁樓)，突顯先有臺灣之稱而後有城，乃至於造就了日後由於一鯤身島及其對岸陸地的發展。

1603 年福建人陳第隨沈有容追剿海寇而抵達大員寫下〈東番記〉：

東番夷人不知所自始，居彭湖外洋海島中，起魍港、加老灣，歷大員、堯港、打狗嶼、小淡水；雙溪口、加哩林、沙巴里、大幫坑，皆其居也，斷續凡千餘里。種類甚蕃，別為社，社或千人、或五六百，無酋長，子女多者眾雄之，聽其號令。[5]

1635 年(崇禎 8 年)給事中何楷陳靖海之策：

臺灣在澎湖島外，距漳、泉止兩日夜程，地廣而腴。[6]

於是「臺灣」這一名稱的範圍，發展到了鄭成功攻臺時，「臺灣」在廣義指臺灣島，狹義指大員。當荷蘭人撤離熱蘭遮城，也就是所謂的「臺灣城」之後，鄭成功改臺灣為安平鎮，狹義的「臺灣」稱呼遂逐漸消失，乃至於到了大清時

[4] 臺灣史料集成編輯委員會編，王必昌總輯，《重修臺灣縣志》(上)，(臺北：遠流，2005 年 6 月)，頁 82。

[5] 陳第，〈東番記〉，參閱：周婉窈，《海洋與殖民地臺灣論集》，(臺北：聯經，2012 年 3 月)，頁 147-150。

[6] 臺灣史料集成編輯委員會編，王必昌總輯，《重修臺灣縣志》(上)，(臺北：遠流，2005 年 6 月)，頁 82。

期的逐漸擴及全島。

因此，官方的正式命名「臺灣」，也一直要等到臺灣島嶼的列入大清國版圖時才定名。因此，「臺灣」只是一個地名，甚至於清領之後的歷經日本，乃至於迄今(2018 年)中華民國的統治，臺灣並非國名，當然不能稱是一個主權獨立的國家。

首任諸羅縣知縣季麟光在其《蓉洲文稿》：

萬曆間〔1573-1620〕海寇顏思齊據此地始呼臺灣。[7]

《重修福建臺灣府志》：

〔康熙〕二十三年〔1684〕，廷議設府一，曰「臺灣」；屬福建布政使司。領縣三，附郭曰「臺灣」，外二縣曰「鳳山」、「諸羅」。[8]

至於，西方國家早期如葡萄牙稱臺灣島嶼為「福爾摩沙」(Fomosa) ，而美國官方文件也要到 20 世紀 1950 年代，才以「Taiwan」取代了 17 世紀以來的「Formosa」。

從民族主義建構國家、土地、人民與文化關係的歷史演變而論，由於深受政治經濟和文化的影響，過去是領土未必不可分，過去不是領土也未必不可合，突顯社會人口的變遷，和地理環境變化與地名變更，亦同是受之於政權的更迭。

承上論，檢視過去歷史文字上有關臺灣地理與地名的記載，如《列子》的「岱輿」、《尚書》的「島夷」、《漢書》的「大冤國」、《後漢書》的「東鯷(鯷)」、

[7] 季麟光，《蓉洲詩文稿選輯》，(香港：香港人民出版社，2006 年)。參見：楊偉中，〈一部失傳書稿幾代兩岸文人：《蓉洲詩文稿》〈南靖草堂網址〉http://www.360doc.com/content/15/0330/21/22201879_459404075.shtml(檢索日期：2018.5.9.)

[8] 臺灣史料集成編輯委員會編，劉良壁纂輯，《重修福建臺灣府志》(上)，(臺北：遠流，2005 年 6 月)，頁 112-113。

《三國志》的「夷洲」、《隋書》的「流求」、周嬰《遠遊篇》的「東蕃」、《方輿紀要》的「北港」、《明史》〈外國傳卷〉的「雞籠山」、日本的「高砂(沙)(山)國」、《文獻通考》的「毗舍耶」、《臺灣舊誌》的「東都(寧)」、《澎湖廳志》的「東瀛」，都可能指涉的是「臺灣」。

因此，就有《史記》稱東越人，所指東越海外最近的島嶼為澎湖臺灣；或是秦朝(前 221-207)稱「瀛洲」、漢朝(前 202-220)稱「東鯷」、三國(220-280)稱「夷洲」、隋朝(581-619)稱「流求」、唐朝(618-907)稱「島夷行」、宋朝(960-1279)稱「毗舍耶」等不同對「臺灣」認識的說法。

例如南宋(1127-1279)所指「毗舍耶」(Bisaya)人可能係居住於菲律賓，因為菲律賓至今仍有此地名。所以，有關「毗舍耶」是臺灣，或是菲律賓還有待更進一步地確認。

另外，臺灣地處東亞要衝，雖然早在西元前漢人已廣泛地繁衍到江南、南洋和亞洲各地。臺灣又緊隔鄰中國大陸版塊，縱使到 14 世紀大明國(1368-1644)的建國，今天的臺灣對當時的大明人而言，在其所認知的圖景還只是不相連屬的雞籠、小琉球、東番等島，乃至於 16、17 世紀的臺灣仍然少為人知。

大明國從 15、16 世紀起，乃至到了 17 世紀中葉，在歷經了嘉靖(1522-1566)、隆慶(1567-1572)期間東亞海域以日本人為主的「倭寇」，以及後來繼起在萬曆(1573-1620)、天啟(1621-1627)、崇禎(1628-1644)期間，以大明國人為主的「海盜」之亂，在歷史這麼長一段的洪流歲月中，閩粵一帶的漳、潮海盜，或海商領袖曾一本、林道乾、林鳳鳴(即林鳳)等人，先後都因逃避官兵追捕而來到「東番」(荷蘭佔領時期所稱福爾摩沙的一部分)，和魍港(清史文獻中指的蚊港)、打鼓山等地。

遠在 1225(宋寶慶元)年趙汝适《諸蕃志》〈毗舍國〉：

泉有海島曰彭湖，隸屬晉江縣。[9]

---

[9] 馮承鈞校注，《諸蕃志校注》，(臺北：臺灣商務印書館，1967 年)，頁 86-87。

到了大元國時期（1271-1368）汪大淵《島夷誌略》：

> 彭湖：島分三十有六，巨細相間，坡隴相望，乃有七澳居其間，各得其名。自泉州順風二晝夜可至。有草無木，土瘠不宜禾稻。泉人結茅為屋居之。……工商興販，以樂其利。地屬泉州晉江縣。至元年間〔1335-1370〕立巡檢司，以周歲額辦鹽課中統錢鈔一十錠二十五兩，別無科差。[10]

據是，澎湖遂有相當人數的泉州人到澎湖定居，半耕半漁，並有商販的往來，而以置官設治。[11]

(二)原漢語族說

對照臺灣原住民族與漢族的關係，當漢族未移入以前，原住民族或許是過著一段幾乎與外界隔絕的相當長日子，他們也試圖保存著自己固有傳統的習俗文化特質。

回溯在前8世紀至前3世紀古中國的春秋戰國時代，生活在黃河流域代表漢族的吳國，與南方代表百越族的越國，爆發了吳、越之間的種族戰爭。

檢視百越族的分佈的區，中國百越一直要到唐朝時期(618-907)才被「開漳聖王」陳元光(657-711)所征服。此後許多的漳、泉人，在他們身上大部分都還混合流有百越的血緣，嗣經自大陸東南沿海的不斷遷徙，由福建外移到連江縣馬祖的亮島(原名浪島，古稱橫山)。

此移動的路徑，後來更是越過臺灣海峽移入臺灣的重要通道，也成為是臺灣漳、泉人的祖先或原鄉。所以，廣義來說當今的所謂閩南人與越南人，也可

[10] 汪大淵，《島夷誌略》，參閱：《欽定四庫全書》〔史部十一地理類十〕，收於王雲五主編，《四庫全書珍本十集》，(臺北：臺灣商務印書館，1986年)，頁1b-2a。

[11] 曹永和，《臺灣早期歷史研究》，(臺北：聯經，2002年3月)，頁113。

以說同是系出百越的血緣和語族。

從人類考古學的角度而論，百越被列屬於「南亞語族」。然而，生活在臺灣最早的住民，也就是現在所稱的臺灣原住民族，他們隨著近年來鑑識科學的進步，根據臺灣馬祖亮島所發現8,300年前的人類骨頭，經DNA檢驗之後，證實是屬於「南島語族」，臺灣又可以說成是「南島語族」祖先型文化的形成地，臺灣原住民族又成為是「南島語族」分化的源頭，而其更早的淵源更可追溯到中國大陸南方的沿海。

承上述，臺灣最早住民的「南亞民族說」，或「南島民族說」，迄今都是人類學家、考古學家，或是歷史學家探討的焦點，但由於臺灣正位在東北亞與東南亞的交會處。我們從中國東南沿海古代先民與東南亞及太平洋島嶼文化圈的文化習俗、生活方式和宗教信仰等，也可看出其較大的共性和親緣關係。[12]

換言之，溯自17世紀以前的臺灣社會，可能都已逐漸形塑經由越族、漢族與南島語族的移民融合社會，印證臺灣如果不是移民的目標，那一定不是什麼樣的理想之地。如果從這觀點可以被接受的話，臺灣也可以被解讀稱是屬於中華民族的其中一支，甚至於說成「臺灣自古以來即是中國的一部分」。

檢視17世紀以前，臺灣在歷經幾個世紀土地權的演變，從土地最初是由領有而公有；公有之後，乃成族有；族有之後，乃成家有；家有之後，乃成私有。

這時期原住民與漢人融合發展本土化的地區，主要偏在西部平原，除了部分是漢人的從事耕作外，主要還是靠著屬於原住民族的其中一支，住居平地地區，已經比較漢化程度的平埔族，其所種植粗放的傳統農業為主。

而對岸當時大明國(1368-1661)的初期曾一度放棄澎湖，徙民墟地。直到1563年(明嘉靖42年)大明國復因澎湖已成為倭寇和海盜的巢穴，乃又在澎湖恢復設立據點。甚至於1603年(明萬曆31年)調派浯嶼把總沈有容，率師渡海至「東番」剿滅海盜。

---

[12] 曲金良主編，陳智勇本卷主編，《中國海洋文化史長編——先秦秦漢卷》，(青島：中國海洋大學出版社，2008年1月)，頁104。

此後，大明國於 1607 年(明萬曆 35 年)在澎湖改置「衝鋒兵」的官職，最主要剿擊橫行於該海域的李旦、顏思齊，和後繼出現的林辛老、楊六等海盜集團，以及沈演、林錦吾等在大員(臺南)、笨港(北港)一帶，從事跨國走私貿易的「半盜半商」(half pirates, half traders)活動。

這些「半盜半商」武裝集團的出沒，株連蔓引，關係密切，不但開始以臺灣為基地，來往於大陸沿海的福建、廣東等地，更遠至呂宋及柬埔寨等。然而，當時臺灣、澎湖與大陸之間的來往，尤其是來自大陸漁夫提供的米、鹽和雜貨，而原住民可提供的狩獵物，扮演大陸沿海逐漸移民開發臺灣，形塑原漢融合的本土化發展。

回溯 17 世紀以前，日本海上劫掠成為東亞海域市場中的變數。1368 年(明洪武元年)朱元璋建立大明國之後，不但曾派遣使者至日本要求壓制東亞海域的不法活動，並冊封南朝懷良親王為「日本國王」。

1401 年(明建文 3 年)日本室町幕府足利義滿更接受大明國冊封，並以朝貢的方式與大明國進行貿易，由於當時雙方貿易時需要進行「勘核符」的程序，因此又被稱之為「勘核貿易」。

「勘核貿易」前後陸續進行將近 150 年之久。1567 年(明隆慶元年)當大明國實施局部性開放的海禁政策時，漳州月港(海澄)是主要「准販東西洋」的對外門戶，是 15 世紀後期至 17 世紀前期中國東南地區海外交通貿易中心，扮演「海上絲綢之路」的重要始發港。

「東洋」指的是今天菲律賓、婆羅洲一帶；「西洋」指的是今天爪哇、蘇門答臘、馬來西亞、泰國、越南等地。大明國儘管「准販東西洋」，惟仍禁止與日本貿易，導致大明國與日本海域之間的走私活動仍然猖獗不已。

陳第〈東番〉：

臺灣原住民族始皆聚居濱海，嘉靖末〔1552-1564〕，遭倭焚掠，迺避居山。[13]

檢視當時臺灣與日本有比較正式往來的貿易，是要等到了 1593 年(萬曆 21 年，日本文祿 2 年)豐臣秀吉特派使節，攜帶「高山國招諭文書」於出使呂宋(菲律賓)之便，要致「高山國」，促其入貢，但因當時所謂「高山國」，並非具統一政權的國家而沒有結果。

1605 年日本德川家康將「將軍」一職讓位給三男秀忠，自任「大御所」，但仍掌握實權。此後，在德川幕府(the Tokugawa dynasty,1603-1867)曾有過兩次的具體行動，分別是 1609 年(明萬曆 37 年)由九州島原藩主有馬晴信(1567-1612)，與 1611 年(明萬曆 39 年)商人出身，本名伊藤小七郎的長崎代官村山等安，先後武裝派員的企圖佔領臺灣。

而在當時的臺灣島上已群居不少來自大明國漳泉地區的漢人，加上居住當地的原住民土著，群起對抗入侵者，開啟了當時臺灣原漢「本是同根生」關係的本土意識，日方統領的兵力相較的薄弱，只能無功而返。

四、反荷蘭掠奪時期的本土化

中古世紀封建時代的結束，幾乎遍及歐洲大陸的王國、公國和省份，由哈布斯堡家族（House of Habsburg）在西班牙與奧地利的統治政權，成為主宰歐洲政治和宗教的勢力。

這一時期正是所謂西歐「民族國家」(nation-state) 風起雲湧的開啟年代，但實際掌握政治權力分配的政府，都需要大力倚重外籍傭兵來擴充自己的軍隊。儘管當時西班牙與奧地利的聯合王朝，雖然已略具財政與軍事資源，但是

[13] 陳第〈東番記〉，參閱：周婉窈，《海洋與殖民地臺灣論集》【臺灣研究叢刊】，(臺北：聯經，2012 年 3 月)，頁 149。

仍未能真正達到稱霸歐洲的程度，也就未能與亞洲中央集權的帝國相抗衡。

如果不是當時西歐君主制國家權力的興起，以及因為認為對外貿易利益要比在國內從事商業經營來得更具有吸引力，因而形塑了其加強往外擴大探險、開發與貿易，以及向新發現地區和東印度群島擴張與移民運動的一股風潮。

向外國際擴張主義的結果，相對地也加速其他地區和西歐國家的結成一體，雖然短期目標只是為了擴大市場，增加獲利機會，卻也因不斷地調適政經結構，創造了過去三個世紀裡以來，重商主義國家經濟成長的條件。

(一)大員事件

臺灣的逐漸成為東亞海上的重要貿易據點，特別在大明國禁止歐洲商船停泊大陸沿海港埠之後，葡、西、英、荷等國的商船及護航艦隊，只能轉而停泊於臺灣附近。1513 年葡萄牙人從東南亞北上廣東沿海之後，東西世界市場更進一步連結；1557 年葡萄牙佔據澳門作為貿易基地。

1571 年西班牙佔據菲律賓，並於 1628 年佔領淡水而統治北臺灣，而與早已佔據南臺灣的荷蘭，形成對峙態勢，到了 1642 年雞籠為荷蘭所佔領，臺灣全島淪為荷蘭屬地的統治。

荷蘭強權時期的經濟掠奪，並非單純地侷限於東西方貿易，而是同時提供作為亞洲國家之間商業活動網路的中間人角色，當時派駐福爾摩沙(臺灣)的巡撫(長官)都必須接受荷蘭派駐在印尼巴達維亞總督的節制。

歷任派駐福爾摩沙巡撫(長官)的不同領導特質，從宋克(Martinus Sonck)到最後一任首長揆一(Frederik Coyett)，除了第 1 任巡撫宋克是律師出身之外，幾乎全是商業經理人出身，尤其東印度公司(VOC)的人員大都從荷蘭和德國社會的中下階層徵召來的，當他們到福爾摩沙來掠奪了財富之後即快速離去。

檢視 1627 年納茨(Pieter Nuyts)以東印度評議會特別委員的身分，從荷蘭西蘭省(Zeeland)被派往巴達維亞的一個月之後，即被派遣出使日本江戶，但無功而返回福爾摩沙的大員。納茨任期期間的作風強硬，導致 1628 年發生「大員事件」，更被指控對待日本商人的做法粗魯、挪用公司資金與貨物為自己贖身，逼迫一名新港婦女與之成婚，以及進行走私貿易等罪行。

回溯大航海時代的 1628 年，日本濱田船長率領船上裝滿槍砲、刀劍、弓箭和人員到大員來，並與納茨(Pieter Nuijts)展開談判，由於濱田彌兵衛被綁為人質，史稱「濱田事件」或稱「大員事件」(Taijouan Incident)。

該事件發生的經過，是早在豐臣秀吉勢力進入九州長崎之後，派令村山安東管理長崎 23 町，也就是第一任長崎「代官」(市長)村山等安，其本名伊藤小七郎，經營「南蠻菓子屋」(荷蘭糕餅店)，因被幕府幕吏末次平藏指控係「耶穌之殘黨」、「其三子且為神甫(神父)私入大阪城，援助豐臣秀賴」。因此，從 1618 年起，村山全家陸續遭幕府處死。

1619 年末次平藏取代了村山等安為長崎代官，1623、1625 年都曾派濱田彌兵衛率領船隻到大員買生絲，荷印公司臺灣長官宋克(Marton Sonk)限制他們行動，濱田欲往福建向當地商人索取所訂的 2 萬斤生絲，向荷蘭人借船，又遭到拒絕。後來濱田拐騙了 16 名新港社民，偷溜回日本，向末次報告荷印公司人員的惡劣行徑。1626 年新任臺灣長官訥茨(Pieter Nuijts)聽到濱田跑了，怕誤了荷印公司在日本的商業利益，遂匆匆趕到江戶求見德川家光，訥茨不但被拒絕，還遭勒令離開日本。

1628 年 5 月濱田再度率船到大員來，這次率領的人員多達 400 多名，而且攜帶槍砲、刀劍、弓箭等武器一應俱全，充滿挑釁意味。訥茨將濱田及其帶回來的新港社民扣押。然而，濱田趁訥茨不備之時，脅迫訥茨將其兒子勞倫斯(Laurenz Nuijts)與自己的小孩濱田新藏互為人質，送往日本，並要求訥茨賠償濱田生絲 1 萬多斤。

這項協定，當濱田回到日本之後就發生變卦，不但將荷印公司人質扣在長崎，幕府也下令關閉平戶的荷蘭館。事態擴大之後，訥茨被解職並被關進巴城的鑽石堡，但荷印公司總算藉此事件，將日本人在南臺灣的勢力驅逐出去。

1630 年末次平藏病故。同年，勞倫斯死於長崎的大村監獄。1631 年初訥茨的太太來巴城會親，亦不幸過世。由於荷印公司在印尼巴達維亞的總部始終屈從於對日本貿易利益，遂於 1632 年 7 月將訥茨解送平戶，交換從前被扣的人質，但訥茨本人並未獲得釋放，他仍被軟禁在平戶的一家民宅中。

嗣後幕府經荷印公司商館贈送「懸垂燈籠」大禮，1636 年 7 月訥茨獲得釋放，但其於年底孑然一身抵達巴城。1937 年 9 月訥茨被判定公司勤務不適格，同年亦返回到荷蘭，結束他為期 10 年的亞洲工作生涯。

(二) 麻豆溪事件

1629 年普特曼斯(Hans Putmans)到任巡撫(長官)的前 8 天，麻豆社發生嚴重的「麻豆溪事件」。事後，普特曼斯於 1635-1636 年間曾先後鎮壓麻豆社、蕭壠社，以及在新港社舉行首次地方會議。

「麻豆溪事件」起因於 1623 年，荷印公司商務員的調查貿易情事，受到麻豆社的襲擊。加上，接著發生的「大員事件」，導致荷印公司與社民之間的互信不但蕩然無存，更因為公司施政所引發新港（今臺南新市區）、目加溜灣（今臺南安定區）、麻豆(今臺南麻豆區)、蕭壠（今臺南佳里區）等社民的不滿。荷印公司為了政權的穩定，長官納茨(Peter Nuijts)認為士兵總數要增派至 500 名才足以維護大員地區的治安。

1629 年納茨帶著一連隊的武裝士兵前往麻豆社緝捕中國海盜，在回程途中的麻豆溪渡河時，受到麻豆、目加溜灣社民的襲擊。事件發生後，這群社民以戰勝者姿態，到新港社地區叫囂，並意圖截殺長官，燒毀官舍與牧師的住宅。由於長官已聞聲而逃，他們遂轉往赤崁，燒毀公司的牛欄、馬廄、羊圈之後，揚長而去。該事件的發生經過，荷蘭地圖更將「麻豆溪」標示命名為「謀殺者之河」、「叛亂犯之河」。

「麻豆溪事件」發生之後的半年，麻豆社再次殺戮一位駐守在赤崁的荷印公司士兵。當麻豆社和目加溜灣社的居民來到新港社，求見荷印公司長官普特曼斯(Hans Putmans)，希望能展開和談，經過傳教士甘迪士(Georgius Candidus)的斡旋，雙方達成三項協議：歸還被麻豆社殺害的荷蘭人頭顱、骸骨；歸還所有奪去的武器；此後每年貢獻感恩禮物。

然而，1630 年至 1635 年間荷印公司仍然不斷地介入原住民族群之間所進行的傳統馘首戰爭，直到 1635 年 11 月普特曼斯親率荷印公司士兵，聯合新港社攻打麻豆社，麻豆社不敵，被脅迫下與荷方簽訂《麻豆協約》，並於 1636 年 2 月 22 日的集會上，28 個村落一起確認協約的藍本。[14]

(三)郭懷一事件

到了費爾勃格(Nicolaes Verburch)任職巡撫(長官)期間，由於福爾摩沙的原、漢人受到不公平的壓迫，積怨難平，導致於 1652 年(明永曆 6 年)爆發驅荷的「郭懷一事件」。

檢視「郭懷一事件」的整個動亂事件，荷印公司主要藉由武裝動員來的 2,000 名社民的幫助，以及在配有火槍裝備的荷軍指揮下，來對抗由郭懷一所領導這群手執末端削成尖的竹竿、高舉鋤頭和鐮刀的抗議農民。

受到不滿意荷印公司統治的日本人紛紛離開大員，導致在荷印公司各處商館附近的地區，居住了許多從其他地區遷來的，尤其是由移自對岸來臺漢人的大量替補。

最後，東印度公司雖然利用原、漢關係的矛盾，將此一驅荷抗爭事件鎮壓了下來，但經過此反荷事件的影響，大員地區農業的生產遭受重大損失，不但儲存的稻穀物資等，和多數房屋被毀，貿易也陷入停頓，致使公司蒙受重大損失，而且影響 1651 年(明永曆 5 年)種植的甘蔗也無法收成，長老和農民都無法以原糖抵換公司貸給他們的胡椒。

加上，1656 年鄭成功的下達禁行臺灣的命令，更慘的本土產業是 1657 年發生了流行病、蝗蟲災害，荷印公司不但無法有效控制社會秩序，亦無力對抗來自以鄭成功勢力為主的海上集團。

出任最後一任巡撫的揆一(Frederik Coyett)，於 1647 年出任日本商館館長，一年後調來福爾摩沙，展開他的政治生涯。1652-1653 年間他曾回任日本商館

[14] 《麻豆協約》的完整內容，參閱：鄭維中，《荷蘭時代的臺灣社會——自然法的難題與文明化的歷程》，(臺北：前衛出版社，2004 年 7 月)，頁 88-90。

館長，並於 1656 年底先擔任地方會議議長之後，次年正式出任巡撫一職。

荷治初期，由於必須先花費巨額軍事費用和行政開支，以致經常出現赤字。但自 1647 年以後直至荷蘭 1662 年離臺，已年年有餘，顯示因沒有投入重大的本土建設經費，以及因無大規模抗爭所節省的軍事費用支出，其所投資與貿易的獲利，突顯荷治時期掠奪經濟的特色。

蔣毓英《臺灣府志》：

> 崇禎八年〔1635〕，荷蘭始築臺灣、赤崁二城，即今之安平鎮城也；赤崁城，即今之紅毛樓，名城而實非城也，規制甚小，在臺灣府治西北。荷蘭以夾板船為犄角，善用砲攻，雖兵不滿千，而南、北各土酋咸服聽命。又設市於臺灣城外，泉、漳之商賈始接踵而至焉。庚寅，甲螺郭懷一預謀逐紅彝，紅彝覺之，召土番擒懷一，戮於赤崁城。商民在臺者，被土番殲滅不可勝數，而商賈視為畏途矣。[15]

高拱乾《臺灣府志》：

> 甲螺郭懷一謀逐紅彝；事覺，召土番追殺之，盡戮從者於歐汪，商民在臺者被土番殲滅不可勝數；而商賈視臺為畏途矣。[16]

起事的郭懷一，本是擔任距赤崁 2 哩附近一個小村的村長，係曾是鄭芝龍舊屬，而鄭成功受其影響之後，遂於 1662 年(清康熙元年)自廈門率軍攻臺灣，結束荷蘭東印度公司在福爾摩沙為期 38 年的統治。

[15] 臺灣史料集成編輯委員會編，蔣毓英撰修，《臺灣府志》，(臺北：遠流，2004 年 11 月)，頁 127-128。

[16] 臺灣史料集成編輯委員會編，高拱乾纂輯、周元文增修，《臺灣府志》，(臺北：遠流，2004 年 11 月)，頁 66。歐汪，為荷治時期因當地番社的名稱歐王社，明鄭時期為天興洲的永定里，清朝前期稱安定西堡，道光以後稱漚汪堡，至今臺南將軍區仍有漚汪地名。荷治時期為平埔族居住，至清朝施琅將軍擊敗鄭氏，清廷將此地封為施琅的勳業，遂有將軍庄（鄉）之稱。

(四)鄭氏驅荷戰役

1660 年代以後，國際政經環境的最重要特徵是歐洲列強間多極體系的完成，各國對戰爭或和平的態度，不再為跨越國界的宗教理由所左右，而是取決於民族和商業利益，這些國家制定政策的基點已經從堅定的宗教信仰轉為爾虞我詐的政經實力。

什麼是國家(state)呢？國家就是君主(the prince)而其聲望和尊嚴漸漸與其子民相脫離的君主，而且恰在此時，官僚體系作為一個具有特殊性格和利益的獨特社會組織開始出現，它是君主的盟友，亦是充滿感情矛盾的諍友。君主為達到制定稅法的手段，還建立各種代議機構，並由貴族組成，君主試圖利用這機制來反對貴族，而貴族亦以同樣方式反制君主。

亞洲中央集權國家的大明帝國此時已近末期，但鄭成功既受封「延平郡王」，1895 年日本殖民臺灣之後，延平郡王祠即被改稱開山神社，突顯這種冊封體制受制於大明、大清帝國皇權體制的變遷，以及受到父親鄭芝龍由於生長於閩南，地近海濱，在出海謀生之後，並隨顏思齊縱橫閩海勢力的消長。

1612 年(明神宗 40 年)鄭芝龍乘了一艘荷蘭船偷渡到了日本的平戶島(舊稱平壺，或稱飛鸞島)，娶田川松為妻；1624 年(明天啟 4 年)鄭成功出生於平戶島，乳名福松，7 歲時改名為森。

據說鄭成功的舊居在平戶中野河內町，是面臨漁港的一個丘陵的半中間，當年是燈紅酒綠的歌臺舞榭之地，也是各國的水手來此千金買醉，尋歡取樂的地方。鄭成功的母親田川松，其父親是泉州的一名鐵匠出身，名字叫翁昱皇，後因經商到日本，娶日本田川為妻，就以妻姓改名田川昱皇，田川昱皇的女兒田川松，就是鄭成功的母親。[17]

1628 年(明崇禎元年)鄭芝龍被封「海防遊擊」。1642 年(明崇禎 15 年)鄭芝龍為福建副總兵，1645 年(明隆武元年、清順治 2 年)唐王稱帝於福州，封鄭芝

[17] 王孝廉，《春帆依舊在》，(臺北：洪範，1980 年 5 月)，頁 89-95。

龍為「平國公」，封森為「忠孝伯」，賜姓朱，名成功。

1646 年(明隆武 2 年、清順治 3 年)鄭芝龍降清，鄭成功哭諫不從。1648 年(明永曆 2 年、清順治 5 年)永曆帝封鄭成功為「威遠侯」，1653 年(明永曆 7 年、清順治 10 年)永曆帝晉封鄭成功為「漳國公」，翌年(1654)封「延平王」，鄭成功上表懇辭；清順治帝則封鄭成功為「靖海將軍」、「海澄公」，鄭成功不受。

1657 年(明永曆 11、清順治 14)永曆帝封鄭成功為「延平郡王」，依大明朝體制，等於是立個小朝廷。清政府則流徙鄭芝龍於吉林寧安，籍沒其家。1658 年(明永曆 12 年、清順治 15 年)明延平郡王鄭成功大舉北伐，入長江，直逼江寧(南京)，師至羊山時，遇颶風，鄭成功子鄭濬、鄭浴、鄭溫皆溺死，鄭成功率殘軍退守金門、廈門。

1659 年(明永曆 13 年、清順治 16 年)鄭成功在南京慘遭兵敗之後，於 1661 年(明永曆 15 年，清順治 18 年)轉登陸臺灣即採取圍攻，並遣使者分赴熱城、普城諭降，從此以臺灣為「復明」基地，放棄原在「思明」廈門的基地，開啟了近代臺灣發展所謂第一階段本土化運動。

高拱乾《臺灣府志》：

> 荷蘭與成功戰不利，遂退保臺灣土城，歸一王以死拒之。鄭師力攻不克，環山列營以困之。荷蘭勢窮，復整夾板船十餘艘與成功決戰；成功因風縱火，焚燒彝艦，荷蘭大敗，然終無降意。成功使人告之曰：「此地乃我先人故物；今所有珍寶聽而載歸，地仍還我，兵始罷。」荷蘭知勢不敵，爰棄城歸。[18]

立國 294 年的大明帝國亦於 1661 年(明永曆 15 年、清順治 18 年)被滅亡，11 月鄭芝龍及家眷計 11 人被清廷處死。1662 年 4 月吳三桂將永曆帝處決於昆

[18] 臺灣史料集成編輯委員會編，高拱乾纂輯、周元文增修，《臺灣府志》，(臺北：遠流，2004 年 11 月)，頁 66。

明。鄭成功任命楊朝棟出任承天府府尹為臺灣最高地方官。1662 年(清康熙元年)5 月明延平郡王鄭成功卒，時年 39 歲，子鄭經嗣位。

1663 年清兵攻金廈，鄭經退守銅山，1664 年放棄沿海諸島，退守臺灣，1674 年鄭經趁「三藩之亂」率軍攻佔廈門、泉州、漳州，1677 年鄭經盡失大陸守地，1679 年鄭經命子克臧監國，1680 年 3 月兵敗，退守臺灣，1681 年 3 月過世，與其父同年為 39 歲。

嗣當監國鄭克臧被馮錫範諸人謀害，鄭克塽 12 歲時襲延王位，續稱延平郡王封號，大權旁落其岳父馮錫範之手。1683 年施琅在攻佔澎湖之後，10 月進逼臺灣，鄭克塽敗降，削髮蓄辮歸順，與南明宗室同被遣送大清國首都北京。鄭氏東寧王國在臺計傳三世，歷時 22 年。

檢視 1662 年(清康熙元年、延平郡王元年)鄭成功治臺，鄭氏政權除了承認先來漢人和已開化原住民對於土地既得權益，先確立了財產權的方式以安撫居民之外，突顯有別於荷蘭時期的「客居」性質，乃實施「軍屯為本、佃屯為輔、寓兵於農、展拓貿易」的政策，不僅是建立了「獨立王國」的養兵設官，更欲據臺灣以進軍大陸。

這種「軍兵屯墾」的本土化制度，平時則化兵為農，使能自食其力；戰時則化農為兵，期為征戰之用。

《臺灣外記》引鄭成功話：

> 大凡治家治國，以食為先。苟家無食，雖親如父子夫婦，亦難以和其家；苟國無食，雖有忠君愛國之士，亦難以治其國。……故以為農者七、為兵者三，寓農以散兵，非無故也。今臺灣乃開創之地，雖僻處海濱，安敢忘戰？暫爾散兵，非為安逸，……農隙，則訓以武事；有警，則荷戈以戰，無警，則負耒以耕。寓兵於農之意如此。[19]

[19] 江日昇，《臺灣外記》，收錄：【白話中國古典小說大系】《臺灣歷史演義》，(臺北：河洛，1981 年 5 月)，頁 178-179。

承上論，鄭氏在臺時期推動具有本土化的軍屯制度，臺灣作為移墾社會，普遍存在有前人不學，窮人不能學，以至於學校不振，文風日衰的負面評價。但是鄭氏治臺時期的設立吏、戶、禮、兵、刑、工等行政組織，鄭經於 1666 年興建完成孔廟，採中央設學院各地方設立學校的學制，舉辦科舉考試，實施教化，建立了臺灣的教育制度。

鄭成功雖身陷父親鄭芝龍亦盜、亦商、亦官角色的與國際資本主義市場利益，以及國家民族大義之間糾葛，但是鄭成功深受儒家忠君思想的影響，一心想要維繫大明的政權正統，重振已經瀕臨淪亡的大明帝國；並在複雜的現實社會中，突顯其出身、家世、政經作為上的儒家文化典範。

鄭氏時期善用透過船舶、船員、交易、語言或血緣，與周邊陸上的大清國、日本等都保持了策略性關係，其所實施的各項措施都有助於本土化或漢化的意識型態定位。

臺灣近代發展迄今始終存在本土化與全球化，乃至於「中國意識」與「臺灣意識」，乃至於「日本意識」與「臺灣意識」的爭論。鄭氏王國與大清國的幾輪的和與戰之後。兩方幾近談成比照朝鮮的解決模式，即承認特殊關係的登岸稱臣，但保留原有生活方式的不剃頭堅持。

這是 17 世紀的所謂「兩國論」，最後卻兩國雙方的缺乏互信而破局。但鄭氏時期反清復明的意識型態定位，與蔣介石以復興中華為其歷史使命，以及今天在後殖民化社會，臺灣正重新追尋其相對於週邊的文化主體性，是一個有意義但仍然存在爭議性的議題。

總合反荷蘭掠奪時期的臺灣本土化，相較於二次大戰後國民政府對臺灣的影響，在體現國家整體目標上實有異曲同工之妙，都曾經是為能重返中國大陸而努力。然而，鄭氏政權的失敗，不僅讓追隨鄭家到臺灣尋求出路的臺灣先民遭受嚴重的傷害，也給日後兩岸人民帶來幾度分合的苦難。

1892 年唐景崧、丘逢甲合撰臺南鄭成功祠聯：

由秀才封王，主持半壁舊河山，為天下讀書人頓生顏色；

驅外夷出境，開闢千秋新世界，願中國有志者再鼓雄風。

五、反列強入侵時期的本土化

清領臺灣時期（1683-1895）面對英國在 18 世紀中葉工業革命以後，製造業與服務業逐漸取代農業所得，資金與技術也隨著向國外發展，臺灣由於受到帝國主義列強商業資本的侵入，以金融高利貸形式利用買辦居間運作的機制，進行對臺灣的侵略。

然而，西歐在工業資本主義開始發展的時期，確實受到封建貴族的層層束縛。可是英國到了 19 世紀初紡織業興盛時，也因為政治上的干預太多，妨礙產業發展，特別是在推展國際貿易上，因而英國商人遂採取相互結盟方式，聯合以紡織業為中心，形成一股自由開明思潮，要求經濟的自由化與國際化。

換言之，世界經濟體系到了 1763 年英國排擠了荷蘭及法國，成為下一個強權國家，而普魯士在半邊陲競爭中成功地向排頭前進，它決定了將來中歐的政治進程，邊陲地帶重新改組的收縮也完成了，世界經濟準備好開始進一步的地理和經濟擴張。

大英帝國的國際強權時期，由於中產階級在政治上的獲勝，並且堅信自由主義的思想引入自由貿易的時代，強調只要經濟大國接受自由思想，以及強調顯而易見的貿易利益，鼓勵了各國進行降低關稅談判，國際市場就可以敞開大門。

清領初期發展的本土化，突顯土地開墾主要是在恢復明鄭時代留下的荒廢田園，儘管大清政府官方的宣示「荒地就是番地」的禁墾番地政策，但仍有漢人不畏險境的湧入開墾。土地開墾地區的先後，主要從臺灣的西部，再從南部而北部。

1697 年(康熙 36 年)郁永河《裨海遊記》：

經過臺灣西海岸平原，佳里興以北悉屬平埔族部落，幾無漢人足跡，……旅途中，祇於牛罵社時，見有漢人自海濱來者；又於中港社至竹塹社途中碰到由雞籠、淡水來的漢人；進入臺北平原，猶屬滿目荒涼。自竹塹迄南崁，八九十里，不見一人一屋，求一樹就蔭不得；掘土窟，置瓦釜為炊，就烈日下，以澗水沃之，各飽一餐。途中遇麋鹿……既至南崁，入深菁中，披荊度莽，冠履俱敗，真狐洛之窟，非人類所宜至也。[20]

清領初期的發展本土化政策，更突顯於 1721 年(康熙 60 年)的爆發「朱一貴事件」之後，藍鼎元曾在為其族兄藍廷珍草擬的致閩浙總督滿保的〈論臺鎮不可移澎書〉:

以澎湖總兵控制臺灣，猶執牛尾一毛欲制全牛，雖有孟賁、烏獲之力，總無所用。今在廷臣中，莫有敢出一言為皇上半壁封疆之計，何異欲棄臺灣乎？臺灣一去，則泉、漳先為糜爛，而閩、浙、江、廣四省俱各寢食不寧，山左、遼陽皆有邊患。[21]

這見解強調臺灣本土化的重要性，獲得提督姚瑩等人的支持，臺鎮總兵一直設置臺灣本島，一直到 1895 年臺灣被割讓給日本。

荷、鄭時期臺灣雖與西洋各國有貿易往來，但了康熙、乾隆年間也逐步對外開放安平、鹿港、八里坌，以及 1824 年(道光 4 年)開放彰化的五條港(海豐港)等港口來與之貿易。

19 世紀中葉，英、法、美等帝國主義列強國家以創造企業利潤為優先，透

[20] 郁永河，《裨海遊記》，【臺灣文獻叢刊第四四種】，(臺北，臺灣銀行經濟研究室，1959 年 4 月)。

[21] 藍鼎元，《東征集》(6 卷)，參見：個人圖書館《四庫全書史部紀事本末類-東征集》〈http://www.360doc.com/content/15/0331/21/22201879_459652460.shtml〉(檢索日期：2018.5.9.)

過資本主義市場利益構成的國家社會基礎，挾著其軍事優勢向外侵略。清領臺灣本土化時期的反帝國主義列強侵略戰爭，包括：

(一)反英法軍入侵事件

清國反英法軍的主要戰役，先後可以分為三次。

第一次是反英軍入侵雞籠。1840 年爆發鴉片戰爭(Opium War)之後，1841 年（道光 21 年）3 月英軍戰艦「妮布達」號(Nerbudda)入侵雞籠(基隆)、1842 年（道光 22 年）3 月英軍再攻大安(梧棲)港，其中一艘戰艦「安恩」(Ann)號入港內時擱淺，船上全部成員 50 餘名成為俘虜。

《淡水廳志》之〈祥異考〉「兵燹」：

> 〔道光〕二十有一年八月十六日丁酉，洋船至雞籠礮臺，參將邱鎮功調守備許長明、歐陽寶等，在雞籠防所堵守。淡水同知曹謹、協防澎湖通判范學恆委巡海口知縣王廷幹督同艋舺縣丞宓惟康，在三沙灣礮臺應之，洋船折桅沖礁碎。九月，洋船再至雞籠，參將邱鎮功、淡水同知曹謹、協防澎湖通判范學恆禦之。
> 二十有二年二月三十日己酉，洋船復至大安，我軍偵探入口，淡水同知曹謹、署鹿港同知魏瀛、澎湖通判范學恆、彰化知縣黃開基、護北路副將關桂、遊擊安定邦，督同守備何必捷、千總何建忠、李青雲、把總翁標桂、林飛鵬等禦之，洋船破。[22]

待到鴉片戰爭結束，8 月《南京條約》簽訂後，英軍追究責任，當時的分巡臺灣兵備道姚瑩，和臺灣鎮總兵達洪阿被清政府革職，清政府命欽差大臣耆英向英方道歉，也被迫向西方帝國主義列強國家開放門戶。

[22] 陳培桂、林豪，《淡水廳志》，【臺灣文獻叢刊第一二四種】，(臺北：臺灣銀行經濟研究室，1958 年 10 月)，頁 354-356。

第二次是反英法聯軍。1856 年(咸豐 6 年)10 月發生英船「亞羅」(Arrow)號事件，和法國傳教士在廣西遇害。1857 年(咸豐 7 年)7 月英法聯軍攻陷廣州、1860 年(咸豐 10 年)北上攻佔天津，清政府分別與英法簽訂《天津條約》，以及後續的《北京條約》其中約定開放臺灣的安平、滬尾(淡水)為通商口岸，1861 年(咸豐 11 年)7 月更擴充至打狗（旗後）、雞籠，一共開放了四個港口為商埠，這是臺灣首次對外開港貿易。

檢視《天津條約》的簽訂，實施臺灣開港之際，斡旋開南部臺灣府(安平)的國家有俄、美兩國，而同時主張開北部淡水港者全係法國，臺灣也因為開港而被納入國際市場體系，不再單是扮演大陸貨物的集散中心，以及對大陸、日本、南洋各地貿易的轉運站。

回溯法國從 1857 年(咸豐 7 年)開始鑒於英國鴉片戰爭的戰果，開始積極入侵進攻越南，以作為其在亞洲殖民的根據地，並逐漸擴張其勢力。同時，法國對臺灣的煤礦價值亦已垂懸很久，法軍為奪取煤礦三次派艦攻滬尾、雞籠未果，遂改攻澎湖。

清軍在越南諒山雖告捷，在海上則法軍艦佔絕對優勢，清廷最擔心戰火擴及大陸本土，李鴻章主張藉諒山一戰之威，1883 年(光緒 9 年)法國逼安南締結《順化條約》，安南淪為法國殖民地。

安南一向為清國保護，導致 1884 年法國視為向清國要求補償的發動「報復戰爭」(war of reprisals)，更加使得帝國主義國家體認臺灣戰略地位的重要性。然而，戰事的進行並未如法軍預期的佔有完全優勢，可以順利達成其速戰速決的目標。

清法戰爭初期臺灣的佈防工作，由臺灣道劉璈主持。劉璈將全島分成前（澎湖）、後（花蓮、水尾、埤南、三條崙以迄鳳山界）、北（大甲溪以北到蘇澳）、中（曾文溪以北，大甲溪以南）、南（曾文溪以南）各設統領，可獨立作戰。

7 月，劉銘傳以「巡撫銜督辦臺灣事務前直隸提督」為全權大臣，抵達基隆，負責全島防務，只直接向朝廷負責。

《新竹縣志初稿》〈卷五下〉「考三」「兵燹」:

光緒十〔1884〕年六月，法軍入寇基隆，兵輪停泊港外，巡撫劉銘傳駐兵台北府城；飭軍門曹志忠領兵屯紮二重橋，軍門劉朝祜及提鎮蘇得勝、章高元領兵分紮獅毬嶺及基隆山等處，副帥孫開華統兵駐艋舺，飭軍門龔占鰲領兵屯紮滬尾，營務處李彤恩及營弁張李成亦分紮滬尾。大戰基隆港；法軍開炮擊壞口岸砲臺。法軍潛登基隆口岸；劉銘傳命軍門曹志忠、劉朝祜、提鎮蘇得勝、章高元帥兵截擊，法軍敗績。

八月，法軍戰艦再犯滬尾港；副將孫開華飭各營嚴禦。劉銘傳令移營援滬尾，退守獅毬嶺。法軍乘虛上陸，侵踞基隆，劉銘傳退守臺北府城。法軍潛登滬尾口岸；副將孫開華命軍門龔占鰲、將弁張達斌、營務處李彤恩、張李成、黃宗河等率兵擊之，法軍敗績。九月，法軍由基隆攻暖暖莊；時在地團練勇效力擊戰，擊法兵十餘名，兵始退。十月，劉銘傳統領林朝棟統臺勇與軍門曹志忠分段紮守。十一月，林朝棟與法軍大戰大水窟；法軍敗績。法兵輪停泊竹塹舊港口，開大砲擊燬商船。十二月，法軍攻暖暖莊，土勇營弁張仁貴死之。十一年正月，統領林朝棟被困，營務處陳明志、王詩正往援，圍解。二月清、法和議始成。五月，法軍自基隆港撤兵回國。[23]

蓋法軍最初出兵臺灣的原因，主要是於牽制其與中國東南沿海福州的聯絡，以拓展其在亞洲地區的勢力。法軍自 1884 年(光緒 10 年) 10 月初由孤拔(Anatole-Amédée-Prosper Courbet)提督(中將)指揮下，先在基隆一帶打敗劉銘傳軍隊，劉軍改駐紮艋舺的臺北府。10 月 20 日孤拔宣布封鎖臺灣海岸，11 月 2 日清軍攻打嶺腳(Liang-kah)、暖暖一帶法軍，清軍敗退，法軍也難向內陸推進。

戰事的陷入糾葛，截至隔年 4 月為止，法軍總計封鎖臺灣約 5 個月，但佔

---

[23] 臺灣銀行經濟研究室（編），《新竹縣志初稿》，【臺灣文獻叢刊第六一種】，(臺北：臺灣銀行經濟研究室，1958 年 10 月)。

領澎湖則維持到 6 月清法簽訂《天津條約》，是為清法《越南條約》。其中第九條規定法軍須從臺灣、澎湖撤兵；依據此約，大清國承認越南為法國的保護國，法軍並於 7 月以前全部撤離臺灣。

第三次是英軍入侵安平。1863 年(同治 2 年)清政府收樟腦為官營，外商要求取消，導致 1869 年(同治 8 年)，英艦轟擊安平，佔領赤崁，清政府與英領事訂立協約，主要內容包括：撤銷樟腦官營、保護外人內地旅遊安全、賠償損失 1 萬 7 千餘元、革除失職官員臺灣道梁元桂、承認傳教自由。自此以後，外國傳教師之來臺灣者日增。

(二) 反美軍入侵事件

1854 年(咸豐 4 年)美國美國東印度艦隊司令培里(M. C. Perry)率艦抵基隆港，並進行對煤炭的調查和海難人員的搜索。1867 年(同治 6 年)3 月美船羅發號(Rover)在臺灣南端七星岩(Vele Rete)觸礁而沉沒，船上人員被害，美國駐廈門領事李仙得(C. W. Le Gendre)出面交涉未果，美國水師率艦來討。

早在美船羅發號事件發生之前，臺灣南岸及東海岸，就陸陸續續發生外國船隻水鬼號(Kelpie)、薩拉・特洛曼號(Sarah Trottman)、拉蓬特號(Larpent)等船難，以及發生德國軍艦葉路別(Elbe)，和英國軍艦細魯比亞(Sylvia)號欲登陸臺灣南部海岸，而與當地住民族(Formosans)發生衝突的事件。[24]

羅發號事件之後，當時奉命調查船難事件的臺灣道臺吳大廷認為，該地點係位在生番（savages）界內，其行劫的兇犯，並非華民，該處乃未收入中國版圖，且為兵力所不及，委難設法辦理。[25]

通曉國際法則的李仙得，因而開始臺灣原住民土地的所屬及管轄產生質疑，後來李仙得發現臺灣地方官不但沒有設法營救遇難人員，也沒有派官兵對

---

[24] James W. Davidson, 陳政三譯註，《福爾摩沙島的過去與現在》【上冊】，(臺北：國立臺灣歷史博物館，2014 年 9 月)，頁 135-138。

[25] 伊能嘉矩，國史館臺灣文獻館編譯，《臺灣文化志》(下卷)，(臺北：臺灣書房，2012 年 1 月)，頁 82。

付原住民，遂改派水師前來。

臺灣鎮總兵劉明燈，因李仙得到臺灣府理論南岬(Kwaliang, 指鵝鑾鼻)的羅發號事件，於是領軍 900 人，自臺灣府出發，要到柴城攻打龜仔用社（Koalut, 今墾丁社頂公園），到了枋寮，軍隊無法繼續南下。於是招工募民，自枋寮開一小道到車城，並在車城福安宮曾留下碑文。

檢視 1868 年(同治 7 年)十八番社頭目卓杞篤(Tauketok)在清政府官員「立會」下與李仙得議和，締結《南岬盟約》，清政府承諾保護外船安全，儘管未接受 1870 年李仙得向臺灣總兵楊在元、道台黎兆棠與知府祝永清的建議興蓋一座砲台，但清政府仍於 1881 年（清光緒 7 年）動工，1883 年（清光緒 9 年）建成鵝鑾鼻燈塔。[26]

李仙得的交涉船難事件過程突顯在屢經地方官員推諉塞責，堅持恆春半島屬於禁地，土番非屬「人國」的濫調之後，李仙得選擇主動和土著頭目接洽，訂立合作盟約，變成土著盟友，導致李仙得的依據國際公法，認定南臺灣土著屬於非文明的無主狀態。

清領臺灣之前，自枋寮以下，山海相連，獅頭群山，直接入海，無路可通。清國將版圖自限到枋寮，將以南的「瑯嶠」視為「治理不及，化外之地」。當時柴城（今車城）有渡海而來福佬人移民數千，是瑯嶠第一大城。

李仙得在美國政府的承認下，直接和臺灣南部的番社代表簽訂國際合約，同時有清國的官員立會，儼然臺灣有兩個政府存在，而清廷政府亦予以默認。3 年後牡丹社(Botan)事件發生時，遂給與日本出面干涉的藉口，發展有利於侵犯臺灣主權的論述。

(三)反日軍入侵事件

1871 年(同治 10 年、明治 4 年) 11 月，琉球島民 69 名漂流至臺灣東南八瑤灣港附近，上岸後誤入牡丹社(Botan)，其中 54 名被害；翌年 10 月，日本小田

[26] C. W. Le Gendre, 黃怡譯，《南臺灣踏查手記》，(臺北：前衛，2012 年 11 月)，頁 237-244。

縣人 3 名在臺東馬武窟社被搶。

《恆春縣志》【卷十八邊防】:

同治十三〔1874〕年春，恆春尚未設縣，民少番多。日本輪船載兵盈萬，泊車城後灣海面，以舢舨渡兵登岸，先住民房，繼於大坪頂山紮大營，駐統領官。沿途防營，碁布星羅，冬至猪勞束大港口，北至南勢湖沿海一帶，首尾百里。並要隘如獅頭山，莿桐腳、楓港、涼傘兒、車城、馬鞍山等處，各駐重兵，不時進攻。牡丹社在高山，壘木石當關，倉卒不得上，相持數月。夏、秋溪水泛溢，倭人誘之以計，持槍涉水，偽為失足狀，仰臥水際，以足拇指駕槍水面以待。

時番人不知有後膛槍也，見其槍已濕水，人已淹斃，來割首級，倭乃放槍鎰之；番之為所绐者甚多。然倭人平日往來小徑，被番伏草刲殺、割去頭顱者亦復不少，並不服水土病死者無慮數萬千人。其屍皆盤膝如趺坐狀，用木桶裝殮；嗣以體僵，膝不能居，即彌留時，亦強裝入桶，陸續載以回國。當其病日，雖滿屋沈吟，外人不得知也。倭兵之在大港口者，其糧餉、軍火，皆大坪頂營接濟，悉以舢舨從後灣越猫鼻、鵞鑾鼻而往；不由陸路，畏番之狙擊焉。其後，倭人渾金如土，雖隻雞秉秤售之者，可得龍洋一元。

由是，鄉愚艷其利，即平日受害於番者皆樂為用，為之嚮導。倭人乃分兵三路，一自大港進，越文率、高士佛，而抄其後；一自楓港進，由牡丹路禮乃而襲其右；一自保力進，由四重溪、石門而攻其前。勢如潮湧，槍林彈雨，番不能敵，遂毀其社、戮其人。各社聞風而懼，咸以牛、洋、酒、米來貢，以免於害。維時，大軍南來，築寨於枋寮一帶，兩不相侵，以萬國公法爭。倭人之理絀情虧，遂罷兵；焚其營中所於之五色毛毯、布棚及糧米等而去。是役也。倭住恆春將一載，水路各要隘殫悉靡遺。現在啓衅朝鮮，則恆春各海岸，不可不加意防範焉。[27]

17 世紀初以來，琉球以臣屬日本薩摩大名(諸侯, the Domain of Satsuma)。日本為琉球宗主國，於 1874 年(同治 13 年) 5 月以日本「漂流難民」被殺為藉口，派有功丸在臺灣車城南方的社寮村(Sialiao, 車城鄉射寮村)登路，引發激烈的石門之役(the Battle of Stone Gate)，牡丹社(Botan)和龜仔用社(Koalut, 或稱高士佛社)被日軍焚毀。

接受保護旗的有射麻裏社(Sawali)的一色(Isa)、文率社(Mantsui)的加禮帶(Kalutol)、八龜角社(Pakolut)的辛曉(Sinjio)、羅(老)佛社(Loput)的魯林(Lulin)、隆鑾社(Lingluan)的兵也來(Pinali)，以及豬朥束社（Tuilasok）與龜仔用社頭人派的代表，日軍並擴大佔領區，墾殖長久駐屯的部署。[28]

日本所謂「征臺之役」的牡丹社事件後，12 月沈葆禎來到風港，改風港為「楓港」(Hongkang)。次年，「瑯嶠」成為恒春縣。清政府的態度已從羅發號事件時宣稱「羅發號船員並非在本國疆土內或海面遇害，而是在生番所據地遭難」，轉變為主張「化外之地絕非無主之地」。

而日本也因明治維新才開始，財政拮据，經不起與大清國打戰，經過多次斡旋，以及美國和英國的介入，清日雙方於 1874 年(同治 13 年) 10 月簽訂《北京專約》(或稱《清日臺灣事件專約》)。1875 年元月大隈重信奏請天皇廢除已達成階段性任務的「臺灣蕃地事務局」。

「征臺之役」之後的日本，因此得以解除琉球與大清國宗藩關係的兼併為日本領土，並於 1879 年置冲繩縣；而且也影響英、法兩國撤銷自幕府時代末期

[27] 《恆春縣志》，參見：【中國哲學書電子化計劃維基網址】〈https://ctext.org/wiki.pl?if=gb&chapter=196594〉，(檢索日期：2018.05.10)。

[28] James W. Davidson, 陳政三譯註，《福爾摩沙島的過去與現在》【上冊】，(臺北：國立臺灣歷史博物館，2014 年 9 月)，頁 184。

以來派在橫濱的駐兵，突顯明治外交上所受間接之利益甚大。[29]更由於清政府正式承認日本出兵臺灣「保民義舉」的合法性，這是日本南進的先聲，而開啟了 20 年後日本的攫取臺灣。

牡丹社事件的簽訂《北京專約》之後，清政府為了表示擁有南部地區原住民主權，也開始重視臺灣的防務和建設，福建巡撫應移駐地位更重要的臺灣。所以，才有後來臺北府和臺東廳的設置，也導致臺灣島的全部開放，大清國人終於可以自由移民臺灣。

1874 年(同治 13 年)日本發動的「牡丹社事件」，和 10 年後的法軍來襲，除了更促使大清政府體認臺灣地位的重要性。然而，1875 年試圖伸張南臺灣原住民統治權的討伐獅頭社(Sai-tao)結局，大清國表面上勝利，其實付出慘痛的代價，形成清國官兵、移墾漢人、原住民、日本人等等錯綜複雜的緊張關係。

綜合上述的反國際帝國主義列強侵略，標誌著清政府喪失了司法、關稅、外貿、沿海貿易、內地通商、內河航運等方面的主權，突顯出清政府完全失去對外保護自己國內政經濟利益的職能，完全受制於外來帝國主義強權國家的侵略，導致國家是處在半殖民地的窘境。

然而，始於 1874 年(同治 13 年) 臺灣自強新政展開求新、求強、求變的現代化運動，由於臺灣當時已具備相當規模的本土化社會基礎，及逐漸出現擁有商品交易實力的本土資本家，從內部以支撐自強運動；再加上臺灣島民的民智已開的諸多因素，更有利於現代化運動的加速促成臺灣政經發展本土化的條件。

1875 年(光緒元年)福建巡撫沈葆楨奏准設立臺北府，下轄淡水、新竹、宜蘭與基隆諸縣。1879 年(光緒 5 年)臺北正式開府，陳星聚被任命首任知府。回溯日本佔領臺灣初期規劃臺北新市區，拆除臺北城牆，填平護城河，留下四座城門，見證了沈葆楨、陳星聚對臺北城的建設事蹟。

「牡丹社事件」之後清政府的增設府縣，並對臺灣東部及原住民地區以「開

[29] 伊能嘉矩，《臺灣文化志》【下卷】，國史館臺灣文獻館編譯，(臺北：臺灣書房，2012 年 1 月)，頁 143。

山撫番」進行本土化政策，大力開發、征服，及臺灣東西部越嶺古道，雖最後仍無法有效統治原住民地區，但可達成防止外國勢力的入侵。

清代迄 2018 年還存在的淡蘭古道仍有北、中、南路徑可循，見證了淡水廳到噶瑪蘭廳間(現今臺北到宜蘭)的主要道路。

北路：由萬華、松山、南港經瑞芳、猴硐、雙溪、貢寮到宜蘭大里，此路徑發展最早，是海防、傳遞公文、軍事防禦與採掘資源的官道；中路：經平溪或坪林、雙溪到宜蘭外澳，是庶民農漁產品交易的民道；南路：由深坑、石碇經坪林到宜蘭頭城、礁溪，是茶葉作物生意往來的商道。

反帝國主義列強國家入侵時期的臺灣本土化，特別是在於推動臺灣的建省，以及植基於沈葆楨（1820-1879），完成於劉銘傳（1836-1896），和承啟於沈、劉之間的丁日昌(1823-1882)[30]，其更加突顯清領臺灣發展本土化與自強運動現代化的雙重歷史意義。

六、反日本殖民時期的本土化

日本明治維新之後，經過 1895 年的戰勝清國，和在 1905 年日俄戰爭的獲勝，以實力證明了明治維新的成功，讓日本這國家一躍成為亞洲的強國，並與西方列強展開在亞洲的殖民地爭奪戰。

1895 年（光緒 21 年）日本以朝鮮內亂為由向大清政府挑釁，東南沿海戒嚴，臺灣為東南屏藩，清政府以布政使唐景崧(1841-1903)為巡撫。唐景崧是廣西壯族人，1885 年被任命為「福建臺灣道兼按察使銜」，到任已是 1887 年。

臺灣自 1683 年起最高行政長官是臺灣道，直到 1885 年以後才條件成熟的設立行省，以福建巡撫為臺灣巡撫，到劉銘傳派任為臺灣首任巡撫。當時臺灣

[30] 1868 (同治 7)年丁日昌曾向曾國藩建議以臺灣為南洋海防中心，1882 年李鴻章奏授丁日昌為直隸總督，惟丁日昌已經去世，享年 60 歲，編有《持靜齋書目》五卷。

建為「行省」所代表的意義非凡，含有一個邊陲地區發展變成為中(大清)國本部之區的深意，代表此一地區內地化(本土化)發展已得到相當程度的成功。[31]按察使即指當時權力結構在行政財政權、軍權之外的監察司法長官。

從相互主體性的角度論，臺灣反日本殖民時期臺灣的本土化運動，可分為武力反日、文化反日，和經濟反日的三大類型運動。

(一)武力反日的本土化運動

1895 年甲午戰爭爆發時，清政府調兵渡臺籌畫防守，但北洋清軍戰事不利；1895 年 3 月 23 日清政府詔令北洋大臣李鴻章為全權大使、副使為李經方，率團赴日，與日本議和。

談判地點就選在日本下關(Shimonoseki, 清稱為馬關)，日方代表為伊藤博文、陸奧宗光舉行會談，在簽署《馬關條約》(the treaty at Shimonoseki)中，事關割讓臺灣給日本，引發籌組臺灣民主國之議。

1895 年 5 月 2 日丘逢甲倡議成立臺灣民主國，5 月 23 日宣告成立新政府，發表〈臺灣民主國自主宣言〉(Official Declaration of Independence of the Republic of Formosa)：

> 照得日本侵凌中國，索割臺灣，全臺身民代表入京請願，未獲俞允。局勢危殆，倭奴不日將至。如屈從，則家園將淪入夷狄；如抗拒，以實力不如人，恐難持久。屢與列強相商，咸謂臺必先能自立，始可保護。臺民誓不服倭，與其侍敵，不如死守。爰經臺民公議，自立為民主之國，官吏皆由民選，一切政務秉公處理。惟為禦敵、治理臺事，須有人統率，以保鄉衛土。巡撫兼署臺灣防務唐景崧，素為臺民敬仰，爰由士民公推為民主國總統。官章業已刻就，訂於五月初二日巳時(陽

[31] 臺灣省文獻委員會編，《臺灣近代史》【政治篇】，李國祁，〈政治近代化的肇始〉，(南投：臺灣省文獻委員會，1995 年 6 月)，頁 137。

曆 5 月 25 日上午 9 點)，由全臺紳民公呈。凡我同胞，勿論士農工商，務須於是日拂曉齊集籌防局(the Tuan Fang Meeting House)，見證隆重就職典禮。盼勿遲疑。全臺人民公告(蓋紅印)。[32]

新政府以唐景崧為臺灣民主國總統、丘逢甲為副總統兼團練使，劉永福為大將軍、李惟義義軍總兵、林維源為議院議長(林維源婉拒，在慶典活動的隔日即內渡廈門)。各部門分設於臺北府舊衙門裡，議院設在前籌防局、內閣閣員包括軍務大臣李秉瑞、內部大臣俞明震、外務大臣陳季同、姚文棟為遊說使等，主要機關則是設在前藩司衙門(布政使司署)。

在軍事行動方面，包括練勇兩軍的正規軍在部署上，主要負責的有北路守備唐景崧、中路守備林朝棟、丘逢甲，南路守備劉永福，後山守備袁錫中，水師提督楊岐珍(兼)統領北部。[33]

與大清國形成「一國兩治」的新政府首要任務，即是發電通知列強，企圖贏得各國承認新的民主國。在臺灣領土已割讓給日本的情況下，除了當時兩江總督張之洞供應武器軍火、金錢支助之外，至於冀寄列強的承認主權，可謂癡人說夢話。

1. 乙未戰役事件

溯自 5 月 29 日日軍近衛師團在澳底登陸，6 月 2 日清方代表李經方與日方代表樺山資紀完成交接，3 日獅球嶺砲台與基隆相繼陷落，6 日唐景崧搭上德國商輪鴨打號（Arthur)，從淡水逃往廈門，臺北城內失序，7 日由北白川宮親王領軍的先頭部隊向臺北城挺進，11 日有鹿港人辜顯榮代表艋舺地區士紳迎接日本軍進入臺北城，成為軍方近衛師團總部和文官行政治理機構的首府。

6 月 17 日在舉行過「始政日」的儀式活動之後，19 日日軍開始南下進攻桃

---

[32] James W. Davidson, 陳政三譯註，《福爾摩沙島的過去與現在》【上冊】，(臺北：國立臺灣歷史博物館，2014 年 9 月)，頁 339-340。

[33] 臺灣總督府警務局編，《臺灣總督府警察沿革誌(二)》，(臺北：南天，1995 年 6 月)，頁 52。

園、新竹(竹塹)等地，並遭遇吳湯興、姜紹祖、徐驤率領義勇軍的游擊式頑強反抗。另外，在三角湧的隆恩埔、分水崙等地，由山根信成率領的日軍亦分別遭到當地義勇軍的盤據高地抵抗。

6 月 26 日臺南擁立臺灣民主國大將軍劉永福為第二任總統，設總統府於大天后宮。7 月 31 日北白川宮親王將總部移到竹塹，但義民軍仍據守城區南方的山地不退。8 月 6 日山根信成率部隊從新埔朝北埔推進，8、9 日展開攻擊尖筆山一帶義軍，10 日日軍進兵苗栗，24 日抵達彰化葫蘆墩(豐原)，27 日雙方各自集結於八卦山一帶，兩軍就在大肚溪流隔岸對峙，日軍開始零星砲擊八卦山的抗日義勇軍陣地，29 日半夜發動進攻，歷經 8 小時的激戰，於當日上午 8 時取得勝利，中路守備林朝棟歸順。[34]

此役為「乙未戰爭」以來最大的正面會戰，史稱「八卦山之役」。由於日軍戰情不如預期順利，日軍特別增派混成第四旅團及第二師團，分別於嘉義布袋與臺灣最南端屏東枋寮登陸。10 月 3 日起日軍編成本縱隊、右側支隊、左側支隊，分別於三方向進佔臺灣南部各城。

10 月 19 日劉永福藉口巡視安平砲台，是夜登上爹利士號內渡。臺南士紳懇請巴克禮牧師及宋忠堅牧師向乃木希典交涉，引導日軍不流血和平入城。10 月 21 日日軍由小南門順利進入臺南城，而樺山資紀則自臺北出發於 26 日在安平登陸，11 月 6 日解散南進軍之編制，至此民主國滅亡。史稱「乙未抗日戰爭」的平息，計臺灣民主國僅存在 150 日，而大清帝國領臺時間的 212 年也正式宣告結束。

從相互主體性觀點而言，臺灣民主國突顯了人民當家做主的意願與行動。但是這是一個由上而下建立的政權，其維持的時間非常短暫，而且當時的權力本質與結構，也曝露出大清國部分官員的貪生怕死、自私自利和昏庸無能。然而，曇花一現的臺灣民主國對於日後臺灣人在反日本殖民侵略的強調本土化運動，卻帶來了極為深遠的影響。

[34] 臺灣總督府警務局編，《臺灣總督府警察沿革誌(二)》，(臺北：南天，1995 年 6 月)，頁 107。

1895 年 5 月臺灣民主國的成立，是以武裝戰爭的方式直接反抗日本統治，大有以「臺灣為中國的大陸化」對抗「臺灣為日本的內地化」態勢。臺灣民主國的倡議者多為清廷官吏以及臺灣本土士紳，其運動並未建立在臺灣一般大眾基礎上，是屬於前近代式的士紳集團反抗外來統治者的行動，尚未建立基於主權在民的國民國家之抵抗運動。

1895 年 5 月 10 日樺山資紀被任命臺灣總督，6 月 17 日樺山正式就職，到了 11 月 20 日在總督府舉行全島平定祝賀會，雖言臺灣民主國階段的抗爭已獲平息，總督府漸感軍事行動帶來的財務壓力，不得不儘速廢止自 1895 年 8 月 6 日起到 1896 年 3 月的軍政，改行民政，但全臺各地的反抗運動仍頻傳。

根據後藤新平指出，從他 1898 年開始赴任以來，到 1902 年為止的五年間，總督府所殺害的「叛徒」總共是 11,950 人。日本從 1895 年領有臺灣開始到 1902 年的八年間，就只憑日本政府一方的統計顯示，臺灣人被殺戮的人數就已達 3 萬 2 千人，這個數目超過臺灣人口的百分之一。[35]

在這當時的抗日事件，除了北部的吳得福之外，臺北的詹振和陳秋菊，金包里的許紹文、簡大獅、盧錦春和北投的楊勢，宜蘭的林李成、林火旺、林少花、林朝俊，楊梅的胡阿錦(胡嘉猷)、三角湧的蘇力和大嵙崁的簡玉和；中部的簡義(簡精華)、柯鐵父子、黃丑、賴福來等；南部嘉義的黃國鎮，阿公店、內埔、下淡水溪一帶的阮振、黃茂松、陳魚等，阿猴(屏東)一帶的林少貓、吳萬興、鄭吉成、林大福等也都相繼被平定。

但在 5 年之後，1907 年 11 月仍然發生了蔡清琳領軍的「北埔事件」；1912 年劉乾、林啟禎(慶興)的「林圯埔事件」，和黃朝、黃老鉗的「土庫事件」；1913 年由羅臭(嗅)頭、羅獅、羅陳、羅其才、李岑等人發動的「六甲事件」，1915 年楊臨所發動的「新莊事件」之外，特別重要的武裝反日事件更有：

2. 苗栗事件

又稱羅福星等五人事件。羅福星原籍廣東，早年隨祖父來臺，曾入苗栗公

---

[35] 黃昭堂，黃英哲譯，《臺灣總督府》，(臺北：前衛，2002 年 5 月)，頁 93。

學校，在內渡途經廈門加入孫中山領導的同盟會，嗣後回到廣東故里，擔任教職，受遇於丘逢甲。1907年(光緒33年)、1909年先後在新加坡與巴達維亞(即今雅加達)，出任華僑中華學校校長。

1911年國民革命武昌起義成功後，羅福星於次年返回臺灣，在臺北成立「華民連絡會館」，由劉士明主持，羅福星則回到苗栗以前居住的牛欄庄，秘密組織同盟會支部，策謀反日運動，並先後獲得胡漢民與黃興的支助。但受到其他4起抗日事件的影響，1913年12月18日及其同志周齊在淡水支廳被捕。

與此案件同時於11月25日至12月1日在苗栗臨時法院被審理的這4起事件包括：1912年11月陳(沈)阿榮為首的南投事件，1913年4月張火爐為首的大甲、大湖事件，7月李阿齊為首的臺南五甲庄關帝廟事件，12月賴來為首的臺中東勢角事件。其結果921人中不起訴者578人，死刑221人，有期徒刑285人，無罪者34人，史上總稱「苗栗事件」。[36]

3. 玉井事件

又稱「噍吧哖事件」或「西來庵事件」，或稱余清芳等三人事件。余清芳生於阿猴，後居臺南廳後壁庄，曾入公學校，早期先後擔任臺南廳、鳳山縣巡查補，嗣因曾參加鹽水港祕密結社「二十八宿會」，發表反日言論，被送至臺東「加路蘭浮浪者收容所」管訓二年，釋放後返鄉結識臺南市西來庵的董事蘇有志、鄭利記，並以西來庵為活動中心，糾集信眾。先後結識嘉義廳竹頭崎庄(今臺南市南化區)人江定，和嘉義廳他里霧庄(今雲林縣斗南鎮)人羅俊。

江定家族在地方頗孚眾望，他曾任區長，因殺人為逃避查緝而藏匿山區。羅俊曾因抗日流亡而內渡大陸。余清芳、江定，和羅俊三人志同道合，利用修繕西來庵及祭事的各類活動，集金為軍資，廣募同志。余清芳以大明慈悲國大元帥名義發表了〈諭告文〉：

---

[36] 臺灣文獻委員會編，《臺灣先賢先烈傳輯》【第三輯】，(臺中：臺灣文獻委員會，1978年6月)，頁89-95。

> 大明慈悲國奉旨本臺徵伐天下大元帥余示諭三百萬民知悉。天感萬民，篤生聖主，為民父母，所以保毓乾元，統御萬邦，坐鎮中央。古今中華主國，四夷臣卿，邊界來朝，年年進貢。豈意日本小邦倭賊，背主欺君……藐視中原，侵犯疆土。實由滿清氣運衰頹……可惜中原大國，變為夷狄之邦。……今年乙卯五月，倭賊到臺二十有年已滿……我朝大明，國運初興，本帥奉天，舉義討賊……。[37]

1915 年 6 月先是羅俊在竹頭崎庄的尖山被捕；8 月余、江率眾與日警在虎頭山激戰，圍攻噍吧哖(今臺南市玉井區)街道，余、江不敵，遂散亂逃入堀仔山，余清芳在避至王萊莊（今臺南市楠西區）時被捕，9 月余清芳於臺南監獄，時年僅三十七歲。而江定極其部眾則一直要到 1916 年 5 月初被騙下山才受縛。

玉井噍吧哖事件與同時受理發生「新莊事件」的楊臨等人，被告人數高達 1,957 名之多，起訴 1,413 名，8 月總督府於臺南廳開設臨時法庭，9 月公布審理結果，被判死刑者計 866 名，有期懲役者 453 名，引起社會一片譁然，日本國會也議論紛紛。11 月適逢大正天皇即位大典，遂配合敕令第 205 號公布減刑，除已被執行死刑者 95 名外，於均減刑一等改為無期懲役。

檢視玉井噍吧哖事件的結束，亦使臺灣反日的本土化運動認識到，由於軍事實力的懸殊，反日武力的行動已不是最好策略，民眾的反日本土化開始改以爭取自治的行動，從此由軍事武力轉型為以政治社會為主的文化本土化運動，也成為臺灣漢人有紀錄以來的最後一次武裝抗日。

不過「玉井事件」在國際上所引發的重視與影響，仍不及原住民反日所引發「霧社事件」的臺灣本土化運動。

4. 霧社事件

原住民族的重大反日事件，在歷經了 1902 年「人止關事件」、1910 年「太

---

[37] 臺灣文獻委員會編，《臺灣先賢先烈傳輯》【第二輯】，程大學，《余清芳傳》，(臺中：臺灣文獻委員會，1978 年 6 月)，頁 41-42。

魯閣事件」、1920 年「大嵙崁事件」與「沙拉冒事件」等大小 150 餘次之後，原住民族累積反日的本土化運動，終於在 1930 年爆發了最激烈武力反日的所謂「霧社事件」。

1930 年（昭和 5 年）發生於今南投縣仁愛鄉霧社的「臺灣電力公司霧社第二辦事處」，起因於賽德克族人長期以來不滿日本的殖民統治。事 1908 年興建霧社警察駐在所至 1930 年間，年年大興土木。

尤其 1928 年更為興建埔里武德殿的大工程而動用大批人力，1930 年為興建霧社寄宿學校工程，由 10 餘公里外馬赫坡部落後山的製材場揹運建材至霧社，8 月終致爆發不給木材搬運的工錢。

10 月 7 日引發馬赫坡社頭目莫那·魯道長子達多·莫那與日警吉村的鬥毆事件，日警不接受道歉且揚言從嚴究辦，加上莫那·魯道的私藏旱稻被發現，迫使莫那·魯道積極聯合賽德克族德固達雅語群等其他社聯合起事。

27 日是臺灣神社的大祭典，能高郡霧社當地日本學童的家長與機關首長，均會參加在霧社公學校所舉行的這年度運動大會。原住民的攻擊行動分成兩路進行，一路專攻學校運動會的日本人，一路則襲擊日警派出所等公家機關，搶奪日警的槍砲彈藥，並切斷對外的聯絡電話。

起事後，總督府即以霧社(蕃)部落刻意叛變為由，調集軍警防禦，並以飛機、山砲、催淚彈、毒瓦斯等武器，進行大規模的軍事鎮壓。同時，日方也藉獵首「懸賞金」的利誘所謂「親善蕃」(味方蕃)族人，來配合日軍行動的合力圍剿「反抗蕃」。

12 月 8 日莫那·魯道自殺身亡的結束了「霧社事件」。然而，1931 年 4 月 25 日都達人的夜襲已經被解除武裝的「保護蕃收容所」，更造成部落族人的幾乎慘遭滅族，這次稱之為日本統治臺灣史上稱的「第二次霧社事件」。

日後，幸虧在巴蘭部落總頭目瓦歷斯·布尼等人的極力斡旋，日方終於同意於 1931 年 5 月 6 日將參與該事件的 6 個部落遺族，分兩梯次迫遷到「川中島」

（即今南投縣仁愛鄉西北端的清流部落）的集中居住與管理。[38]

霧社事件在歷經 10 月 27 日的血祭、霧社臺地、塔羅灣臺地、庫魯卡夫、魯庫達亞、馬哈灣、卜托茲、塔羅灣指揮部、合望溪、卜拉茲等十大場戰役，造成日本出動軍警與親日部落的原住民共 6,822 名，耗費戰費 52 萬餘圓，討伐 300 多名霧社原住民戰士。在起事的霧社原住民 6 社，人口共 1,236 名，最後僅餘 298 名。

該事件不但遭受日本國會與國際社會的強烈抨擊，更造成總督府治理臺灣原住民政策的重大挫折。1931 年 1 月臺灣總督石塚英藏、總務長官人見次郎等官員，在強大輿論的壓力下被迫引咎辭職。

承上論，臺灣民主國時期和臺灣割讓日本統治的初期，臺灣人採取武力反日的本土化運動，就殖民政府的統治角度，在 1938 年(昭和 13 年) 3 月臺灣總督府警務局出版的《臺灣總督府警察沿革誌》第二編〈領臺以後的治安狀況(上卷)〉，是將臺灣民主國時期的反日定位在「本(指臺灣)島的武力平定」；之後日本統治初期則將臺灣人的反日定位在「本(指臺灣)治匪始末」。

(二) 非武力反日的本土化運動

反日時期臺灣的本土化運動，除了上述武力反日的本土化運動之外，在非武力反日的本土化運動，根據《臺灣總督府警察沿革誌》第二編〈領臺以後的治安狀況(中卷) ——臺灣社會運動史〉，是將臺灣社會運動史分為文化運動、政治運動、共產主義運動、無政府主義運動、民族革命運動、農民運動、勞工運動、右翼運動等八大類型的社會反日運動。[39]

我們綜合了上述八大類型社會反日運動，將綜合其環境因素而選擇具代表性的非武力反日運動，透過時間脈絡以突顯歷史事件發生的經過，其中包括:「治警事件」，以及「臺灣文化協會」、「二林蔗農」、「臺灣農民組合」、「臺灣自主意

[38] 郭明正，《又見真相：賽德克族與霧社事件》，(臺北：遠流，2012 年 11 月)，頁 134-142、208-211。

[39] 臺灣總督府警務局編，《臺灣總督府警察沿革誌(三)》，(臺北：南天，1995 年 6 月)，頁 1-11。

識」等重大事件，加以分述。

1. 治警事件

非武力反日的本土化運動，到了 1914 年由林獻堂與日本自由黨黨魁板垣退助的共倡成立了「臺灣同化會」。1918 年林獻堂在東京發起成立「六三法撤廢期成同盟」，進而組織「啟發會」，主要訴求是強調日本殖民政府要取消特別立法，將臺灣納入日本憲法治理下的制度。

「啟發會」解散後，1920 年 1 月東京臺灣留學生另組「新民會」。然而，因六三法撤廢運動系本乎同化主義理念，無異肯定了總督府的「內地延長主義」，將有失臺灣主體的特殊性。到了 11 月「新民會」成員贊成設立臺灣議會，自此六三法撤廢運動轉向為臺灣議會設置請願運動。

1921 年 1 月在林獻堂的領導下完成連署，向日本貴、眾兩院請願，要求設立擁有特別立法權和預算審議權的民選臺灣議會。其後，年年連署請願，到了 1934 年共提出 15 次請願。

臺灣議會設置請願運動從 1921 年起迄 1934 年止的 13 年期間，由於該項運動在臺灣引起熱烈的反應，不僅能激發臺灣同胞的政治自覺，並促使當局檢討其政策，更促成 10 月「臺灣文化協會」的成立，承續了自「啟發會」、「新民會」以來改造臺灣人的啟蒙運動。

1922 年 2 月提出的第二次請願，雖未被採納，但臺灣島內的反應已逐漸加溫，但卻在這時候由於林獻堂、楊吉臣、林幼春、甘得中、李崇禮、洪元煌、林月汀、王學潛等八位運動領導人，接受臺灣總督府的勸告而退出請願運動，即所謂「八駿事件」，使請願運動頗受打擊。[40]

1923 年 1 月蔡培火、蔣渭水等人籌組「臺灣議會期成同盟會」，希望以組織的力量推動請願運動，但總督府以該會妨害安寧秩序為由，禁止該會成立。蔡、蔣等一面赴東京做第三次請願，一面在東京正式成立臺灣議會期成同盟會，隨後回臺灣積極發展組織，並推動第四次請願運動，遂遭致總督府於 12 月 16

[40] 臺灣省文獻委員會，《臺灣近代史》(政治篇)，(南投：臺灣省文獻委員會，1995 年 6 月)，頁 352。

日大肆搜查並扣押請願運動人士，史稱「治警事件」。

「治警事件」共有蔣渭水等 18 人被起訴，三審定讞時，被判 4 個月的是蔣渭水、蔡培火等 2 人；3 個月的是林呈祿、石煥長、蔡惠如、林幼春、陳逢源等 5 人；罰金壹百圓的是林篤勳、林伯廷、蔡年亨、石錫勳、鄭松筠、蔡式穀等 6 人；無罪的是吳海水、韓石泉、吳清波、蔡先於、王敏川等 5 人。

此一事件固然使運動領導人罹牢獄之災，卻激起民眾關心臺灣前途的熱潮，也促使請願運動的合法性得到普遍的認同，不再被指為是一項違憲的運動。

2. 臺灣文化協會事件

1921 年 1 月 17 日由林獻堂、蔣渭水等人於靜修女學校(即今靜修女中)舉行「臺灣文化協會」的成立大會，表面上雖以標榜「提升本島文化」之名，實質上卻以行推動「設置臺灣議會、重視農民與勞工利益」之實，導引臺灣人積極投入反日本殖民統治的本土化運動。

「治警事件」之後臺灣議會設置請願運動的聲勢受挫，尤其在臺灣連署請願的人數略受影響，所以第六次請願時，請林獻堂再出任領導，並且透過文化協會在全臺各地舉辦文化演講會的大力宣傳。

從 1926 年的第七次起，到 1933 年的第十四次連屬請願的人數都還維持在 2 千名左右，惟 1934 年初的第十五次請願運動，由於受到當時法西斯主義聲勢的影響所及，不但連署人數減少，而且請願的結果仍是不被採納，導致在該年 9 月經會議討論的決議，正式宣告中止這歷經 14 年的臺灣議會設置請願運動。

檢視臺灣文化協會非武力反日的本土化運動，主要源起原因是受到現代自由民主、民族自決及馬克思主義啟發的知識份子普遍覺醒，其所領導的非武裝的、社會及政治的抗日活動。前期即民族主義運動的聯合陣線時期，後期則為民族主義運動與階段鬥爭運動的對抗時期。

該協會發展到了 1927 年，由於內部雙方對於臺灣是否已具有資本主義發展條件的爭論。一派認為，臺灣根本尚未有資本主義的存在，必須促進臺灣人資本家的發展，俾能達成與日本資本家抗衡的地位，因而主張推動民族運動。這突顯在其公開的政治運動具備右翼、合法的改良主義色彩，認為民眾與本土資產階級都是殖民壓迫的受害者，應緊密團結一致反對殖民者，資產階級和普通老百姓不應因意識型態不同而分裂。

另一派認為，臺灣是有資本家，只是受制於日本資本家而未能自力發展，且集中少數資本家和地主，為解放大多數被壓迫的勞工及農民，則主張非階級鬥爭不可。這突顯在未公開的左翼政治活動，則以社會主義思想的傳播、農民運動及工人運動為核心，其終極目標是透過革命手段，推翻帝國主義的統治，馬克思主義、共產主義思想也因而在這階段於臺灣傳播開來。

意識形態分歧的尖銳化後，文化協會由左傾的連溫卿一派實際掌權。蔣渭水、蔡培火、林呈祿等人的退出，另組其他政治性團體，在歷經「臺政革新會」、「臺灣民黨」的成立與改名，最後組成「臺灣民眾黨」，這也成為是近代臺灣第一個成立的本土政黨。該黨在蔣渭水領導下，不但廣設支部，並深受基層勞工、農民和青年的支持，因而指導成立了「臺灣工友總聯盟」，以爭取該有的權利。

1928 年臺灣民眾黨在召開第二次黨員大會時的重申，該黨最迫切要完成的階段性工作，是在敦促臺灣地方自治制度的實現，因而致力於推動臺灣選舉的辦法與改革。惟當時的民眾黨正受到來自於黨內部分人士左傾激進思想的挑戰，導致部分黨內溫和穩健派乃於 1930 年 8 月另成立「臺灣地方自治聯盟」，以利於繼續推動臺灣地方自治運動。

10 月民眾黨中常會以林獻堂等 16 名黨員跨黨參加「臺灣地方自治聯盟」不當為由，決議予以除名處分。從此，民眾黨由左傾一派把持，改走農、工階級運動為訴求，反日運動益趨激烈，到了 1931 年 2 月總督府以該黨的主張與活動，違反《治安警察法》為由，逮捕蔣渭水等重要幹部，並宣布解散該黨，也中止了臺灣(更精確地說應是中國)民族運動的臺灣反日本殖民統治的本土化階段。

3. 二林蔗農事件

1927 年左傾後的臺灣文化協會，或稱為新臺灣文化協會，也因內部組織運作的受到左翼共產黨份子掌控，已由一個從事民族主義文化啟蒙運動的團體，變成是一個主張階級鬥爭的團體。尤其在新文化協會與簡吉、趙港所領導的農民組合越走越近，帶領農工進行抗爭運動。

回溯日本殖民時期的臺灣經濟活動，是必須配合殖民國家機關的強力運作。從反日本殖民的臺灣本化化運動而論，殖民政府為發展臺灣經濟日本化的同時，也突顯臺灣訴求「去殖民化」(decolonization)的本土化意涵，除了在政治、經濟的反殖民運動之外，對於原住民、婦女、農工等弱勢階層而言，殖民主義仍然存在於種族中心、階級、異性戀和父權結構被剝除和去殖民化。

臺灣的農民運動一開始是帶著強烈的經濟因素，主要抗爭對象不分日本人或臺灣人的地主壓榨，以及受到官憲壓制的不公平待遇，而且隨著不滿情緒逐漸升高。特別是農民從前自己開墾的官有土地，由官廳放領出售給製糖會社或日本退休(職)官員所有，致使臺灣農民變成是製糖會社或日本退官者的佃農。

1924 年 8 月臺灣文化協會幹部黃呈聰從東京回到臺灣，鼓吹臺中州彰化郡線西庄成立「甘蔗合作會」。透過各地知識份子，以及文化協會各類型演講會的啟蒙運動，由都會逐漸擴及於農村；同時，由東京臺灣留學生帶回的共產主義、社會主義思想，更激發農民反抗的鬥志。

分析「二林蔗農事件」的造成臺灣首波農民運動，主要起因於 1923 年的臺中州二林、大城兩庄(鄉)庄長領銜，由大城、沙山、竹塘、二林等四庄的蔗農 2 千餘人連署，正式向臺中州及殖產局提出請願書的運動，突顯了蔗農已不堪製糖會社的不公平利益剝削。

1925 年 1 月二林等地區的蔗農舉行會議，議決組織蔗農組合。4 月臺灣文化協會總理林獻堂率領文協幹部到二林演講，6 月二林蔗農組合正式成立，選出具臺灣文化協會背景的醫師李應章為理事長，和其他的 9 名理事、6 名監事，並另選代議員 50 名，以及聘用《臺南新報》記者泉風浪(日籍)、辯護士(律師)鄭松筠(臺籍)為顧問。9 月 27 日再次舉行農民大會，決議向林本源製糖會社爭取蔗農應有的權益。

1926 年 10 月 6 日與 15 日先後由李應章等人針對甘蔗收割前公布收購價值；肥料任由蔗農自由購用；會社與蔗農協定甘蔗收購價格；甘蔗斤量過磅應會同蔗農代表；會社應公布肥料分析表等五項議題，與林本源製糖會社展開談判，但未為會社所接受，致使蔗農對會社的做法更加不滿。

21 日製糖會社開始收割甘蔗，蔗農基於甘蔗因含水量越高，對自己甘蔗越早收割的斤量就越有利。以往各區域的採收都是抽籤決定日期，由於林本源製糖會社與蔗農組合之間的談判破裂，會社這次故意由非組合員的甘蔗先行採收，導致蔗農組合會員的激烈反應，群起阻止甘蔗的採收工作。

22 日林本源製糖會社及其招來傭工的強行收割，遭到蔗農組合成員的阻止，但收割工作在警方的維護下仍然進行，引發蔗農對警察不作公正處理的不滿，遂召來更多抗議的群眾，在衝突過程中造成多名警員的受傷，群眾被隨後趕來支援的北斗郡優勢警力壓制下才散去。

23 日警方逮捕李應章、詹奕侯、劉崧甫等蔗農組合幹部，並在各地展開大規模的逮捕行動，被拘押人數近百人之多。之後又陸續進行搜捕，總計被逮捕者超過 400 人。1927 年 4 月審判終結，有 25 人被判刑，其中 8 人被判緩刑。李應章被判刑 8 個月，其他詹奕侯、劉崧甫、陳萬勤被判刑 6 個月，史稱「二林蔗農事件」。[41]

4. .臺灣農民組合事件

受到二林蔗農組合的影響，先後有簡吉、黃石順等人於 1925 年 11 月在鳳山郡鳥松庄成立鳳山農民組合，趙港於 1926 年 6 月在臺中州大甲郡大肚庄，黃信國、姜林錦綿等人在曾文郡麻豆街，林巖等人在臺南州竹崎庄等地區紛紛成立地方性農民組合。

由於各地創立的農民組合日漸增加，於是在簡吉、黃石順等熱心份子的極力奔走下，串聯各地的抗爭團體，遂於 1926 年 6 月在鳳山農民組合事務所舉行臺灣農民組合創立籌備會，推選趙港、黃石順、張行等三人為規約起草委員，並且預定於 10 月中旬舉行「臺灣農民組合」的創立大會，但在 9 月下旬簡吉等幹部即被總督府以違反《治安警察法》予以逮捕。其後，該會仍推選簡吉、陳連標、黃石順為中央常務委員，並以簡吉為中央委員長。

[41] 葉榮鐘等，《臺灣民族運動史》，(臺北：自立晚報社，1971 年 2 月)，頁 505-512。

檢視蔗農抗爭事件於1925年達於頂峰，當年共發生12件爭議，人數達5,290人，而臺灣農民組合的抗爭事件也自是年起，人數規模也逐年增加，1927至1928年間，在農運最高峰的時候，農組的組合員達到3萬人以上。

加上，臺灣農民組合自1927年12月第一次全島大會以後，即與1928年4月成立於上海法國租界霞飛路，當時名稱為「日本共產黨臺灣民族支部」的臺灣共產黨有密切聯繫。12月臺灣農民組合的第二次全島大會即提出「擁護蘇聯」及「支援中國工農革命運動」，導致1929年2月臺灣農民組合幹部的遭到大規模逮捕，最終審判結果，簡吉被判有期徒刑 1 年，其餘蘇清江等九人判刑 10個月，就中侯朝宗、陳崑崙、顏石吉、陳德興、譚廷芳等五人緩刑5年。[42]

這時期新文化協會內部已逐漸出現領導幹部的內鬨情形，以上海大學留學生王敏川所代表「上大派」，與連溫卿所代表「非上大派」的嚴重對立。特別是1928年8月所發動的臺南墓地抗爭，連溫卿、王敏川等人的被檢舉，另一方面蔡孝乾、侯朝宗、翁澤生等人因對島內的運動失去信心，乃相繼遠走大陸，導致新文化協會一時的羣中無首，幾乎沒有指導幹部可以主持會務。

1929年11月新文化協會在彰化舉行第三次全島大會，通過了農民組合所提出對連溫卿反動的抗議，將連溫卿開除。嗣後，新文化協會在王敏川主張作為小市民的大眾團體而存在，此一目標正與臺共分子謝雪紅的見解相同。

1931年1月新文化協會第四次全島大會除了通過將一般性綱領改為行動綱領，以符合共產黨指導原則的章程修改案之外，並通過開除林獻堂等人的對反動團體整理案。新文化協會的發展至此，已完全成為臺共的外圍團體，新文化協會的功能只被利用攻擊民眾黨與自治聯盟，來突顯其存在的剩餘價值。

同時，簡吉出席於臺南州嘉義郡竹崎庄召開臺灣農民組合第一次擴大中央委員會時，在會中通過確立赤色救援會案等，決議承認臺灣農民組合為支持臺灣共產黨的團體。5 月簡吉由原本是偏向民族主義思想的立場，轉而加入了臺

---

[42] 葉榮鐘等，《臺灣民族運動史》，(臺北：自立晚報社，1971年 2月)，頁534。

灣共產黨的組織，正式成為一名共產黨員。[43]

6 月總督府開始取締臺共份子，接著取締臺灣赤色救援會，新文化協會的重要成員王敏川等 10 餘人自此失去自由。9 月總督府在羅東逮捕臺灣共產黨領導幹部蘇新之後，臺灣共產黨被瓦解，此時新文化協會的重要幹部也有多人被逮捕，從此該組織也正式走入歷史。

至於，臺灣地方自治聯盟的組織與運動，到了 1935 年儘管總督府發布了地方制度改革的相關法令，但其實施內容與該聯盟努力的目標相去甚遠；加上，當時環境的隨著戰爭情勢逐漸升高，乃至於該聯盟於 1937 年 8 月在舉行第四次全島會議後，宣布解散。臺灣地方自治運動的中挫，也中止了臺灣推動民主政治的議會選舉制度。

承上論，1931 年 3 月起至同年年底，幾乎重要的反日運動團體，都受到總督府的強力打壓，甚至於到了 1937 年下半年之後的臺灣非武力反日運動，更隨著受到日本在中國發動盧溝橋事件，以及中華民國蔣介石委員長的正式宣布對日抗戰。至此，原臺灣發展本土化運動的戰場已經移轉成為中華民國的對抗日本戰爭。

尤其到了戰爭的末期，由於臺灣總督府擔心臺灣與大陸之間的互通情報，根據當時以負責針對思想調查為首務的特高警察，為強力壓制臺灣人對「回歸祖國」、「爭取獨立」的左翼思潮，從 1941 年 11 月至 1945 年 4 月的大肆逮捕叛亂份子，統計被起訴者仍達 200 餘人。[44]

5. 臺灣自主意識

「臺灣自主意識」做為一種精神表徵，展現反抗日本殖民的強權壓迫，尋找本土的自主認同，不只要維護當時漢民族占多數文化尊嚴的強韌生命力，這也是臺灣發展本土化過程中特有遭遇的一段歷史。

[43] 蔡石山，《滄桑十年：簡吉與臺灣農民運動(1924-1934)》，(臺北：遠流，2012 年 6 月)，頁 195。

[44] 寺奧德三郎，《臺灣特高警察物語》，(臺北：文英堂，2000 年 4 月)，〈日本殖民統治下之「高雄叛亂事件」/代譯言〉，頁(3)-(4)。

軍國體制對臺灣自主意識的思想控制，完全是建構在透過軍事武力與政經權力的宰制，以及進行殖民文化的傳播。因此，文化軍國主義必須建立由上而下的殖民教育與教師訓練體系。日本殖民臺灣時期在文教政策上，主要透過國語傳習所與國語學校，來從事日本語言文化的移植與同化。

1922 年以前，總督府採取初等與中等教育區別的方式。在初等教育方面，臺灣有兩種不同的學校，一是專為日本幼童設立的小學校，另一種則是臺灣幼童唸的公學校。在中等教育方面，日本人就讀的學校是獨立的，臺灣人的學校則附屬於日本語學校，突顯臺灣人的受到歧視，和自主意識的遭到抹滅。

這種殖民教育制度的建立與變革，關鍵在於 1922 年總督府推行所謂「共學制」的新教育政策，臺灣整個教育制度才逐漸統一，但臺灣人受高等教育的機會仍受到不平等待遇，例如 1928 年設立的臺北帝國大學(現在的國立臺灣大學)，本質上仍是為培養日本人才而設置的學校。

檢視臺灣在日治以前的傳統教育方式，畢竟是以科舉制度的取才為主，有機會接受教育仍尚未普及。相較於日治殖民文教的差異，雖然臺灣人已經有比較多機會的接受近代化教育，乃至於到了 1944 年臺灣學齡兒童就學率高達 71.1%，在亞洲可能僅次於日本。[45]

而其中所突顯總督府除了在統治上，最為實用和受益的醫師養成教育之外，重點大多集中在產業技術面，對於文法等社學科學教育方面臺灣人仍是受到相當大的限制。總督府藉引導臺灣青年從事既賺錢又遠離政治的醫師職業，來防止具有政治和文化意識的臺灣菁英，起來反抗日本的殖民統治。

文化是人類歷史上最長遠歷史的傳承，相對於經濟發展模式的可被調整、政治體制的可被摧毀，以及社會型態的可被改造，但文化發展始終延續表現著自己的風格。因此，傳承歷史文化也同時彰顯政治、經濟權力的擴張，更促使總督府重視臺灣殖民文化教育的發展。

[45] 臺灣省行政長官公署統計室編，《臺灣省五十一年來統計提要》，(臺北：臺灣省行政長官公署，1969 年【復刊版】)，頁 1211-1213。

臺灣自主意識的受到殖民政策的箝制，讓臺灣人更意識所受到非人道的統治，總督府除了要剷除臺灣傳統式政治菁英與教育體系，主導臺灣民眾思想與生活的文教活動之外，更是要割離殖民地臺灣的漢人血緣與文化，以及其背後與中國文化淵源的歷史複雜關係。

承上論，日治時期臺灣受到殖民統治，臺灣人為追求臺灣發展的本土化運動，臺灣人從武力和非武力的反抗日本政權，是繼荷蘭治臺時期的反荷蘭、清領時期的反列強之後，我們所稱謂的「第三次臺灣發展本土化運動」。

七、中華民國時期反國際共產赤化

第二次世界大戰後，傳統國際政治的帝國主義與經濟資本主義逐漸消失，被殖民地的紛紛成為獨立國，不但國際社會成員國的快速增加，也造成了國際思潮上意識形態的歧異與政經失序的現象，更突顯國際間的結盟關係，加深區域的安全合作與衝突。

這種資本主義與共產主義的意識形態對立，亦同時出現於 1937 年至 1947 年美國的介入國共談判，尤其在 1945 年二次大戰結束後，在中國國民黨方面最關心的問題就是如何壓制中共政權的擴張。[46]

(一) 加入圍堵國際共產赤化

檢視戰後初期國際政經社會結構重整的結果，形塑國際兩極型(bipolarity)共產與非共產的集團社會。所謂「冷戰」(Cold War)即指於二次世界大戰之後，原先結盟對抗納粹德國的美國及蘇聯成為世界上僅有的兩個超級大國，但兩國分別實施不同的政經體制，突顯以美國及其他北約組織成員國所代表實施的資

46 關中，《中國命運．關鍵十年：美國與國共談判真相(1937-1947)》，(臺北：天下，2010 年 7 月)，頁 423-424。

本主義陣營，和以蘇聯及其他華約組織成員國所代表實施的共產主義陣營。

這兩大陣營的對抗時間，開始於 1947 年美國提出的「杜魯門主義」(Truman Doctrine of containment)，而結束於 1989 年的蘇聯解體。在冷戰期間，中華民國加入以美國為首，標榜自由民主的反國際共產赤化，正突顯這時期中國國民黨與中國共產黨之間的對抗關係。

冷戰之前的國共戰爭，可以溯自 1940 至 1946 年間的經過七次時戰時和，其中還參雜著 1940 年 3 月 30 日成立，而結束於 1945 年 8 月 10 日由汪精衛所建立的南京「國民政府」，加上當時國際強權利益的夾乎其中，最後竟導致 1949 年底由蔣介石所主持中華民國政權的撤退來臺。

依據 1943 年 11 月「開羅宣言」(Cairo Declaration)，協議日本將東北四省、臺灣、澎湖群島，須於戰後歸還中華民國。分析中華民國與中華人民共和國的對抗，背後代表的正是美蘇的爭霸。1945 年 2 月美國、英國和俄國簽訂的〈雅爾達秘密協定〉，和 8 月俄國和國民政府〈中蘇友好同盟條約〉的簽訂，都讓俄國和中國的共產黨在策略上的成功，而得以獲致壯大的最好機會。[47]

尤其是到了 1947 年的反國際共產赤化，是鑒於蘇聯共產黨的獨霸世界，正是西方國家毫無武裝力量可以抵抗蘇聯集團的時期，那正是毛澤東自誇紅軍打垮了蔣介石的攻勢，從此紅軍取得優勢的一年，正是東歐的許多國家一個個被蘇聯攫取的一年，那一年正是英國退出土耳其與希臘的一年。雖然那年 3 月也是杜魯門(Harry S. Truman)到國會，請求國會授權給他援助希土兩國，但那一年美國的軍力只有「一個師和三分之一個師」可以作戰。[48]

國際共產赤化的蘇聯獨霸時期(1946-1950)，亦可稱為「The Period of a One-Power-World」。因為，當時美國已解除武裝，所以沒有足夠力量加以阻止東歐及中國大陸的赤化。究其關鍵因素除了蘇俄支持中共之外，主要還是受到

---

[47] 胡適，《史達林策略下的中國》，(臺北：胡適紀念館，1967 年 12 月)，頁 1-48；吳相湘，《俄帝侵略中國史》，(臺北：正中，1970 年 5 月)，頁 459-490。

[48] 陳之藩，〈在春風裡〉，《陳之藩散文集》，(臺北：遠東，1995 年 4 月)，頁 53-54。

馬歇爾(George C. Marshall)和平商談與軍事調處失敗的拖累。

因此，溯自戰後 1945 年 12 月至 1949 年 8 月，美國對中華民國的政策行動四部曲是：1945 年至 1946 年的特徵是「壓迫」；1947 年的特徵是「拖延」；1948 年的特徵是「拋棄」；1949 年的特徵是「斷絕」。[49]

從戰後國民政府在外交上的節節潰敗，間接導致 1945 年 8 月以後日本撤出臺灣情勢的複雜化。回溯在二戰結束之前，為了展開戰後重建的問題，美英各國就已未雨綢繆，希望那些冒著生命危險對抗希特勒，和日本軍國主義的國家與人民，在戰後應該享受經濟建設的成果，而不是在經濟蕭條的歲月中失業，過著絕望無助的生活。

可惜，這個發展目標並未能如願出現在遭受國共內戰摧殘的中華民國與臺灣地區。但也因為中共反美策略的成功，迫使美國放棄支持中華民國政府，並在大陸局勢危急之時，於 1949 年 8 月美國發表〈對華白皮書〉(The China White Paper, originally United States Relations with China: With Special Reference to the Period 1944-1949)，指稱國民政府之失敗係自己貪污腐敗，而非美國援助不足，以推卸其在華政策失敗的責任。

10 月 1 日毛澤東在北京天安門廣場宣布成立中華人民共和國，至 1950 年 6 月韓戰爆發，美國雖仍在表面上承認中華民國政府，但拒絕繼續給與軍援，並將臺灣摒棄在美國西太平洋防線之外。[50]

北韓共黨閃電發動了韓戰，改變了美國對遠東的新政策，其要點為：美國決以海空軍援助南韓；除已令美國第七艦隊防止中共攻擊臺灣外，同時要求臺灣中國政府停止一切對大陸之海空攻擊；臺灣未來地位，等太平洋安全恢復後，由對日合約予以解決；已令美軍增強對菲律賓之防禦及軍援；加強對越南法軍之支援；其次是聯合國安全理事會的援韓決議。[51]

---

[49] 梁敬錞，《中美關係論文集》，(臺北：聯經，1982 年 12 月)，頁 148-149。

[50] Franz Schurmann, and Orville Schell, *Communist China* (London: Penguin Books,1967), pp.301-312.

[51] 邵毓麟，《使韓回憶錄》，(臺北：傳記文學，1980 年 11 月)，頁 166。

杜魯門(Harry S. Truman)認為中共若佔領臺灣，勢將直接威脅美國在太平洋區域的安全與利益，才恢復對中華民國的支持，並恢復原已中斷的軍事援助。[52] 杜魯門總統任期屆滿，艾森豪(Dwight D. Eisenhower)以結束韓戰做他就任新政策。當時停火談判重點為：確定 38 度線違停火線；撤走外國軍隊；交換俘虜。

由於英國主張由中共代表中國簽字，美國主張應由中華民國代表中國，最後由美國徵求中華民國同意，暫不參加〈舊金山對日合約〉，另在 3 年內與日本單獨簽訂合約。[53]中華民國取得臺灣統治權並為國際承認是從〈波次坦宣言〉、開羅會議，乃至於〈舊金山和約〉及〈中日合約〉的陸續外交上努力才正式確立中華民國在臺澎金馬的主權地位。

從法理上來說，1952 年 4 月 28 日在美國國務院顧問杜勒斯(John Forester Dulles)的催促下，日本國與中華民國在臺北簽訂〈中日合約〉，才是界定當前臺灣主權歸屬的國際條約。〈舊金山對日合約〉以及〈中日和平條約〉簽訂後，基本上確保了在實際上只有統治臺灣和澎湖群島的中華民國，在國際上繼續代表中國的地位。但是，卻也粉粹了中國在抗戰勝利初期，希望藉著向日本求取大量賠償，以加速中國工業復興的美夢。[54]

(二) 中美防禦國際共產赤化

1953 年 2 月艾森豪改變對臺灣海峽的中立政策，宣布第七艦隊不再用來防禦中供免於臺灣國民政府軍隊的反攻，結束杜魯門時期對中國「放手」(hands off)策略，認為中華民國繼續存在於臺灣的這一事實，不僅為大陸人民及廣大海外華僑之希望寄託，也是在圍堵政策上是美國一個最可靠的盟邦，可以共同防堵共產主義的擴散。

1954 年 12 月美國與中華民國在華盛頓簽訂〈中美共同防禦條約〉(The

---

[52] Tordan Coleman Scheiber, *"The Republic of China on Taiwan:Political and Historical Perspective-The Role and Nature of United States Capital Investment." Ph. Disseration* (N.Y.:New York University, 1968).

[53] 曾虛白，《談天下事—— 韓戰年代集》(上冊)，(臺北：商務，1970 年 9 月)，頁 32。

[54] 許介鱗，《戰後台灣史記》，(卷二)，(臺北：文英堂，2001 年 10 月)，頁 10。

Sino-U.S.A. Mutual Defense Treaty)，條約內容旨在重申締約國對聯合國憲章的信心，及人民與政府和平相處的願望，並維持大戰期間兩國人民為對抗帝國主義侵略，及為共同理念而團結一致的作戰關係；同時，願對外宣告為抵抗外來武裝攻擊的決心，俾使任何潛在侵略者的不存在於任一締約國；並願加強兩國為維護和平與安全所建立集體防禦，以及發展西太平洋區域更廣泛的安全制度。[55]

1955 年 1 月 29 日美國參眾兩院聯席會授權艾森豪，如果總統認為必要時，得使用美國軍隊保衛臺灣澎湖及與協助臺灣澎湖有關的其他地區，這是通過〈臺灣決議案〉(Formosa Resolution)的意義。它確保了中華民國的國際地位，和臺澎金馬的安全，建構完成美國西太平洋防禦體系最後一環的戰略，鞏固美國在亞洲的圍堵力量。可是〈臺灣決議案〉到了 1974 年 10 月因福特(Gerald R. Ford)的接受參議院決議而廢除。[56]

然而，1957 年 8 月 23 日中共以猛烈炮火轟擊金門，繼續執行「血洗臺灣、解放臺灣」策略，發動「八二三炮戰」，造成臺海第二次危機，引起美國霸國和國際與論的關切與恐懼，致使美國思考和檢討是否有必要改變對中共的外交政策。

(三) 中華民國退出聯合國

檢視美國決定調整不再視中共為一過渡性政權的策略，尤其是到了 1961 至 1968 年間的甘迺迪(John F. Kennedy)與詹森(Lyndon B. Johnson)總統任內，受到國際姑息主義瀰漫、越戰和中共與蘇聯關係惡化的影響，開始謀求改善與中共的關係。[57]

尤其是 1961 年 1 月甘迺迪繼艾森豪之後出任美國總統，其政府在內政外交

[55] 袁文靖，《美國對華政策—— 繼續協防臺灣》，(臺北：國際現勢週刊，1978 年 12 月)，頁 283。

[56] Thomas E. Stolper,*China, Taiwan, and the Offshore Island* (N. Y.:M. E. Sharpe, 1985),pp.67-70.

[57] 關中，《中美關係的檢討》，(臺北：作者自刊，1985 年 7 月)，頁 51-64。

的倡導「新境界」(New Frontier)政策，在國際裁軍問題、中共對東南亞自由民主國家的威脅，和聯合國中華民國代表權問題等陷入僵局，其所引起的紛爭情勢，促使美國極欲對中華民國的外交關係有所突破。

1969年尼克森(Richard M. Nixon)提出以「談判」(negotiation)代替「對抗」(confrontation)，1971年7月8日季辛吉(Henry Kissinger)於訪問巴基斯坦期間，密訪中國大陸，與周恩來會談有關「中華人民共和國」加入聯合國等問題。

尼克森政府為什麼認為有必要採取初步的行動，來設法結束中國大陸在世界上的被孤立，是因為尼克森政府預測未來世界上將會出現五個大經濟強權，包括美國、西歐、日本、蘇聯，和中共，它們的關係將決定我們這一代的世界和平架構。[58]

因此，美國曾向聯合國提出兩項議案，一是將「驅逐中華民國」列為重要問題，須三分之二絕對多數才能通過；一是「雙重代表權案」，要求同時承認「中華民國」和「中華人民共和國」。而季辛吉的訪問北平，無疑被各國視為美國已改變立場的跡象，認為美國已從反對中共加入聯合國，轉而歡迎其加入。[59]

1971年10月25日聯合國投票的結果致使中華民國退出聯合國，並通過重置(恢復)中華人民共和國在聯合國的一切合法權利，重創中華民國在國際上的活動空間。據了解當時外交系統有部分人士曾建議，為讓中華民國的聲音能夠在國際上被聽到，希望能以「中華臺灣共和國」的名義，試圖留在聯合國，但被蔣介石悍然拒絕。

(四)美國與中華民國斷交

1972年尼克森與周恩來共同發表〈上海公報〉(Shanghai Communique)，聲明「中」美關係走向正常化是符合所有國家的利益，而美國對臺灣的立場則為信守對同盟國的條約、美國政府獎勵美國企業的對臺投資、美國輸出入銀行將

[58] 時報公司特譯，《季辛吉回憶錄——中國問題全文》，(臺北：時報文化，1969年12月)，頁166。

[59] 沈劍虹，《使美八年紀要》，(臺北：聯經，1982年10月)，頁52。

繼續給與臺灣大量融資，以及對臺軍事援助案，突顯美國一方面想要與中華人民共和國樹立外交關係，另一方面也想要防衛臺灣的安全。

1978 年卡特(Jimmy Carter)宣佈與中華民國斷交並廢止〈中美共同防禦條約〉，承認中華人民共和國才是代表中國唯一合法政府。[60]檢視美國與中華人民共和國建交，美國既可利用中華人民共和國對第三世界的影響力，亦可加強美國與蘇聯進行戰略武器限制談判；中共急於與美國建交，乃欲形成「反蘇統一戰線」，蓋與日本建交時加入「反霸權條款」，即被俄共認定為「反蘇包圍網」的陰謀。

當時國民政府在國際上的唯一外交憑藉，就是依據 1979 年美國國會通過的〈臺灣關係法〉(Taiwan Relations Act)，認定任何試圖以和平手段以外的方式，包括經濟抵制或禁運，決定臺灣之未來，將被認為乃對西太平洋和平與安全的一項威脅，為美國所嚴重關切，美國將提供臺灣防衛性武器，維持美國的能力以抵抗任何可能危及臺灣人民安全、或社會經濟制度的武力行使，或其他形式的強制行動。[61]

戰後扮演世界霸權國家的美國，由於受到 1950 年代韓戰與 1960 年代末期越戰的雙重創傷，導致美國在外交政策開始改採和解為其主要策略，不惜以犧牲盟友來換取敵人的合作，透過爭取敵人的敵人來彌補美國國力的下滑，但世局的發展並未能達成和解策略所預期，以爭取到足夠的時間來促使美國重造國際社會新秩序的目標。

1980 年 11 月雷根(Ronald W. Reagan)當選美國總統之後，根據〈臺灣關係法〉和〈八一七公報〉來發展與臺灣的關係。因此，臺灣政府將以往所採用「零和遊戲」(zero-sum game)的外交競逐中，中華民國改採「彈性外交」來推動對外的實質關係與經貿活動。

---

[60] MacFarquhar, Roderick ed., *Sino-American Relations, 1949-1971* (London: Royal Institute of Internation Affairs, 1972),pp.246-254.

[61] Jay Taylor 著，林添貴譯，《蔣經國傳》，(臺北：時報，2000 年 10 月)，頁 376。

然而，隨著美蘇武器競爭與冷戰的結束，「地緣政治論」(geopolitics)轉為「地緣經濟論」(geoeconomics)，由軍事對立調整為協調合作，國際政經不再是「同盟政治」(alliance politics)，而是轉變為「裁軍政治」(disarmament politics)，國際經濟問題取代軍事安全的關注。

1989 年美蘇關係和解，直接促成兩極體系的瓦解，繼之，東歐國家在因應國際環境變遷，與內部經濟改革需求而來的政經變動，更進一步於 1990 年中期後，徹底打破戰後以來所構築的東、西冷戰體系。

冷戰的結束，促使全球市場利益與加強經濟安全的結構下，要求區域及各國自主性的呼聲高漲，不僅僅加速共產主義國家的倒向資本主義市場體制，更形塑文明衝突與世界秩序的重建。

八、結論

從金德爾柏格(Charles P. Kindleberger)「霸權穩定論」(the theory of hegemonic stability)指出，國際政治經濟是由數個強國霸權的輪替主宰國際社會文化的歷史角度，檢視近代臺灣發展本土化的變遷，臺灣經歷了原住民與漢人合力反荷蘭統治，是為臺灣發展本土化的第一階段。

以後明清時期的到了 1860 年代，滿人政權與原住民、漢人合力反英、法等列強帝國主義國家，是為臺灣發展本土化的第二階段。接著反日本殖民統治，是為臺灣發展本土化的第三階段。

隨著二戰結束，冷戰開始，中華民國加入以美國為首的自由民主陣營，特別與西方國家結盟，共同圍堵國際共產主義的赤化。到了 1987 年中華民國政府為因應國內外情勢的變化，宣布臺灣解嚴的措施與開放赴中國大陸探親，更因此改變了兩岸「中國」的彼此敵對關係。

1991 年蘇聯共產主義體制的解體，以及共產主義國家的紛紛實施經濟體制改革。因此，冷戰結束後，雖可視為是中華民國反國際共產赤化的臺灣本土化第四階段。只是鑑於當前的兩岸局勢，仍分屬於實施資本主義思想、自由民主體制中華民國，與實施馬克思主義思想、中國特色社會主義體制中華人民共和國的分裂分治狀態。

1993 年 4 月 27 日至 4 月 29 日期間，由中華民國方面的海峽交流基金會董事長辜振甫，與中華人民共和國方面的海峽兩岸關係協會會長汪道涵，於新加坡共和國所舉行的「辜汪會談」，是兩岸自 1949 年中華民國政府播遷臺灣以來，首度進行的正式非官方級會晤。

根據中華民國當前的一中憲法，臺灣不論是中國國民黨或民主進步黨執政，或是有人說自己是主張臺獨的實行者，重點是兩岸在國家未完成統一之前，兩岸關係的和平發展遂成為是影響臺灣第四階段本土化的關鍵，未來發展的演變與結果會如何？仍然有待進一步的觀察。

中華民國大陸時期警政發展(1912-1949)

一、前言

本文主要從制度變遷中的政黨、國會與政府等三個影響警察功能的環境因素，透過其權力關係的運作機制為核心界面，分析 1911 年 10 月辛亥革命成功，建立了中華民國。在這巨大變化的過程中，突顯制度變遷的是清朝皇權體制的被推翻，與民國以來共和體制的建立，尤其是要聚焦在 1912 年至 1949 年中華民國政府大陸時期的警政(policing)發展。

對於近代警察(police)制度的東來，不論 police 或 policing 是定義為警政、警察或治安，本文主要以警政視之，但為了論述的方便，有時亦會以治安或警察代之。因此，對於警察功能或角色的涵義，本文將其定義在從戰時軍人與國家安全的維護政權，秩序維持與打擊犯罪的執行法律，和傳輸福利與追求效率的公共服務等三種警察角色為研究途徑。藉由上述三種警察角色檢視國民政府大陸時期推動警政工作的發展歷程。

因此，本文首先說明近代警政思潮的引進和晚清的警察制度建立之外，將辛亥革命成功後所建立中華民國的國民政府，在大陸時期的警政發展概略性的分為三個主要時期：

第一個主要時期是南京臨時政府警政奠基期(1912-1916)，其主要制度權力的核心是透過國會與政黨競爭機制下的推動警政工作；

第二個主要時期是南方和北方分裂政府警政混亂期(1917-1928)，當其制度權力核心在國會停會和政黨解散之後，整個制度運作機制已經移轉到主掌行政權力的政府手上，而顯現政府權力運作機制則分裂為南方與北方的兩個政府，因此，分析這時期的警政工作主要建構在這兩政府對峙下權力混亂現象的基礎上。

而在第三時期南京國民政府警政重整期(1929-1945)，則是在國民政府北伐完成之後，經由一個比較具有統一政府權的實力，分析中央與地方政府之間的權力關係，在制度上中央要求集權統一與地方強烈主張分權糾葛下的警政發展。最後，結論。

二、近代警政思潮與晚清建警

人類自部落社會時期就開始存在有警察功能的需求或必要性。從警察功能的保障人身財產安全角度而論，統治者為鞏固權力、打擊異己、維持秩序、撲滅犯罪就已經嘗試建立職官，雖然職官名稱不盡相同，也無全國性的組織，更缺少完整的法律制度可依循。

因此，在清國之前，呈現地方行政首長，行政、司法、警察等權力集於一身，行政首長即警察首長，行政體系即警察體系，並無明確的劃分。所有治安方面的職官，不過於必要時發生鎮壓的力量而已。

所以，清國於京師設置步軍統領衙門和五城兵馬指揮，監管京畿的警察事務，負責「周衛儌循，肅靖京邑」,「巡緝盜賊，平治道路，稽檢囚徒」，各省則以綠營執行地方保安任務。

然而，每次對外戰爭失利，即有一次改革運動，諸如鴉片戰後的海防運動、英法聯軍後的自強運動，以及甲午戰後的維新運動。所以，由康有為、梁啟超倡導戊戌變法的維新時期，其間黃遵憲在 1897 年赴湖南主持長寶地區的鹽政，並兼理湖南按察使之後，乃參照日本警視廳和上海等地租借巡捕制度，在湖南省城長沙創辦保衛局，可惜這一重視警察設置的構想並未實現。1898 年(光緒

24 年) 5 月，康有為再上奏指出，請裁綠營、改旗兵、改營勇為巡警，用其餉練新軍以禦外敵，設巡捕以竫內亂。

康有為、梁啟超與黃遵憲自 1896 年開始結交，自 1902 年至 1905 年黃遵憲去世止，雙方有許多信件往還，黃遵憲認為破壞性的暴亂應竭力避免，代之而起的應是統治者與被統治者之間的一種合作關係，這些信念形成了他對溫和改革的主張：人民對於自由的真意逐漸明瞭時，他們將能一方面尊重皇室，一方面走向民主。黃遵憲認為當時的政經環境不適合建立共和政體，此種觀念引起梁啟超的共鳴，並促使他贊同在滿清統治下達成君主立憲的改革。[1]

而 1898 年 6 月 11 日至 9 月 21 日的 100 天期間，光緒皇帝發布了大約 40 餘條的新政詔令，涵蓋了行政、教育、法律、經濟、工技、軍事、警察制度等方面。1900 年(光緒 26 年)，義和團之亂，各國為維護京師治安，乃有安民公所的設立，做為維持治安的臨時機構，並以此要脅清政府。

清政府在義和團之亂平定之後，將安民公所改制為工巡局，並於 1901 年(光緒 27 年)要求各省制兵防勇因積弊太深，著將原有各營研行裁汰，精選若干，分為常備、續備、巡警等軍，認真訓練，仍隨時嚴加考校。此即為中國現代警政的開始。而當外國軍隊佔領北京的時候，在日本提議下按日本和歐洲範本設立了一所警察學校，招收的學生多為八旗軍，以後這些穿制服支薪水的警員就成為新型的公務員，袁世凱隨即把警察系統推廣到各大都市。

至於，扈從主義(clientelism)和慣例的舞弊，則亦在所難免。因此，中國現代警察的引進，主要是因為清王朝受到列強侵擾，地方治安敗壞的問題，同時，亦受到租界各國所實行警察制度的影響，希望能習夷之長以制夷，巡警為內政之要，巡警之設，成為推動自強運動的重要改革項目之一。

1901 年 1 月 29 日(光緒 26 年 12 月 10 日)慈禧以德宗的名義宣布變法，在改革官制的新政中，就有仿效各國樞密院制設立政務處，廢總理衙門改稱外務

[1] Michael Gasster, 古偉瀛節譯，〈中國政治現代化運動中的改革與革命〉，錄自：金耀基等著，《中國現代化的歷程》，(臺北：時報，1990 年 11 月)，頁 236。

部，並裁汰綠營改練巡警營。

換言之，溯自袁世凱從 1901 年(光緒 27 年) 10 月擔任直隸總督兼北洋大臣以後，即仿照西洋警察制度，從事巡警章程的制定，並於保定省城創設警務總局一所、分局五所，嗣又設警務學堂一所。[2]

1902 年 4 月聘請日本警視廳警官三浦喜傳為警務顧問，擬訂〈保定警務局暫行條例〉。於是袁世凱在創辦保定巡警之後，又於天津、海口等重要港口籌辦巡警。時值義和團事件之後，各國與清政府議約，復有距天津 20 華里，中國不能駐兵之議，惟巡警不在此限，袁世凱遂派巡警留駐天津，是為南段巡警局。

至於分駐西沽、塘沽、山海關、秦皇島、北沽等地，是為北段巡警局。同時，為了加強巡警勤務，另外設置馬隊巡警、消防巡警，以及小汽船巡查海河。9 月，清政府通令各省仿照直隸巡警制度。並為了培養警政人才，在天津開辦警務學堂一所，調訓基層警察人員。[3]

1903 年(光緒 29 年)，合併保定巡警學堂，易名為北洋巡警學堂，以及要求直隸所屬州、縣設立巡警傳習所。[4]次年，又將北洋巡警學堂改名為北洋高等巡警學堂。

1905 年(光緒 31 年)8 月，發生革命黨人吳樾謀炸五大臣出國考察憲政的恐怖事件，遂在袁世凱提議之下，於同年 9 月正式創設巡警部，接收工巡局所有業務，內設警政司、警法司、警保司、警務司、警學司、機務所等單位，下轄內城巡警總廳、外城巡警總廳、內城預審廳、外城預審廳、高等巡警學堂、京師習藝所、路工局、消防隊、協巡營、探訪隊、稽查處等單位，加強維護治安

---

[2] 參閱：〈奏為仿照西法創設保定警務局並添設警務學堂以資練習摺〉，收錄：曾榮汾，《中國近代警察史料初編》，(桃園：中央警官學校，1989 年 12 月)，頁 1。

[3] 參閱：〈奏為天津等地籌辦巡警摺〉，收錄：曾榮汾，《中國近代警察史料初編》，(桃園：中央警官學校，1989 年 12 月)，頁 2-4。

[4] 參閱：〈北洋巡警學堂推廣重訂章程〉、〈北洋巡警學堂編譯處章程〉、〈北洋巡警學堂附外省咨送附學章程〉、〈「北洋巡警學堂附本省申送附學章程」，收錄：曾榮汾，《中國近代警察史料初編》，(桃園：中央警官學校，1989 年 12 月)，頁 13-20。

工作，並在1906年7月的官制議定項目中普設巡警。[5]

1906年11月清政府衡諸各國官制，以部會中單獨以警部成立的部會很少，而不設立內政(務)部會的國家卻沒有。因為，在業務範圍上，內政業務可以涵蓋警察業務，而警察業務不能完全包括內政業務，遂將巡警部改稱民政部。內設警政司、衛生司、營繕司、疆理司、民治司、參議廳、承政廳等單位，並由警政司主管全國警察事宜。民政部下轄內城巡警總廳、外城巡警總廳、內城預審廳、外城預審廳、京師習藝所、工巡捐總局、路工處、緝探總局、消防隊、高等巡警學堂等機構。

1907年清政府改革地方政府組織，根據〈直省巡警道官制細則〉規定，在各省增設巡警道，負責全省的警政。[6]1911年5月8日(宣統3年4月10日)開始實施內閣制的奕劻內閣閣員，由善耆出任民政大臣。而在袁世凱出任清朝內閣總理大臣期間，特命趙秉鈞為民政部大臣，成為袁世凱逼宮的重要幫手。

換言之，從辛丑以至宣統退位期間，清政府預備立憲宣布，為了整頓戶籍，清查各地人口，便利於憲政的實施，清政府積極將警務列為分年應辦新政之一，勒令全國督撫定期實施，而警察機關及警察學校、巡警教練所等在全國各大城市紛紛出現，蔚為一大特色。

三、國會政黨競爭與警政奠基期(1912-1914)

(一)臨時政府時期國會政黨競爭

這一階段的警政工作的影響因素，主要權力核心突顯在國會運作和政黨的

[5] 韓延龍、蘇亦工等箸，《中國近代警察史》，(北京：社會科學文獻出版社，2000年1月)，頁62。

[6] 參閱：〈奏請改設巡警勸業兩道摺〉，收錄：曾榮汾，《中國近代警察史料初編》，(桃園：中央警官學校，1989年12月)，頁9。

鬥爭情境。1911 年 10 月 10 日由孫中山領導的同盟會在武昌起義，隨著辛亥革命的勝利，重要各省紛紛響應，先後宣布脫離清王朝統治，除了直隸、河南、山東、東三省尚受清政府的支配之外，革命軍已「三分天下有其二」了。

所以，到了當年 11 月底，清政府包括警察組織在內的國家機關幾乎喪盡機能。12 月 3 日通過臨時政府組織大綱，29 日由 17 省代表選舉孫中山為臨時大總統，並設置臨時參議院，31 日通過孫中山的提議，臨時政府大綱原為總統制，改為內閣制，增置副總統。

1912 年元月 1 日孫中山在南京宣誓就職，宣布中華民國成立；次日，臨時參議院因孫中山的要求，復將內閣制改為總統制。元月 3 日代表團選舉黎元洪為副總統，孫大總統依照〈臨時政府組織大綱〉與〈中華民國臨時政府中央行政各部及其權限〉，提出各部總長人選，經代表團同意後任命。計有陸軍、海軍、司法、財政、外交、內務、教育、實業、交通等九部的總長、次長名單獲得通過，各總長實際在南京負責的僅陸軍總長黃興、外交總長王寵惠、教育總長蔡元培，其餘各部總長全由次長代理。

此一混合內閣，在結構上總長也只有黃興、王寵惠、蔡元培等三人為同盟會員，其餘皆為清廷舊吏，及立憲派人士的新近贊同革命者，惟次長則皆為革命黨人。當時的內務總長是程德全則臥病於租借區內，主要負責督導警政工作的責任完全落在次長居正的身上。28 日臨時參議院成立，29 日林森當選為議長。和同盟會抗衡的立憲派，步調亦不齊一，大致可分為國外與國內兩股勢力。

前者由康有為、梁啟超領導，後者以張謇、湯化龍、孫洪伊、譚延闓為中堅。1912 年 1 月原屬同盟會的章太炎與張謇等組成「中華民國聯合會」，繼更名「統一黨」，5 月再與孫武的「民社」合併為「共和黨」，其影響力在大小政黨林立態勢下，僅次於同盟會。而同盟會的武昌、上海革命黨人亦已壁壘分明，上海方面以正統自居，武昌方面以首義功高，而在中央機關未占有重要職位者，忿忿不平，遇事立異。

孫中山擔任臨時大總統只有三個月，何況他鑒於袁世凱通過上海南北議和的運用，並嗾使其部下將領對清廷實行脅迫，終於逼致清朝皇帝退位，袁世凱亦宣佈擁護共和政體。於是孫中山實踐諾言，2 月 12 日在宣統皇帝宣佈退位的次日，即向臨時參議院辭掉臨時大總統，並推薦袁世凱，臨時參議院遂於 2 月 15 日選舉袁世凱為第二任臨時大總統，孫中山於 4 月 1 日解職。

孫中山的臨時總統任期雖短，但臨時政府時代的主要基調有三：

第一，對外主張在求中國國際地位的平等，與世界各國平等來往；

第二，對內主張不得以嫌疑逮捕曾在清朝為官的人員、禁止仇殺保皇黨人、布告消融種族意見、明令不准刑訊、通令全國禁絕鴉片、禁止買賣人口、通令剪辮、嚴禁女子纏足惡習、解放受歧視人民、禁絕販賣豬仔、保護華僑、革除前清官廳「大人老爺」之稱呼、慎重農事、重視詮選、倡導法治、尊崇學術、並重視輿情與民意；

第三，對反對派的容忍，豎立民主政治的規範，表現崇法務實與負責創新的政治風氣。[7]可惜希望推動現代民主政治的南京臨時政府，只有短短三個月的時間不得不於焉結束。

這階段的同盟會在南京臨時政府成立後，其本部也遷往南京，並於 1 月 22 日舉行首次會員大會，改為公開之政黨；同時為便於與袁世凱聯好，曾有推汪精衛為總理之議，未成事實，仍由孫中山當選為總理，黃興、黎元洪為協理。凡此皆可見同盟會的妥協性。

當臨時政府於 4 月 9 日遷往北京後，同盟會本部亦於 4 月 25 日遷往北京，另設同盟會本部機關於上海。實則孫中山、黃興及主要同盟會幹部皆在上海，上海機關乃被視為同盟會的權力中心。由於立憲派、北洋派擁護袁世凱，革命黨有意讓位给袁世凱，加上國際輿論的支持袁世凱。

在這種氛圍之下，1912 年 2 月 12 日清政府不得不退位，於是 13 日孫中山兌現承諾向臨時參議院提出辭職，15 日臨時參議院選舉袁世凱為中華民國第二任臨時大總統，仍選舉黎元洪擔任副總統，袁世凱不等正式受命，即改稱「新

[7] 傅啟學，《國父孫中山先生傳》，(臺北：中華民國各界紀念國父百年誕辰籌備委員會，1968 年 2 月)，頁 275-279。

舉臨時大總統」，似要突顯其職位先經清朝皇帝委任，北方推戴，再由民國臨時參議院予以追認。

此後，袁世凱藉北京連續發生重大維安事件為由不願南下接任，復以外交團屢屢出言袁世凱不可離開北方。3 月 8 日袁世凱在北京舉行臨時大總統就職典禮，幾經折衷 10 日臨時參議院通過唐紹儀為內閣總理的任命案，11 日公佈《中華民國臨時約法》。該法共有七章五十六條，第二章規定人民的自由權利，第三章將參議院職權擴大，第四章將總統職權縮小，改為內閣制，但在第三章內，仍賦予總統覆議的權利。所以臨時約法的政治制度，與法國的內閣制不同，實際言之，是總統制和內閣制的混合制度。

依據《臨時約法》，29 日唐紹儀在南京臨時參議院發表政見，提出內閣各部總長人選，計外交、內務、財政、陸軍、海軍、教育、司法、農林、工商、交通等 10 部總長人選，除了交通部總長未獲通過，改由唐總理自兼交通總長之外，其餘 9 部總長人選皆獲得通過，主管警政工作的內務總長由袁世凱的親信趙秉鈞出任。

由於唐紹儀是在加入同盟會之後，才出線籌組內閣，遂有「同盟會內閣」的稱號，亦因宋教仁強力主張政黨內閣，而有「唐宋內閣」之稱。所以，自開國務會議以來，內務總長趙秉鈞迄未出席，財政總長熊希齡自統一黨合併為共和黨後，在國務會議中，處處對同盟會採取敵視態度，加以袁世凱系各總長均同情於熊氏，儘管共和黨閣員僅有一人，而在國務院中足以與同盟會相抗衡。

同盟會主張劃清總統與國務院權限，共和黨則欲事事請命於總統。4 月 1 日孫中山宣布解除臨時大總統職務，4 月 5 日臨時參議會議決臨時政府遷往北京，於是參議員及臨時政府人員相繼北上，南北政權取得有名無實的統一，雖說共和體制誕生，政黨政治肇始，卻也是袁世凱與革命黨人之間激烈鬥爭進入一個新的階段。

唐紹儀內閣為解決經濟上的問題，首先必須向列強進行所謂「善後大借款」，以供解散南北軍隊，以及革命軍時期應付的政費。[8]內閣瓦解後，6 月 29 日參議會同意非黨人士外交出身的陸徵祥組織內閣，惟陸氏在參議院發表國政時，用「開菜單、做生日」等語比喻國家設施，始終未涉大政方針，導致所提部分內閣名單未通過，7 月 26 日再提第二次內閣名單雖獲通過，但參議院認係受要脅的結果，非出於參議院之本意，故 27 日參議院復有彈劾陸總理失職案。陸氏因之稱病不理政務，袁氏遂以內務總長趙秉鈞代理總理職務。

黃興鑒於情勢因而提出內閣應為「內閣政黨」的主張，孫中山為打開僵局，八月下旬遂與黃興相繼北上，與袁世凱會談。9 月 25 日袁世凱發表八大政綱，謂係與孫、黃及黎元洪的共同協議，包括開放門戶，引進外資，興辦鐵路、礦產，建置鋼鐵工廠，提倡國民實業，軍事、外交、財政、司法、交通採取中央及權主義，其他採取地方分權主義，竭力調和黨見，維持秩序，早日獲得各國承認與借款。同日，趙秉鈞受命組閣，同時加入國民黨，黃興乘勢遊說各總長一律加入國民黨，致使原先由宋教仁主導的「政黨內閣」制主張，一變而為「內閣政黨」制的體制。

換言之，南京留守黃興，望高權重，有第二總統之稱。袁以整頓軍務為名，命各省裁兵，黎元洪承袁世凱意旨，主張軍務與民政分為二途，同盟會的都督力言不可。但趙秉鈞及其多數閣員本都是袁世凱的私黨，乾脆就將國務會議移往總統府召開，由袁氏主持，這乃民初政局的一大怪現象。

根據《臨時約法》」，自約法實施十月之內，成立國會、制定憲法、選舉正式總統。惟因民國建國後，人民有集會結社的自由，同盟會在臨時參議院已面臨反對黨的挑戰，宋教仁提出擴展組織大黨計畫，於是同盟會結合了統一共和黨、國民公黨、國民共進會、共和實進會等五個政黨，於 8 月 25 日在北京正式組成國民黨，其組織領導採取理事制，理事互選孫中山為理事長，並將國民黨的屬性定位為普通政黨，其宗旨為鞏固共和，實行平民政治。

然而，這階段因為孫中山的重心在北方考察建設，不能長駐北京，遂委託

[8] 顏惠慶原著，姚崧齡譯，《顏惠慶自傳》，(臺北：傳記文學社，1973 年 9 月)，頁 76。

宋教仁代行理事長職務。所以，國民黨成立後，宋教仁已實際上承擔領袖的責任。

1913 年 2 月國會選舉結果，國民黨大獲全勝，卻無法轉變袁世凱的封建與帝王思想，導致 3 月 20 日宋教仁被刺斃，經搜得證據，知為袁世凱及趙秉鈞所主使。4 月 8 日參眾兩院同時開議，原參議院解散，國家最高立法權正式移交國會，4 月 28 日選出民主黨的湯化龍為議長、共和黨的陳國祥為副議長。國會開幕後，內閣總理趙秉鈞因涉嫌「宋案」遭杯葛。

5 月 29 日由共和黨、民主黨、統一黨組成的進步黨成立於北京，選舉黎元洪為理事長，梁啟超、張謇、湯化龍等為理事，馮國璋、熊希齡、程德全等為名譽理事，其中頗多國民黨跨黨份子，而梁啟超是實際黨魁，主張主權在國家，中央政府應強而有利，而有別於國民黨主張主權在人民，採取議會政治，地方分權，希望形成進步黨與國民黨的政黨競爭政治。

7 月初，嗣因「對外借款案」引爆程序爭議，袁世凱為緩和情勢，准內閣總理趙秉鈞、財政部長周學熙辭職。8 月 28 日由進步黨的熊希齡受任組閣，自稱「一流人才內閣」，惟真正能與熊氏攜手者僅本意要做財政總長的司法總長梁啟超一人而已。更荒唐的是當時的內務總長為朱啟鈐由交通總長轉任，且在熊希齡未到職之前，袁世楷已替他選定。

10 月 6 日袁世凱被選為正式大總統，10 日就職，並宣誓願竭其能力，發揚共和之精神，掃除專制瑕穢，謹守憲法，依國民之願望，引領國家達到安全強固的境域，但袁世凱自得政權，雖有雄才之資，但不明白民主共和為何義，亦不知「主權在民」的本旨，只想集權力於一身，建立獨裁政治，因而對約法的內閣制蓄意破壞。

15 日即下令通緝孫中山及二次革命首要人物，11 月 4 日下令解散國民黨，並撤銷國民黨籍國會議員。孫中山的討伐袁世凱行動也正式宣告失敗。1914 年 1 月 10 日袁遂下令宣佈停止參眾兩院議員職務，實行解散國會，此項解散國會命令還是由內閣總理熊希齡副署，進步黨人和國民黨人竟遭受同樣的命運。不惟革命黨沒有政治活動的餘地，而連所謂「立憲黨名流」的自身也失去了政治活動的機會，梁啟超的居進步黨領袖地位更遭時人所怪罪，此後政黨之鬥爭暫息，而帝制醞釀以起。

5月1日袁世凱公佈《新約法》，廢除國務院，設「政事堂」於總統府，以徐世昌為國務卿，總統為海陸軍大元帥，又置將軍府，裁撤各省督都，分別授以「將軍」，督導軍務，作為中央的臨時派遣官。地方行政採取省、道、縣三級制，改民政長為「按察使」，道稱道尹，縣則稱知事。5月24日組織參政院，院長為副總統黎元洪，12月28日由參政院通過修正1913年所公佈的總統選舉法。

總統任期由5年延至10年，期滿參政院得議決由總統連任，如須改選，現任總統得推薦三個人為候選人，現總統亦可繼續當選。總統選舉會由參政及立法院議員各50名組成。袁世凱不啻為終身獨裁元首，並可指定繼承人，與皇帝毫無二樣。

檢視這階段的政經變遷，不但革命黨人亦多缺乏民主政治運用的藝術與經驗，僅有理想與熱誠，舉措往往不切實際。立憲派之病與革命黨畧同。革命期間，一度與革命黨人攜手，不久又分道揚鑣，轉而依附實力派的袁世凱。

但袁世凱昧於時勢，以舊政權的繼承者自居，一意圖謀鞏固地位，擴張權力，予智自雄，排除異己，不明共和為何事。對於革命黨人，先之以欺弄，終之以摧殘。曾為效命的立憲派，同遭遺棄，民國僅存虛名。無奈，中國喪失了第一次帝制轉型民主體制的契機，民初政黨政治的實驗終告徹底失敗。

(二)警政奠基期

國會與政黨的權力競爭，直接衝擊到警政發展的是在當時中央政府，將民政部的組織名稱改為內務部，而當時的警政組織，主要分為中央警察機關、首都警察機關和地方警察機關等三大部門。

1.中央警察機關：內務部在總長、次長之下，設承政廳、警務局、民治局、土木局、禮教局、衛生局、疆理局，分掌部內各項業務。

警務局之下設四個科，第一科負責掌管組織、編制、預算和獎懲等業務；

第二科負責掌管集會、結社、出版和新聞雜誌等業務；第三科負責掌管行政警察和消防等業務；第四科負責掌管警察教育業務。每科設科長 1 人、一等科員 2 人、二等科員 2 人、三等科員 5 人，承局長或科長之命辦理本科業務。此外，警務局設有錄事 4 人，承辦紀錄、繕寫等業務。[9]

2.首都警察機關：當時南京係臨時首都，其警察機關，主要是採取巡警和衛戍交互運作的雙軌制。維護治安的工作仍延續晚晴時期就已成立的江寧巡警路工總局負責，下轄各區的巡警署。

此外，根據「南京衞戍條例」規定，直屬於臨時大總統的南京衞戍總督府也負有維持地方治安及秩序的職責，其下設有 3 個衞戍分區，該分區在執行勤務時，有權直接指揮鄰近警察和憲兵，遇有歹徒犯罪時，有權逕行逮捕，在緊急狀況下，可就地依法處置，若是事態擴大或嚴重時，有權直接與軍方聯繫，請予支援。

由於當時首都的混亂局勢，孫中山為有效控制治安，保障居民生命財產的安全，江寧巡警路工總局經常會同衞戍總督府採取加強整頓治安的任務。所以，衞戍總督府也特別設立稽查所，專門負責檢查過往行李、旅館業和僧道寺院的安全管理；同時，整頓軍隊紀律，約束士兵行為，陸軍部更發佈〈軍律十二條〉」，實施從嚴治軍政策。

3.地方警察機關：由於南京臨時政府的成立匆促，並未及統一警察制度。所以，分別有實施內務與警政合一制的在省軍政府之下設立負責全省警察工作的內務部，以及實施內務與警政分立制的在軍政府之下分別成立民政與警政單位。

1912 年 2 月，為避免中央與地方在名稱上的混淆，中央才下令要求各省所設的「部」改為「司」。至於縣級單位的警察機關名稱更為複雜，有稱「民政部」者，亦有稱「警務科」者，名稱與職權不一，也突顯當時政治局面實際仍未能獲得實質上的統一。

[9] 韓延龍、蘇亦工等箸，《中國近代警察史》，(北京：社會科學文獻出版社，2000 年 1 月)，頁 294-295。

臨時政府鑒於內治機關首重警政，欲求整頓，尤須以改良警察教育，培養警察人才為前提，中央於是在內務部成立三年制的警務學校，以培養專業的高層警為主，並附設巡警教練所，教育為因應特殊需要所訓練的一般巡警，每期兩個月。

至於在首都各區的警察教育則以透過巡警傳習所的方式進行；在各省的警察教育則要求參照中央警務學校及其教練所的教育方向，配合各地實際需求，籌辦基層的巡警教育單位，來加強基層警員的訓練工作。

四、 南北分裂政府與警政混亂期(1915-1928)

1914 年 1 月 10 日袁世凱下令停止參眾兩院議員職務，實行解散國會。然而，袁世凱的敗亡，中華民國雖倖免淪喪，而其所遺留的制度，卻因袁世凱體系政客及北洋軍閥仍操縱中國的政權而混亂。

初則黎元洪、段祺瑞之衝突，遭致國會之再解散，張勳趁機發動復辟；繼而直系與皖系、直系與奉系之間的相互火拼，促成軍閥之內鬨，導致政局更加動盪不安。

(一) 南方政府與北方政府對峙

1916 年元旦袁世凱稱帝為洪憲元年，除了遭致蔡鍔領導的護國軍起兵極力反對，以及外交棘手萬分之外，加上段祺瑞、馮國璋等北洋將領的不表支持，22 日乃正式取消帝制。同日，任徐世昌為國務卿，段祺瑞為參謀總長，仍保持其總統職位。4 月 22 日袁氏見當時情勢難為，准徐世昌辭職，改任段祺瑞組織內閣。

6 月 6 日袁世凱死於北京，段祺瑞依《新約法》宣告以副總統黎元洪代行中華民國之職權，翌日黎元洪就職於北京，8 月 1 日任段祺瑞為總理，10 月 30 日國會補選馮國璋為副總統。這時改將軍為督軍，巡按使為省長。

顧名思義，省長應為一省最高行政長官，其實不足輕重，依然有同督軍的隸屬。從此中國軍閥名聞於世，督軍成了軍閥的代表，出身於北洋軍的特別多，人稱北洋軍閥。所以，帝制與反帝制戰爭的副產物，就是產生許多南北小軍閥，以及護法運動中北洋軍閥的分裂與西南軍閥的離合。

換言之，自 1917 年廣州護法軍政府成立，至 1923 年孫中山重返廣州設立大本營，中國從此分裂，除了南北兩個政府外，各軍閥各自為政。亦即南北之戰，主要因西南各省軍人目的僅在把持地盤，防止北洋軍閥勢力的侵入，而實際上並無護法的誠意，加上國民黨內陳炯明的叛變，孫中山往來滬、粵，進行蹉跎，終難大有成就。迨曹錕賄選，國會已失去價值，革命的宗旨不能不調整策略。

因此，南方政府溯自廣州國會非常會議通過〈中華民國軍政府組織大綱〉。內容共有十三條：

第一條，中華民國為戡定恢復臨時約法。特組織中華民國軍政府。

第二條，軍政府設大元帥一人。均由國會非常會議選舉之。以得票過投票總數之半者為當選。

第三條，臨時約法之效力。未完全恢復以前。由大元帥行之。

第四條，大元帥對外代表中華民國。

第五條，大元帥有事故不能視事時，由首選出之元帥代行職權。

第六條，元帥協助大元帥。籌商政務。元帥得兼其他職務。

第七條，軍政府設立各部如下。外交部、內政部、財政部、陸軍部、海軍部、交通部。

第八條，各部設總長一人。由國會非常會議分別選出。咨請大元帥特任之。

第九條，各總長輔助大元帥執行職務。

第十條，元帥府及各部之组織。以條例訂之。

第十一條，軍政府設都督若干員。以各省都軍贊助軍政府者任之。凡有舉全省兵力。宣佈與非法政府斷絕關係者。依前項之規定。

第十二條，本大綱至臨時約法之效力完全恢復。國會及大總統之職權完全行使時廢止。

第十三條，本大綱自宣佈之日施行。

1917 年 9 月 1 日選舉孫中山為中華民國軍政府陸海軍大元帥，元帥分別由陸榮廷、唐繼堯當選。唐紹儀當選財政部總長、伍廷芳當選外交部總長、孫洪伊當選內務部總長、張開儒當選陸軍部總長、程璧光當選海軍部總長、胡漢民當選交通部總長。共同宣言戡定北方亂局，恢復民初約法，進行護法戰爭。18 日，軍政府以對德宣戰案，諮詢國會後，發出對德宣戰之佈告。

但陸榮廷與唐繼堯於軍政府成立之初，即不就任元帥職，對段祺瑞雖反對，對馮國璋仍奉為大總統。屢屢欲犧牲護法以議和，礙於軍政府護法主張之力，有意另組織各省聯合會以抗軍政府，又苦毫無根據，至是乃由政學會聯合吳景濂，擬以非常國會改組軍政府將元帥制改為總裁制。1918 年 5 月 4 日孫中山乃向非常國會辭去大元帥職。

1919 年 5 月 4 日北京學生發動了「內除國賊、外爭主權」的「五四運動」，大大刺激了 1919 年 10 月 10 日中華革命黨改名中國國民黨。1921 年 1 月國會在廣州復會，林森當選議長，國會決議改軍政府為中華民國政府，並選舉孫中山為大總統，時政府各部之組織人員如下：外交部長伍廷芳、財政部長伍廷芳兼、司法部長徐謙、陸軍部長陳炯明、內政部長陳炯明兼、海軍部長湯廷光，秘書長馬君武。

而 1922 年 6 月的陳炯明叛變，1923 年 2 月孫中山重回廣州，改稱大元帥，不再言護法。當時大本營的組織結構分四部二局一庫，重要人員為外交部伍朝樞、內政部譚延闓、財政部廖仲凱、建設部鄧澤如、法制局古應芬、審計局劉紀文、金庫林雲陔。

孫中山衡諸當時南北政府情勢，以及在聯美、聯日、聯英的各種試探策略遭遇拒絕之後，蘇俄於 1920 年宣布放棄其在帝俄時代與中國訂立之一切不平等條約，放棄中東鐵路，退出外蒙，當時中國國民黨對於蘇俄之友好態度，遂寄予無窮之希望。

因此，加速了孫中山改革黨務的決心，最後才有 1923 年 1 月 26 日孫中山與蘇俄代表越飛(Adolph Joffe)的「聯俄容共」宣言，以及 1923 年 10 月蘇俄政治顧問鮑羅廷(Michael Markowich Borodin)來廣州，協助孫中山從事改組中國國民黨。[10]換言之 1923 年，孫與蘇聯代表越發簽署《孫越宣言》，由列寧主導的共產國際所派遣鮑羅廷到廣州擔任顧問，其所採取的「聯俄容共」政策，強調的是一黨專政。

1924 年 1 月 20 日至 30 日中國國民黨在廣州廣東高等師範學校舉行第一次全國代表大會，除了通過紀律問題及海關問題案之外，在黨的結構上採取蘇維埃列寧式的黨國組織型態，中央執行委員會變成主要的政治權力核心，並設立中國國民黨陸軍軍官學校，令蔣介石為校長、廖仲愷為黨代表，權力與校長並行，這種組織後來擴充到軍隊的各級，是一支屬於政黨的軍隊，此後更加入一部分原來的粵軍成為國民革命軍中的第一軍。

甚至於設立中央黨務學校以訓練黨的幹部，從事黨務的工作。[11]同時，在政府重要部門的官員職位也由中執會選任，黨內的情報新聞、社會事務、海外事務、組織工作等相關黨務部門都直接涉入在中央政府內部運作，雖然形式上隸屬國民黨而不隸屬政府，但黨與政的組織與運作已結合為一體，特別是 1924 年 4 月發生孫大元帥因廣州大理院院長趙士北主張司法無黨，違反「以黨治國」主張為由，將趙免職事件。

1924 年 9 月 18 日改組後的中國國民黨誓師北伐，11 月 12 日孫中山離開廣州北上，積極為召開國民會議及廢除不平等條約而奔走，卻不幸於 1925 年 3 月 12 日在北京過世。7 月 1 日南方政府順勢將擬原本就要改組的大本營(大元帥政府)改組成國民政府，在廣州成立。

孫中山過世後，國民黨內的反共派與親共派的衝突愈烈。8 月 20 日身任國民黨中央執行委員兼工人部部長、國民政府委員兼財政部長的廖仲愷與國民政

---

[10] 蔣永敬，《鮑羅廷與武漢政權》，(臺北：傳記文學社，1972 年 3 月)，頁 1-5。

[11] 蔡元培，〈中央黨務學校特別區分部成立的意義〉，錄自《蔡元培全集》，(臺南：王家出版社，1968 年 2 月)，頁 204。

府監察委員兼宣傳員傳習所所長的陳秋霖被槍擊致死。而胡漢民之弟胡毅生的反共最為激烈而涉有重嫌，鮑羅廷直指胡漢民預謀，致使胡漢民被困於黃埔。

11 月國民黨第一屆中央執委員林森、鄒魯等，及監察委員謝持、張繼等委員，鑒於廣州中央黨部及國民政府被共黨所把持，不能行使職權，並洞悉第三國際的陰謀，乃改在北京西山碧雲寺舉行會議，並決議：取消共產黨在國民黨的黨籍；鮑羅廷顧問解雇；開除汪精衛、李大釗等人黨籍等案。

西山會議派乃自設中央黨部於上海，至此國民黨正式分裂。鮑羅廷、汪精衛把持的廣州中央黨部以西山會議不足法定人數，乃於 1926 年 1 月 1 日至 19 日在廣州舉行第二次全國代表大會，新當選的中央執行委員計 60 人，汪精衛派系占 20 人、中共占 14 人，中央常務委員 9 人，汪精衛派系與中共各占 3 人，中央黨部各單位負責人亦多為汪精衛派系與中共份子。

大會除了在經濟政策上通過「改善士兵經濟生活案」之外，重要結果是以汪精衛為國民革命軍總黨代表，陳公博擔任政治訓練部主任兼軍法委員會主席，周恩來、李富春、朱克靖分別擔任第一、二、三軍副黨代表，執行黨代表職權。蔣介石則當選中央執行委員並為中央常務委員，開始參與擔負中央決策的重任。西山會議派亦不甘示弱於 3 月 29 日在上海召集第二次全國代表大會，雙方對立更趨表面化。

廣州第二次代表大會閉幕後，蔣介石即準備北伐，但受到蘇俄軍事顧問團團長季山嘉(Kissarka)的反對。5 月 17 日中國國民黨召開二屆二中全會，通過「整理黨務案」，要點為組織國共聯席會議，審定兩黨黨員言論行動，中共對於中共黨員訓令應先交聯席會議通過，中共黨員在國民黨各高級黨部的委員人數不得占三分之一以上，不得充任國民黨中央機關部長，國民黨員不得加入中共組織。

6 月 1 日國民政府任蔣介石為組織部長，5 日又任蔣介石為國民革命軍總司令，進行北伐的軍事行動。然而，這也突顯這階段「以黨治國」體制的運作，重視黨軍制度的建立，而對於國家憲政推展的工作已經不再是主軸了，但「容共」政策，卻從此變為「聯共」了。

換言之，中國國民黨組織變成了國民政府官僚體系的一支，致使原來的革命精神與使命逐漸喪失。國民黨早先對地方行政的監督、在軍中進行的政治工作、審判反革命份子的特別刑事法庭也減少，甚至於撤除。而為爭奪上海的控制權，為蔣介石與鮑羅廷、中共決裂的近因，也導致國民黨內部發生「寧漢分裂」事件。

1926 年 12 月 3 日由俄共鮑羅廷(Michael Markowich Borodin)、汪精衛等人士主導在武漢成立「中國國民黨中央執行委員會暨國民政府委員會臨時聯席會議」，執行所謂「最高職權」，以徐謙為主席。期以組就一個聯合政權的形式，並以汪精衛為權力核心，繼續容共政策。

因此，引發所主張「聯俄、聯共、工農」的三大政策與三民主義理論的路線之爭。幾經折騰，1927 年 3 月 10 日國民黨二屆三中全會在漢口召開，除依〈統一黨的領導機關案〉改選常務委員、中央執行委員會各部長，新選軍事委員會委員和國民政府委員外，對於〈統一革命勢力案〉，議決：中國國民黨與中國共產黨須立時開聯席會議，討論合作辦法；並應第三國際邀請，派代表三人參加共產國際會議，接洽中國革命與世界革命的關係問題，以及其他各案，其目的在使共產黨以公開身分參加政府及民眾運動，而與武漢國民黨左派組織聯合政權，以逐漸代替國民黨的地位。

面對這一情勢，國民黨中央監察委員吳敬恆、蔡元培等，集會於上海，決議實行「護黨救國運動」，亦即清除黨內的共產份子，故稱「清黨肅共」。4 月 12 日起上海軍警解除共黨控制上海總工會糾察隊武裝，接著南京、江蘇、浙江、安徽、福建、廣東、廣西各地，實施全面清黨。

4 月 15 日中央政治會議舉行於南京，同時組織中央黨部及國民政府，18 日蔣介石總司令致電國民政府，擁護清黨，以及定都南京，改內務部為內政部，警察廳一律改稱公安局。21 日軍事委員會開始在南京辦公，寧、漢儼然形成對峙局面。

而南京佔地理優勢，加上蔣介石的聲望已著，有其號召力，一般心裡認為蔣之所在，即國民政府所在，多視南京政府為正統。鮑羅廷既操縱武漢政權，莫斯科共產國際托洛斯基主張共黨退出國民黨之左派組織，另行組織蘇維埃，但史達林以武漢國民黨已在共黨掌握之中，仍堅持共黨與國民黨左派繼續合作，採取的是以「國民黨居其名，共產黨居其實」的策略。

由於軍人反共，7 月 15 日武漢國民黨中央執行委員會議決，在一個月內召開第四次中央全體會議，討論「分共」問題。7 月 27 日鮑羅廷及軍事顧問團長嘉倫(Gereral Bliicher)被解雇遣送離武漢回蘇俄，聯俄工作結束，而武漢之「分共」遂告一階段，從此國共兩黨全面破裂。

而在武漢「分共」期間，蔣總司令的軍事行動並不是很順利，南京主要領袖李宗仁、白崇禧、李濟琛等為促使武漢與南京順利合一，又擔心南京國民政府有崩潰之虞，於是在 8 月 8 日聯名致電汪精衛同意其一個月內召集四中全會之聲明，12 日蔣介石宣布辭去總司令之職務。

清黨後，南京與西山派雖漸趨接近，仍受抵制。武漢分共後，西山派與汪精衛商定將武漢、南京、上海三個中央黨部合而為一。9 月 11 日三方會於上海，議決共同組成國民黨中央特別委員會，代行中央執行委員會職權，以及組成新國民政府，但基礎自始即不穩固。

1928 年 1 月蔣介石復職，1928 年 2 月 2 日國民黨二屆四中全會在南京舉行，除了推蔣介石為中央常務委員會、政治委員會主席之外，並通過〈集中革命勢力限期完成北伐案〉，國民政府令蔣介石任北伐全軍總司令兼第一集團軍總司令、馮玉祥為第二集團軍總司令、閻錫山為第三集團軍總司令，稍後復將李宗仁部隊編列第四集團軍，各軍隊依其戰鬥序列，同時出發，以北京政府張作霖為攻擊總目標。

6 月閻錫山軍隊進入北京、天津，北京政府消滅，國民政府改直隸省為河北省，北京易名北平，不再是中國的首都。1928 年 12 月 29 日東北全境正式懸掛青天白日旗，國民政府任命張學良為東北邊防司令長官，全國統一。十餘年來，國民黨蔣介石總司令領導的國民革命成功，與北洋軍閥的鬥爭至此結束。

檢視這階段國民黨的完成軍事北伐行動，但對於工人、農民、青年、商人、婦女的群眾組織的控制也相對地減弱，導致國民黨的黨員數減少，到了 1929 年的黨員總數不超過 55 萬人，其中 28 萬人是軍人，而上海的黨員成份則多為公務員和警察。

換言之，在 1925 年 3 月孫中山未去世之前，就已曾數次派遣密使至德國，為廣州政府尋覓科技與軍事顧問。孫中山希望借德國人才技術，以最快速時間，致中國於富強，此步達到，則以中國全國之力，助德國脫離凡爾賽條約之束縛。[12]由於德國政府諸多考量，最後當派遣 3 位飛行教官、7 位步兵顧問以及幾位後勤補給專家、警官等在內的德國人抵達中國時，蘇俄的顧問團已經捷足先登了。[13]

這也是「容共」的導火線，以後的演變成「聯共」，乃至於「清共」而「剿共」戰爭，就在這個時候早已埋下火種。特別是 1920 年代中葉以後，美國對華政策仍然低調，共產國際在華的進展最初受到美國政府的嚴密關切，美國政府也普遍贊同壓制日益膨脹的共產勢力。1927 年 2 月 12 日中央政治會議決定，國民政府駐武昌，中央黨部駐漢口。不過，美國對於 1927 年間漢口和南京兩地所爆發的排外事件深感憂心。

所以，面對國民革命軍逐步逼近上海，上海工部局董事會的美籍會長費森登(Stirling Fessenden)顧慮到革命利益可能會鼓動群眾暴力破壞上海租界，於是遞讓蔣介石的部隊自由進出租界，使得蔣氏得以夥同青幫和其他組織發動「四月清共」(April coup)。

1928 年夏天，宋子文與美國駐華公使在北京會晤，雙方簽訂有關中美關稅的條約，美國同意中國恢復關稅自主，這條約等於在法理上承認國民政府的合法性，美國亦開始與中國談判在華的治外法權。

(二) 警政混亂期

辛亥革命的結果是袁世凱取代清朝政權，他雖控有中央、北洋軍的防區，

[12] William Kirby, *German and Republican China* (Stanford: Stanford University Press, 1984), pp.34-35.

[13] Jonathan D. Spence, 溫洽溢譯，《追尋現代中國—革命與戰爭》，(臺北：時報，2001 年 5 月)，頁 516-518。

然勢力只限於直隸、山東、河南等省。經過二次革命，戰敗了國民黨，他的勢力始大加擴張，幾盡有東北、華北、華中及華南瀕海諸省。1914 年 6 月 23 日孫中山在東京成立中華革命黨，被推為總理，為中華革命軍大元帥。

大元帥代表中華民國大總統，組織政府，總攬全國政務，這是「以黨治國」的先聲。革命軍同志的宣誓特別強調「實行宗旨、服從命令、盡忠職務、嚴守秘密、誓共生死」，其宗旨為「實行民權、民生主義」，其目的為「推翻專制政府、建設完全民國、啟發人民生業、鞏固國家主權」，其進行程序分軍政、訓政、憲政三個時期，而當時的軍政府組織結構，就是在大元帥之下設最高統帥部，稱之「大本營」。

「大本營」置機要、參謀、法制三處，外交、內務、陸軍、海軍、財政五部。內務部設置警保司等七司，各省城置警察總署，其下設警察署、警察分署，其管轄區由總督定之。警察總署置警察總監一人(簡任)，以及薦任警務長、警務醫長、技師，委任警務官、警察醫、巡長、技手、錄事供事等職稱，而警察總監承總督、民政長官命，掌理省城警察、衛生事務，並監督各府縣警政；警察總監對於所管行政事務，得以職權發布命令，或為必要之處分。

警察總署設總務、第一、第二、第三、第四科，分掌事務。特別是總務科除了主掌一般總務外，還分掌理關於警察學堂、巡警教練所事項。府知事設警察游擊隊，分布各縣要地，維持安寧秩序；警察游擊隊之編制及每府隊數之分配，由警察總監定之。

在袁世凱任民國臨時大總統期間，作為內務總長的趙秉鈞，不久升任國務總理要職，內務總長由朱啟鈐接任。因此，袁世凱的北京政府強調京師為首善之區，警察有衞民之責，維持治安，防禦危害，在與人民有直接的關係，遂於 1913 年 1 月將晚清時期的京師內外城巡警總廳合併為京師警察廳，其首長稱為總監，直屬內務部，廳之下設有：總務處、行政處、司法處、衛生處、消防處，和勤務督察處。其中勤務督察處不行使警察權，只負責對京師警察廳所屬各區屬、隊、所的警察業務進行督察的工作。

依照 1914 年 8 月〈京師警察廳官制〉的為維持治安得編制警察隊規定，京師警察廳發布「保安警察隊現行編制辦法」，先後成立保安警察第一隊、第二隊、第三隊、第四隊和保安警察馬隊，分駐京師城內外。偵緝大隊則是執行偵察任務，下轄 4 個分隊，每分隊下轄兩小隊，每小隊有隊兵 30 人。尤其是偵緝隊賦有特務性質的「探訪業務」，警政的擴權不當容易導致濫權事件的層出不窮。

根據 1914 年 8 月所公布的〈京師警察廳分區規則〉，將 20 個分區設立警察署，署之下再分警察分駐所與派出所，並將派出所分為「各段巡警派出所」和「馬路巡警派出所」兩種不同的基層單位。

各段巡警派出所負責巡邏、掌握地方治安業務；馬路巡警派出所則設於市街重要之處，除補各段巡警派出所的警力不足之外，並以管理交通為專責。至於，地方警察機關的組織結構，將各省巡警公所改為省會警察廳，旋又改為全省警務處，重要通商口岸的商埠設警察廳、次要商埠設警察局，縣設警察所、縣城外人口聚集的繁華地段設警察分所、各縣亦編制警察隊。

1916 年 2 月在京師設立高等警官學校。軍閥政府割據的局面於 1917 年 4 月在北京雖有全國警務會議的召開，研討警察制度的改革，但對警政工作並無實質進展，反因地方分治勢力造成警政的破壞；1918 年 2 月開始整頓與充實警察隊，用以維持地方治安，但在這階段的警政少有進展，破壞了臨時政府以來辛苦建立的警政基礎。諸如 1918 年 3 月任命的四川督軍熊克武與省長楊庶堪不和，1920 年張群入川協調，卻被他們留下來擔任四川警務處長兼省會警察廳長。

五、中央地方分治政府與警政重整期(1928-1949)

北伐告成，政府結束軍政時期。如將北伐後的內戰，與辛亥革命後的內戰作一比較，頗多相似之處。辛亥革命是由國民黨的前身同盟會領導，實際上與之對抗的為北洋派，結果歸於妥協，政權為北洋派所得。不久雙方決裂，而有國民黨對北洋派之戰。繼之而起的為北洋派內部之戰，最後仍為國民黨對北洋派之戰，即北伐。

國民黨勝利的最大原因之一為北洋派的內爭與相互牽制。北伐初由國民黨與中共攜手進行，因中途乖離，而有中共對國民黨的鬥爭。國民黨取得政權，內部循環之戰不休，最後又成為中共對國民黨之戰，即中共所指的國內革命之戰。中共崛起的最大原因之一為國民黨的內爭與相互牽制。

換言之，國民黨人有兩種代表典型，第一種是 1911 年革命時期與孫中山共事的革命黨人，第二種是 1928 年以後在南京政府時期擁護蔣介石的人。軍閥割據的中國重新統一，也與歷史上其他再統一的先例一樣，需要 30 年時間，從 1920 年起至 1950 年止，也和其他類似的時期一樣，這 30 年是漫無頭緒的一片混亂，因為有平行的好幾路人事在同時進行。

這現象突顯辛亥革命後的中國為軍閥的天下，是軍閥對軍閥的內戰；北伐後，居中央者訴求要統一，在地方者則訴求要反獨裁，是中央集權政府對地方主張自主分治政府的內戰。

(一)中央集權與地方自主政府分治

南京國民政府時期主要的中央政府與地方政府的分治階段，可以分為國民政府初期的經建(1928-1937)、國民政府中期的抗日(1937-1945)，以及國民政府晚期的國共內戰(1945-1949)等三個階段。

1. 國民政府初期的經建(1928-1937)

檢視南京政府初期，在當時的中國大陸上，有三個國民黨黨部、三個政府和五股軍閥勢力。這三個黨部是：上海的西山會議派中央黨部、武漢的以汪精衛為首的國民黨中央黨部和南京的以蔣介石、胡漢民為首的國民黨中央黨部。

三個政府是：以張作霖為首的奉系北京政府、以汪精衛為首的武漢國民政府和以蔣介石為首的南京國民政府。五股軍閥勢力是：以張作霖為首的奉系軍閥集團、以閻錫山為首的晉系軍閥集團、以馮玉祥為首的西北軍閥集團、以李宗仁為首的桂系軍閥集團和以蔣介石為首的黃埔系軍閥集團，其中的政經實力有以蔣介石所擁有的江浙地區最為理想。當時的中國地圖簡直是五顏六色，足見當時政治、軍事鬥爭的錯綜複雜。

諸如 1931 年「九一八」事變以後，各地青年學生，基於純潔熱忱，發起救國運動，紛紛前往南京請願，社會多予同情，政府亦採取極端寬容方針，冀望於扶植民族精神發揚之中，藉獲外交後援之力量。不料 12 月 15 日竟有藉口愛國運動，衝入中國國民黨的中央黨部，毆傷了會見學生團的蔡元培、陳銘樞二位中央委員。當時在對外關係方面，有 1920 年代的爭主權運動，要求廢除不平等條約；1931 年以後，日本軍閥侵略中國的行動促使爭主權轉為愛國抗日運動，至 1945 年日本戰敗為止。

在國內政治統一方面，由兩個專制政黨力量組成的聯合陣線進行，而中國國民黨與中國共產黨都受到俄國的列寧主義者鼓動的影響，在 1920 年代，兩黨為了瓦解軍閥勢力打倒帝國主義，曾攜手合作，也相互競爭，兩黨於 1927 年拆夥，1936 年 12 月 12 日發生西安事變。1937 年再度組成統一戰線聯合抗日，卻始終是死對頭。

隨著北伐軍事行動的逐步完成，國民黨的當務之急是締造能穩固北伐成果的政經建設。1928 年 8 月 14 日國民黨二屆五中全會決議：國民政府依建國大綱之規定，設立五院。1928 年 10 月 3 日中央常務會議通過〈訓政大綱〉及《中華民國國民政府組織法》，並以中央執行委員會政治會議為指導國民政府施行重要國務之決策與監督機構，時為訓政時期治權權力中心。

10 月 8 日蔣介石被推為國民政府主席，而國民政府委員會是由 16 位委員組成的集體領導模式。政府組織則依孫中山所宣揚的五權憲法精神，成立行政、立法、司法、考試、監察五院，由國民委員會的委員分別出任院長。五院中最重要的行政與立法部門，由譚延闓與胡漢民分別擔任院長職務。

這一現代化體制也是南京政府之所以得到外國認可的主要原因。然而，和文官政府相平行的是另一個由蔣介石擔任委員長的軍事委員會。這個委員會用掉了南京政府歲入的大部分經費，實質上是一個軍政府。因為，文官政府的五院聽命其主席職權，而參謀部以及軍事委員會前身的各部會都是聽命於最高統帥蔣介石。

1929 年 3 月 15 日至 28 日，國民黨在南京中央陸軍軍官學校召開第三次全國代表大會，在經濟政策上除了通過〈確定訓政時期物質建設之實施程序及經費案〉之外，重要的還通過〈訓政綱領〉、〈確定總理主要遺教為訓政時期中華民國最高根本法〉，規定「舉凡國家建設之規模，人權民權之根本原則與分際，政府權力與其組織之綱要，及行使政權之方法，皆須以總理遺教為依歸」。

而通過最關鍵的「國軍編遣進行程序大綱定為國民政府整軍之綱領案」，其軍隊編遣必須接受整軍的複雜問題，引發了 1930 年的「中原戰爭」，導致中共乘機坐大和蘇聯侵略東北邊境，才有 11 月對江西共軍的攻擊行動。

秋天，當蔣介石面臨北方馮玉祥、閻錫山、汪精衛在軍事、政治上聯合起來的強力挑戰，張學良下令部隊開進山海關，佔領冀北，使其得以支配平漢鐵路、津浦鐵路的華北沿線，並控制大津豐厚的海關稅收。蔣、張並聯合逐步要求日本終止治外法權。11 月 12 日國民黨在南京召開三屆二中全會，除決議召開國民會議之外，全會並通過修改《國民政府組織法》，以原任行政院長譚延闓已逝世，決議由蔣介石兼任。

1931 年春，國民政府積極籌備國民會議時，立法院長胡漢民獨持反對態度，3 月 2 日政府准其辭職，改選林森繼任。1931 年 5 月 5 日至 17 日，國民會議在南京召開，通過《中華民國訓政時期約法》，其精神在闡明訓政制度，並規定在訓政時期內中國國民黨全國代表大會將代表國民大會行使政權。

另規定人民在訓政時期內，應受選舉、罷免、創制、複決四權行使之訓練。保證人民有集會、出版、與言論之自由；並保障私有財產之權利。依照約法規定，政府機構仍為國民政府組織法所採行之五院制，政府行政首長為國民政府主席與國民政府委員會，由中國國民黨中央執行委員會所選出。約法又規定，各省縣儘速設立半自主之自治單位，行使其行政與財政權，僅受國家明確之限制。

換言之，訓政約法為憲法頒布前之國家根本大法，人民依約法享受其應享之權利，盡其應盡之義務。政府之組織，與中央地方權限之劃分，亦以此為依歸，遂奠定中國實施憲政之基礎。而當時南京、廣州兩地國民黨同志因日軍發動「九一八事變」的刺激。

據 1931 年 9 月 24 日海陸空軍副司令張學良呈國府電指出，九月十八日晚十時後，瀋陽城北忽然發生轟然爆炸聲，既而槍聲大作。據北大營第七旅報告，乃之係日軍向我兵營攻擊；十九日早八時，日軍進入城內，解除軍警武裝，佔據官署，搜查文卷，捉捕軍官，搜索私宅，所有城內外警察分所，皆被日軍用機關槍射擊。凡佔領的機關，都貼上寫有日本軍佔領，犯者死刑字樣。當時市內我方軍警，亦以事前奉到命令，不許與日軍衝突，又以瀋陽城市，中外雜居，我軍警負有保護地方之責，自當竭力維持治安，遂亦在毫無抵抗情形之下，慘死於日人槍彈下的人，為數不少。[14]

日本除了對東北展開軍事侵略行動之外，並在各地繼續挑釁，尤其非法設置警察機關，查日本在東北設置警察，皆隸屬於關東廳警察局，該局管理警察行政除關東洲警察行政外，所有鐵道內警察行政及領事館所管警察行政，皆屬自由設施，毫無條約上之根據，但日本卻稱鐵道界內，有絕對排他的行政權，實係侵害領土主權，破壞行政完整之最大情形。加上非法警察在各地暴行，以及日人新聞通信事業不受中國警察權拘束。

換言之，除日本奪取佔據東北之外，以及 1931 年 11 月中共在瑞金成立的「中華蘇維埃共和國政府」，至是在中國計出現有瑞金、南京、廣州三個政府。如果再加上 1933 年 11 月陳銘樞等人在福建宣佈成立的中華共和國人民政府，想見當時要有一個比較統一的政權是如何艱困。也就是俗稱的「閩變」，曾任民社黨主席的張君勱當年亦參與此一「福建人民政府」的組織。

廣東方面即以蔣介石主席下台及國民政府改組為訴求。1931 年 10 月 27 日至 11 月 7 日上海和平會議的召開，主要是通過了〈中央政制改革案〉，這是國民政府建都南京後中央政治制度的大變遷，從此國民政府主席不負實際政治責任，更不兼任陸海空軍總司令、亦無提請任免五院院長及指揮五院之權。也就是從以前的黨政軍一體的國民主席制度變成行政院長制，其重要性頗等於從一

[14] 中華民國外交問題研究會，《九一八事變》，(臺北：中華民國外交問題研究會，1965 年 7 月)，頁 7-9。

種總統制改成內閣制。

11 月 12 日至 23 日國民黨第四次全國代表大會同時在南京中央大學大禮堂與廣州同時召開，南京大會電請胡漢民、汪精衛、孫科等來京集會，胡漢民則堅持以蔣介石下野為交換條件。12 月 15 日，國民黨中央臨時會議，決議准蔣介石辭去國民政府主席、行政院長、及陸海空軍總司令本兼各職，並推林森代理國民政府主席、陳銘樞代理行政院長。22 日蔣介石飛離南京，再度退隱。

1941 年汪精衛政權在南京出現時，聲稱國民政府還都，並仍用林森名號，但林森一直到 1943 年 8 月過世以前仍在重慶擔任國民政府主席。林森曾於 1884 年冬，渡海來臺任職臺北電報局，迄 1895 臺灣割讓日本，林始內渡回閩，1898 年夏，林復至臺灣，從事革命工作，林在臺北居留於臺北城大稻埕留芳照相館張姓友人處約一年餘，嗣因日人偵訪甚嚴，林乃自臺北南下嘉義，屈任臺南法院嘉義支部通譯，翌年春，林仍回福州。

1931 年 12 月 28 日國民黨四屆一中全會第四次大會選任林森為國民政府主席、孫科為行政院長，中央政治會議任李文範為內政部長等內閣閣員，並推蔣介石、汪精衛、胡漢民為中央政治會議常務委員，不負實際行政責任。據郭廷以指出，蔣介石、汪精衛、胡漢民等三位中央政治會議常務委員，實際上並未到職。[15]

該次大會同時為應付空前嚴重之國難為首要考慮，先後通過召開國難會議、強軍備及國防、譴責日寇侵略暴行、實施邊區及國家建設方針、保護回國華僑等案。1932 年 1 月 1 日廣州中央黨部國民政府撤銷，另設中央執行委員會西南執行部、西南政務委員會、西南軍事委員會，事實上照舊獨立。1932 年 1 月 21 日蔣介石復職，擔任總司令和軍事委員會委員長，28 日中央政治會議推汪精衛任行政院長、宋子文復任副院長兼財政部長，而結束孫科內閣只滿一個月的短命行政院長職務。

而當時蔣介石委員長在南昌的行營，正是中國真正的首都，亦是國民政府

[15] 郭廷以，《近代中國史綱》，(香港：中文大學，1980 年)，頁 629。

的權力核心，此後，「委員長」成為蔣介石的專用職稱。江西剿匪工作行將完畢，中央軍正追剿流竄至貴州、雲南、四川的殘匪。中央政府的政治力量正隨軍事的進展而擴展。剿匪事實上等於變相的統一。

軍事行動之外，行營更致力於政治、財經等重大政府措施。也因為中央政府的積極追剿共匪而擴大了控制和影響地區，包括中國的西南部；同時以西南為根據地，致使中央能夠有利於對日的長期抗戰。

就在此際，上海爆發了「一二八事變」，經由英、美、法、義四國調停，簽訂〈淞滬停戰協定〉，但日軍的侵華行動並未停止，1932 年 3 月 9 日溥儀在改名新京的長春就任滿洲國執政，年號大同，鄭孝胥為國務總理。9 月 14 日日本承認滿洲國，次日簽訂〈日滿議定書〉，議定書的內容分兩項：

第一，滿洲國承認日本國或日本臣民根據從來中日間之條約協定及其他公司契約所獲得的一切權利利益；

第二，約定兩國共同擔任國家之防衛，為此所需之日本國軍乃駐紮於滿洲國內。胡適曾引蕭伯納(George B. Shaw)對他指出，日本人決不能征服中國的，除非日本人準備一個警察對付每一個中國人，他們決不能征服中國的。[16]

1933 年侵佔熱河，進攻長城沿線的古北口、喜峰口、冷口等各重要隘口，威脅平津，最後壓迫華北當局在 5 月簽訂〈塘沽停戰協定〉。〈塘沽停戰協定〉是由關東軍代表陸軍少將岡村(Okamura)與華北中國軍代表陸軍中將熊斌簽訂。〈塘沽停戰協定〉規定，白河的東北沿線劃歸非軍事區，只能由不對日本抱持敵意的警察機關負責該地區的治安。

1934 年 3 月 1 日溥儀在長春登基，國號滿洲國，改年號為康德，次年 4 月溥儀在東京指出，要盡全力為日、滿的和平而努力，如果滿州人有不忠於滿州皇帝的，就是不忠於日本天皇，東北徹底日本殖民地化。

1935 年日本又製造所謂「河北事件」及「張北事件」，並策動華北自治，以分化中央與地方的團結，希望造成華北特殊化地位，使在形式上雖隸屬中央，

[16] 胡適，《胡適選集(政論)》，(臺北：文星書店，1966 年 6 月)，頁 23、47。

而實際則完全受日方的操縱指使。特別是於東北各重要地點，遍設特務機關，並由秘密活動進入公開工作，擴及地區不僅東北、華北，甚至南下長江流域及華南各省；同時，入侵熱河、察哈爾、綏遠，企圖建立內蒙國，並進窺新疆。

換言之，蔣介石與胡漢民、汪精衛之間的複雜關係，所導致的蔣介石所面臨政治危機，已削弱其整體的實力，而無力再發動大規模戰爭，加上蔣介石有別於行政院長汪精衛的屢稱對日政策為抵抗與交涉並進的策略，而特別強調「共匪」未剿清之前，絕對不能言抗日，遂命令張學良將部隊調至長城以南，避免與日軍正面對抗。

為應付當時情勢，1935 年 11 月 12 日至 23 日中國國民黨第五次全國代表大會在南京舉行，在經濟政策上除了通過〈西北國防之經濟建設案〉、〈全國厲行節約集中生產案〉之外，推選胡漢民為中央常務委員會主席，汪精衛為中央政治委員會主席，兩會皆由蔣介石擔任副主席，並重選林森為國民政府主席、蔣介石兼任行政院長、孔祥熙為副院長、孫科為立法院長等重要黨政首長職位，12 月 4 日中國國民黨第五屆中央執行委員會第一次全體會議決定：頒布《憲法》(草案)。

有人稱這次的行政院內閣是「行動內閣」，因為它包括許多經驗豐富而幹練的人才，如精於理財的吳鼎昌，擔任實業部長；中國銀行傑出的總經理張嘉璈擔任鐵道部長。也有人稱它是「政學系內閣」的，因為吳、張二人被認為是政學系的。政學系的首領據說是張羣，當時任外交部長。

也有人稱它是「人才內閣」。因為，不論人們怎麼評論他們的政治淵源，而張羣、吳鼎昌、張嘉璈等人畢竟都是有能力的人員，這是誰都不能否認的。除了這些人外，還有王世杰擔任教育部長。再加上翁文灝和蔣廷黻分別擔任秘書長和行政處長，這內閣的陣容應是非常堅強。

而在 1935 年就已有臺灣人為反抗日本的統治臺灣，由張邦傑、顏興、呂博雄等人在泉州創立「臺灣革命黨」。日軍侵占廈門時，張邦傑在閩南從事抗日，獲軍統局聘任為設計委員，迭在閩南一帶截取日軍情報，又創立中正醫院，救助病患。

1936 年 5 月 5 日國民政府如期公布《中華民國憲法》(草案)。6 月 1 日廣東綏靖主任陳濟棠結合廣西的李宗仁等人集會，以「西南政務委員會」及「西南執行部」名義，決議呈請國民政府及中央黨部，並通電全國，籲請國民政府領導抗日。22 日兩廣組織獨立「軍事委員會」，陳濟棠自任「委員長兼抗日救國軍總司令」，李宗仁副之。

7 月 12 日至 14 日中國國民黨第五屆二中全會決議：撤銷「西南執行部」及「西南政務委員會」；組織國防會議；免陳濟棠職，改任余漢謀為廣東綏靖主任。9 月 6 日國民政府任李宗仁為廣西綏靖主任、白崇禧為軍事委員會常務委員、黃紹竑為浙江省政府主席。

12 月 12 日張學良發動「西安事變」，提出重要政治主張，如改組南京政府、停止內戰、立即召開救國會議等。西安事變加速日本軍閥對中國的侵略，以及中共獲得喘息的機會，但也激發全國民眾團結抗戰的高昂士氣。

1937 年 2 月 20 日至 22 日中國國民黨第五屆三中全會在南京召開，除決定 11 月 12 日召集國民大會，制定憲法，並決定憲法施行日期之外，迨各地方團體代表選出，而對日全面抗戰發生，中國之實行憲政因而之延期。而這次全會的另一項重大決定，就是停止自 1930 年冬天以來，國民革命軍共進行五次的所謂「剿匪」軍事行動。

換言之，南京政府在東三省、熱河淪陷後，名義上統一二十四省，其中河北、山東、山西、綏遠、察哈爾、寧夏、青海、新疆、四川、雲南、貴州、西康、廣西、廣東等十四省為半自主狀態，江西、福建、湖南、湖北、河南、安徽、陝西等七省境內的一部分為紅軍所據。紅軍西走後，中央的勢力進入西南，為一意外的大收穫。至是除河北、察哈爾的一部分為日本控制，新疆為蘇俄控制，陝北及隴東的一小部分屬於中共外，其餘大致接受中央命令。

2. 國民政府中期的抗日戰爭(1937.7-1945.8)

1937 年 7 月 7 日，當日軍與中國守軍在盧溝橋爆發戰事之後，可說揭開了第二次世界大戰的序幕。其實早在日本發動軍事侵略之前，根據 1931 年 5 月 4 日東北外交委員會報告中就指出，沿日人所占鐵路線，如南滿線之各大站，以建設商用之倉庫為名，實作駐軍營房之準備；在大連警察本署內編組特務警察隊(便衣警察)，直受其長官或關東廳警務課之指揮，以作間諜；由其所設關東司令部之特務機關，派日人在各主要城鎮開設小本營業，以掩人耳目，其時均為日人間諜。

此時，國民政府決定應戰，主要因素：第一，以勢迫出此，日本野心並無止境，如再忍讓，不惟華北將為東北之續，且欲求偏安而不可得；第二，以人心激憤已至極點，中共主戰尤力，此次如再不抵抗，內戰勢將重起；第三，以中國雖非日本之敵，然以土地之廣，斷非日軍所能全部據有；第四，以英、美深忌日本勢力的擴張，假以時日，國際情勢定有變化，彼時如與日本談判，為害亦較目前為輕，何況中、俄正在談判互不侵犯條約，短期內可望獲得援助。

1937 年 11 月 20 日國民政府宣言，決不為城下之盟，即遷都重慶，以最廣大之規模，從事更持久之戰鬥，中央各機關陸續撤至武漢、漢口和武昌，武漢遂成為抗戰指揮中心，亦為日軍繼南京之後的攻擊目標。同時，日軍在佔領北平、天津、太原後，於 1937 年 12 月在北平製造一個「中華民國臨時政府」，以王克敏為傀儡，名義上統轄華北，以維持佔領區的秩序，消滅國民政府的勢力。

1938 年 1 月，國民政府為完成戰時行政機構，政府改組最高統帥部，軍事委員會直隸國民政府，採取委員長制，委員長統率全國陸海空軍，並指揮全民，擔負國防之責，軍事委員會並將前方兵員劃分為戰區，派定司令長官指揮對敵作戰。這時孔祥熙繼蔣介石由行政院副院長升任院長，仍兼財政部長與中央銀行總裁。

據時任湖北省會警察局長蔡孟堅指出，先總統行轅從 1932 年起即移駐武昌，迨 1937 年中日戰爭開始，南京中央各機構，陸續西遷武漢，多數集中武昌，竟使武昌成為戰時首都，其時行政院長孔祥熙先生，亦於 1937 年底南京失守前，飛抵武漢，他本人為着方便，借用漢口中央銀行起居辦公，而當時的汪精衛則為國民黨副總裁。[17]

3 月 29 日至 4 月 1 日中國國民黨臨時全國代表大會在武昌舉行，除了在經濟政策上通過「非常時期經濟方案」之外，決議：設置總裁、副總裁，並推舉蔣委員長為總裁、汪精衛為副總裁；設立三民主義青年團；7 月 9 日三民主義青年團正式成立，由總裁蔣介石兼任團長，並任陳誠為中央團部書記長。結束國防參議會，另設國民參政會，為戰時最高之民意機關；制定並公佈〈抗戰建國綱領〉。

4 月 6 日中國國民黨第五屆四中全會在漢口舉行，通過〈三民主義青年團組織要旨〉、〈改進黨務並調整黨政關係〉，以及〈國民參政會組織條例〉。該條例規定，在抗戰期間政府對內對外之重要施政方針，於實施之前，應提交國民參政會決議。前項決議案經國防最高會議通過後，依其性質交主管機關制定法律或頒布命令行之。7 月 6 日國民參政會首次大會在漢口舉行，選舉汪精衛為議長、張伯苓為副議長。

檢視這一階段政府權力核心的結構，當時蔣介石集大權於一身，雖然汪精衛頭銜在黨中地位是僅次於蔣介石的副總裁，這也是每一位有關人員接受的事實。但汪的副總裁並不意味著可以代他行使權力，汪的副總裁僅意味著是向蔣委員長個人負責。

這種關係從另一角度觀察汪在行政院沒有地位，行政院的權力是掌握在院長孔祥熙。換句話說，汪不能干涉行政院的事務。8 月間日軍逼近武漢，而 10 月底的武漢三鎮已是滿目瘡痍，蔣介石繼而越過長江三峽來到重慶，國民黨的根基也就此被切斷了。

因此，過去大清帝國統治下的大片江山已經分裂成 10 個主要權力單位：滿洲國、內蒙古、長城以南的華北地區、華東、臺灣等地受日本人不同程度的操控，以及重慶的國民黨政權、陝西的共產黨根據地。再加上山西省大半地區，

[17] 蔡孟堅，〈孔祥熙院長二三事——附載：蔣總統手撰，孔庸之先生事略〉，《傳記文學》第 53 卷第 5 期，頁 26-32。

特別是太原四周，仍屬軍閥閻錫山的勢力範圍。閻錫山自 1914 年 7 月擔任同武將軍督理山西軍務起，至 1945 年 8 月 31 日安全進入太原綏靖公署，完成勝利凱旋為止，閻錫山主持山西省政達 30 餘年之久。

日軍佔領廣州之後，又另外形成一個權力中心，一如遠在西部邊陲地帶的新疆。新疆地區的回民事由自治的「邊防督辦」盛世才統治，主要依賴蘇聯、國民黨的支持。而西藏也在尋求獨立。如果加上 1940 年 3 月 30 創建，以迄 1945 年 8 月 10 日沒落，由汪精衛在南京成立的政權，形成「一國十治」的分裂現象。

中央政府在重慶時期，對日主和最力的是汪精衛和他的同黨，汪精衛指出，抵抗侵略與不拒和平，並非矛盾，和平條件如無害於中國獨立生存，何必拒絕；又指出，侵略國家破壞和平，被侵略國家保障和平。[18]所以，抗戰時期的中國政權分裂、鬥爭激烈情形，形成警政工作的多變化與任務的特別化。

1939 年 2 月 7 日國防最高員會成立，由蔣介石總裁任委員長，確立了黨、政、軍結合為一體的「委員長」體制，成為戰時中國的最高領袖，而且蔣介石在重慶自兼中央銀行、中國銀行、交通銀行、農民銀行等四行聯合辦事總處主席，綜攬戰時金融經濟政策及業務，並派徐柏園擔任副秘書長。

然而，遷都重慶的國民政府在經濟上受到關稅與上海鴉片貿易的收入減少了，而且來之不易的新式人才官僚體系都變成逃難者，原本是掌控全中國中央政府的國府政權，現在只能困守在環山羣嶺之中，還不得不與反動的省級督軍，以及地主共事。因此，居於中國西南的重慶政府不但要約束地方軍閥不可有越軌行動，同時也要避免擾亂了鄉村的社會秩序。

而臺灣人張邦傑和李友邦等人於 1941 年 2 月 10 日亦在重慶成立「臺灣革命同盟會」，接著李友邦創立「臺灣義勇隊」，張邦傑為「臺灣義勇隊」顧問，積極為國民政府的復臺工作而奔走。

[18] 蔣廷黻英文口述稿，謝鍾璉譯，《蔣廷黻回憶錄——美國哥倫比亞大學口述歷史譯稿之一》，(臺北：傳記文學社，1979 年 3 月)，頁 212。1944 年汪精衛病死，南京殘局由陳公博、周佛海維持。有關汪政權的成立與運作，參閱：朱子家(金雄白)，《汪政權的開場與收場》，(臺北：古楓，1974 年 10 月)。

這一情勢的重大轉折要到 1941 年 12 月 1 日日軍的偷襲珍珠港，12 月 9 日國民政府正式佈告對日宣戰。1942 年 1 月蔣介石接受中國戰區(包括越南、泰國等地)盟軍最高統帥，並以史迪威(Joseph W. Stilwell)為參謀長。

1943 年 1 月 11 日中美、中英新約簽字，一百年來的不平等條約正式終止。治外法權、租借、內河航行權、軍艦駛入中國領海權、洋員管理海關行政權、北平使館區及北平至海口交通線，外國駐兵權一一取消。但是同盟國彼此之間依然爾詐我虞，各自為謀，重慶國民政府的艱險甚於獨立作戰之時。

1943 年 8 月 1 日國民政府主席林森逝世，林氏自 1931 年冬擔任國民政府主席以來的任期長達 12 年正式劃下休止符，國民黨中央常務委員會臨時會議選任行政院長蔣介石自即日起代理國民政府主席。8 日行政院會任命徐中齊為重慶市政府警察局長、夏舜參為工務局長。

9 月 3 日國民政府公佈《違警罰法》。9 月 13 日國民黨五屆十一中全會通過蔣總裁為國民政府主席兼行政院長。11 月 7 日中央警官學校教育長李士珍提出〈五年建警計劃〉，並經政府指定川、陝兩省為實驗區。

1943 年 11 月 23 日蔣介石參加由羅斯福(Franklin D. Roosevelt)和邱吉爾(Winston S. Churchill)與會的開羅(Cairo)會議，這是近代中國外交史上的里程碑，自甲午戰爭以來中國喪失於日本的國土由美英明白承認得全部收回，特別是東北四省、臺灣、澎湖歸還中國，並使朝鮮獨立，日本須無條件投降。

1944 年 1 月 19 日國民政府公佈〈省保安司令部組織條例〉，規定未設綏靖公署省份，應設省保安司令部。4 月國民政府公佈〈懲治盜匪條例〉。1944 年 11 月 20 日行政院改組，宋子文代理院長，俞鴻鈞接替孔祥熙任財政部長。12 月 1 日重慶市警察局長徐中齊調成都警察局長，遺缺由唐毅繼任。

1945 年 2 月 4 日至 11 日，羅斯福、邱吉爾位謀求世界戰爭早日結束，及解決戰後諸問題，與史達林(Joseph Stalin)會議於雅爾達，並在協定中不惜以中國主權，特別是東北權利為犧牲。

1945 年 5 月 5 日至 21 日國民黨第六次全國代表大會在重慶召開，大會除了在經濟政策上通過〈土地政策綱領案〉、〈實施工業建設綱領案〉之外，還選舉蔣介石連任總裁、修改黨章、通過政綱外，並決議於同年 11 月 12 日召開國民大會、制定憲法。

1945 年 5 月 31 日行政院蔣兼院長及副院長孔祥熙辭職，由外交部長宋子文繼任行政院長，7 月 30 日王世杰繼任外長。1945 年 8 月 7 日在莫斯科會談《中蘇友好同盟條約》，至 14 日簽訂時正是日本宣佈無條件投降之日，俄軍乃乘勢佔領東北，暴露其獨佔東北資源的野心，1946 年 5 月 5 日國民政府在南京恢復辦公。

依開羅會議之決定，臺灣、澎湖應歸還中華民國，國民政府顧慮臺灣長期為日人統治的特殊情形，決設臺灣行政長官公署辦理受降與接收事宜。1945 年 10 月 18 日臺灣行政長官公署開始在臺北辦公，25 日臺灣區接受日軍投降典禮在臺北中山堂舉行，臺灣乃正式回歸中華民國版圖。

3. 國民政府晚期的國共內戰(1945.8-1949.10)

國共的鬥爭自 1923 年的聯俄容共起，特別是從 1928 年底，國民黨持續攻擊火力，迫使毛澤東放棄井岡山根據地，而轉進到以瑞金為新的根據地，建立江西蘇維埃政權，一直到 1934 年。但是當時毛澤東的江西蘇區並不是共產黨在農村的唯一紅色根據地，全中國至少還有十二個農村有這類組織，各自反抗國民黨政府與軍閥勢力，並嘗試推行各種土地政策和社會改革。

1935 年中共在國民黨同意下，宣佈成立陝甘寧和晉察冀兩個邊區政府，亦即中共在延安的頭幾年積極強化黨、政、軍的組織，中國共產黨黨員人數從 1937 年的 4 萬人左右到 1940 年的 80 萬人。換言之，中國戰後最大的困難，乃是中共問題。國民政府在大陸時期的國共關係發展，基本上曾經有過三次重要和平相處和七次和談破裂的過程。

在三次的和平相處上，第一次是 1923 年的聯俄容共，當時的目標是在厚植內外力量，內求國家的統一，外求民族的獨立；第二次是 1935 年的國共合作，當時的目標是在團結各方，致力於抗禦日本的侵略；第三次是 1945 年的國共苟和，當時的目標是在實行憲政，和平建國。蔣介石指出，中俄和平共存的第一時期是 1924 年至 1927 年；第二時期是 1932 年至 1945 年；第三時期是 1945

年至 1949 年。[19]

在七次的和談上：

第一次，1940 年的中共第十八集團軍未遵守協議的擅自行動；

第二次，1942 年毛澤東派代表向蔣委員長表示擁護抗戰建國的誠意，全屬欺騙；

第三次，1944 年的西安商談；

第四次，仍是在 1944 年的以毛澤東與駐華大使赫爾利(Patrick J. Hurley)共同簽署的五項協定為基礎的〈重慶會談〉，依然失敗；

第五次，1945 年的中共提出聯合政府，純屬政治宣傳攻勢；

第六次，1945 年政府與蘇俄談判友好同盟條約的同時，重新開始商談和平共存的途徑，終歸失敗；

第七次，1946 年的政治協商會議，亦與前六次商談遭遇同樣的結果。[20]

日軍投降後，國民政府各機關先後遷返南京，1946 年 2 月 15 日至 19 日國民政府在南京召開軍事復員會議，確定國軍整編方案，採取精兵主義，並規定自 3 月開始實施。

6 月 3 日參謀總長陳誠在中央紀念周的軍事報告中，認為整編後的國軍主要精神為：以政治領導軍事、軍隊國家化、陸海空軍統一指揮、國家元首為全國軍事領袖。7 月 1 日國防部正式成立，由白崇禧任部長。

1946 年 11 月 12 日制憲國民大會在南京召開，決議 1947 年 1 月 1 日公佈《憲法》，同年 12 月 25 日開始實施，國民政府的制憲工作至是終告完成。然由中共及民主同盟拒不參加，行憲過程並不順利。

尤其是在抗戰勝利之後，許多邊遠地區因為徵兵徵糧問題所陸續發生的民變，以及在通都大邑以「反飢餓、反內戰、反迫害」為訴求主題的學潮，要求

[19] 蔣中正，《蘇俄在中國——中國與俄共三十年經歷紀要》，(臺北：中央文物供應社，1957 年 7 月)，頁 9、57、129。

[20] 張九如，《和平覆轍在中國》，(臺北：聯經，1981 年 2 月)，頁 17-18。

政府取消維持治安臨時辦法。

1947 年 2 月 28 日臺灣發生政府調兵彈壓的「二二八事件」，7 月政府宣佈動員戡亂後，學生運動並未平息，並以反對美國扶植日本、搶救民族危機的「反美扶日」為主題，發生傾共與反共的浪潮，加上工潮亦起，國民政府疲於奔命。

此時，國民政府為了準備行憲，並容納各黨派人士，乃於 1947 年 3 月 1 日改組立法院、監察院，及國民參政會，增加立法委員、監察委員、國民參政員名額，並由孫科擔任國民政府副主席兼立法院長、張羣為行政院長等重要人士的職位。3 月 16 日至 24 日中國國民黨為擴大政府基礎，培養建國元氣，在南京召開第六屆三中全會，通過〈憲政實施準備案〉。

但仍未能消除統一障礙，1947 年 7 月政府國務會議通過〈厲行全國總動員戡平共匪叛亂方案〉，國家遂進入一面行憲，一面戡亂的動員戡亂時期。

9 月 9 日中國國民黨第六屆四中全會在南京召開，主要通過〈中央黨部團部組織案〉的黨團合併，促使黨與團的組織趨於嚴密，以在憲政體制之下，對國家施政決策足可發揮發動機的作用。12 月 25 日憲法的開始實施，中華民國雖進入了憲政時期，但憲政的開始之際，卻是與中共展開全面作戰之時。

1948 年 3 月 29 日，行憲後第一屆國民大會第一次會議在南京召開，大會選舉蔣介石為總統、李宗仁為副總統外，並為了因應當時戰況，乃制定了〈動員戡亂時期臨時條款〉主要內容是：「總統在動員戡亂時期，為避免國家或人民遭遇緊急危難，或應付財政經濟上重大變故，得經行政院會議之決議，為緊急處分，不受憲法第三十九條或四十三條所規定程序之限制」。

5 月 20 日中華民國首任總統、副總統在南京國民大會堂宣誓就職，張羣辭去行政院長，翁文灝為行憲後第一任行政院長，8 月翁文灝辭，由孫科繼任。

隨著國共內戰的尖銳化，國民黨出現內潰自伐的現象，1948 年農曆除夕，南京中央政府各院部會人員除志願留在南京者外，資遣的資遣，疏散的疏散，最後一批人員，於 1949 年 4 月由南京而上海而杭州而廣州，繼於 10 月西遷重慶，復於 12 月遷往成都，旋因局勢有變，乃以緊急行動撤離成都，經海南轉來臺北。

據時任內政部常務次長張壽賢記述，當時鄭彥棻接吳鐵城交下中央黨部秘書長職務，中央黨部南遷廣州，而南京中央黨部無人負責善後處理，混亂情事，張壽賢除電在廣州的祕書長鄭彥棻報告情形之外，並獲授權到首都警察廳拜訪黃珍吾，請他把丁家橋派出所，遷駐中央黨部。[21]

而 1949 年 1 月蔣介石正式辭掉總統職位時，即由副總統李宗仁在南京代理總統執行總統職權，27 日何應欽繼任行政院長。5 月 30 日何應欽內閣為惡劣情況所壓迫，全體請辭，31 日李代總統宗仁提名居正，遭立法院否決，6 月 3 日改提閻錫山，12 日閻錫山在廣州就任行政院長職，並兼任國防部長，組織戰鬥內閣，一面與中共從事最艱苦的搏鬥，一面領導政府完成遷臺的部署。

10 月 1 日中華人民共和國成立，毛澤東為人民委員會主席，周恩來為政務院總理兼外交部長。雖然蔣介石辭退總統職位，但仍然擔任國民黨總裁，並由鄭彥棻接替吳鐵城擔任中央黨部秘書長。

因此，12 月 29 日行政院會議任命陳誠為臺灣省政府主席，國民黨中央並通過蔣經國為臺灣省黨部主任委員，中央銀行總裁俞鴻鈞則將政府庫存黃金外匯秘密運送來臺，預做日後恢復的準備。

1950 年 3 月 1 日國民黨總裁蔣介石在臺北復行總統職務，並決定徹底改造中國國民黨，明定其屬性為革命民主政黨。

(二) 警政重整期

這一階段的國民黨被強烈批評得了勢就變了質，除了利用青幫打壓中國共產黨的白色恐怖手段，國民黨的警察曾對其他政黨和行業的各種不同人士實施攻擊、鎮壓，有時候予以處死。新聞業雖然持續存在，卻受到嚴格檢查，報社出版社會受到騷擾。

這種壓制手段與檢查制度並行統治的導致舞弊營私和行政效率低落的包

---

[21] 陳伯中編輯，《鄭彥棻八十年》，張壽賢，〈我所認識的鄭彥棻先生——從南京播遷到越北撤僑〉，(臺北：傳記文學社，1982 年 1 月)，頁 61-62；鄭彥棻，《往事憶述》，(臺北：傳記文學社，1978 年 6 月)，頁 99-107。

袖，導致蔣介石對黨的失望，和對於不能強化領導力的民主西式作風也心灰意冷，而在 1934 年倡導新生活運動，這個運動要求「一個領袖、一個信仰」便是由具有強烈法西斯式團體的藍衣社和三民主義力行社在幕後協助推動。

三民主義力行社的主要成員是由部分黃埔軍校畢業生組成，以賀衷寒、桂永清、鄧文儀、戴笠及非黃埔軍校出身的劉健羣為核心人物。力行社效忠領袖蔣介石，並在行政、軍事、以及黨部裡植根，成員被賦予反共和反日的特殊角色。它必須像是一把利刃，可在戰爭中用來殺敵，也可以是一把無害的切菜工具，一但這把刀經過淬煉之後，可能就必須考慮採取正確的行動，否則在這之前，是無法完成任何任務的。

換言之，它的組織模式是仿效史達林的蘇聯、希特勒的德國，以及墨索里尼的義大利。所以，力行社的細胞組織便逐漸發展成為一種訓練有素的軍事和秘密警察機關，藉以偵防國內外可能的顛覆力量。1934 年更是擴大為復興社。

這一特務組織可溯自 1932 年 4 月 1 日由當時戴笠受命組成的特務處，開始辦理參謀本部特務警員訓練班(或稱「特種勤務警察訓練班」，通稱「特警班」)。在同年的 9 月 1 日因軍委會成立調查統計局，特務處奉命改編為該局的第二處。所以，軍委會調查統計局，簡稱軍統局的人數，從最早期的只有 145 人，到了 1935 年以膨脹為 1,700 人。

政府遷臺以來，特勤單位和特務人員都很忌諱、力求避免自稱或被稱為「特務」，而以「情報」、「情治」來代替原有的稱謂，主要原因可能係受到中共經常詆毀「國民黨的特務」，還有戴笠指出，我們做特務的同志，永遠要記住：我們終生要做領袖最忠心的狗。這句話被人拿來作為攻擊特務人員的話題，而覺得形象的重建，有改名的必要。[22]

抗戰階段，當時國民黨中央黨部另有一批文人，在 CC 派陳立夫等策劃下，也成立「調查統計局」，一般稱之為「中統局」。軍統局和中統局的上級單位大

[22] 風雲出版社，《透視情治系統》，龍布衣，〈情治系統風雲錄——中國式的特務工作模式〉，(臺北：風雲出版社，1985 年 3 月)，頁 182-183。

多由委員長侍從室第六組負責業務轉呈。

遷臺之後，中統局系統沿革下來成為調查局的主要核心，軍統局成為國家安全局、警備總部、國民黨大陸工作會的主幹，部分人員又成為情報局的核心。1946 年 3 月 17 日戴笠因為座機失事，由鄭介民接任軍統局長，毛人鳳為副局長，8 月改組為國防部保密局，1947 年冬，鄭介民出任國防部長常務次長，毛人鳳由副局長升任局長，1954 年鄭介民出任國家安全局長。

1936 年 4 月 16 日李士珍接掌內政部警官高等學校簡任校長，鑒於各省市警察行政與警察教育的各自為政，而統一警官教育又為改革警政的張本，遂將警官高等學校改為中央警官學校，並由蔣介石兼任校長，李士珍擔任教育長。並於 1943 年春提出〈建警五年計畫大綱〉，確定建立警察制度的重大方針。

1944 年美國陸軍觀察團來到延安，內戰顯然就要來臨了，雖然美國海軍曾於 1942 年派了工作團來與中國秘密警察合作，展開了反共行動的第一步，可是陸軍方面的史迪威將軍，卻無法做好國府軍隊的訓練、補給、作戰調度。美國一心一意只想著要利用自由中國為抵抗日本的基地，以至於無暇去留意中國自身的遽變。美國的援華計畫和 1920 年代的蘇聯計畫一樣，都是成事不足敗事有餘。

正如上述，國民政府在重慶所建構的政府組織是以國防最高會議為最高決策機關，由蔣介石出任主席，不過實際權力是掌握在軍事委員會，軍事委員會由蔣介石擔任委員長，蔣介石因而得以統一號令中國的陸、空軍，並賦予法定權力領導全國民眾，在黨的權力領導上，自 1938 年起蔣介石即擔任黨的總裁職務。同時，重慶與延安政府在 1937 年底達成協議，將紅軍改編為第八路軍，歸軍事委員會統一節制。

雖然國民政府的抗戰精神因日本轟炸重慶而歷久彌新，但是統一戰線的精神卻是每下愈況，特別是在 1941 年 1 月 7 日至 13 日爆發的與新四軍的激戰，不但未能瓦解統一戰線，更突顯統一戰線政策的內在矛盾。1941 年是華北敵後抗戰鬥爭最嚴酷的一年。[23]

重慶的激進份子開始往北游移，投向共黨地區的延安，而未前往延安的都是中國共產黨的「外派幹部」，負有任務，並以自由派的姿態在國民黨地區工作，致使國民黨的黨政秘警漸漸覺得，有必要把自由派分子當作潛在的顛覆份子予以約束。政府對學生、出版業者，以及表面上看似敵人者採取強制手段，逐漸擴大了知識份子與政府之間的裂痕。

因此，導致重慶政府再陷於四川、雲南、廣西軍閥的牽制，以雲南軍閥為例，即便大後方的空軍基地設在雲南的昆明，但仍一直不讓蔣介石的秘密警察和軍隊進入雲南，至 1945 年戰爭結束為止，國府的警察也一直無法鎮壓昆明西南聯大學教職員要求停止內戰而組聯合政府的運動。

這時期的國民黨雖然在用兩條腿走，卻是左、右腳各走各的方向，一邊前進，一邊反動。因此，國民黨有什麼行動，都會很快地被自稱半獨立的新聞界媒體大肆渲染，以及外國記者宣揚出去。至於秘密警察系統，由於並沒有全權，常常只是给他們自己幫倒忙。雖然蔣介石的下屬中有人積極主張極權主義，但是他們卻不能像後來上台的中共集權體制控制得那麼嚴密。

1945 年 8 月 20 日抗戰勝利後，警政發展進入一個嶄新的情勢。蔣介石為有效掌控東北局面，削弱東北人的地域意識，除將東三省劃分為九省之外，更採納中央警官學校教育長李士珍的建議，並徵得東北行營熊式輝同意派王泰興(遼北省)、趙炳坤(興安省)、谷炳崙(吉林省)、鍾繼興(遼寧省)、董學舒(黑龍江省)、李龍飛(合江省)、張桓懋(安東省)等為東北各省警務處長。

同時，先後派韓文煥為首都警察廳廳長、宣鐵吾為上海市警察局長、陳焯為北平市警察局長、任建鵬為漢口市警察局長、黃佑為青島市警察局長、李漢元為天津市警察局長、毛文佐為瀋陽市警察局長、李國俊為廣州市警察局長、傅肇仁為鎮江省會警察局長、陳純白為杭州省會警察局長、林鳳樓為濟南省會警察局長、齊惠吾為開封省會警察局長、劉協德為長沙省會警察局長。以及後

[23] 毛毛，《我的父親鄧小平》，(臺北：地球出版社，1993 年 9 月)，頁 410。

來發佈張子春為山東省警務處長、馬啟邦為廣西省警務處長、胡福相為臺灣省警務處長、崔震權為熱河省會警務局長、熊文洪為嫩江省會警務局長。

溯自 1936 年 9 月國民政府為統一全國警官教育，合併內政部所屬警官高等學校及浙江省警官學校，成立中央警官學校，辦理二年制及三年制的正科教育，1937 年隨政府遷到重慶，增設特種警察訓練班及特科警官訓練班，1944 年 1 月成立警政高等研究班，9 月舉辦臺灣警察幹部講習班，1945 年抗戰勝利後，擴大辦理軍官轉景訓練與各種專業訓練，除在南京外，並在西安、廣州等 6 地設立分校，以及在上海、臺灣設立警官班。

1946 年 3 月〈中央警官學校組織條例〉，由國民政府修正公佈實施。6 月國民政府修正公佈《首都警察廳組織法》與〈交通警察總局組織條例〉，以及公布《內政部警察總署組織法》，8 月內政部警政司擴充為警察總署。1946 年 12 月政府召開制憲會議，在《憲法》第 108 條規定：「警察制度由中央立法並執行之，或交由省縣執行之」，由是警察業務的區分，警察體制的建立，由中央而省市而縣市，始有法律之依據。

而 1947 年蔣介石當選第一屆總統之後，即由李士珍接任校長。1947 年 7 月國民政府任命唐縱為警察總署署長。11 月警察總署召開全國警政會議，決定於全國普設經濟警察。1948 年 4 月臺灣警察訓練所配合動員戡亂的實施和總統、副總統選舉後的情勢改組為警察學校。7 月中央警官學校成立臺灣警官訓練班，由臺灣省警務處長擔任班主任。11 月臺灣省警務處長胡國振到職視事。

1949 年 1 月陳誠就任臺灣省主席，兼臺灣警備總司令。1949 年 2 月中央警官學校校長李士珍辭職，由教育長陳玉輝升任，學校由南京遷往廣州。同月，臺灣省警務處長胡國振免職，遺缺由民政廳山地行政處長王成章兼任，5 月 24 日為確保臺灣治安秩序，實施全省戒嚴。

7 月 1 日中央警官學校校長陳玉輝辭職，由李謇接任視事，學校由廣東遷移到重慶，11 月隨中央黨政機關遷往成都，12 月奉內政部令歸併原設於臺北市的臺灣警官訓練班，警察單位亦隨著國府的遷都臺北。

1950 年 1 月起中央警官學校停辦，只保留臺灣警官訓練班，繼續調訓現職警官，到了 1954 年 5 月復校，1957 年增設四年制的大學部，1995 年 12 月正式更名中央警察大學。

特別是 1947 年發生「二二八事件」，主張以武裝對抗的臺灣共產黨負責人謝雪紅的被通緝。接著 1949 年 10 月，屬於中共組織的臺灣省工委總部被保密局偵破，翌年 1 月 29 日蔡孝乾在臺北市泉州街的住宅被捕。

國共內戰方式更隨著美國的冷戰圍堵政策而調整，國民政府的警政發展也正式導入所謂的與日本統治後臺灣警政制度的磨合期。

六、結論

本文根據國民政府在大陸時期的制度變遷，從政黨、國會與政府的三個研究面向，提出了國民政府在大陸時期的政權受挫歸因於制度性的因素。由於國民政府體制不但受到當時國際和國內的雙重環境因素的制約，因此光是只能依賴軍警力量維持政權，而無法正常推行穩定和理性的各項改革政策，這是導致國民政府失去大陸政權的主因。

檢視國民政府在南京臨時政府時期的政黨國會的競爭體制，或是進入南北分裂政府時期的對峙體制，乃至於北伐完成後南京國民政府強調中央集權，而地方要求自主的分權體制的變遷。這一體制變遷的過程，亦即是國民黨以革命武力推翻了清國的皇權體制，在希望建立中華民國民主共和政體的制度轉向並未成功，最後必須從整個中國大陸撤出，從體制變遷的角度而論，共產黨體制戰勝了國民黨體制。

換言之，當時國民政府的體制變遷與警政發展是不得不完全建立在一個「以黨治國」的黨國體制基礎上，雖然國民政府嘗試努力要從軍政、過度訓政，再實施憲政制度，可是這一推動民主制度所需要穩定性的國內外政經環境條件並未具備，導致國民政府徒有實施憲政之名，而無真正憲政之實。至於，警察角色充其量也只是展現其工具性的功能，扮演的是以維護政權為第一，執行法律次之，社會福利傳輸的服務則居後的角色。

回顧辛亥革命成功後的中國軍閥割據與內戰不息，着實令人有「滿懷挫傷革命」的感嘆。歷史已往，教訓應當記取。客觀而論，1923 年走國際共產蘇聯路線的孫中山，和 1932 年走法西斯路線的蔣介石都曾傾向於搞獨裁體制。而國民政府對日抗戰的勝利，對臺灣前途是極具重大的轉折，臺灣脫離殖民體制的桎梏，又回到中華民族體系聯結中的一環，卻重演清國時期的被視為「中原的邊陲」。

然而，國共內戰的結果，國民政府的遷移來臺，讓臺灣接受國民黨體制的統治，並與中國共產黨體制的關係陷入新的歷史糾葛。臺灣社會更因此出現了「中華民國臺灣化」與「臺灣中華民國化」，乃至於「一國兩制」的爭議，尤其在每逢選舉的時刻，所呈現不同意識形態爭論都成為訴求的主題。

殘酷的歷史，可真是剪不斷，理又亂。然而，當前兩岸制度變遷和關係的發展又進入了一個新的轉折時刻，無論是要建立「有臺灣特色的資本主義」與建立「有中國特色的社會主義」的競爭結果如何？

在舉世逐漸走向政治民主化和經濟市場化制度的道路上，人類的普世價值，戰爭將不會再是兩岸人民的主要選項，而警政發展也將不再只能是扮演工具性維護政權角色，而應該隨著制度變遷，朝向重視社會福利傳輸的公共服務角色。

第二部分

臺灣觀點與治安史書寫

- 我的臺灣治安史研究、教學和書寫
- 臺灣治安史的檔案文獻探討
- 臺灣傳統治安史的分析（1624-1895）
- 臺灣日治時期殖民治安分析（1895-1945）
- 中華民國臺灣時期戒嚴治安分析（1945-1992）

我的臺灣治安史研究、教學和書寫

一、前言

1997 年 9 月我最先是受邀參與警大警政研究所開設「警察公共政策」教授團的講授「公共政策的制定過程」，這是我在警大教學生涯的開始；此後，經過了四個學期的分任消防系和安全系的兼任「經濟學」課程；2000 年 2 月起我有幸在通識教育中心擔任專任教職，正式成為「誠園」的一員。

初期我講授的科目仍以「經濟學概論」、「個人財務規劃」等經濟與管理方面的課程為主。由於長期以來我的實務、教學、研究與書寫就在「政治經濟學」、「企業政策」和「臺灣經濟發展史」的領域。

因此，進入警大之後，我教學規劃和授課內容也就很快地融入警大培養國家警官的教育宗旨與目標。同時，配合着學校的發展方向，密切與警察學術有關的議題相結合。

基於教學與研究的需要，我從 2000 年到 2009 年期間的教學內容遂開設有「警察經濟論」課程，成為學生選修過我的「經濟與生活」、「經濟學概論」、「個人財務規劃」等課程之後的進階選修科目。我藉由這樣的教學、研究與書寫的機會和經驗，也累積了一些心得，於是我最先是在 2001 年 5 月和 2002 年 9 月的《警學叢刊》分別發表了〈政策制定：組織犯罪防制條例立法過程的評析〉，和〈政經轉型與警察角色變遷之研究〉二文。

同時，在這段時間，我更利用警大各種研討會的場合陸續發表了〈臺灣殖民化經濟警察角色演變之研究〉、〈經濟倫理之意涵：兼論警察在自由市場中的角色〉、〈論警察學與經濟學的整合發展之研究〉、〈產業發展與國家安全的兩難困境探討——臺灣發展安全產業策略之芻議〉、〈再論警察學與經濟學的整合發展之研究〉、〈近代經濟思潮與臺灣產業發展之探討：政府及警察角色的變遷〉、〈臺灣傳統治安與產業發展的歷史變遷之研究〉、〈近代臺灣政經體制與警察關係的演變之探討〉、〈警察經濟論〉、〈制度變遷：國民政府大陸時期警政發展(1912-1949〉等 10 多篇研討會的論文。

檢視這些論文的內容，其主軸方向也都聚焦於臺灣警察角色與政治經濟關係的探討。經過這 10 年的歲月，當我對這一主題的研究告一段落之時，通識中心曾榮汾教授出版的《中國近代警察史料(初編)》，和其進行【歷史警學資料庫】的建構，以及後來完成《折獄龜鑑案例》、《明公書判清明集》網路版，和《折獄龜鑑案例》的紙本出版，給了我很大的啟發。尤其是透過通識中心有這一集體研討的機緣和過程，我的研究有了新方向，而逐漸轉以《臺灣治安史》為主題的研究、教學和書寫。

因此，2010 年起我開始針對《臺灣治安史》的個別議題，發表了〈通識教育的科際性整合思維——以探討臺灣治安史的結構與變遷為例〉、〈論警察的民主與人文素養——以日治中期臺灣設置議會及新文化運動為例〉，以及 2011 年配合章光明教授主導的「臺灣地區警政發展史」的計畫，在成果研討會共同發表了〈警察與國家發展〉一文。[1]

2012 年以後我又陸續發表了〈從異質文化到多元文化——臺灣隘制、治安與族群關係的變遷〉、〈臺灣警察法制歷史的省察——從傳統、軍管到警管治安的演變〉、〈論檔案與文獻的整合應用——以研究臺灣治安史為例〉等 7 篇論文，初具了我《臺灣治安史》的文獻探討和基礎論述。

藉由上述論文的發表，我更進一步將其綜合彙整出版了《臺灣治安制度史：

---

[1] 該文嗣經修改後更名為〈警察與國家發展之關係〉，選錄在《臺灣警政發展史》的第一章，參閱：章光明主編，《臺灣警政發展史》，(臺北：中央警察大學出版社，2013 年 10 月)，頁 3-32。

警察與政治經濟的對話》，和《臺灣治安史研究：警察與政經體制關係的演變》二書，作為我現在講授《臺灣治安史》等課程選修學生的教材和參考資料。同時，我為了完整確實掌握臺灣治安史的發展脈絡，已經整理出【臺灣治安史大事記輯】，輯內分原住民時期治安、荷西時期治安、鄭治時期治安、清治時期治安、日治時期治安，和國治時期治安等六個時期，分別載有國內、涉外治安大事，和注明參考文獻的出處。

由於本文限於字數，特先以【臺灣治安史大事記簡表】呈現，未來有機會我將整理出詳細的【臺灣治安史大事記輯】。2015 年 11 月我終於書寫完成《警察與國家發展——臺灣治安史的結構與變遷》的出版，未來更將以建構我的臺灣治安史研究、教學和書寫，來完成一部《臺灣治安史》的目標。

二、六時期、四因素、三階段

我的臺灣治安史立論，主要建構在「相互主體性」和「結構整合性」的歷史觀上。「相互主體性」就是不要將主體性視作絕對性，「相互主體性」雖有我者、他者之分，但在「結構整合性」的整體概念下，個個主體作為一個部分的歸屬於一個結構整合性的整體，而整體本身和其他共存於該整體的個體之間形成一種互為主體、互相依存、互惠互補的關係，則非但不排斥或壓抑其主體性特質，反有助於其主體性內涵融合，和充實而成的整體性，因而可能形成一個整體內兩個主體，或是一個框架下兩個實體的選項。

我嘗試透過用「一個中國框架」來定位當前的兩岸關係，而非國與國關係，亦另有衍生諸如：「相互承認主權和相互承認治權」，或是「相互不承認主權和相互不承認治權」，或是「相互不否認主權和相互不否認治權」，或是「相互承認(重疊)主權和相互尊重(分立)治權」，或是「相互不承認主權和相互不否認治權」等多種的模式。

畢竟「中國」作為政治主權的實體，不論是中華民國或是中華人民共和國都不過短短這 100 年歷史，而臺灣社會已存在 400 多年的事實。因此，我的「相互主體性」和「結構整合性」的歷史觀，就是要來釐清我的臺灣治安史思維，不會只是呈現忠與奸、平亂與叛亂、英雄與狗熊的二分法，或偏頗地單指出統治者或執政者就是代表正義的一方，被統治者或失敗者就是盜賊的流於「成者為王，敗者為寇」史觀。

換言之，從「相互主體性」與「結構整合性」所衍生相互尊重主權與相互尊重治權的概念，而有主、客體政權(府)和族群的主與客轉化，和我者與他者的大混合。臺灣無論是「移民」、「遺民」、「殖民」或是「夷民」的後裔，當代臺灣更重要的政治命脈是建立一個延續臺灣歷史文化的公民社會。

以下，本文根據這一史觀將臺灣治安史分為六個時期、四個因素與三個階段，加以深入分析：

(一) 區分臺灣治安史六個時期

本質上，「史」與「志」的不同，「史」是時間的演變中看國家發展，可有主觀的史觀；「志」是於國家發展中看時間的變遷，不可有史觀，是客觀且應由多人進行撰寫。

因此，本文具有從「史」(history)的時間演變論警察與國家發展關係的歷史觀點。因而我的「臺灣治安史」並非地方的「政治史」、「經濟史」或「社會史」，而是透過政治經濟學的研究途徑，從歷史角度定義主權是對某領土範圍內人民與土地的最高支配權，享有這個主權的政治實體視為國家(state)，執行國家主權的行政單位是為政府(government)，來論述將我的《臺灣治安史》，並將其區分成原住民族時期治安(-1624)、荷西時期治安(1624-1662)、鄭氏時期治安(1662-1683)、清領時期治安(1683-1895)、日治時期治安(1895-1945)，以及中華民國臺灣時期治安(1945-迄今)，一共分為六個時期的臺灣治安史。

(二) 影響臺灣治安史四個因素

檢視人類過去在不同時代的發展經驗，有些國家的治安在英明而有遠見的政治家領導下，掌握經濟成長契機，經由社會不斷的努力，乃超越其他國家，而創造了強權的輝煌歷史；但也有少數因為未能掌控時代脈動而失掉政權，和喪失了國家發展的機會。檢視臺灣治安發展的每一重要發展階段也都與國際環境因素的變動息息相關。

換言之，四百多年來的臺灣發展歷程，在國際強權國家的環伺下，是如何從無到有、嘗試建立制度，以推動現代化，或是如何掙扎於「在地性」與「國際化」，或是「現代性」與「殖民化」，亦或「依賴性」與「依賴發展」的糾葛中。尤其是臺灣治安如何受到國際治安環境的影響，其間互動關係的影響如何？成為觀察國際與影響臺灣涉外性治安的第一個因素。

其次，臺灣長期以來，內部一直面臨集體認同的結構性變化，不同國家的統治臺灣，其組成的政治權力結構與運作方式也都扮演影響臺灣治安的關鍵性角色。

因此，在政治體制上，不論是原住民時期的村社體制、荷西統治時期的重商體制、鄭氏王國統治時期的冊封體制、清朝統治時期的皇權體制、日本統治時期的軍國體制，及中華民國統治時期的威權、威權轉型，乃至民主體制，臺灣治安在歷經這麼多時期的不同政權統治，是如何受到政治體制運作的影響？因此，政權更迭、權力分配、政府體系等政治環境成為影響臺灣治安的第二個因素。

此外，檢證臺灣經濟發展的產業結構與變遷，從第一級的漁牧農產業開始，經1860年代晚清時期近代化工業的初露曙光、到日治臺灣末期的農工業轉型，以及中華民國政府統治臺灣的1963年，臺灣由第二級產業的工業(製造業)產值超越農業，到1988年的工業產值被第三級的服務性產業所取代。

治安因素對臺灣經濟發展的影響如何？對產業轉型的影響為何？因此，經濟政策和產業結構調整所導致的經濟失序、貧富不均等環境與治安之間的關係，成為觀察影響臺灣治安的第三個因素。

最後，由於臺灣社會的形成，基本上歷經初民社會、移墾社會、定耕農業社會、殖民社會，與公民社會的發展過程。換言之，臺灣社會發展所形成不同族群對立、有抗爭、有融合，因而形成臺灣的多元文化，更孕育出臺灣社會發展的獨特性，然其與臺灣治安關係如何？亦即社會與國家之間的關係如何？因此，代表臺灣民間社會與代表國家機關的治安互動，成為本文觀察影響臺灣治安的第四個因素。

(三) 變遷臺灣治安史三個階段

歷史社會學和發展社會學所提出「前現代/現代/後現代」的演進思維，之所以取代一般現代化理論的「傳統/現代」對立概念。因為，歷史社會學和發展社會學能在歷史的斷層之外，更深刻論述制度結構的延續和蛻變，而從歷史的結構和發展中，以尋找社會結構和社會變遷的模式，乃至模式的因果關係和變遷過程。

這種分析方式不但在過程上注意到微觀(micro)的細微轉換、調整與關聯，在結果上也能關注到宏觀(macro)的整體結構和變化。因此，我的臺灣治安史結構與變遷，是建立在透過國際涉外性治安議題，和臺灣內部的政治性治安議題、經濟性治安議題和社會性治安議題之間的影響因素，而將其發展分為前現代、現代和後現代三個階段。

臺灣治安史的結構與變遷，採用「前現代/現代/後現代」的社會發展理論，而將前現代臺灣治安史的結構與變遷涵蓋了原住民時期、荷西時期、鄭氏時期、清領時期的傳統治安階段(1600-1895)；現代臺灣治安史的結構與變遷則包括了日治時期、國治戒嚴時期的軍管治安階段(1895-1987)；後現代臺灣治安史的結構與變遷則是指解嚴之後轉型時期的警管治安階段(1987-迄今)。

三、臺灣治安史研究架構

檢視臺灣治安史的研究架構，國際環境的涉外性治安議題可化約為以武力為基礎的競爭性國家系統、以生產技術為基礎的世界性資本主義系統，和以保障人權為基礎的全球性公民社會系統的三個議題。

競爭性國家系統議題強調國際強權力量，世界性資本主義系統議題強調國際市場利益，全球性公民社會系統議題則強調國際人權保障。而涉外性治安議題亦同時糾葛於國內環境的國家機關和民間社會所強調的政治性、經濟性和社會性治安議題。

亦即國家機關指的是廣義的政府而將臺灣的政府型態分類為：原住民時期民會政府、荷西時期公司政府、鄭氏時期受封政府、清領時期邊陲政府、日治時期殖民政府、國府時期的戒嚴政府、轉型政府、服務性政府等型態。而社會是相對於政府而存在，可以有政治社會、經濟社會和文化社會的區分。

因此，四個影響臺灣治安的環境因素，其彼此之間的相互糾葛所形塑成整體關係的「綜合性治安議題」，並從中定位「前現代的傳統治安階段」(-1895)的涵蓋原住民時期「村社治安」、荷西時期「商社治安」、鄭氏時期「軍屯治安」、清領時期「移墾治安」;「現代的軍管治安階段」(1895-1987)的涵蓋日治時期「殖民治安」和國治時期「戒嚴治安」；以及「後現代警管治安階段」(1987-迄今)的涵蓋國治時期「轉型治安」和國治時期「法治治安」。最後，導出臺灣治安史的未來發展模式。

四、臺灣治安史關鍵議題

根據上述「綜合性治安議題」所構成臺灣治安史的三個階段和六個時期來加以檢視：

(一)前現代臺灣傳統治安階段

1.原住民村社治安(-1624年)的涉外性治安議題是指失竊時代貿易、海盜、走私、漁場和海域資源等；政治性治安議題是指村社型的無中央政府狀態、村社民會、村社酋長(長老)領導權等；經濟性治安議題是指自足式的樵採、漁獵場域、水資源和地權等；社會性治安議題是指氏族化的竊盜、姦淫、賭博、傷害、殺人、酗酒等。

2.荷西商社治安（1624-1662）的涉外性治安議題是指大航海時代主權、貿易、海盜、走私、宗教、天災、人口販運、海域資源等；政治性治安議題是指重商型的公司評議會、領邦會議、地方會議、政教衝突等；經濟性治安議題是指複合式的軍費負擔、壟斷市場、人口稅等；社會性治安議題是指多國化的竊盜、姦淫、賭博、傷害、殺人、酗酒、麻疹等。

3.鄭氏軍屯治安（1662-1683）的涉外性治安議題是指近世國家時代的主權、海盜、走私、人口販運等；政治性治安議題是指受封型的鄭氏家族權力內鬥、國家發展方向等；經濟性治安議題是指宗主式的飢荒、糧食不足等；社會性治安議題是指土著化的竊盜、姦淫、賭博、傷害、殺人、酗酒等。

4.清領移墾治安（1683-1895）的涉外性治安議題是指工業革命時代的主權、非法入境、鴉片、人口販運、瘟疫、危險物及武器販運、開港通商等；政治性治安議題是指皇權型的漢人抗爭、中央與地方爭權等；經濟性治安議題是指君主式的土地移墾、大小租戶等；社會性治安議題是指定著化的竊盜、姦淫、賭博、傷害、殺人、酗酒、民變、分類械鬥等。

(二)現代臺灣軍管治安階段

1.日治殖民治安（1895-1945）的涉外性治安議題是指民族主義時代的主權、鴉片、非法入境、危險物及武器販運等；政治性治安議題是指軍國型的臺灣人武力抗爭、殖民化統治等；經濟性治安議題是指統制式的資源掠奪等；社會性治安議題是指內地化的控制與鎮壓、鴉片等。

2.國治戒嚴治安（1947-1987）的涉外性治安議題是指極端主義時代的主權、非法入境、危險物及武器販運、劫機、貪污與賄賂、恐怖分子活動等；政治性治安議題是指威權型的兩岸關係、實施戒嚴令與動員戡亂時期臨時條款、鞏固政權、臺灣人與外省人權力之爭等；經濟性治安議題是指家父長式的國營、黨營的管制經濟等；社會性治安議題是指黨國化的控制與鎮壓、毒品、電玩、色情、暴力事件等。

(三) 後現代臺灣警管治安階段

1.國治轉型治安（1987-2008）的涉外性治安議題是指後冷戰時代的主權、洗錢、貪污與賄賂、非法毒品販運、非法入境、人口販運、恐怖份子活動、網路犯罪、跨國詐欺、跨國金融犯罪等。

政治性治安議題是指轉型體制的兩岸關係、警備保安、戶口管理、民防、安全檢查、維護政權、修改憲法、中央民意代表改選等。

經濟性治安議題是指夥伴式的經濟制度化、自由化、國際化、產業轉型、就業機會等。

社會性治安議題是指多元化的消防救災、貧富差距、環保及原住民、勞工、消費者意識、老兵返鄉、外勞、外籍配偶、毒品、電玩等、簽賭等。

2.國治法治治安（2008-迄今）的涉外性治安議題是指全球化時代的主權、洗錢、貪污與賄賂、非法毒品販運、非法軍火販運、人口販運、恐怖份子活動、網路犯罪、跨國詐欺、跨國金融犯罪、海洋資源爭議、氣候變遷等。

政治性治安議題是指民主型的兩岸關係、警備保安、戶口管理、民防、安全檢查、權力分配、選舉、政黨競爭、人權保障等。

經濟性治安議題是指市場式的企業公平競爭、市場秩序、金融犯罪、投資保障、食品安全、工作權等。

社會性治安議題是指公民化的、消防救災、貧富不均、消費者意識、社會福利、外勞、外籍新娘、色情、毒品、電玩、簽賭、婚姻平權等。

因此，上述根據綜合性治安議題形塑了臺灣治安史的結構與變遷。

1.原住民時期關鍵治安事件如：1360 年元帝國設巡檢司於澎湖，1563 年明帝國廢巡檢司多年後復設巡檢司，16 世紀陳老、曾一本、林鳳、林道乾出沒澎湖、臺灣，1604 年都司沈有容驅逐荷蘭人，1621 年顏思齊、鄭芝龍、李旦、何斌出沒澎湖、臺灣。

2.荷西時期關鍵治安事件如：1628 年大員事件，1629 年麻豆溪事件，1635

年搭加里揚事件，1642 年西班牙退出臺灣北部，1652 年郭懷一事件等。

3.鄭氏時期關鍵治安事件如：1663 年荷蘭與清軍合力攻臺，1674 年鄭經與耿精忠、吳三桂聯手攻佔廈門，1683 施琅攻臺等。

4.清領時期關鍵治安事件如：1684 年渡臺禁令，1721 年朱一貴事件，1786 年林爽文事件，1806 年蔡牽事件，1860 年戴潮春事件，1871 年牡丹社事件等。

5.日治時期關鍵治安事件如：1895 年臺灣民主國成立，1915 年西來庵事件，1921 年臺灣文化協會成立，1924 年治警事件，1927 年臺灣民眾黨成立，1930 年霧社事件等。

6.1945 年中華民國光復臺灣以後的關鍵治安事件如：1947 年二二八事件，1949 年撤遷來臺實施戒嚴，1971 年退出聯合國，1979 年美麗島事件，1987 年解除戒嚴，1991 年廢止動員戡亂時期臨時條款，2008 年陳水扁總統執政時的紅衫軍遊行事件，2015 年馬英九執政時的太陽花事件等。

五、臺灣治安史大事記

根據臺灣治安史的結構與變遷，我整理【臺灣治安史大事記輯】〉，內分原住民時期治安、荷西時期治安、鄭治時期治安、清領時期治安、日治時期治安，和國治時期治安等六個時期，並載有國內、外治安大事的對照，和引註出處的完整內容。本文限於字數，先以【臺灣治安史大事記簡表】呈現。

【臺灣治安史大事記簡表】原住民時期治安(-1624)

項目／年	臺　　灣
1280-136 年代	◆元帝國在澎湖寨設巡檢司，歸泉州同安管轄，統理治安。
1370-90 年代	◆明帝國「墟澎」的強制澎湖住民移往內陸，撤澎湖設巡檢司。
1540 80 年代	◆陳老等商盜出沒澎湖、臺灣。◆林鳳擁眾於閩、粵，敗退後再以澎湖、臺灣為據點攻呂宋。◆林道乾被追擊逃抵澎湖、臺灣後，再往南洋一帶發展，明帝國撤澎湖駐兵，復設巡檢司，不久又廢。◆1570 年代明的國

	解除海禁，分銅山、浯嶼(金門)二處游兵，分班輪守澎湖，但僅限春秋二季巡警。
1597	◆明帝國加設游兵於澎湖，春冬二季汛守。
1604	◆沿海居民違法與荷蘭人買賣，都司沈有容驅逐荷蘭人。
1617	◆日寇進犯澎湖，明帝國加設衝鋒遊兵防守。
1622	◆荷軍佔澎湖，並在沿海搶奪漁船，漁民留置澎湖，或送往爪哇當奴工。
1624	◆荷商館從澎湖遷往大員，築奧倫治城。◆發生目加溜灣社抗荷事件。

資料來源：作者整理。

【臺灣治安史大事記簡表】荷西時期治安(1624-1662)

項目／年	臺　　灣
1628	◆發生「大員事件」。◆鄭芝龍降清，擔任廈門海防游擊。
1629	◆納茨認為士兵要達500名才足夠維護治安。◆發生「麻豆溪事件」。
1630	◆福建旱災，鄭芝龍向巡撫熊文燦建議，送饑民到臺灣開墾，是有計畫的移民。
1635	◆麻豆社與荷方簽訂「麻豆協約」，接受荷蘭統治。◆臺灣出現缺米窘境。◆搭加里揚事件
1636	◆一連串命案的發生，成立「公司法庭」。
1641	◆發生卑南原住民殺死荷蘭商務員的抗荷事件。
1642	◆荷方在原西班牙城堡修建紅毛城，發生集體逃避勞役事件。
1644	◆荷兵出征屏東三地門。◆召開「地方會議」，原住民宣誓對「王」效忠，有利維護治安。
1648	◆大量漢人避難來臺，實施稻米禁運，違者課以死刑。
1651	◆傅富爾堡解除牧師葛拉維斯職務，引發政、教紛爭。
1652	◆荷方派員查巡人頭稅單，發生侵入民宅、偷竊情事，引爆郭懷一事件。
1653	◆基隆發生蝗害，向南擴散，臺灣飢荒。◆郭懷一事件後，荷方為了治安，除了修築城堡和安裝砲台之外，並在平原地區設置「地方官」，處理犯罪案件。
1658	◆清帝國頒布〈海禁令〉。
1661	◆鄭成功攻臺後即感糧食不足。◆清帝國頒布〈遷界令〉，沿海三十里居民一律內遷，築界墻，派兵防守，越界者處死。

1662	◆鄭、荷簽約，改臺灣為東都，另設安撫司，統治臺、澎。

資料來源：作者整理。

【臺灣治安史大事記簡表】鄭氏時期治安(1663-1683)

項目 年	臺　　灣
1663	◆荷、清兩國聯手攻佔臺灣不成。
1664	◆鄭經迎南明寧靖王到臺灣，改東都為東寧，在南北兩路及澎湖各設安撫司治理。◆發生「大肚王國」的武裝衝突。
1666	◆施琅攻臺灣。
1670	◆發生沙轆原住民事件。
1680	◆鄭經放棄金門、廈門，轉進臺灣。
1681	◆鄭克塽繼位。◆英國關閉東印度公司，斷絕與鄭氏政權的關係。
1683	◆鄭克塽投降，清延續鄭治以來對臺灣與澎湖已成一體的政權。

資料來源：作者整理。

【臺灣治安史大事記簡表】清領時期治安(1684-1895)

項目 年	臺　　灣
1684	◆改東寧為臺灣，設臺灣府，澎湖設巡檢司，置臺廈兵備道及總兵，負責臺澎治安。◆內地人執有「印單」者始可來臺，家眷留置為人質。
1689	◆發生谷霄、淡水地區民變的原住民事件。
1696	◆開放惠州、潮州移民來臺。◆發生新港民變吳球事件。
1701	◆諸羅發生曾擔任臭祐庄管事的劉卻事件。
1708	◆確立保甲制度。
1711	◆淡水發生民變鄭盡心事件。
1718	◆清政府全面嚴禁移民來臺政策。
1721	◆朱一貴反清，粵莊協助平亂，導致閩粵械鬥。
1722	◆以豎石畫界，禁止漢人侵佔原住民土地。
1724	◆朱一貴之亂。
1729	◆發生山豬毛社事件。◆頒布〈禁菸令〉，不准銷售鴉片。
1730	◆清政府針對臺灣頒布〈禁止流寓臺灣人民販賣鴉片條例〉。

1731	◆發生北路大甲西社原住民、南路吳福生的民變事件。
1733	◆臺灣總兵「掛印」以理民事。◆增設守營的汛防工作。◆實施《保甲法》。
1735	◆眉加臘社原住民反清。
1760	◆廢止渡臺禁令。
1767	◆臺灣道加兵備銜。
1768	◆發生黃效事件。
1782	◆彰化發生府對府的漳、泉械鬥。
1786	◆林爽文反清。◆臺灣總兵加提督銜，授予刑事處分權。
1790	◆發布屯番之令，設番界官隘。
1795	◆發生民變陳周全事件。◆福建缺糧，臺米大漲。
1799	◆發生民變楊兆事件。◆蛤仔難爆發漳、泉、粵的械鬥。
1802	◆發生民變白啟事件。
1805	◆鎮海王蔡牽率船隊進取臺灣，侵擾蛤仔難，謀求墾田務農。
1807	◆海盜朱濆侵犯蘇澳。
1809	◆中港一帶發生漳、泉械鬥。◆蔡牽逃避官兵追捕被溺死。
1810	◆閩浙總督方維甸為漳泉械鬥來臺。
1811	◆發生民變高夔事件。◆進行戶口編查。
1813	◆嘉慶頒布「官吏、兵弁吸食和販賣鴉片治罪條例」。
1814	◆水沙連隘番丁侵墾埔里社。
1820	◆海盜盧天賜侵犯滬尾。
1821	◆海盜林烏興侵犯滬尾。
1822	◆發生林泳春事件。
1824	◆發生許尚事件。
1826	◆淡水、彰化分別發生閩、粵人械鬥。
1832	◆發生嘉義民變張丙、詹通事件。
1834	◆鳳山、後壠發生閩、粵人械鬥。
1838	◆嘉義胡布攻灣裏社，臺鎮率兵圍剿。
1839	◆清政府頒布〈查禁鴉片章程〉。
1840	◆臺灣道姚瑩率兵平定彰化民變。
1841	◆英艦與基隆港守軍發生事端。

1844	◆臺北盆地發生漳、泉人械鬥，漳民移至板橋。
1847	◆閩浙總督劉韻珂來臺視察。◆發生民變鍾阿山、洪紀事件。
1850	◆嘉義大地震。◆頒布〈臺紳民公約〉，禁止鴉片及外人入臺。
1853	◆林供、林汶英事件。◆黃阿鳳侵墾臺東奇萊。◆發生「頂下郊拼」械鬥。
1854	◆林文察平定小刀會。◆海盜黃得美犯臺。
1856	◆發生英船亞羅事件。
1858	◆海盜黃位來犯雞籠。◆簽訂〈通商章程善後條約〉，鴉片交易合法化。
1860	◆德國船隻與南部原住民發生衝突。◆淡北發生民變林國芳事件。
1862	◆戴潮春事件。◆雲林土庫發生廖姓對李、鍾二姓械鬥。
1866	◆英艦杜夫號在南部與原住民發生衝突。
1867	◆羅發號在臺灣南端沉沒，清與美國廈門領事李仙得簽訂〈國際協約〉。
1868	◆英艦砲打安平，簽訂樟腦商業協定。
1871	◆發生牡丹社事件。
1872	◆雞籠置海防同知，加強海防。◆清聲明「臺灣生番為化外之民」。
1874	◆噶瑪蘭發生西皮福祿械鬥。◆沈葆楨置團練總局，加強治安。
1875	◆廢除內地人民渡臺耕墾禁令。
1876	◆討伐獅頭社、太魯閣社。
1878	◆討伐加禮宛社。
1879	◆討伐水沙連化社。
1881	◆討伐臺東平埔族。◆爆發吳光亮與劉璈的全臺防務爭議。
1883	◆鳳山縣被革職生員林克賢的糾眾搶案，被臺灣道劉璈拿辦。
1884	◆討伐率芒社、北勢社。
1886	◆在澎湖設總兵，臺灣總兵的轄區縮小。◆定隘勇制，討伐大大嶺社。
1887	◆討伐東勢角社。
1888	◆發生施九緞事件。
1889	◆討伐南澳社、老狗社、大嵙崁社、呂家望社。
1890	◆討伐牡丹社。
1892	◆討伐率芒社。
1894	◆丘逢甲組義勇營。
1895	◆馬關條約割讓臺灣、澎湖給日本。◆臺灣民主國成立，唐景崧、丘逢甲分任

	總統、副總統，林維源為議長，唐、丘等離臺後，臺灣民主國亡。

資料來源：作者整理。

【臺灣治安史大事記簡表】日治與中華民國大陸時期治安(1895-1949)

年 \ 項目	臺　　灣	清國/中華民國在大陸
1895	◆實施軍政。◆實施〈臺灣監獄令〉。	
1896	◆實施《六三法》。◆臺北縣實施〈買賣春取締相關管理辦法〉，公娼開始。◆臺北縣下、臺中縣下、臺南縣下和澎湖廳設監獄署。◆發生簡義、鄭吉生、簡大獅、許紹文、陳發等人的抗日。	
1897	◆實施三段警備制。◆實施〈臺灣鴉片令〉。◆發生林火旺、黃國鎮等抗日事件。	
1898	◆廢止三段警備制。◆實施〈匪徒刑罰令〉、〈保甲條例〉。◆林少貓抗日。◆臺灣總督府設立警察官和司獄官練習所。	◆清政府在長沙成立「湖南保衛局」，建立近代最早的警察機構。
1899	◆訂〈臺灣監獄則〉。	
1900	◆實施〈臺灣保安規則〉、〈臺灣總督府監獄官制〉、〈臺灣總督府監獄分課規程〉。	◆置「安民公所」，作為維持治安的臨時機構。
1901	◆發生詹阿瑞、黃國鎮的抗日事件。◆廢除警保課改設警察本署」在廳以下設警務課。	◆安民公所改工巡總局，各地設「巡警」。
1902	◆林少貓戰死，臺民武裝抗日結束。	
1904	◆頒〈犯罪即決例〉。	
1905	◆劃定澎湖及、臺灣本島及其沿海為臨戰地區，並下令全臺戒嚴。	◆設巡警部，接工巡總局，掌警察業務。
1906	◆實施《三一法》、〈臺灣浮浪者取締規則〉。	◆巡警部改為民政部，內設警政司。
1907	◆發生蔡清琳武力抗日。	◆各省成立巡警道。
1908	◆發生丁鵬武力抗日。	
1912	◆發生劉乾、黃朝武力抗日。	◆巡警改為警察。
1913	◆發生羅福生、李阿齊、張火爐、賴來、太魯閣族事件。	◆濱江臨海地區設

		水上警察。
1914	◆警政改革，州設警務部、廳設警務科、市設警務署，衝要地方並設警務科分室，其下設派出所，在山地原住民區設駐在所。◆發生沈阿榮、羅臭頭武力抗日。	◆袁世凱正式發布解散國會令、內閣制改總統制。◆中華革命黨在東京選孫中山為總理。
1915	◆余清芳、楊臨武力抗日。	◆頒〈各省整頓警政辦法大綱〉。
1917	◆霧峰林家後代林祖密為閩南軍司令。	◆設立警官高等學校。
1919	◆司法三審制。◆警察本署改警務局。	◆發生五四運動。
1920	◆總督府設置警務局保安課，州設警務部，廳設警務課，市設警察署，郡設警察課。◆討伐沙拉冒原住民部落。	◆北洋政府段祺瑞辭總理、靳雲鵬組閣。
1921	◆《法三號》取代《三一法》。	
1923	◆警務局長竹內友次郎慫恿辜顯榮組成「公益會」。◆「臺灣議會期成同盟會」向臺北市北警察署提出政治結社申請，發生「治警事件」。	◆內務部敕令京師警察廳，招募女子，設立教練所，此為女警之始。
1925	◆實施《治安維持法》。◆爆發「二林事件」。	
1927	◆蔣渭水、林獻堂等創立「臺灣民眾黨」。◆《臺灣民報》週刊獲准由東京遷回臺灣發行。	◆各省成立公安局。◆改內務部為內政部。
1928	◆公佈〈警務局章程細則〉。◆蔣渭水等創「臺灣工友總聯盟」。	◆訂〈警察官吏任用暫行條例〉、《違警罰法》。
1929	◆警察搜查臺灣農民組合的「二一二事件」。	
1930	◆發生霧社事件。◆總督府調整市警察署的高等警察，警察署設高等警察。	◆訂《市組織法》、《縣組織法》，內設公安局。
1936	◆恢復武官總督，小林總督開始進行戰爭物資控制。◆發生「祖國事件」，林獻堂避居日本。	◆訂〈各級警察機關編制綱要〉。
1937	◆「臺灣地方自治聯盟」被解散。◆臺灣軍司令宣佈臺灣進入「戰時防衛體制」。	◆訂〈警察官任用條例〉。
1938	◆臺灣實施國家總動員，進入戰時體制。◆總督府警務	◆訂〈戰區警察大

	局及州警務部增設經濟警察課。	綱〉。
1940	◆鼓勵臺灣人改從日本姓名。	◆訂〈非常時期維持治安緊急辦法〉。
1944	◆依據〈臺灣決戰非常措置要綱〉，勒令停止生產一切非戰略性的物質。◆發生瑞芳事件。	◆訂〈懲治盜匪條例〉。
1945	◆ 廢止保甲制度。◆日本無條件投降，臺灣光復，政權移轉給中華民國。	◆胡福相為臺灣省警務處長。

資料來源：作者整理。

【臺灣治安史大事記簡表】中華民國臺灣時期治安(1945-迄今)

項目／年	中華民國在臺灣
1945	◆訂〈臺灣省行政長官公署組織條例〉，設置臺灣省長官公署及臺灣警備總司令部前進指揮所，歸軍事委員會指揮。
1946	◆訂《內政部警察總署組織法」、〈臺灣省行政長官公署警務處組織規程〉、〈臺灣省各縣警察機關組織規程〉、〈臺灣省漢奸總檢舉規則〉。
1947	◆發生「二二八事件」。◆宣布全國總動員、實施《戶口普查法》、〈省警保處組織條例〉。◆「警管區」制改稱「警勤區」。
1948	◆訂〈動員戡亂時期臨時條款〉、《戒嚴法》。
1949	◆發生「四六事件」。◆實施〈臺灣省戒嚴令〉。◆臺灣省實施戶口總清查。◆通過〈動員戡亂時期懲治叛亂條例〉。◆內政部警察總署縮編為警政司。◆實施〈臺灣省警務處戒嚴時期維持治安緊急措施方案〉。◆臺灣省警務處及保警總隊改隸保安司令部，隨後警務處及保安總隊改隸省政府，臺灣省主席兼總司令，由國防部督導，但關於治安部分仍受保安司令部指揮。
1950	◆臺灣省警察大會通過〈臺灣戰時警察工作綱領〉，實施〈戰時警察工作方案〉。◆臺灣省各地舉行戶口總檢查。
1951	◆行政院通過〈共匪及附匪份子自首辦法〉及〈檢肅匪諜獎勵辦法〉。
1953	◆訂《警察法》，「警察總署」改為內政部警政司。
1955	◆工礦警察總隊成立。◆訂〈臺灣省戒嚴時期取締流氓辦法〉、〈戡亂時期肅清煙毒條例〉、〈臺灣省警務處戰時指揮所設置辦法〉。
1956	◆訂〈警察法實施細則〉。◆配合戰時警察任務需要，在直屬大隊下增設裝甲車中隊。◆全省未設分局之 200 於鄉鎮普設分駐所。
1957	◆發生「劉自然事件」。◆頒〈戡亂時期臺灣地區入出境管理辦法〉。

1958	◆臺北衛戍總部、臺灣防衛總部、臺灣省保安司令部及民防司令部合編為「臺灣警備總司令部」，必要時得指揮臺灣省警務處。◆臺灣省警務處撤銷旅檢室，出入境審查業務改由警備總部設聯審處主管。
1960	◆通過〈戡亂時期臺灣地區出入境管理辦法〉。
1962	◆實施〈臺灣省戒嚴時期戶口臨時檢查實施辦法〉。
1965	◆實施〈戒嚴時期臺灣省山地管制辦法〉。
1971	◆訂〈內政部警政署組織條例〉。◆確立臺灣警備總部負責社會治安的監控，警察是實際執行基層偵防工作的分工。
1972	◆警政司擴充為「內政部警政署」，並與臺灣省警務處合署辦公。◆出入境管制從主管機關臺灣警備司令部改制為「內政部警政署入出境管理局」。
1973	◆實施〈戡亂時期臺灣地區戶政改進辦法〉。◆訂〈內政部警政署入出境管理局暫行組織規程〉。◆成立「內政部警政署刑事警察局」。
1977	◆發生「中壢事件」。
1978	◆成立「內政部警政署航空警察局」。◆「改進警政工作方案(第一階段)」。
1979	◆爆發「美麗島事件」。◆「內政部警政署公路警察局」成立空中警察隊。
1980	◆「改進警政工作方案(第二階段)」。◆「林宅血案」。
1982	◆「改進警政工作方案(第三階段)」。
1983	◆通過〈槍砲彈藥刀械管制條例〉。
1984	◆「一清專案」的掃黑行動。◆發生「江南事件」。
1985	◆訂〈動員戡亂時期檢肅流氓條例〉。◆通過修正〈警械使用條例」〉、〈槍砲彈藥刀械管制條例〉。◆核定「五年警政建設方案」。
1986	◆前桃園縣長許信良企圖闖關入境。◆公佈〈警察教育條例〉。
1987	◆廢止〈戒嚴令〉，改以《動員戡亂時期國家安全法》，後配合停止動員戡亂時期修正為《國家安全法》。◆解嚴後，臺灣警備總司令部所掌理之機場、港口、安檢工作及集會遊行主管機關由警政署接掌。◆國防部掌理之漁船民編組、漁民教育、漁民法紀等工作，依法移轉警政署接辦。
1988	◆制定《動員戡亂時期集會遊行法》，後修正為《集會遊行法》。
1989	◆通過《人民團體法》。
1990	◆核定「後續警政建設方案」。◆參照動員戡亂時期國家安全法之規定，警察機關接辦機場、港口之安全檢查等任務，故配合增設「安檢組」。
1991	◆宣佈結束動員戡亂時期，廢止〈動員戡亂時期臨時條款〉、〈懲治叛亂條例〉、《違警罰法》，新定《社會秩序維護法》。

1992	◆通過《刑法》第一百條修正案，排除思想叛亂入罪。◆戶政業務回歸由民政單位掌理，戶口業務「除警察化」。◆裁撤「警備總部」。
1993	◆通過〈二二八事件賠(補)償條例〉。◆公布〈內政部警政署國道公路警察局組織條例〉。◆通過《國安法》、《國安局組織法》。
1994	◆通過《省縣自治法》及《直轄市自治法》，引發中央與地方的警察人事權之爭。◆公布〈內政部警政署刑事警察局組織條例〉。
1995	◆成立「治平專案」。◆成立「內政部消防署」，消防業務「除警察化」。
1996	◆通過〈組織犯罪防制條例〉、〈內政部警政署航空警察局組織條例〉。
1997	◆發生「白曉燕命案」。
1998	◆通過《犯罪被害人保護法》、〈毒品危害防制條例〉。
1999	◆實施《入出國移民法》。
2000	◆核定「警政再造方案」。◆通過《海岸巡防法》，海巡署成立。◆簽訂〈金門協議書〉，作為兩岸遣返違反相關規定入境的民眾或刑事罪犯。
2001	◆行政院核定〈內政部警政署臺灣保安警察總隊組織條例〉。
2002	◆實施「提升國家治安維護力專案評核計畫」。◆廢止〈懲治盜匪條例〉。
2003	◆成立任務編組保護智慧財產權警察大隊。◆實施《警察職權行使法》。
2006	◆成立「內政部入出國及移民署」。
2008	◆紅杉軍遊行。
2009	◆廢止〈檢肅流氓條例〉。◆全國警政機關取消要民眾按指紋的規定。◆簽署「海峽兩岸共同打擊犯罪及司法互助協議」。◆馬英九總統簽署〈公民與政治權利國際公約〉和〈經濟社會文化權利國際公約〉。
2011	◆《中央行政機關組織基準法》明定警察機關組織得以組織法律另為規定。◆修正《社會秩序維護法》，各縣市可設立性專區。
2012	◆馬英九總統在就職演說中提出「一個中華民國，兩個地區」論述，10天之後，國臺辦發言人以「兩岸不是兩個中國」、「兩岸關係不是國與國關係」回應。
2015	◆太陽花事件
2016	◆民進黨籍蔡英文當選中華民國總統，臺灣出現第三次政黨輪替。◆通過《政黨及其附隨組織不當取得財產處理條例》。
2017	◆通過《促進轉型正義條例》。
2018	◆退伍軍人團體八百壯士發動遊行抗議軍人年改。

資料來源：作者整理。

六、結論

本文結論：

(一) 前現代臺灣傳統警察治安階段(1600-1895)

包括：

1.從失竊時代涉外性、村社型政治性、自足式經濟性、氏族化社會性議題來論述原住民時期村社治安的結構與變遷(1600-1624)，其政府和警察型態定位為民會政府警察。

2.從大航海時代涉外性、重商型政治性、複合式經濟性、多國化社會性來論述荷西時期商社治安的結構與變遷(1624-1662)，其政府和警察型態定位為公司政府警察。

3.從近世國家時代涉外性、受封型政治性、宗主式經濟性、土著化社會性議題來論述鄭治時期軍屯治安的結構與變遷(1662-1683)，其政府和警察型態定位為封建政府警察。

4.從工業革命時代涉外性、皇權型政治性、君主式經濟性、定著化社會性來論述清治時期移墾治安的結構與變遷(1683-1895) ，其政府和警察型態定位為邊陲政府警察。

(二) 現代臺灣軍管警察治安階段(1895-1987)

包括：

1.從民族主義時代涉外性、軍國型政治性、統制式經濟性、內地化社會性議題來論述日治時期殖民治安的結構與變遷(1895-1945)，其政府和警察型態定位為殖民政府警察。

2.從極端主義時代涉外性、威權型政治性、家父長式經濟性、黨國化社會性來論述國治時期戒嚴治安的結構與變遷(1945-1987) ，其政府和警察型態定位為戒嚴政府警察。

(三)後現代臺灣警管治安階段(1987-迄今)

包括：

1.從後冷戰時代涉外性、威權轉型政治性、夥伴式經濟性、多元化社會性議題來論述國治時期轉型治安的結構與變遷(1987-2008) ，其政府和警察型態定位為轉型政府警察。

2.從全球化時代涉外性、民主型政治、市場式經濟、公民化社會議題來論述國治時期法治治安的結構與變遷(2008-2018)，其政府和警察型態定位為服務性政府警察。

另外，根據警察在國家發展中具有：第一、是戰時軍人、國家安全的維護政權角色，第二、是維護秩序、打擊犯罪的執行法律角色，第三、是傳輸福利、追求效率的公共服務角色等三種角色的演變。

依警察角色比較其扮演的程度強弱，在前現代傳統治安階段是以維護政權排首位，打擊犯罪其次，公共服務殿後；現代軍管治安階段是維護政權、執行法律、公共服務三者兼顧；後現代警管治安階段是公共服務第一，執行法律其次，維護政權殿後。

展望未來，國際性治安議題已導向全球化時代、政治性治安議題已導向民主型體制、經濟性治安議題已導向市場式、社會性治安議題已導向公民化，亦即導入綜合性法治治安，臺灣警察更當配合國家發展的導向，而調整為扮演偏重保障人權和促進服務效率的角色。

中央警察大學的建構「歷史警學」在通識教育中心，和學校相關部門的合力推動下，已經奠下很好的教學與研究基礎，如果能再有臺灣治安史研究中心的建制，當更能樹立警大學術研究的地位和特色。

我的《臺灣治安史》研究、教學和書寫，也在前人種樹，後人乘涼、大樹下，好遮蔭的有如過河卒子，拼命向前。未來我的《臺灣治安史》書寫，雖是歷史警學建立的一種嘗試，但也殷切期盼大家的不吝指教，更為勉勵自己能夠成為一位稱職的臺灣治安史研究者、教學者和書寫者，乃至有一部圖文並茂《臺灣治安史》的書寫完成和出版。

臺灣治安史的檔案文獻探討

一、前言

「檔案」(archives)與「文獻」(document)都是史料的一部分。史料有直接史料和間接史料之分。依我國《檔案法》第二條及〈檔案法施行細則〉第二條之規定，指機關依照管理程序，而歸檔管理之文字或非文字資料及其附件；其來源為處理公務或因公務產生之各類紀錄資料及其附件，包括政府機關所持有或保管之文書、圖片、紀錄、照片、錄影（音）、微縮片、電腦處理資料等可供聽、讀、閱覽或藉助科技得以閱覽或理解之文書或物品。因此，檔案具有永久保留紀錄和提供過往的政治、經濟和文化發展的功用。

根據上述，嚴謹的檔案定義是指政府的公務文件，基本上是公文，譬如一個法令要立案，從草擬開始到整個案子定案的過程中，如何修改、有何意見、討論結果，通常被保存了下來的直接史料。

《大美百科全書》(*Encyclopedia Americana*)對檔案的定義是，指文件、書籍、地圖、錄音資料，及其他各類文獻，其製作或收受或為執法，或與業務有關；保存則因其恆久的價值，用於政府機構(公務檔案)、各種機關(機關檔案)、工商企業(商務檔案)，及家族和個人(家族和個人檔案)等。家族和個人文件若不具真正檔案應有的組織，則稱為歷史文件。

公務檔案若經印刷、發行，則為「政府出版品」。美國國家檔案法於 1934 年實施，美國和加拿大專業檔案人員組成的美國檔案管理人學會自 1938 年起出版《美國檔案管理人雜誌》。國際檔案理事會成立於 1948 年。[1]2002 年 1 月 1 日臺灣開始實施的《檔案法》，嗣經 2008 年 7 月修正公布第 28 條。〈檔案法實施細則〉經行政院研考會檔案管理局於 2001 年 12 月 12 日發布，與 2005 年 1 月 3 日的修正。主要負責執行的政府單位是行政院研考會國家檔案局，2014 年 1 月改隸行政院國家發展委員會檔案管理局。

而所謂的「文獻」則是泛指記錄有信息和知識的一切有形載體，是將知識、信息用文字、符號、圖像、音頻等記錄在一定的物質載體的結合體。

所以，文獻的範圍比較廣泛，諸如地方志、專題史料和文集、私文書(碑文、契約、族譜、照片)、報紙、期刊(雜誌)、日記(含遊記、回憶錄、人物傳記)，甚至包括工具書(如百科全書、辭典、叢刊、目錄、提要、年表)的間接史料。

資料可以分為直接資料和間接資料，直接資料包括有關研究對象的原始著作；間接資料的範圍頗廣，一切有助於擴大視界，加深了解而與本題沒有直接關係的文字都在其內。比較地說，研讀直接資料應力求精悉，參考間接資料宜致其廣博。

因此，本文採取綜合上述範圍和分類的方式，將其歸納為研究臺灣治安史的檔案文獻來敘述。

二、臺灣治安史定義與範圍

對於警察(police)或是治安(policing,警政)的定義，一般皆以統治權為基礎的強制作用，是其治理(governance)的政府及法律，還有強烈的統治、政權、政策的意涵，因而是配合國家不同發展階段而有不同的界說，亦即警察或治安是在特定情境中受到他人認可或期望的行為模式。

[1] 《大美百科全書》(第二冊)，光復書局大美百科全書編輯部編譯，(臺北：光復書局，1990 年 3 月)，頁 143。

以 1989 年的臺灣警察業務為例，主辦的業務有 13 項 87 目，協辦的業務也有 6 項 20 目之多。換言之，警察或治安並沒有特定的本質或型態，它的性質與功能，隨歷史條件、政治經濟社會或策略的不同而轉變。

如果假設治安是一種特定的政治形式、是一個策略場域、是政治策略的執行，其所提供結構性的權力所制定的某些政治策略，可能是父權、封建，或是官僚主義，甚至是社會主義。因此，治安亦可能配合國家(state)以殖民主義、軍國主義的統治型態呈現。

目前國內外針對治安的研究多著重於分析當前現象，而又迫切需要解決的問題，亦即強調治安在當前國家發展的重要性，因而對於臺灣治安史的研究自不能孤立於政經社文的歷史因素之外，特別是「治安」(policing)指的是透過法律的手段治理紛亂，使其安定之謂，通常與強調「警察」(police)功能的「警政」(policing)交互使用。

準此，本文將治安功能界定為：重視戰時軍人與國家安全的「維護政權」、重視秩序維護與打擊犯罪的「執行法律」，及重視福利傳輸與效率追求的「公共服務」等三種功能，這三種功能又是相互糾葛的，有時只能特別指出其中較為偏重那一種功能而已。所以，本文將影響治安的結構性因素分為國際性環境和國內性的兩大因素。

國際性環境經由競爭性國家體系、世界性資本主義體系、全球性公民社會體系的三項因素導出涉外性治安議題；國內性環境經由國家機關與民間社會的兩項因素導出國內政治性、經濟性、社會性的治安議題。同時，再經由涉外性、政治性、經濟性、社會性等四項因素化約成綜合性治安議題，並形塑了臺灣治安史的結構與變遷。

承上所論，第一、涉外性治安議題的研究途徑突顯在國家主權、領土、宗教、氣候變遷、國境與海防安全、漁權與海洋資源權益、外事與移民、海盜、劫機、走私、人口販運、危險物及武器販運、非法毒品販運、偷渡、跨國金融犯罪、跨國詐欺、跨國網路犯罪、貪汙與賄賂、洗錢、恐怖份子活動等引發有關警察涉外業務上。

第二、政治性治安議題的研究途徑突顯在王位之爭、王室與貴族、中央與地方、政府與人民之間權力機制的運作，和警備保安、戶口管理、民防、安全檢查等引發有關警察政治性業務上。

第三、經濟性治安議題的研究途徑突顯在獵場、水權、地權、糧荒、稅賦、查緝非法經濟活動等引發有關警察經濟性業務上。

第四、社會性治安議題的研究途徑突顯在不良風俗、竊盜、殺人、流氓、賭博、酗酒、交通事故、消防救災、弱勢族群、貧富不均、勞工、環保、消費者意識等引發有關警察社會性業務上。

基此，綜合上述三項警察功能的影響治安因素，我們可以分別透過國際性治安議題，和國內政治性治安議題、經濟性治安議題、社會性治安議題等四項不同「影響因素群」(influence factors)的層面，且其又會有相互糾葛的現象，來檢視臺灣治安史的結構與變遷，並從中勾勒出臺灣治安史的分為 1895 年以前的前現代傳統治安、1895-1987 年的現代軍管治安，和 1987 年解嚴以後的後現代警管治安等三個時期。

本文因受限於篇幅，僅能就上述影響臺灣治安的四項不同層面議題整合化約為任何其中任何一項因素，而其重要性足以影響權力結構或社會安定的重大治安議題，來檢視臺灣傳統治安、軍管治安和警管治安等三個時期的檔案與文獻。

三、傳統治安時期檔案文獻

臺灣傳統治安時期主要涵蓋原住民(-1624)、荷西(1624-1662)，和明清(1662-1895)等階段的治安，亦即指臺灣日治以前(-1895)的傳統治安時期，而這時期的治安特色是「亦法亦政亦兵亦警」的「法政軍警同體」，亦即涉以「國政」為警察工作的「國政即警政」意涵。

以下將就這一時期的三個階段重要檔案文獻進行分析：

(一) 原住民階段治安檔案文獻

原住民階段由於至今尚未被發現正式文字，亦即沒有政府公文書和檔案被保存下來，因而被稱之為所謂的「失竊的年代」。所以，論述當時原住民治安議題的文獻並不多，例如僅能從：〈東蕃記〉是 1603 年(明萬曆 31 年)陳第所撰寫踏查臺灣留下〈最古的臺灣實地考察報告〉，其中部分描述當時原住民社會的治安。文內特別指出，「盜賊之禁嚴，有則戮於社，故夜門不閉，禾積場，無敢竊。」[2]

以及《閩海贈言》(卷五)的張燮〈贈沈將軍東番捷〉，也有首描述沈有容飛掃倭穴的維護治安等非常有限的文獻資料。詩：「羽林東發事從戎，四十威名劍盾中。海上樓船吞巨浪，日南夷國慴雄風。揚旌萬里烽煙淨，挾纊三軍苦樂同。會識勳標銅柱早，只今誰并伏波功。」《龍海縣志》(卷三十一)還有福建南路參軍施德政、沈有容、和陳第三人的合唱詩。[3]

(二) 荷西階段治安檔案文獻

有關檔案文獻介紹如下：

1.《巴達維亞城日記》分上、中、下三卷，是紀錄荷蘭東印度公司在亞洲總部負責與臺灣等地區政經活動。包括 1624 年 1 月福建巡撫派出的代表黃合興、陳士瑛來到巴達維亞(今雅加達)交涉荷蘭人在中國沿海貿易的事務，數次表明只要荷蘭人退出澎湖，荷蘭人跑到大員(安平)一帶沒有意見。[4]而《東印度事務報告》保存了荷治臺灣的歷史檔案，特別是荷蘭人統治臺灣後期有關漢人

---

[2] 陳第〈東蕃記〉全文的注解，可參閱：周婉窈，《海洋與殖民地臺灣論集》【臺灣研究叢刊】，(臺北：聯經，2012 年 3 月)，頁 147-150。

[3] 沈有容輯，《閩海贈言》【臺灣文獻叢刊第 56 種】，(臺北：臺灣銀行經濟研究室，1959 年 4 月)，頁 24-26、28、85、96；陳自強，《漳州古代海外交通與海洋文化》，(漳州：漳州師院閩南文化研究院，2012 年 10 月)，頁 164-165。

[4] 《巴達維亞城日記》只出版上、中兩卷，曾由村上直次郎譯為日文版(東京：平凡社，2003 年 9 月)，郭輝再依此版翻譯為中文《巴達維亞城日記》，(臺北：臺灣文獻委員會，1970 年 6 月)。

郭懷一的武力抗爭的治安事件，而該《報告》內容大部分與《巴達維亞城日記》相同。[5]

2.《熱蘭遮城日誌》是 17 世紀以荷蘭文撰寫荷蘭東印度公司治理臺灣的重要歷史文件。[6]

3.《梅氏日記》則是作者敘述鄭成功收復臺灣過程中的見證。《梅氏日記》原是東荷蘭東印度公司檔案中的一份文件，現與荷治臺灣相關史料珍藏在海牙荷蘭國家檔案館。作者菲力普・梅被東印度公司派到亞洲工作，曾在臺灣住了 19 年。鄭成功登陸臺灣以後，在與荷蘭的談判過程中，梅氏曾參與翻譯工作，并協助鄭成功測量屯墾土地。梅氏勾畫的鄭成功，道出其他檔案史料所沒有的細節，補足了《閩海紀要》、《從征實錄》、《海上見聞錄》等較少描寫鄭成功驅走荷蘭人的過程。

4.《被遺誤的臺灣》是荷治臺灣的末代總督揆一(Frederic Coyett)及其同僚敘述如何與鄭成功交手，最後退出臺灣的經過。特別在辯解當鄭成功登陸鹿耳門時，當事人又如何在無援軍的情況下奮力抵抗。[7]

5.《濱田彌兵衛事件及十七世紀東亞海上商貿》是敘述 1628 年先是荷方綁架日本船長濱田彌兵衛；接著濱田彌兵衛綁架荷蘭臺灣長官奴易茲(Pieter Nuijts)所導致商業利益和臺灣土地主權糾紛的治安事件。[8]

6.《西班牙人的臺灣體驗(1626-1642) ——一項文藝復興時代的志業及其巴

[5] 《荷蘭人在福爾摩莎》是從《東印度事務報告》的檔案中所摘錄出有關福爾摩莎(臺灣)的部分。參閱：程紹剛 譯註，《荷蘭人在福爾摩莎》【臺灣研究叢刊】，(臺北：聯經，2000 年 10 月)，頁 xvii。有關這期間荷蘭人與日本人爭奪臺灣的心機和臺灣的命運，參閱：〈外國傳・6〉，《明史》卷 325，轉引，林景淵，《濱田彌兵衛事件及十七世紀東亞海上商貿》，(臺北：南天，2011 年 9 月)，頁 143-144。

[6] 江樹生 譯註，《熱蘭遮城日誌》(共四冊)，分別於 2000 年 8 月、2002 年 7 月、2003 年 12 月、2011 年 5 月先後由臺南市政府出版。

[7] C. E. S. 原著，William Campbell(甘為霖)英譯，林野文漢譯，《被遺誤的臺灣——荷鄭臺江決戰史末記》，(臺北：前衛，2011 年 12 月)，頁 5。對於這一影響國際性治安事件，《決戰熱蘭遮——歐洲與中國的第一場戰爭》有更深入的探討。參閱：歐陽泰(Tonio Andrade)，陳信良譯，《決戰熱蘭遮——歐洲與中國的第一場戰爭》，(臺北：時報，2012 年 11 月)。

[8] 林景淵，《濱田彌兵衛事件及十七世紀東亞海上商貿》，(臺北：南天，2011 年 9 月)。

洛克的結局》主要探討當時西班牙的約600名守城士兵，如何擔負當時北臺灣的治安工作。[9]

(三)明清階段治安檔案文獻

有關檔案文獻介紹如下：明鄭治臺凡二十三年，此階段戶官楊英的《從征實錄》比較接近於直接史料之外，幾乎沒有遺留檔案。在清領臺灣階段的主要檔案文獻如：

1.《宮中檔》現存故宮博物院檔案，主要為清代康熙中葉開始各朝君主親手御批的滿漢文奏摺及其附件，其中有關臺灣社會的分類械鬥與會黨等資料可供參考；另《軍機處檔》中有關治安議題的小刀會、乾隆年間臺灣人口統計、偷渡、沈葆楨請設臺北府奏章等等，特別是審訊朱一貴之供詞、臺灣之民變分類械鬥事件、林爽文起事後軍機大臣訊問閩浙督撫大員的供詞。故宮博物院業於1995、1996、1998、2001年分別編輯出版《清宮月摺檔臺灣史料》、《清宮諭旨檔臺灣史料》、《清宮廷寄檔臺灣史料》、《清宮宮中檔臺灣史料》。

《宮中檔》中頗多涉及臺灣史的資料，例如閩浙總督、福建巡撫、福建布政使、福建水師提督、福建臺灣鎮總兵官、巡視臺灣監察御史、巡視臺灣給事中等人的摺件，奏報臺郡事宜者頗多。[10]該院現已將清代宮中奏摺及軍機處檔摺件全文影像資料庫提供使用。

2.《內閣大庫檔案》現存於中央研究院史語所，此中有關臺灣開闢和治安議題的史料，其年代大多在康熙至咸豐年間。其內容依事由可以分為：

(1)鄭成功在臺灣開拓以及反清復明的資料。

(2)清代海禁、防止偷渡和抑止海盜的資料。

---

[9] 鮑曉鷗(Jose Eugenio Borao)著，若到瓜(Nakao Eki)譯，《西班牙人的臺灣體驗(1626-1642)——一項文藝復興時代的志業及其巴洛克的結局》，(臺北：南天，2008年12月)，頁xi。

[10] 王世慶，《臺灣史料論文集(上冊)》，(臺北：稻鄉，2004年2月)，頁19-20、323-324。莊吉發，〈國立故宮博物院現藏清代臺灣檔案舉隅〉，國學文獻館 主編，《臺灣地區開闢史料學術論文集》，(臺北：聯經，2003年3月)，頁1-36。

(3)政府有限開放移民並加管理的資料。

(4)設官及駐軍以維持治安推行政令的資料。

(5)開墾及水利的資料。

(6)有關新移民和原居民之間的爭執及解決的資料。

(7)有關個人之間侵犯人身、財產權益及判決的刑案資料。

(8)有關地方團體間比較大規模的械鬥處理資料。

(9)有關臺灣附近海盜危害及處理辦法的資料。

(10)有關人民反抗滿清政府的民變資料。

(11)有關天地會、小刀會等祕密會社的資料。

(12)有關臺灣物產和稅收的經濟資料。

(13)有關上級官員彈劾下級官員失職行為的參劾資料。[11]

3.《總理衙門檔案》存於中央研究院近代史研究所，概略分為 26 大類，其中第 3 大類的《海防檔》、第 10 大類的《禁令緝捕檔》與臺灣治安有關。[12]該所檔案館備有檢索系統，可同時查閱影像和目錄。

4.遠流版的《明清臺灣檔案彙編》(第壹輯至第五輯)是由臺灣史料集成編輯委員會編，臺北遠流公司從 2004 年 3 月至 2009 年 10 月出齊 110 冊，總字數 1 億 4 仟萬字，例如保甲制度與治安的史料等。

《明清臺灣檔案彙編》第壹輯(1~8 冊)，收錄自明嘉靖 26 年（1547）至清康熙 22 年（1683）清帝國領有臺灣以前。

第貳輯(9~30 冊)的起迄年代為清康熙 23 年至清乾隆 52 年 3 月。

第參輯(31~60 冊)起迄年代為清乾隆 52 年 3 月至清道光 29 年 5 月，有關臺灣本島及鄰近海域的公文史料。

第肆輯(61~85 冊)收錄自清道光 29 年（1849）至清光緒 10 年（1884）間。

[11] 張偉仁，〈略述內閣大庫檔案中有關臺灣的開闢史料〉，國學文獻館 主編，《臺灣地區開闢史料學術論文集》，(臺北：聯經，2003 年 3 月)，頁 37-39。

[12] 王世慶，《臺灣史料論文集(上冊)》，(臺北：稻鄉，2004 年 2 月)，頁 21。

第伍輯(86~110 冊)收錄自清光緒 10 年（1884）至清宣統 2 年（1910）間，與臺灣歷史相關之中外政府檔案、方志、碑刻以及文集等史料。

又有關保甲與治安史料例如：福建陸路提督楊捷〈為諮請嚴飭力行保甲良法以清響應之奸以杜接濟之弊俾山海宴安地方鞏固事〉。[13]

5.遠流版的《清代臺灣關係諭旨檔案彙編》共 9 冊，則是收錄清雍正元年（1723）至宣統 3 年（1911）清帝國所頒發之臺灣相關諭旨以及保存於諭旨類檔冊中的奏摺、奏片等非諭旨文件。

該套書選錄文件之資料來源，以中國第一歷史檔案館出版的《雍正朝漢文諭旨匯編》（共十冊）、《乾隆朝上諭檔》（共十八冊）、《嘉慶道光兩朝上諭檔》（共五十五冊）、《咸豐同治兩朝上諭檔》（共二十四冊）、《光緒宣統兩朝上諭檔》（共二十冊）為主體，輔以臺灣故宮博物院出版的《清宮諭旨檔臺灣史料》（共六冊）、《清宮廷寄檔臺灣史料》（共三冊），主、輔重複之件選擇前者，匯合兩大機構的清代文獻典藏，整理出較為完備的諭旨類臺灣關係史料。

6.《明清史料(戊編)》為中研究史語所遷臺之後繼續編印與臺灣有關的歷史，特別是朱一貴、林爽文的史料；史語所並與聯經出版公司合作出版《明清檔案》，是研究臺灣明清階段治安的重要史料。

7.《淡新檔案》係 1812 年至 1895 年間(嘉慶 17 年至光緒 21 年)，臺灣淡水廳、臺北府及新竹縣的行政與司法檔案。《劉銘傳撫臺檔案》是有關清光緒年間，恆春、彰化之檔案。《淡新檔案》與《劉銘傳撫臺檔案》同為僅存清代臺灣各府州縣廳的檔案。

有關文獻部分：明鄭階段的重要文獻如：《臺灣外記》是江日昇記載從鄭芝龍起至鄭克塽出降的鄭氏王國興亡史。[14]以及《裨海紀遊》是郁永河來臺灣，

---

[13] 臺灣史料集成編輯委員會編，《明清臺灣檔案彙編》第壹輯第八冊，(臺北：遠流，2004 年 3 月)，頁 165，

[14] 周婉窈，《海洋與殖民地臺灣論集》【臺灣研究叢刊】，(臺北：聯經，2012 年 3 月)，頁 184。

除對明鄭歷史做敘述之外，也紀實漢族與原住民之間所引發治安問題。[15]

8.《東征集》、《平臺紀略》等書是藍鼎元針對臺灣治安的防範內賊與杜絕外寇的重要文獻。《東征集》、《鹿州初集》、《鹿州奏疏》和《平臺紀略》等書全收錄《鹿州全集》。

《東征集》(卷四)有篇草擬致閩浙總督滿保的〈論臺鎮不可移澎書〉，這見解得到提督姚瑩等人的支持，臺灣總兵一職一直設置於臺灣；《鹿州初集》(卷一)亦有篇〈論海洋弭捕盜賊書〉，建議准許商船擁有禦敵防盜的槍砲，以確保海上行舟的安全；

《平臺紀略》則記載發生於 1721 年的朱一貴事件。[16]

9.《東瀛紀事》(二卷)是清金門舉人林豪針對臺灣戴潮春事件的重要治安文獻，有助於了解清代末期社會權力結構、秘密會社的在臺灣發展、駐臺文武官員的相互拮抗、臺灣各地豪族之間的縱橫捭闔等治安議題。

該書成於 1870 年(同治 9 年)，上卷分戴逆倡亂、賊黨陷彰化縣、郡治籌防始末、鹿港防勦始末、北路防勦始末、大甲城守、嘉義城守、斗六門之陷、南路防勦始末等九小節；下卷也分九小節：官軍收復彰化縣始末、塗庫拒賊始末、翁仔社屯軍始末、逆守戴潮春伏誅、戇虎晟伏誅、餘匪、災祥、叢談(上) 、叢談(下)。[17]

10. 蔣毓英《臺灣府志》卷八官制和武衛、高拱乾《臺灣府志》卷四武備志、余文儀《續修臺灣府志》卷九~十一的武備(一~三)、范咸《重修臺灣府志》

---

[15] 郁永河，《裨海紀遊》，參閱：楊龢之譯註，《預見三百年前的臺灣——裨海紀遊》，(臺北：圓神，2005 年)；宋澤萊，《臺灣文學三百年》，(臺北：印刻(INK)，2011 年 4 月)，頁 39-43。

[16]《鹿州全集》，蔣炳釗、王鈿點校本，(廈門：廈門大學出版社，1995 年)；參閱：陳自強，《漳州古代海外交通與海洋文化》，(漳州：漳州師院閩南文化研究院，2012 年 10 月)，頁 114-121。《鹿州初集》亦收錄在近代中國史料叢刊續編第 41 輯，(臺北：文海出版社，1977 年)。

[17] 林豪原著《東瀛紀事》，顧敏耀 校釋，《東瀛紀事校注》，(臺北：臺灣書房，2011 年 10 月)，頁 2-7。

卷九~十一的武備(一~三)都是清領臺灣的重要治安文獻。[18]

完整的清代臺灣方志遠流版的《清代臺灣方志彙刊》，已出版 34 冊可提供地方治安的參考。[19]

11.《岸裡大社文書》為瞭解十八、九世紀臺灣中部地區開拓歷史的重要資料，以臺大圖書館的典藏數量最多且最完整，並已翻拍成微捲。[20]

12.《大甲東西社古文書集》、《苑裡古文書集》則對於臺灣聚落和隘寮地名的出現，有助於了解地方治安情形。[21]

13.《楊雲萍藏臺灣古文書》蒐錄了清代的地契古文書，書內提及在楊雲萍蒐集的豐富古文書裡，還有日治初期的「士林保甲局關係文書」，因受限篇幅未加以蒐錄，而這部分卻與臺灣治安有關，期望未來能整理出版。[22]

14.《素描福爾摩沙：甘為霖臺灣筆記》是甘為霖(Rev. William Campbell)來臺灣傳教並記錄下當時的社會治安。[23]

15.《臺灣紀行》是李仙得(Charles W. Legendre)未發表的文稿(包括若干 1872 年以來關於臺灣的插圖及攝影)，現存美國華盛頓國會圖書館，其中紀錄日本侵略臺灣的「牡丹社事件」。

《臺灣紀行》(*Notes of Travel in Formosa*)經 Douglas L. Fix and John Shufelt

---

[18] 蔣毓英修《臺灣府志》現藏於上海圖書館；高拱乾，《臺灣府志》，(臺北：國史館臺灣文獻館，2002 年 11 月)，頁 69-112；余文儀《續修臺灣府志》，(臺北：臺灣銀行經濟研究所，1962 年 4 月)，頁 367-456；范咸，《重修臺灣府志》，(南投：臺灣省文獻委員會，1993 年 6 月)，頁 293-366。

[19] 吳密察等，《臺灣史料集成提要》，(臺北：遠流，2004 年 3 月)，頁 51-72。

[20] 現存《岸裡大社文書》分別收藏於臺灣大學圖書館特藏組、國立臺灣博物館、臺中(縣立)文化中心、中央研究院臺灣史研究所籌備處等，坊間亦有根據臺大典藏登錄地 0001~0550 號的《岸裡大社文書》校注出書供作研究。參閱：林春成校注，《岸裡大社文書(卷 I：臺大典藏登錄地 0001~0550 號》，(臺北：鯨奇數位科技，2006 年 10 月)。

[21] 謝嘉梁、林金田訪問，劉澤民紀錄，《文獻人生——洪敏麟先生訪問錄/洪敏麟口述》，(南投：國史館臺灣文獻館，2010 年 6 月)，頁 229-233。

[22] 張炎憲、曾品滄主編，《楊雲萍藏臺灣古文書》，(臺北：國史館，2003 年 12 月)。

[23] 甘為霖(Rev. William Campbell)原著，林弘宣等譯，阮宗興校註，《素描福爾摩沙：甘為霖臺灣筆記》，(臺北：前衛，2009 年 10 月)。

合編，於 2012 年由臺南國立臺灣歷史博物館出版。坊間出版的節譯本，是譯自美國專門研究日本殖民主義的學者 Robert Eskilsen 教授，他利用美國國會圖書館珍藏的稿本，於 2005 年集結成書的《南臺灣踏查手記》(*Foreign Adventurers and the Aborigines of Southern Taiwan, 1867-1874*)。[24]

16. 連橫《臺灣通史》的網羅清代臺灣舊有方志撰寫而成，是臺灣三百年來第一部通史巨著，內容分紀四、志二十四、傳六十，凡八十八篇。[25]

17.《中央研究院漢籍電子文獻資料庫》蒐錄了包括臺灣銀行經濟研究室編的《臺灣文獻叢刊》等漢籍文獻。

四、軍管治安時期檔案文獻

臺灣軍管治安時期主要是涵蓋 1895 年至 1945 年日治臺灣的殖民治安階段，和 1945 年國民政府接收臺灣至 1987 年的戒嚴治安階段。整體而言，這時期治安特色是警察附屬於軍人指揮的「以軍領警」。以下將就這一時期的重要檔案文獻進行分析：

(一) 殖民階段治安檔案文獻

有關檔案文獻介紹如下：

1.《臺灣總督府檔案》原名為《臺灣總督府公文類纂》，是日本治臺時期總督府所收發的公文，收編範圍自光緒 21 年(明治 28 年)5 月起至民國 34 年(昭和 20 年)10 月止，共有 12,358 冊。係按年整理並依行政上公文處理法分門別類，起初別 29 門，最後調整為 13 門，下酌情分類，從警務業務的調整部門和分類，可幫助了解當時治安的結構與變遷。

[24] 參閱：黃怡漢譯、陳秋坤校註，《南臺灣踏查手記》，(臺北：前衛，2012 年 11 月)。

[25] 連橫，《臺灣通史》【臺灣文獻叢刊第 128 種】，(臺北：臺灣銀行，1962 年 2 月)。

2.《臺灣總督府公文類纂》的出版，國史館臺灣文獻館從民國 80 年(1991年)起至 85 年(1996 年)業翻譯出版 11 鉅冊，後改選擇專題翻譯方式，計分教育、涉外關係、郵政、原住民、官制、宗教、殖產、衛生等八項專題，分頭進行翻譯，迄今出版 32 冊。

其中原住民系列之四「日治時期臺北桃園地區原住民史料彙編之一：理蕃政策」，和「日治時期臺北桃園地區原住民史料彙編之二：蕃地拓殖」，在內容上所涉及的治安工作可做為參考資料。[26]

3.《臺灣總督府舊縣廳公文類纂》主要包括臺北、臺中、臺南、新竹、嘉義、鳳山、臺東等七縣廳的檔案，就中收錄了地方治安的資料。[27]

4. 洪敏麟根據臺灣總督府等檔案編輯而成《雲林、六甲等抗日事件關係檔案》、《日據初期之鴉片政策(附錄：保甲制度)。[28]

5.《日治時期南臺灣治安報告書》係由曾擔任臺灣總督府警察官及司獄官訓練所教官的鷲巢敦哉負責編纂。[29]

6.《臺灣史料》(稿本) 是由臺灣總督府史料編纂會依據《日清戰史》、《臺灣總督府陸軍幕僚歷史草案》、《臺灣總督府公文類纂》、《臺灣總督府府報》、《警察通報》等，選錄光緒 21 年(明治 28 年)至民國八年(大正 8 年)為止之重要史料編纂而成。其中收編了臺胞抗日，乃至於臺灣之軍事、防戌和警察等原始資料。

7.《臺灣總督府陸軍幕僚歷史草案》則為日本統治臺灣初期(1895-1905)有關其鎮壓臺灣及其軍事配備的軍事和治安資料，現臺灣分館典藏一部。[30]

---

[26] 王世慶，《臺灣史料論文集(上冊)》，(臺北：稻鄉，2004 年 2 月)，頁 50-70。例如《日據初期官吏失職檔案》是從《臺灣總督府公文類纂》有關政治性議題治安的檔案中選譯編印。參閱：謝嘉梁、林金田訪問，劉澤民紀錄，《文獻人生——洪敏麟先生訪問錄/洪敏麟口述》，(南投：國史館臺灣文獻館，2010 年 6 月)，頁 137-140。

[27] 王世慶，《臺灣史料論文集(上冊)》，(臺北：稻鄉，2004 年 2 月)，頁 72-77。

[28] 謝嘉梁、林金田訪問，劉澤民紀錄，《文獻人生——洪敏麟先生訪問錄/洪敏麟口述》，(南投：國史館臺灣文獻館，2010 年 6 月)，頁 142-147。

[29] 鷲巢敦哉，曾玉昆譯，《日治時期南臺灣治安報告書》，(高雄：高雄市文獻會)。

[30] 王世慶，《臺灣史料論文集(下冊)》，(臺北：稻鄉，2004 年 2 月)，頁 212-218。

8.《臺灣拓植株式會社檔案》是以 1936 年 12 月臺灣拓植株式會社開辦的業務為保存主體，紀錄南進政策的強取華南、南洋和臺灣島內各種農、漁業資源所引發涉外性治安議題。該文書檔案於 1957 年由臺灣省政府秘書處文書科移交臺灣省文獻委員會(現已改稱國史館臺灣文獻館)保管使用，並已錄製成微片和光碟可供參考。

9.《臺灣樟腦專賣志》是收錄日治臺灣初期因為臺灣樟腦產銷結構問題所引發與外商權益之間的糾紛，也因開始官員干涉並取締外商的商業行為，演變成臺灣總督府與英德兩國領事的交涉問題。

10.《臺灣總督府公文類纂》永久保存的部分所收錄這些衝突的片段檔案，較之於日本外交史料館所收藏的外務省檔案，顯得散置於事件發生年份的檔案當中，而日本外交史料館類似編年史式的表列內容，可清楚看出外務省眼中的臺灣樟腦涉外事件全貌，以及所牽涉的相關單位、延續時間的長短。

11.《素描福爾摩沙》(*Sketches From Formosa*)出版於 1915 年，是甘為霖(William Campbell)從 1871 年初履臺灣之後所筆記下的手稿。甘為霖是一位來自英格蘭長老教會的傳教士，記載內容雖然偏重在傳教與臺灣原住民族之間的關係，但也同時以一位外國人的角度，留下臺灣在日本殖民初期相關的涉外治安議題文獻。[31]

12.《臺灣征蕃記》原名《高沙浪の跡》，是水野遵於 1879 年所整理有關其參與臺灣史上著名「牡丹社事件」始末的手稿。《臺灣征蕃記》在 1930 年被收錄於「大路會」所編《大路・水野遵先生》的紀念刊物中。

水野遵在明治政府中曾被派往上海留學，並於發生該事件時隨軍來臺擔任翻譯官，後來更與日治臺灣首任總督樺山資紀共同面對因為鴉片進口所引發的涉外治安議題；而樺山資紀針對牡丹社事件所寫的〈日記〉與水野遵的《臺灣征蕃記》遺稿謄寫本，目前珍藏於國家圖書館臺灣分館。

[31] 甘為霖(William Campbell)，林弘宣 等譯，《素描福爾摩沙》(*Sketches From Formosa*)，(臺北：前衛，2009 年)，頁 291-322。

13.「牡丹社事件」的涉外議題還有李仙得(Charles W. LeGendre)的《臺灣紀行》(*Notes of Travel in Formosa*)。該文獻現珍藏於美國國會圖書館，2013 年臺灣歷史博物館整理翻譯出版。另一坊間節譯本，書名改稱《南臺灣踏查手記》，是譯自《臺灣紀行》的第 15-25 章。

上述水野遵、樺山資紀和李仙得的相關地圖、圖書與文獻資料也可以透過日本國立公文書館亞洲歷史資料中心、日本國立國會圖書館網站，以及〈日本研究臺灣事件的現況及其資料〉一文所附臺灣事件關係資料目錄的查尋。[32]

14.《臺灣總督田健治郎日記(上、中、下)》是 1919 年 10 月至 1923 年 9 月田健總督在臺灣推動文人統治的階段，提供了軍人治安轉型的重要史料。[33]

15.《臺灣文化志》、《理蕃沿革志》、《理蕃誌稿》和《伊能嘉矩の臺灣踏查日記》都是伊能嘉矩以田野調查記錄臺灣原住民、漢人之間關係的發展，提供清治和日治臺灣治安的第一手資料。

16.《臺灣總督府警察沿革誌》署名臺灣總督府警務局編，主要引用不少臺灣總督府檔案提供當局施政參考，該部書分為三編及別編，共六冊，分別編寫於 1933-1942，雖都署名臺灣總督府警務局編，但根據第一編、第二編上卷、第三編的〈凡例〉中都註明實際執筆者係由當時臺灣總督府警察官及司獄官訓練所教官的鷲巢敦哉擔任編纂，亦即在整部《臺灣總督府警察沿革誌》的編纂過程中，鷲巢敦哉是主要的撰述者。

第一編是第一冊出版於 1933 年 12 月、第二編(上卷)是第二冊出版於 1938 年 3 月，(中卷)是第三冊出版於 1939 年 7 月，(下卷)是第四冊出版於 1942 年 3 月，第三編是第五冊出版於 1934 年 12 月，別編的主要內容含《詔敕、令旨、諭告、訓達類纂》是第六冊出版於 1941 年。

[32] 又吉盛清，〈日本研究臺灣事件的現況及其資料〉，國學文獻館主編，《臺灣地區開闢史料學術論文集》，(臺北：聯經，2003 年)，頁 367-381。

[33] 田健治郎，《臺灣總督田健治郎日記(上、中、下)》，上冊於 2001 年 7 月由中研院臺灣史研究所籌備處出版；中冊於 2006 年 2 月由中研院臺灣史研究所出版；下冊於 2009 年 11 月由中研院臺灣史研究所出版。以上三冊皆由吳文星等人負責編譯。

【南天版(一~五)】，該五冊書內容共分為三篇(編)，第一冊是第一篇〈警察機關的構成〉，第二冊是第二篇〈領臺以後的治安狀況(上卷)〉，第三冊是第二篇〈領臺以後的治安狀況(中卷) ——臺灣社會運動史〉，第四冊是第二篇〈領臺以後的治安狀況(下卷) ——司法警察及犯罪即決的變遷史〉，第五冊是第三篇〈警務事蹟〉，由於該五冊書和別編(第六冊)先後分別出版於 1933 年至 1942 年間。

所以，得對照書成於 1945 年《臺灣統治概要》內容的其中第五篇兵事及國民動員、第六篇警察、第七篇衛生，以及書成於 1932 年(昭和 7)現藏臺灣分館的《臺灣憲兵隊史》文獻，更有助於完整對日治 51 年來臺灣治安的研究。[34]

17.《日本帝國主義下の臺灣》。矢內原忠雄於 1927 年 3 月至 4 月以東京帝國大學擔任殖民政策講座教授的身分來臺灣考察，並將其所見聞陸續發表於報章雜誌後彙集成書，雖然矢內原忠雄認為日本的殖民臺灣，是一種非帝國主義國家的帝國主義實踐，縱使臺灣因日本殖民統治而快速現代化，但日本同時也在臺灣進行資本主義的榨取。[35]

因此，該書內容還是因為批評日本政府政策的諸多不當，而於 1934 年被政府以「自發性」手段，要求該書停止印刷。對於矢內原忠雄的一生和其對臺灣被殖民統治的關注，其公子矢內原伊作指出，1924 年春天，矢內原忠雄接待了蔡培火與林呈祿的來訪，他們兩個都協助臺灣解放運動的領導人林獻堂，挺身於民族運動的臺灣志士。當時這些人自 1921 年以來，就開始進行設置臺灣議會請願運動，因此遭到總督府的高壓壓制，以《治安警察法》逮捕他們，所以他們到日本的時候還是保釋中的身分。[36]

---

[34]《臺灣總督府警察沿革誌》【南天版】的一~五冊，於 1995 年 6 月由臺北南天書局重刊發行，參閱：臺灣總督府警務局，《臺灣總督府警察沿革誌(一~五冊)》，(臺北：臺灣總督府警務局，臺北南天書局，1995 年 6 月)。另外，臺灣總督府編纂，《臺灣統治概要》，(臺北：臺灣總督府，1945 年)；臺灣憲兵隊編，《臺灣憲兵隊史》，(臺北：臺灣憲兵隊，昭和 7 年【1932 年】；1978 年，東京：龍溪書舍重刊)。

[35] 矢內原忠雄，《日本帝國主義下の臺灣》，(東京：岩波，1929 年)。

[36] 矢內原伊作，李明峻譯，《矢內原忠雄傳》，(臺北：行人文化，2011 年)。

18.《臺灣特高警察物語》。寺奧德三郎於 1930 年來到臺灣至 1946 被遣返日本，在臺灣擔任警察 16 年的回憶錄，內容特別記載發生於 1941 年間的鳳山、東港和旗山三個地方的治安事件。該書附錄了該事件的調查報告原文，主要用意要釐清該事件有可能是線民挾怨誣告，誤導警方之搜查，致使整個事件越來越擴大的經過情形。該書突顯日治臺灣末期戰時特高警察對於臺灣人的思想管制。[37]

同時，對於當時臺灣南部的治安情形尚可對照參考以及《臺灣の政治運動》。這書主要是評述自 1907 年北埔事件，1912 年林圮埔事件、土庫事件、南投事件、苗栗事件、關帝廟事件、大甲及大湖事件、東勢角事件、六甲事件，1915 年新莊事件、噍吧哖事件等十次臺灣民眾武力反抗日本殖民統治所引發的政治性治安事件。[38]

19.《臺灣民族運動史》。這書是由蔡培火、陳逢源、林柏壽、吳三連、葉榮鐘等五人具名，委由葉榮鐘執筆初稿，自 1970 年 4 月 1 日起，先後在自立晚報用「日據時期臺灣政治社會運動史」之標題刊載，自 1971 年 1 月 10 日完結，前後 278 回，合計約 50 萬字。倣記事本末體，逐件整理編輯而成，目的在於保存史料。[39]

主要記述臺灣近代民族運動自 1914 年源起於梁啟超(任公)與臺灣民族運動、臺中中學的創設，經歷六三法的撤廢運動，海外臺灣留學生的活動，臺灣議會設置運動的請願，「治警事件」始末，臺灣文化協會，臺灣民眾黨，臺灣地方自治聯盟，農民運動等臺灣民族的抗日所引發的治安性議題。該書的最後一章則記述了臺灣人的唯一喉舌《臺灣民報》，如何有別於《臺灣日日新報》的為臺灣總督府喉舌。

另外，該書在凡例中特別指出，臺灣近代民族運動係由資產階級與知識份

[37] 寺奧德三郎，《臺灣特高警察物語》，(臺北：日本文教基金會編譯，2000 年)。

[38] 宮川次郎，《臺灣の政治運動》，(臺北：臺灣實業界社，1931 年)。

[39] 葉榮鐘等著，《臺灣民族運動史》，(臺北：自立晚報社，1971 年) 。

子領導。是故左翼的抗日運動與階級運動均不在敘述之列。有關日治時期左翼抗日的檔案文獻，有機會將以專文介紹。

20.《帝國之守——日治時期臺灣的郡制與地方統治》從地方行政區劃導致總督府與地方權力的緊張關係所引發政治性治安議題。[40]

21.《臺灣人的抵抗與認同(1920-1950)》則是論述了臺灣菁英從對日本殖民統治的抵抗到認同過程所引發的政治文化議題。[41]

22.《日據臺灣時期警察制度研究》則是一本針對日本統治臺灣實質就是「警察政治」的歷史結構性分析。[42]藍奕青、陳翠蓮、李理等三人著作雖屬間接資料，其中有些觀點仍可作為政治性治安議題的參考。

23.《流轉家族——泰雅公主媽媽日本警察爸爸和我的故事》。這書寫的是一個家族的真實故事，書名雖然稱「故事」，但從字裡行間流露出自述者對於日本統治下的無奈與感嘆。無奈的是他的父親下山志平是日本警官，和她母親泰雅族公主貝克・道雷是在總督府「政略婚姻」政策下於 1911 年 5 月結婚。

這時間也就是日治臺灣第五任總督佐久間左馬太執行「五年理蕃計畫(1910-1915)」期間，殖民政府對原住民族採取武力鎮壓的行動綱領。同時，基於木材、樟腦等經濟利益因而遠因埋下 1930 年發生泰雅族賽德克人一日之間殺死 130 多位日本人的霧社事件。

近因之一除了是日本軍警強暴高砂族婦女之外，導火線就是由義務勞動搬運整修霧社公學校宿舍、小學教室及宿舍的才木問題所引發。另外，感嘆的是霧社事件發生的前後，以及後續整個家族悲歡離合的敘述和所附珍貴照片，是從霧社事件所引發研究經濟性治安議題的重要檔案文獻。[43]

24.《日本帝國主義下の臺灣》從臺灣經濟的殖民化過程論述日本資本對臺

---

[40] 藍奕青，《帝國之守——日治時期臺灣的郡制與地方統治》，(臺北：國史館，2012 年)。

[41] 陳翠蓮，《臺灣人的抵抗與認同(1920~1950)》，(臺北：遠流，2008 年)。

[42] 李理，《日據臺灣時期警察制度研究》，(臺北：海峽出版社，2007 年)。

[43] 下山一自述，下山操子譯，《流轉家族——泰雅公主媽媽日本警察爸爸和我的故事》，(臺北：遠流，2011 年)。

灣本地資本的分化與併吞。[44]

25.《米糖相剋——日本殖民主義下臺灣的發展與從屬則從日本在臺灣鼓勵糖業與抑制稻米種植導致利益失衡所引發經濟性治安議題。[45]

26.《發展與帝國邊陲：日治臺灣經濟史研究文集》是匯集多篇論文論述臺灣作為日本帝國的殖民地，經濟發展的策略仍不可避免地，帶有邊陲與附庸的性質，因此，發展與帝國邊陲的產業結構失衡現象所引發經濟性治安議題的焦點。涂照彥、柯志明、薛化元等人的間接資料對日治臺灣殖民經濟的剝削有所著墨。[46]

27.《臺灣踏查日記——伊能嘉矩的臺灣田野探勘(上、下冊)》。因為，該書是伊能嘉矩記述其於 1897 年至 1912 年在臺灣期間的踏查日記。該檔案的特點是紀錄伊能嘉矩受命於兵馬倥傯、治安與衛生極差的行腳於原住民地區，而且許多內容是從未收入於官方報告書與其他著作的珍貴私人檔案，亦可以視為伊能嘉矩的一部獨立文書，深具文學與學術價值。[47]

伊能嘉矩除了《臺灣踏查日記(上、下冊)》、《臺灣文化志》等著作之外，還有《理蕃沿革志》、《理蕃誌稿》等也都是伊能嘉矩以田野調查方式記錄了臺灣原住民、漢人之間關係的發展，提供日治臺灣社會性治安議題的檔案文獻。

28.《看不見的殖民邊緣：日治臺灣邊緣史讀本》。這是一本匯集評論日治時期臺灣社會邊緣人的底層生活，諸如鴉片吸食者、娼妓、罪犯、浮浪者、不良少年、窮人、精神病患、漢生病患等這些在日治臺灣社會中，被排除在「正常」社會之外的群體，是怎樣的環境致使他們會有這樣的遭遇，而導致引發社會性的治安議題。

該書亦蒐錄了不少珍貴的圖片，諸如基隆田寮遊廓、日治初期的臺北舊監

---

[44] 涂照彥，《日本帝國主義下の臺灣》，(東京：東京大學出版會，1975 年)。

[45] 柯志明，《米糖相剋——日本殖民主義下臺灣的發展與從屬》，(臺北：群學，2003 年)。

[46] 薛化元主編，《發展與帝國邊陲：日治臺灣經濟史研究文集》，(臺北：臺大出版中心，2012 年)。

[47] 楊南郡譯註，《臺灣踏查日記——伊能嘉矩的臺灣田野探勘(上、下冊)》，(臺北：遠流，1996 年)。

獄、臺東的岩灣浮浪者收容所、成德學院生徒的手工實習、嘉義市婦人病院、臺灣總督府養神院全景、更生院內的阿片吸食者身影、臺灣花柳屆女性系譜(包括藝旦、娼妓、藝妓、酌婦、女給)等。[48]

29.《近代化與殖民：日治臺灣社會史研究文集》是針對殖民化、近代化與殖民現代性的議題彙集 13 篇論文而成，例如野口真廣寫的〈臺灣總督府對雲林事件的因應與保甲制——日本領臺初期臺灣人之抵抗與協助〉、栗原純寫的〈關於臺灣殖民地統治初期的衛生行政——以《臺灣總督府公文類纂》所見之臺灣公醫制度為中心〉等論述日治臺灣的殖民化社會現象。[49]

30.《日治時期臺灣的社會領導階層》[50]，和《重層現代性鏡像：日治時代臺灣傳統文人的文化視域與文學想像》[51]，以及《荊棘之道：臺灣旅日青年的文學活動與文化抗爭》[52]是論述臺灣的地方性領導階層與旅日青年(local elite)是如何因應日本殖民化的間接研究文獻。

另外，《臺灣青年》、《臺灣民報》、《臺灣新民報》、《民俗臺灣》、《臺灣文獻》、《臺灣日日新報》、《臺南新報》、《臺灣新聞》等報紙和期刊提供了當時治安的第一手資料，漢珍公司業已建置《漢文臺灣日日新報》與《臺灣日日新報》資料庫。《日治時期期刊全文影像系統》與《日治時期圖書全文影像系統》是由國家圖書館臺灣分館建置完成，以及《臺灣總督府文書目錄》是由國史館臺灣文獻館與日本中京大學社會科學研究所合編，都是搜尋有關治安檔案與文獻的工具書。

針對臺灣日治時期治安性議題已經提供檔案文獻數位化的重要機構及查閱檔案文獻情形說明如下：

---

[48] 陳征湲，《看不見的殖民邊緣：日治臺灣邊緣史讀本》，(臺北：玉山社，2012 年)。

[49] 薛化元主編，《近代化與殖民：日治臺灣社會史研究文集》，(臺北：臺大出版中心，2012 年)。

[50] 吳文星，《日治時期臺灣的社會領導階層》，(臺北：五南，2008 年)。

[51] 黃美娥，《重層現代性鏡像：日治時代臺灣傳統文人的文化視域與文學想像》，(臺北：國立編譯館，2004 年)。

[52] 柳書琴，《荊棘之道：臺灣旅日青年的文學活動與文化抗爭》，(臺北：聯經，2009 年)。

1.《數位圖書館——日文舊籍數位典藏資料庫檢索系統》是由國立臺中圖書館完成建置與維護，自 2003 年起進行所藏日文舊籍數位化工作，選出對臺灣歷史具重要性、相關性資料，或他館罕見之珍貴資料，係第一個以日治時期臺灣歷史資料來建置數位化資料庫。例如臺中圖書館數位圖書館，例如查閱《臺灣治績志》。臺灣大學圖書館數位典藏與學習聯合目錄，例如查閱《臺灣の政治運動》。

2.《中央研究院數位典藏資源網》臺灣總督府公文類纂查詢系統由中央研究院臺灣史研究所、近代史研究所與國史館臺灣文獻館合作整理並建置數位典藏系統。例如查閱《臺灣總督府公文類纂》、《臺灣文獻叢刊》。

日治時期臺灣研究古籍查詢系統由中央研究院臺灣史研究所完成建置，為日本統治臺灣時期官方及坊間刊行之各種出版品，有圖書、期刊、報紙、以及官府公報等，泛稱為日文舊籍。例如查閱原臺灣總督府圖書館藏書、南方資料館藏書，以及該館於戰後購自返日臺大教授之藏書，是臺灣研究重要文獻資源。

3.《臺灣人文及社會科學引文索引資料庫(測試版) 》。是國家圖書館 2013 年 9 月起測試中的臺灣人文及社會科學引文索引資料庫。資料庫現階段收錄臺灣及海外華人出版之人文及社會科學期刊、臺灣全國博士論文及專書，建立學術論著之來源文獻及引用文獻分析資訊，同時提供跨學門資料庫檢索平臺服務，建立學術論著引用率及被引用率之書目分析，一方面作為人文及社會科學研究檢索之重點資料庫，另一方面則作為學術研究及相關機構瞭解各學門論著之參考依據。例如查閱《臺灣總督府公文類纂——官制類史料彙編(明治四十二年至四十四年)》。

4.《臺灣日日新報(1898-1944》、《漢文臺灣日日新報(1905-1911》資料庫。由臺灣大學圖書館與漢珍公司建置完成，發行電子版。日治臺灣時期只有一種報紙《臺灣日日新報(1898-1944》是在當時臺灣總督府默許與支持下，以日文為主、中文為輔，每日出版，發行獨大而具有代表性、權威性的報紙。

其間為了普及與深化臺灣人閱報及政令宣達影響力，該報於 1905-1911 年特別獨立發行《漢文臺灣日日新報》，其豐富內容是瞭解研究近代臺灣政經、社會、文化、教育、醫療等最重要的原始文獻。另外，還可以查閱《臺灣青年》、《臺灣民報》、《臺灣新民報》、《民俗臺灣》、《臺灣文獻》、《臺南新報》、《臺灣新聞》等報紙和期刊，是研究臺灣於日本殖民時期治安最重要的中文報紙文獻。

5.《日治時期期刊全文影像系統》與《日治時期圖書全文影像系統》是由國家圖書館臺灣分館建置完成。諸如查閱《臺灣警察協會會誌》（後易名《臺灣警察時報》）則為研究日治時期警察制度及社會發展的珍貴資料，是日治時期長期發行且具代表性的期刊。

《臺灣警察協會會誌》創刊於 1917 年 6 月 20 日，停刊於 1929 年 11 月 1 日；《臺灣警察時報》1930 年 1 月 1 日發行，1944 年 4 月前後停刊。

6.《聯合百科電子出版聯合百科知識庫》。蒐錄《臺灣文獻叢刊》和《臺灣文獻叢刊續》。《臺灣文獻叢刊》內容包括臺灣的歷史、地理、文物、風俗等與臺灣有關的文獻資料。

《臺灣文獻叢刊續》則係廣羅兩岸文獻，補「臺灣文獻叢刊」遺珠，例如第 2 種日治矢內原忠雄的《日本帝國主義下の臺灣》、第 118 種日治臺灣總督府編的《臺灣統治概要》、第 208 種日佚名抄的《臺灣鴉片專賣法令》等三種與日治臺灣治安議題有關，其餘部分除了與臺灣明清歷史有關之外，最主要蒐錄重點是國民政府在臺灣實施戒嚴時期的白色恐怖檔案，以及中國第二歷史檔案館藏二二八史料等。

(二) 戰後戒嚴階段治安檔案文獻

有關檔案文獻介紹如下：

1.《臺灣省政府檔案史料彙編——臺灣省行政長官公署時期(一~三)》，是根據國史館典藏《臺灣省政府檔案》彙編臺灣省行政長官公署時期的檔案，內容包括《臺灣省警務檔案彙編》。[53]

---

[53] 薛月順編，《臺灣省政府檔案史料彙編——臺灣省政府長官公署時期(一~三)》，參閱：《國史館出版目錄》，(臺北：國史館，2011 年 12 月)，頁 11-12；何鳳嬌，《臺灣省警務檔案彙編》，(臺北：國史館，1996 年)。

2.《二二八事件檔案彙編(一~十八冊)》是國史館典藏《國民政府檔案》中，新發現有關二二八事件檔案，以及事件發生時臺灣高等法院首席檢察官王建今所呈之「二二八事件報告書」。第一、二冊收錄立法院及國家安全局有關二二八檔案；第三、四冊收錄司法機關有關二二八檔案；第五、六和第七、八冊分別收錄國營事業單位和各學校有關二二八檔案；第九至十五冊是省諮議會和各地方政府有關二二八檔案；第十六冊收錄國防部保密局、臺灣警備總司令部、臺灣省警務處等單位；第十七冊《蔣中正總統檔案》特交檔案、特交文電、事略稿本、革命文獻中有關二二八檔案；第十八冊《陳儀叛亂案》。[54]

3.國史館藏《蔣中正總統檔案》(俗稱大溪檔案)、《蔣經國總統檔案》。《蔣中正總統檔案》時間斷限自民國 12 年(1923 年) 8 月至 61 年(1972 年)6 月，每件內容均詳加摘由編目，錄製成《蔣中正總統檔案目錄——籌筆》光碟。

至於 2010 年 12 月引發中央研究院近史所即將出版《蔣介石日記》，而與 2005 年存放史丹佛大學胡佛研究所之間的版權爭議，使得《兩蔣日記》的整理工作進度受到影響。

該館數位典藏資料庫有:《國民政府檔案》、《蔣中正總統文物》、《蔣經國總統文物》、《李登輝總統文物》等全宗檔案的目錄。又該館《國家歷史資料庫》應用數位將國史館的史料典藏與學術研究成果等以全文方式，配合照片圖像、影音等各種國家歷史資源，整合成一個可快速傳播的網路資料庫。例如建置完成的二二八事件、參與聯合國等與治安有關議題。

4.《二二八事件資料選輯(一~六)》是由中研院近代史研究所收錄 1947 年 2 月 28 日在臺灣所發生重大治安事件的相關史料。[55]

5.《臺灣省通志》的完成歷經《臺灣省通志稿》、《增修臺灣省通志稿》和

[54] 侯坤宏等，《二二八事件檔案彙編(一~十八)》，參閱：《國史館出版目錄》，(臺北：國史館，2011 年 12 月)，頁 18-19。

[55] 中研院近代史研究所編印的《史料叢刊》，《二二八事件資料選輯(一~二)》分別於 1992 年 2 月和 5 月出版；《二二八事件資料選輯(三~四)》於 1993 年 6 月出版；《二二八事件資料選輯(五~六)》於 1997 年 6 月出版。

《整修臺灣省通志稿》的三個階段才完成。該部書以 1961 年為斷代，其中的卷 3 政事志保安篇，敘述治安議題。[56]

6.《重修臺灣省通志》乃斷代於 1981 年，分別為土地、住民、經濟、武備、文教、政治、職官、人物、及藝文等十志，其中的卷 5 武備志，分保安篇與防戍篇，保安篇下分綜說、保甲制度、團練、警察、光復後之警政、警備治安、民防、警察與戶籍等八章；防戍篇下分下分綜說、役政、防戍、重要戰役等四章，皆與治安議題有關。[57]

《纂修臺灣省通志稿》、《增修臺灣省通志稿》、《整修臺灣省通志》、《重修臺灣通志》。從 1948 年起的《纂修臺灣省通志稿》、1960 年至 1961 年的《增修臺灣省通志稿》，到 1961 年至 1973 年的完成《整修臺灣省通志》，前後歷經整整 25 年。

在這期間臺灣省文獻委員會接受蔣廷黻建議，臺灣省政府委託臺大編製近代式的臺灣省的通志，為使這一部新通志能夠高度的科學化，編撰者不僅要充分研究圖書及檔案，作一切研究應做的紙面工作，編撰者尤其要注重實地調查。

因此，當從 1982 年起至 1998 年先後出版的《重修臺灣通志》時也特別依此原則編撰。《重修臺灣通志》分十卷和卷尾，其中卷五武備志分保安篇與防戍篇，兩篇合為一冊。該冊屬於保安篇的第二章第四節專述日治時期的保甲制度、第三章第二節專述日治時期的團練(壯丁團)、第四章第二節專述日治時期的警察。該冊屬於防戍篇的第四章第六節專述日治時期的日軍攻臺與北、南部的抗敵，和臺中、南投山胞的抗日之役，特別是介紹了霧社之役。

7.《六十年來的中國警察》敘述民國成立(1911 年)至民國六十年(1971 年)的中華民國警政發展史。內容包括：第一章六十年來的警察發展簡史，第二章

[56] 張炳楠監修、李汝何等纂，《臺灣省通志》，(臺北：臺灣省文獻委員會，1970 年)； 參閱：王世慶，《臺灣史料論文集(下冊)》，(臺北：稻鄉，2004 年 2 月)，頁 280-324。

[57] 林洋港、李登輝、邱創煥、連戰監修，臺灣省文獻委員會編，《重修臺灣省通志》，(臺中：臺灣省文獻委員會，1989 年)；參閱：王世慶，《臺灣史料論文集(下冊)》，(臺北：稻鄉，2004 年 2 月)，頁 324-349。

六十年來的警察法令，第三章六十年來的警察組織，第四章六十年來的行政警察，第五章六十年來的刑事警察，第六章六十年來的專業警察，第七章六十年來的警民關係，第八章六十年來的警察教育，最後附錄六十年來警察大事記。[58]

8.《中華民國史社會志(初稿)》是國史館於 1999 年編印，其中下冊第 13 章朱浤源撰寫的〈社會犯罪與治安維護〉是中華民國時期有關社會治安的重要參考文獻。

9.《戒嚴時期臺北地區政治案件相關人士口述歷史——白色恐怖事件查訪(上、下)》。[59]

10.《臺籍首位上將總司令—陳守山口述歷史》、《汪敬熙先生訪談錄》、《從一線一星到警政署長—盧毓鈞先生訪談錄》。

11.《警察與二、二八事件》主要敘述臺灣光復後中央警校臺幹班接管臺灣警察機關的情形，並在附錄裡紀錄 37 位人士的「二二八事件」見聞訪談錄。[60]

12.《臺灣警察》、《警民導報》、《親民》和《警光雜誌》是研究臺灣治安變遷的重要期刊文獻。《臺灣警察》1948 年 12 月臺灣省警務處創刊，1949 年 2 月停刊。《警民導報》1949 年 8 月臺灣省警務處創刊，1965 年 4 月《警光雜誌》合併當時的《警民導報》和《親民》半月刊違現在內政部警政署出版的刊物。[61]

五、警管治安時期檔案文獻

臺灣警管治安時期主要是從 1987 年解嚴之後迄今，這時期臺灣治安的特色

[58] 六十年來的中國警察編輯委員會，《六十年來的中國警察》，(桃園：中央警官學校，1971 年 12 月)。

[59] 呂芳上，《戒嚴時期臺北地區政治案件相關人士口述歷史——白色恐怖事件查訪(上、下)》，(臺北：臺北市文獻會，1999 年)。

[60] 習賢德，《警察與二、二八事件》，(臺北：時英，2012 年 7 月)。

[61] 陳瑞南，〈慶祝建國百年警察歷史圖片回顧展之 1〉，《警光雜誌》第 656 期，(臺北：警政署，2011 年 3 月)，頁 75-87。

是已「脫軍人化」而建立具有警察專業化、法治化的「官警法治」功能。以下將就這一時期的重要檔案與文獻進行分析：

有關檔案文獻介紹如下：

1.警政署的《慶祝建國一百年警察歷史文物展活動資料》。[62]

2.國史館典藏：朱匯森主編、賴淑卿編《警政史料(一~五)》，第一、二冊整建時期、第三、四冊改建時期、第五冊復員時期。[63]

3.《戰後臺灣政治案件史料彙編叢書》係就國防部典藏《國防部後備司令部檔案》，輔以國史館與檔案管理局所藏檔案，及相關人士提供資料彙編而成。內容主要為臺灣警備總司令部調查過程、偵訊、筆錄、自白書、軍事法庭審制，及各界人士關注書函等史料。以專書出版如李武忠案史料彙編、余登發案史料彙編(一)(二)、林日高案史料彙編等。[64]

4.《戰後臺灣民主運動史料彙編》係國史館於 2000 年開始整理戰後臺灣民主運動的相關文件史料。陸續出版《從戒嚴到解嚴》、《組黨運動》、《從黨外助選團到黨外總部》、《國會改造》、《地方自治與選舉》、《新聞自由》、《言論自由》等 7 種共 12 冊的史料彙編。

例如：《戰後臺灣民主運動史料彙編》(一)：從戒嚴到解嚴》，旨在蒐集戒嚴與解嚴的相關史料，係以戒嚴令為中心，始於戰後 1947 年二二八事件發生時政府第一次頒布戒嚴令，終於 1987 年 7 月 15 日解除戒嚴令。主要資料來源為國史館等機關所典藏的檔案與當時政府或民間發行的報刊雜誌，包括了《自由中國》以及 1980 年代「美麗島事件」之後的黨外雜誌，而《總統府公報》、《立法院公報》等各類政府公文書也是重要的輯錄對象。[65]

---

[62] 2011 年警政署提供。

[63] 朱匯森主編、賴淑卿編，《警政史料(一~五)》，參閱：國史館秘書處文書科，《國史館出版目錄》，(臺北：國史館，2011 年 12 月)，頁 151。

[64] 國史館秘書處文書科，《國史館出版目錄》，(臺北：國史館，2011 年 12 月)，頁 26-32。

[65] 參閱：薛月順等編註，《戰後臺灣民主運動史料彙編(一)：從戒嚴到解嚴》，(臺北：國史館，2002 年 11 月)，頁 I。

5. 檔案管理局保存「二二八事件類」、「美麗島事件類」，及「其他重大政治類」等重要檔案，例如〈臺灣省保安司令部判決書〉(流水號 000009059)、〈呈為臺省二二八事件留日臺胞請願案〉(流水號 000329597)等。[66]

6.《臺灣全志》卷四政治志治安篇，分警政、警備保安、消防、海巡、民防等五章，敘述民國三十四年(1945 年)至民國九十年(2001 年)臺灣治安興革。[67]

7.《孔令晟先生訪問錄——永不停止永不放棄・為革新而持續奮鬥》是孔令晟口述，由遲景德、林秋敏訪問紀錄，內容是從孔令晟從 1976 年受命接掌警政署長，開始推動警政現代化工作，也是臺灣警政的轉型階段。[68]

8.《孔令晟與警政現代化(訪問紀錄稿)》則是郭世雅從 2000 年 10 月 12 日起至 2001 年 3 月 28 日止專訪孔令晟的紀錄，共收錄了 21 篇的訪問稿，第一篇至第十六篇是專訪孔令晟，第十七篇至二十一篇則是就與孔令晟和警政現代化議題紀錄了學者專家的訪問稿。[69]

9.《中華民國(臺灣地區) 警察大事記》是由警政署特別蒐集民國三十四年(1945 年)至八十三年(1994 年)的臺灣地區警察大事，按年、月、日之順序記載，彙編出版為專輯。[70]

10.《李登輝執政告白實錄》是從 1988 年談起到卸任的這一段時期的受訪紀錄，內容攸關解嚴後國內政治權力結構的調整和兩岸與臺美關係的議題。[71]

11.《李登輝總統訪談錄(全四冊)》是李登輝主政 12 年期間，因應國內外變局和社會期盼的各項改革措施。[72]

---

66 《國家檔案資訊網》，〈https://aa.archives.gov.tw〉(檢索日期：2018.05.10)。

67 臺灣省文獻委員會編，陳純瑩撰，《臺灣全志》，(臺中：臺灣省文獻委員會，2007 年 10 月)。

68 遲景德、林秋敏訪問，林秋敏紀錄整理，《孔令晟先生訪問錄——永不停止永不放棄・為革新而持續奮鬥》，(臺北：國史館口述歷史叢書(22)，2001 年 6 月)。

69 郭世雅紀錄，《孔令晟與警政現代化(訪問紀錄稿)》，後來整理為中央警察大學行政警察研究所碩士論文(2001 年 6 月)。

70 內政部警政署，《中華民國(臺灣地區) 警察大事記》，(臺北：內政部警政署，1995 年 12 月)。

71 鄒景雯訪問，《李登輝執政告白實錄》，(臺北：INK，2001 年 5 月)。

72 張炎憲主編，《李登輝總統訪談錄(全四冊)》，參閱：國史館秘書處文書科，《國史館出版目錄》，(臺北：國史館，2011 年 12 月)，頁 103-104。

12. 呂實強與許雪姬、許介鱗、陳純瑩分別在《臺灣近代史(政治篇)》中論述清領時期、日治時期，和中華民國在臺灣時期有關警政的發展。[73]

13.《警察叢刊》是中央警察大學發行的學術性期刊等等都是研究臺灣治安議題和變遷的重要文獻。

六、結論

(一) 臺灣治安檔案文獻特色

前現代的傳統治安時期荷西臺灣的檔案，主要現存於荷蘭檔案館；明清階段臺灣治安議題檔案已在相關保存機關的努力下，配合數位科技的功能，發揮整合的效用。

現代的軍管治安時期日治臺灣治安議題檔案的保存比較完整，可惜的是多出於統治者立場；而國民政府戒嚴時期典藏檔案現已陸續整理，並依相關法令規定辦理閱覽或出借。

後現代的警管治安時期隨著國家民主化，警察業務朝專業化、行政中立化和依法行政，治安工作也就比較不似以往的政治性敏感度，對於檔案與文獻的處理自然就可以降低爭議性。

(二) 政府與民間角色

檔案和部分文獻的保存、整理是政府的職責，民間團體和個人也應有參與或提供使用的共識，這是一個現代社會的成熟表現。現在政府訂有《檔案法》、《檔案法實施細則》和負責推動的行政院研考會檔案局，雖然依法以「儘量開

[73] 參閱：呂實強與許雪姬，〈清季政治的演進(1840~1895)〉；許介鱗，〈日據時期統治政策〉；陳純瑩，〈戶政、警政與役政〉，分別收入：臺灣省文獻委員會編印，《臺灣近代史(政治篇)》，(南投：臺灣省文獻委員會，1995 年 6 月)，頁 1-84、223-290、433-456。

放，最小限制」為原則，但該項管理工作的保存和整理或許還可以做得更積極。

如果國家檔案館是現代文明國家的象徵，當更能發揮檔案功能，例如中國國民黨所保存早期的黨員、幹部和受訓人員的檔案資料，應可移轉政府單位列管，並數位化提供應用。

(三)研究者使用角色

目前使用者除了可以透過網路、百科全書、辭典、目錄、提要、年表等文獻的工具書方便做研究之外，對於相關檔案的搜集是否完整、齊全和開放使用程度遂成為研究者關心的焦點。[74]

就本研究而言，針對治安議題攸關的機密檔案，政府部門在依據《個人資料保護法》的相關規定下，亦積極進行處理，但該法未將歷史檔案涉及有關個資部分加以詳細規範，致使仍有少數的爭議事件發生。例如 2012 年 11 月 7 日《中國時報》刊登前民進黨主席施明德到檔案管理局調閱檔案，但因多處資料被遮掩而當場發生不愉快的爭論。

又如在《個人資料保護法》未實施之前，2002 年 9 月發表的《國防部檔案選輯》，國史館根據解密資料摘要編入《雷震案史料彙編》系列，並發行電子書，該系列雖已包括《雷震案史料彙編——黃杰警總日記選輯》、《雷震案史料彙編——雷震回憶錄焚毀案》，但雷震獄中力作「回憶錄」原稿的爭議仍在。[75]

此外，政府應可考慮特別針對有關臺灣治安議題編輯專題目錄和資料庫，也是目前研究治安史者迫切需要的工具。

(四)「臺灣學」成為一門顯學

隨著研究「臺灣學」的逐漸成為一門顯學，臺灣歷史史料的保存與運用也

[74] 具體成果，參閱：《開誠佈公•鑑往之來：二二八事件檔案蒐集整理及開放應用成果紀實》，(臺北：檔案管理局，2001 年 12 月)。

[75] 雷震著，林淇瀁校註，《雷震回憶錄之新黨運動黑皮書》，(臺北：遠流，2003 年 9 月)，頁 7-10。

開始受到重視，同時延伸對臺灣日治時期檔案文獻的關注，這現象突顯了臺灣發展歷史的特殊性和當前東亞情勢的複雜性，乃至於國立臺灣圖書館特別成立「臺灣學研究中心」，提供其典藏日治時期總督府的歷史文獻資料，給讀者閱讀與研究之用。

因此，透過文史之學與社會科學「兩者的喜相逢」(the twins shall meet)，探討臺灣日治殖民時期的檔案文獻數位化更顯得有意義。特別圖書資訊學是一門強調軟實力的學科，當全球許多國家都強調以文化創意產業來發展經濟的時刻，圖書資訊學嘗試與文化創意產業學的跨學科整合亦是不容忽視，尤其在各大學通識教育更應該增設與圖書資訊學相關課程遂成為當今重要的課題。

檢視臺灣日治時期的檔案文獻，無論其數位化的程度為何？其主要的出版機構概都以政府單位為主，依其內容論述也都偏向官方立場，檔案文獻的蒐集和記載也就容易有所偏頗，甚至於扭曲。

因此，就研究臺灣日治時期的治安史角度而論，應該秉持臺灣人之於日本，參與其文明(civilization)而不合作其文化(culture)，亦即日本對臺灣的現代建設，及中華民族的抗爭為此時期特徵，才能真正認清楚日本殖民統治臺灣的本質。

因此，更迫切需要有民間觀點的檔案文獻提供社會大眾，將有助於釐清歷史的真相，這也是希望早日建構完成臺灣日治時期檔案文獻數位化的重要使命。

本文的研究同時發現：如果檔案文獻只是老舊資料的微縮或數位化，這並不符合圖書資訊學跨學科的新思維。科學化管理應該將檔案文獻的資料活化，例如針對檔案文獻的編製專業主題索引、相關專題的聯合目錄，以及提要等工具性的資料整理與撰寫，彰顯檔案文獻的數位化功能。

例如編製曾受聘於南開大學的蕭公權教授檔案檢索系統，或將其完整著作製成聯合目錄和提要，並建議兩岸合作促成其全集的出版。同時，加強兩岸檔案文獻的數位化合作，項目也盡可能不要重複，避免資源的浪費。

最後，引用胡適於 1953 年 1 月 6 日應臺灣省文獻委員會的演講指出，文獻會是替臺灣做歷史，替臺灣保存史料，原料保存的多，則愈有價值。例如二二八事變是一個很不愉快的事情，但其造因如何？經過如何？也不能不討論這個問題，要避免有主觀見解，能夠顧到客觀環境。

關於二二八事變事情，就有許多材料不能用，不敢用，或不便用，但總要儘量保存這個史料，並發表其可發表之資料，以留真相。而搜尋胡適的檔案文獻就可點閱「胡適檔案檢索系統」。

這可提供做為如何看待數位檔案文獻的內容，加以整理與創意，把資料性的內容轉換成知識性的內容，創造數位典藏內容的知識價值鏈整合，並推動於市場上讓更多人受惠。這是本文撰寫的意義之所在，期能達成檔案文獻「客製型服務精神」(Hospitality Mind)的數位化社會需求。

未來研究方向，由於本文因所限於篇幅未能蒐錄有關國民政府大陸時期(1912-1949)有關治安議題的檔案與文獻，將另文探討，以充實研究臺灣治安史的內容。

臺灣傳統治安史的分析(1624-1895)

一、前言

本文將採「臺灣島」史觀作為論述的依據，主要是要強調臺灣開發過程的「歷史整合性」和「相互主體性」概念，以突顯臺灣歷史發展中治安因素的複雜性與獨特性。

檢視西方經濟發展的經驗，商業提供了環境條件，工業化才能起步，從而導致科學、工技、企業、運輸、通訊、社會變化等等的興起與成長，這一切籠統稱為開發。臺灣開發過程的「歷史整合性」就像「發現臺灣」或「發現美洲」一樣，在 16、17 世紀地理大發現的時代以前，這些地方和這裡的人類早已就存在許久。

「歷史」和「發現」之說，早存有知識論的主體性爭辯。所以，本文「歷史整合性」概念主要是從實存歷史結構的角度分析政治、經濟、社會和文化的層面，因此強調將治安的結構性分析有必要置於國家(state)發展的歷史脈络下檢驗。

換言之，「歷史整合性」也不只要關注國內與國際強權之間的涉外性治安權力關係，還包括國內政治、經濟、社會等諸多體系；也就是治安與國家發展要顧及以政府中心理論的政治經濟政策，和以市場為中心理論的企業經營利潤，以及以社會為中心理論的維護公平正義等因素。

因為，它們都能同時呈現且制約任何政經社文的治安議題。同時，歷史整合性的深一層意義，亦有突顯臺灣治安的歷史變遷，其不同族群的文化、思想觀念和生活習性，是強調臺灣移民社會發展的新思維。

而「相互主體性」概念，主要是根據歷史整體性的國家發展空間與時間，確定臺灣治安實存的區域位置和時代意義。因此，不論是島上的原住民村社組織、荷蘭人建立的東印度公司政權、漢人鄭成功家族建立的封建王國，和滿人建立的大清國，其相互主體性不僅是關照臺灣這一塊土地，且是以臺灣發展與變遷為主體，才能貼切分析臺灣治安與國家權力體系關係的研究。

因此，本文認為只強調個人或某一群體的主體性觀點容易流於偏頗，亦不符合臺灣移民開發的史實和變遷，因而提出相互主體性觀點來檢視任何族群所建立的政權和政府，其都具有自主性與塑造社會的能力，透過政策形成的過程達成政策的目標。

二、前現代臺灣傳統治安史的分期

從歷史變遷的角度，經濟的成長是發生於有強制力量的組織中。因此，組織選擇看作是一個政治經濟的決定，與其他的配置選擇共同產生，組織行為或制度運行的關鍵之一就在於判定犯規的成本以及處罰的輕重。所以，坐牢的犯人也會自己進行關於牢房的經濟分析，或許他會證明出只供給水和麵包的牢房伙食，能讓累犯的比率達到最低。

換言之，治安是政治經濟經過長時期的演變，在原始經濟的交換時期，極大化的活動不會引發知識技能的增加，或是修改制度架構促進生產力，但在近代西歐演進的過程是由促進生產力的組織與制度變動所追求私人利益，而引發的長期逐步的變遷。[1]

---

[1] John Kay, *The Truth about Markets: Why Some Nations Are Rich but Most Remain Poor*(London: Penguin Books, 2003).

由於治安意涵透過法律的手段治理紛亂，使其治則不亂，安則不危的安定之謂。旨在於對國家安全的保衛、犯罪的預防、犯罪的壓制、公共安寧秩序的維護、交通管制與交通事故的處理、善良風俗的維持、災害的防止與搶救、戶口查察、為民服務，及諸般行政的協助與其他行政執行事項等。[2]

以下本文將針對臺灣傳統階段治安的結構性因素，來檢視原住時期(-1624)、荷西時期(1624-1662)、鄭治時期(1662-1683)、清領時期(1683-1895)的政治經濟發展與治安之間的關係。

根據翁佳音的說法，從 1622 年 7 月登陸澎湖開始，比較合乎史實，雖然荷蘭人於 1662 年被趕出臺灣，其後復於 1664 年 8 月再佔雞籠，直到 1668 年 2 月撤退。這四年多的時間，如同 1626 年至 1642 年之間，臺灣呈現荷蘭與西班牙的雙元政權，此時也出現鄭氏與荷蘭南北兩政權，儘管後者的規模極小，且僅以貿易為主。[3]

惟本文採用一般說法，將荷西時期臺灣治安制度的斷限，採用 1624 年至 1662 年，亦即從荷蘭東印度公司在 1624 年 8 月撤退到臺南安平開始算起，至 1662 年 2 月荷蘭人離開臺南為止，共約 38 年。

因此，首先，緒論是說明研究動機與目的；第二部分，臺灣傳統治安史的分期；第三部分，是論述荷西時期政治經濟與治安關係；第四部分，是論述鄭氏時期政治經濟與治安關係；第五部分，論述清領時期政治經濟與治安關係；最後，簡單結論。

---

[2] 梅可望，《警察學原理》，(臺北：警大，2000 年 9 月)，頁 287。楊永年，〈警察行為〉，《警學叢刊》第 30 卷第 6 期，(桃園：中央警大，2000 年 5 月)，頁 203-216。

[3] 翁佳音，《荷蘭時代—臺灣史的連續性問題》，(臺北：稻鄉，2008 年 7 月)，頁 15。

三、原住民時期村社治安的分析(-1624)

1624 年在荷蘭未正式統治臺灣之前，大體上，臺灣原住民時期村社共同體的「有序的無政府狀態」，是有關村社體系可以從衝突中產生秩序的趨向。關於村社中事務，以西拉雅族為例，是由 12 名適當男子組成之會議(議會)，每兩年全部改選，被選任者，同為約 40 歲的年齡層。

社中重要事務，先在會議(議會)中討論；然後於村社大會(或稱民會)，村社長老為自己意見辯解，試圖說服社民接受他們觀點。實行與否，由此村社大會決定，不在村社會議(議會)。至於諸如竊盜、殺人與姦淫等犯罪行為，並非由村社會議(議會)執行懲罰，慣例是由個人直接求償與報復。

換言之，在這樣原始的無政府狀態，擅長提供保護以獲取報酬的一群人會逐漸形成。保護者基本上擔負了治安角色，而負責治安的保護者則透過徵收稅款或貢金制度來提供服務，也就逐漸建立起綜合性民會治安的型態。因此，執行民會治安的群體將獲得合法性或合理性，猶如代表現代政府的執行維護治安工作，以處理因樵採、漁獵場域、水資源和地權等議題所引發的治安事件。

四、荷西時期商社治安的分析(1624-1662)

1624 年起荷蘭人的統治臺灣，東印度公司即代表荷蘭國王的權力，負責治安的維護工作。代表公司政府的荷蘭長官就積極與各村社長老締結具有領主與封臣關係的協約式領邦會議。1636 年之後更以分區召開地方會議方式進行。

就權力關係而論，領邦會議著重於確立族長與長官的隸屬關係，而地方會議則趨向於將這種關係衍生為荷蘭當局，和臺灣本島屬民的原住民與漢人兩個群體相互之間締結的契約。[4]

而臺灣原住民基於自身財產與生命安全，在面對先後到來的漢人、日本人與荷蘭人或西班牙人，當然會主動選擇有利於自己村社的外來者作為同盟對象。而且原住民族群並非完整的單一體，外來者與本地人之間，各為自身利益維持著不穩定的交惡或聯盟的關係。

亦即形成了一種原住民、漢人與荷蘭人，甚至擴及西班牙人和日本人的複合式政治經濟型態。原住民也在歷經動員的地方會議後，終於有國族想像共同體(imagined communities)的誕生。因此，公司政府透過地方會議的運作，集合各社族長討論各村社的重要情事，並賦予這些長老、族長或頭目(capitain)在自己社內的司法權，以維持村社秩序的治安工作。

尤其是每年在普羅文遮市(城)所舉行的定期地方會議上，這些村社的頭目與長老，以及要申訴者，都得出席。長官、臺灣評議會議員與書記坐在花園的涼亭裡，周圍站在持槍的衛兵。其間，頭目輪流被傳喚到亭中詢問。那些在年中盡到職責者，將獲得若干獎賞，繼續留住統治之位；相反的，凡未盡職或被所轄居民申訴者，將會就被控式向遭言詞訓斥，並且得交出手中的權杖。[5]

至於公司法庭執行治安權的職權，舉凡護衛與屬民生活有關的各項經濟利益，乃至於以重刑威脅壓制咒罵與瀆神的行為等等均屬其職權的工作範圍。檢視荷蘭治臺期間，臺灣原住民的村社數已達 315 個、家戶數 15,000 個、人口數則是 68,000 人，其中漢人的人數約為 30,000 人。

公司政府為維護由大陸招來農民的治安問題，特採循中國社會傳統的分大、小結首制模式，合數十個人為一結，選一人為首，名小結首；數十小結首選一人，名大結首。

公司政府透過授予大結首、小結首與農民之間的嚴密組織體系，不但可以

[4] 鄭維中，《荷蘭時代的臺灣社會：自然法的難題與文明進化的歷程》，(臺北：前衛，2004 年 7 月)，頁 24。

[5] 翁佳音，《荷蘭時代——臺灣史的連續性問題》，(臺北：稻鄉，2008 年 7 月)，頁 36。

充分掌握人口的流動，除了有利於征收人頭稅，監控其生活等治安之外，還可以達成要求住民隨軍征伐、遞送公文與雜役等義務性質的工作，結首制成為協助政府維護社會治安的重要機制，。

然而，公司政府藉由士兵進行徵收人頭稅的盤查，儘管後來因民怨四起，修正只有公司官員和人頭稅稽徵員，才有權力進行臨檢工作，但仍導致 1652 年爆發抗爭的「郭懷一事件」。此後，公司政府為了加強管制漢人的言論和行動，更是透過結首制的社會網絡，並賦予以甲必沙(Cabessa)職稱，要求協助完成課稅，和維持社會的治安工作。

因此，比較原住民、荷蘭人與漢人的開化程度，荷蘭人和漢人或許都自詡為文明人，並且在某個程度上彼此相互承認為文明人。他們的文明雖然最終以治安來保證，但其正當性基礎都還是必須建立在自我克制的能力上。

綜論 17 世紀臺灣政治經濟發展的與國際接軌，雖然可以源自荷蘭東印度公司的對臺治理，然其因緣卻是東印度公司嘗試為打開與大明帝國直接貿易失敗的衍生結果。

誠如經濟社會學家韋伯(Max Weber)指出，17 世紀英國重商主義者曾將荷蘭資本之所以優於英國資本的現象歸結為，在荷蘭新獲得的資本並非全部用於土地投資，當然這也不僅僅是個購買土地的經濟性問題。因為，荷蘭也不曾設法使自己轉變為封建生活習慣的一部分，以致於失去進行資本主義投資的可能性。[6]

如果將韋伯所指出東印度公司的執行經濟政策不力，和其經營臺灣所逐漸增加交易成本的因素做比較，突顯其因為原本是小國大業所建立的荷蘭霸權基礎，已喪失負擔統治臺灣治安所逐漸增加其所必須投入的成本。

加上，荷蘭在臺灣所引進歐洲徵稅系統的「村社承包制」，其將原住民稅收發包給漢人社商、通事，導致後者不時利用特權欺壓、侵占原住民，最後造成大部分原住民不願意加入荷蘭人的保衛臺灣城之戰。

[6] Max Weber, *The Protestant Ethic and the Sprit of Capitalism* (N.Y.: Free Press, 1958).

五、鄭氏時期軍屯治安的分析 (1662-1683)

1662年鄭成功軍團能順利在臺灣建立新政權的機會，並以承續明末政權的受封政府體制統治臺灣。然而，鄭氏政權相對於臺灣島上的原住民與荷蘭人而言，卻是在臺灣建立第一個屬於漢人的政權。

基本上，臺灣早期的生活環境，對於有意定居下來耕種的漢人而言，並非適合移居的地方。當時的海盜私梟活動熱絡，又有原住民的對抗，評估開墾土地和發展密集農業就得先冒負擔治安沉重成本的風險。在荷蘭人未抵臺以前，突顯臺灣不可能出現具有規模的行政和軍事行動，願意來提供保障臺灣成為適合發展經濟性和政治性的投資。

然而，經由無償授田、免除稅負，和其他的獎勵策略，荷蘭人積極提供經濟誘因，鼓勵大明國沿海居民渡海來臺。所以，荷蘭政府負責收服原住民、壓制海盜、保障契約執行，並建立有效維護社會治安的制度，使臺灣成為營生安全可以擔負風險的地區。

漢人農民的開闢稻米和甘蔗田園，因而創造了一個漢人邊地移墾區(frontier state)，形成荷蘭人與漢人共構殖民(co-colonization)臺灣的一段移民史。從「相互主體性」的觀點而言，共構殖民不只是建立在互惠上，也是建立在東印度公司對漢人政經利益的支配上。

荷漢共治確實在臺灣創造出漢人墾殖地經濟性利益，可是一但墾地成型，公司政府就開始遭遇漢人移民者，是否要繼續對荷蘭政府效忠度和利益分配，所逐漸浮現有關政治經濟性的治安議題。當同是漢人的鄭氏政權能提供比較優厚的墾殖經濟性誘因(incentive)時，公司政府也就失去其剝削島上住民經濟利益的競爭優勢(competitive advantage)。

1662年鄭氏政權在臺灣的建立，為因應當時大清國頒布〈禁海令〉、〈遷界令〉，和糧食安全所引發的治安問題，遂在政經體制上遂行「軍屯為本、佃屯為輔、寓兵於農、展拓貿易」的「軍兵(戍)屯墾」制度。平時化兵為農，使能自食其力；戰時化農為兵，期為征戰之用，以期達成鞏固政權和維持社會治安的雙重目的。

檢視鄭氏時期的治安，除了承認先來漢人和已開化原住民對於土地既得權益，先確立了財產權的經濟性治安因素以安撫居民之外，鄭成功在頒布屯田政策後，軍隊點狀集團式的開墾，主要農業發展範圍已逐漸擴展到新竹地區。

縱使到了鄭經階段佔領了基隆附近，但基於治安的考量，也只將該地視為流放政敵和犯人的地方。當時臺灣北部的開墾，多藉由罪犯的人力為主，開墾的規模相當有限，迨至鄭氏政權的結束，臺灣人口數也至有約 10 萬人。

由於鄭氏政權亦如同荷蘭政府的認為原住民，是影響臺灣內部治安環境的主要因素。所以，在進行屯田或官紳招民開墾時，也都曾要求不得侵奪原住民的土地。但鄭氏王權體制的受封政府仍然將臺灣土地視為其私人家產，就如同采邑是封臣的私有財產；君主和封臣對司法權的延伸，及軍隊所征服來土地都視為其政治經濟利益的一部分。

所以，鄭氏時期治安根據連橫在《臺灣通史》指出，

> 鄭經接掌政權，改東都為東寧，分都中為四坊，曰東安、曰西定、曰南寧、曰鎮北。坊置簽首，理民事，制鄙為三十四里，置總理。里有社。十戶為牌，牌有長，十牌為甲，甲有首，十甲為保，保有長。理戶籍之事。凡人民之遷徙、職業、婚嫁、生死，均報於總理。仲春之月，總理彙報於官，考其善惡，信其賞罰，勸農工，禁淫賭，計丁庸，嚴盜賊，而又訓之以詩書，申之以禮義，範之以刑法，勵之以忠敬，故民皆有勇知方。此鄭氏鄉治之效也。[7]

承上述，鄭氏時期在實施治安的措施上，包括：防範竊盜、海上安全、管

[7] 連橫，《臺灣通史》(中)，(南投：臺灣省文獻委員會，1976 年 5 月)，頁 631-632。

制武器、禁賭、禁酒、改建石屋，以及限制砍伐鄰近森林以利來往船隻補給，並設衡量所，規定市場內秤量以交易等等，其與大明帝國沿海城市的情形差異並不大。

因此，漢人居民可以很容易的視此為當地治理者維護治安的命令而予以遵守，漢人居民不必然將此類的治安措施，當成是應由法律保障的法定權利，而可能認為這是統治者應當承擔的道義責任。

六、清領時期移墾治安的分析(1683-1895)

清領臺灣時期治安在中央設有宮廷警衛、京師治安，和地方設置基層治安與邊防治安的結構相類似。屬於宮廷警衛設有侍衛處、護軍營、前鋒營、三旗包衣三營；屬於京師治安設有步軍營和巡捕五營的步軍統領衙門，五城御使和五城兵馬司，以及順天府率大興、宛平二縣衙掌京城郊區的治安；屬於地方基層治安除設有保甲制度外，還有屬於地方士紳出錢所辦的鄉兵自衛部隊，和由鄉兵聯合組織而成的團練，既可自衛防寇，又可維護當地治安；屬於邊防治安則設有「更番候望之所」的邊境卡倫制度。[8]

由於清領政府缺乏海上冒險的勇氣，而寧願守護著大平原農業的季節性律動，未能掌握海洋無線伸展所超脫大地的制約，海洋對清治政府而言只不過是大地的盡頭，並未積極善用海洋資源。郁永河《裨海記遊》指出，

「議者謂佔領臺灣，海外丸泥，不足加中國之廣，裸體之身，不足共守，日費天府而無益，不如徙其人空其地。」[9]

---

[8] 曾榮汾，〈傳統治安制度史綱要〉，原登《警學叢刊》第 26 卷 1 期，收錄《警史論叢》，(臺北：作者自印，2001 年 5 月)，頁 70-72。

[9] 郁永河，《裨海記遊》，(臺北：臺灣銀行經濟研究室，1959 年 4 月)。

所以，臺灣自 1683 年起到 1860 年開港前的清政府統治臺灣是為防內亂而制臺所採取的「消極理臺」政策。臺灣是大清國的地方邊陲，也是非法宗派或盜匪滋生聚嘯，而朝廷力量鞭長莫及的區域。加上，福建地區民風表標悍，地方色彩濃厚。有勢力的家族控制整個村莊，不同家族之間的敵視對峙時有所聞。巨室之家通常樓高牆厚。

這一地帶的佃租普遍較高，新移民或內陸貧窮農戶之間總是關係緊張。朝廷將這一區域是為潛在的動亂根源，而在此地駐有重兵，其中包括八旗軍，以及由地方漢人所組成的綠營。

清政權基本上是滿漢共治的組合，不僅是蒙古人漢人都編入八旗制，就中央的六部都是採雙首長制，滿漢尚書各一人，地方總督、巡撫也是滿漢並行。常見的情形是，由一位滿人總督兼轄兩省，而兩省總攬民軍政的巡撫為漢人。

對於統治臺灣的職官體系，在 1885 年臺灣未建省以前，臺灣隸屬福建巡撫下的臺廈兵備道管轄。所以，臺廈兵備道(道臺)是臺灣地方最高的文官，以保境安民為其職責，有事可命臺灣鎮臺(總兵)的軍隊彈壓地方，並可節制所轄境內副將、參將、遊擊、都司、守備、千總、把總等武職，而在班兵制中，臺灣兵雖得拔補千總、把總，但數目受到嚴格限制。

臺廈道加按察使銜，按察使代表司法長官，能與臺灣鎮臺(總兵)共同來審判，刑案審判地點在臺灣鎮署，奏事時鎮居前，道在後，決囚的位置亦如是，處決囚犯時，鎮有王命，故鎮在審判時居重要的角色。至於流刑以上才轉到福建按察使。

在文官方面臺灣道(臺)下轄府、直隸州。臺灣的同知角色一方面為知府的佐貳官，一方面為派出專管地方的同知，通判亦與同知負責相同職務，其主要工作為：

第一、掌警察事務，如捕盜、缉捕同知。

第二、掌供給軍糧，如清軍同知。

第三、掌河海防禦事務，如江防、海防同知。

第四、掌鎮撫蠻夷事務，如撫民、撫夷同知。

臺灣府下轄縣(知縣，設縣丞、巡檢)、州、廳級行政單位。知縣掌一縣治理，集所有行政、財政、司法、治安、教化等權責於一身，地方一有暴亂發生，即須負責鎮壓與守衛之責任。[10]

然而，「消極理臺」就是要在以防堵、安定為前提的策略下，為了避免臺灣出現重大的治安問題，除了制定嚴厲禁令限制漢人來臺外，同時還採取：

第一、為避免原住民與漢人衝突，和漢人入山作亂，不允許在臺居民深入山地。

第二、為了防止民間私藏武器，實施鐵器管制。

第三、為了避免城市為亂民所據，不許臺灣建築城垣，直到 1721 年朱一貴事件以後，臺灣府才建木柵，鳳山、諸羅兩縣城也才築土牆，而 1786 年林爽文事件之後，臺灣原有的城，才開始建造和中國大陸一樣的城池。

第四、為避免駐臺的軍隊成為中央不易控制的邊陲勢力，甚至發生動亂，設置班兵制度，不在當地招募久住，而採由福建綠營抽調而來，三年更換一次，這種必須藉助從內地調來的軍隊才能平亂的軍事制度，終究未能發揮實際維護治安的效果。

第五、為避免在臺官吏懷有二心，規定駐臺滿三年即調離制度，而且早期還規定家眷必須留在中國大陸為人質。

換言之，清政府對臺灣長期所持消極政策，不僅北京的朝廷，即就近福州的閩省當局，對臺灣的實際情形都不甚了解。對於行政組織的調整，不是在與臺灣內部發生重大事件，就是在臺灣受外力侵擾的被動之下，設官治理，突顯了國防與治安因素是中央政府考慮是否調整臺灣行政區劃分的重要關鍵，其次才是開發程度與財政收入的考量。

因此，與清領時期地方治安制度相輔相成的基層治安工作，即是沿續鄭氏臺灣時期的鄉治制度，乃於各莊村鎮設置總理、董事、莊正、莊副等鄉治幹部。例如在鄉治中地位最重要的總理一職，因其不僅由地方紳耆推選而出，本即具

[10] 呂實強、許雪姬，《臺灣近代史(政治篇)》，(南投：臺灣省文獻委員會，1995 年 6 月)，頁 4-5。

有聲望，且經過地方官的訊驗，認為適任，而後予以核准，並發给諭帖與戳記，諭帖即為其職位與權力的憑證，戳記即為其行文印信。至於其職務：

第一、是屬於民治者，約束及教化街庄之民，取締不肖之徒，對不聽約束者加以懲罰；維持境內治安，監視外來之可疑人物，捕拿盜匪，且因此而團練壯丁，必要時並聯合相近里保團練；接受人民投訴爭執而予以排解；稟請董事、街庄正、墾戶、隘首等鄉職的充任與斥革；建造寺廟，開路造橋，設義塾、義冢、義渡、義倉或其他公共之社會福利事業。例如開拓北埔一帶的墾戶姜秀鑾家族，清政府委任姜家辦理地方稅收及維護治安，總理地方大小事情，形成地方上協助政府維護治安的一股重要力量。

第二、屬於官治者：官署諭告之傳達，公課的催徵，保甲組織及戶口普查，清莊聯甲，團練壯丁，分派公差，路屍報處，命案、盜案及民刑案情之稟報，人犯追補等等。[11]

換言之，臺灣鄉治的基層治安體系是「勵行保甲，組織團練」的兩項措施，期以「聯保甲以彌盜賊」達成地方上守望相助的治安工作。保甲制度是一項源於民間地方性的組織，但經過宋朝王安石的提倡而推廣成國家的官僚統治組織，再運用到鄉村地區時，變成為一個非常機械化的官僚統治系統。

保甲之職務，分為警察、戶籍、收稅三件，就中警察最重。若夫戶籍事務，唯附隨警察及收稅二項而行。

第一，嚴查戶口，固便於糾察盜賊奸宄，並得按戶催科，收稅無遺漏也。

第二，徵地收稅，亦多係州縣衙門婿役管理，故一保甲內有滯納者，保甲則不過負共同責任；有時上諭免一地方保甲收稅事務者，當知此職務之不足重耳。由是觀之，保甲制度之主要在於警察一事。

由於保甲制度攸關治安工作，大清國自建立政權以來的保甲制度演變，約分為三期：自 1640 年代至 1700 年代(順治至康熙 40 年)，乃至於 1733 年在臺灣實施《保甲法》的 60 年間，是《保甲法》雛型的草創期；自 1700 年代至 1770

---

[11] 戴炎輝，《清代臺灣之鄉治》，(臺北：聯經，1979 年 5 月)，頁 21-43。

年代(康熙 40 年至乾隆 35 年)的 70 年間，是《保甲法》制度的確立期；自 1770 年代(乾隆 37 年)以後，是《保甲法》組織的廢弛期。

對照保甲制度雖在臺灣亦於鄭氏時期即已設立，但在 1795 年以前的臺灣地區，也已是有名無實的一項官僚統治組織。1821 年(道光)以後，保甲滲入聯莊及團練之內，其固有機能已不易顯見。但是滿清政府越要掌握漢人社會的控制權，仍就越需要依賴保甲制度。

所以，1874 年在沈葆楨籌議下，當時臺灣府治乃重新編制保甲，成為一種官民混合的治安制度，在府城內設保甲局，城外設保甲分局，其委員均由雜職吏役後補者充任，其任期本來不定，但分局委員以四個月為期，互相交替。臺灣建省後，劉銘傳決定先行編審保甲，為清理田賦做準備，並設保甲總局於臺北城內，以維持為民各治其鄉之事，而以職役於官的此一制度。

然而，鄉治畢竟仍只是正式行政機構以外的社會組織，保甲只是形式上的鄉村制度而已。清領時期保甲制的作用僅編查戶口，並未能成為實質運作的組織體，來充分發揮維持地方治安的機能，徒具保甲制之名。

檢視大清國的司法制度雖因地方採行保甲制度而獲得強化，但由於在許多地方，沒有人願意出任工作繁雜又具危險性的保甲長，保甲制度已形同虛設。但是保甲制度所體現出來的概念，亦即在社群中所有成員均須為善良的社會秩序負責，和罪犯的鄰居朋友都須連帶受罰。

換句話說，保甲制度是在強調其對鄉村社會的分化效果，使保甲之頭人成為政府執行治安的工具，而非為地方利益的代表，所以自然要將此項機械化的制度加之於原來固有的社會組織上，形成雙軌制。

至於團練制度，緣起自於明代戚繼光提倡，繼而打敗日本海盜。臺灣辦理團練，應始自 1721 年(康熙 60 年)朱一貴事平之後，為急於訓練鄉壯，連絡村社，以補兵防之所不周。家家戶戶，無事皆農，有事皆兵，使盜賊無容身之地。

1786 年(乾隆 51 年)，林爽文之變，郡治戒嚴，各鄉多辦團練，出義民，以資戰守。但此僅為一時權宜，後即撤裁。1862 年(同治元年)戴潮春起事前，亦曾集紳商籌議保安總局，舉辦團練。

1874 年(同治 13 年)，日軍侵臺，乃再設臺灣府團練總局，統率各地方分局，辦理團練，以備不虞。團練並非常設組織，多僅以應付戰亂而舉辦，事平則無形中止。而團練這一民兵組織的最大貢獻就是協助官軍的綠營平定了朱一貴、林爽文和戴潮春等三次滿清統治臺灣期間較大規模的民變。

朱一貴在臺灣作亂，雖旋即平定，但如何有效維持臺灣的安定卻是一個複雜的問題，清政府經過幾番討論，決定將幾個臺灣的縣進一步細分，以強化控制，也允許先前赴臺墾荒的妻小能渡海與家人團聚，以求社會穩定。同時也同意漢人得向臺灣的原住民訂約承租地，也為臺灣的原住民劃定若干保留區。而林爽文是天地會的會黨份子，戴潮春事件的發生除了他哥哥組織八卦會以外，亦是與清政府查緝會黨有關。

當時臺灣治安問題除了民變問題之外，另一個影響治安因素的就是社會分類械鬥。臺灣在皇權體制下的民間組織與活動，大都只是同鄉、同宗等聯誼性質，比較不具強烈的政治意識，甚至屬於經濟性的組織與活動也不是很多。

傳統中國歷史上早期的貴族階級和後期世族大姓，的確具有龐大的組織力量，足以與政府體系相抗衡，但這些人的利益都建立在政治權貴的特權上，不僅不會對抗政府，而都只是會為維護自己政經利益與政府官僚體系相結合，把政府權力視為獲得私人利益的工具。

例如農民抗爭有時也可以發揮摧毀政權的力量，檢視過去歷次王朝革命，最後幾乎都依賴農民參加，而扮演後代推翻前代王朝的角色出現，但這種凝聚農民力量所產生的結果，總是為投機份子所利用，等到新政權建立，如果經濟未能成長，農民仍然淪為被統治、被剝削的對象，經濟生活獲得改善的機會極其有限。

由於移民性格的強悍，加上時常發生的官逼民反事件。臺灣住民反清與民間械鬥事件，不但阻礙政治安定，更影響產業發展的勞動人力，及嚴重破壞地方秩序，致使臺灣社會停滯在落後的暴民階段。

也因為臺灣移民的多樣性與族群特性，檢視臺灣民間的分類械鬥，起因於狹隘村社組織的地區觀念所形成開墾地和水源使用權的問題，亦即為了爭奪生存空間與經濟上的利益。

統計清領時期共有 28 次的民間械鬥發生，平均每 8 年就有 1 次，這僅是史上有明確記載的大械鬥。因此，政府未能有效阻止械鬥的發生，除了突顯社會治安不好之外，亦印證臺灣長期以來政治經濟發展的受制於大陸因素。

從臺灣民間械鬥在對象的分類上，可細分為：(一)省對省(閩、粵)，(二)府對府(漳、泉)，(三)縣對縣(同安、晉江、惠安、南安)，(四)姓對姓(廖、李、鍾)，(五)西皮福祿械鬥(樂器及祀祭不同)，(六)部落對部落(為水利墾地的灌溉及爭地)，(七)頂廈郊拼(為商業利益)。

械鬥的結果，不僅是族群的紛爭，最後其鄉里或姓氏不同者也都捲入，其為私利而鬥的不和情況相當嚴重，造成民變迭起、匪徒蜂起、社會秩序大亂，也因此出現以客家為主的「六堆」，其類似武裝組織的形成。

所以，鄉治之外的另一基層治安體系，是突顯在臺灣早期的移墾農業發展方面，清治政府一方面要防堵大陸人民渡臺，一方面卻允許在臺流民開墾的兩難(dilemma)治臺政策。

對於當時移民來臺所實施的墾首制，其大戶挾資本和勢力，得到官方的協助與保護，割據一方，形同小諸侯，也都賦予墾戶治安的義務。墾首對其墾佃不但有收租權，而且更具備替官府執行監督的權力，對外可以防番，對內則握有治安權。

同時，他們也是官府徵稅的汲取對象，無形中仰仗其官威而維持權勢。墾首制的開墾組織儼然已經是一種社會制度，墾戶與佃戶的關係有一部分已超出純粹土地租佃的經濟關係，而具有行政和司法的主從關係。

例如 1830 年所合資組成的墾戶「金廣福」，乃代表官方與予多保護資助的意涵；廣指廣東，代表粵人；福即福建，代表閩人。取此代號乃意味著三位一體，協力開墾的意義。

如此，墾地雖屬民業，但不僅帶有開疆責任，而且墾區內的警察事務，隘防汛防等原屬地方政府執行的事權，也一併委任墾首團體，隸屬淡水同知的監督。在這種大規模經營下，金廣福的勢力越來越大，曾奏請鑄鐵印，做公定戳記，指揮數百隘丁，區處土番。除了一般事務之外，其兵權儼如一般守備都司游擊。

清領時期臺灣的土地開墾地區和農業發展是先從西部平原，再由南部而北部，而清政府一禁一弛的渡海禁令政策，不但造成偷渡和賄賂「有禁無阻」現象的嚴重，增加守在汛口的汛兵負擔，更突顯每當開禁移墾最後必設治的調整行政組織，而設治又必促進移墾，突顯臺灣的開發完成就在兩者互相循環的方式下不斷推進。

換言之，臺灣土地的開發，雖然清政府的廢除內地人民入臺移墾的禁令要到 1875 年才正式解嚴，但是在 1860 年代，臺灣已逐漸從早期以聚落為主的移墾社會，發展成為以城鎮為主，具備宗族組織的農業社會型態，而人口數在 1811 年就達 200 萬 3,861 人，到了 1895 年更高達 254 萬 5,731 人。

在晚清時期，雖然時間上限始至 1840 年，以鴉片戰爭的衝擊為起點，但對臺灣政治經濟發展的關鍵轉折點，是要到 1858 年至 1860 年英法聯軍後，依據《天津條約》與《北京條約》，臺灣開放臺灣府城(臺南安平)、淡水、雞籠(基隆)、打狗(高雄)等港口對外貿易。

由於與西方列強的接觸頻繁，糾紛易起，地方官的業務，遂於傳統已久刑名的司法、錢穀的財政等工作以外，增加了因通商與傳教而新起的涉外事務。而刑名司法的主要工作，就是清政府以重賞陸師使其擔當剿捕洋盜的責任。

清領時期「消極理臺」政策到了 1860 年代，由於對外的港口通商，英美等國家的外商資本與本土商人為主的行郊商人資本結合，導致臺灣北部茶葉與南部糖業的興起，迫使臺灣權力中心的北移。而行郊或稱為行會的同業公會組織，其資金來自入會費，有的會所還有房地產，能有大筆租金收入，甚而有行會可以藉發行債券融資。

各行公會公佈並執行有關的行規，行會可以發起抵制行動，也會調停爭端。行會基於熱心公益和照顧自家利益的動機，行會就在容易發生火災的城鎮裡設有防火的瞭望台和消防隊，在當地港口則設置救生船。行會通常都會捐助善款、在飢荒時施放米粥、出錢雇用巡夜負責打更的人，甚至於有能力組織鄉勇民兵，協助維護社會治安，卻不受地方官吏直接管轄。

尤其是到了 1874 年日本出兵圍攻牡丹社，清政府更感受到臺灣在國際上的重要地位與挑戰，除了不得不於 1875 年全面開放大陸人民可以自由移民臺灣之外，並將原本只重視防止民亂的「消極理臺」，調整為重視防止外患的「積極治臺」政策。

「積極治臺」政策顯現於 1874 年的日本藉保民之名而出兵臺灣，所爆發的「牡丹社事件」之後。究其清政府為整頓臺灣防務所推動的「開山撫番」政策，其並不只是因應地方治安所需要的因素而已。

所謂「開山」，就是要解除海禁山禁，有計畫的從大陸招募內地人民，前往山區及山後地帶開墾，並設有隘來保障墾民的安全。也就是說，清政府設立的招墾局，採官費方式招募閩粵人民來臺開墾，其辦法是：免其航費，以十人為一組置十長。百人置百長，百長由招墾局選任。

開墾仍以十人(戶)為單位，除提供各項實質的糧食、農具、農耔、織機和減租等補助方案之外，還發给百長槍械火藥等，俾墾民自衛，並在重要所修道路沿線的移墾據點，派駐軍隊保護。

所謂「撫番」，就是要有計畫促使原住民大陸化。加上，日本出兵臺灣所根據的理由之一，是滿清並沒有實際擁有臺灣番地的主權。清政府不得不積極的透過開山撫番政策，以證明實質上能在番地實行主權，並全面阻絕外人對臺灣領土的野心。

同時，臺灣自開港以後，由於經濟結構的改變，對外貿易的需求，經濟性作物業已取代食糧作物，茶、糖、樟腦是其中主要的出口農產品，而茶與樟腦產地皆鄰近內山，如果番界政策的繼續存在，勢必阻礙茶、樟腦業的發展。

清治末期另一項「積極治臺」政策，就是積極推動臺灣的近代工業發展。1868 年以後是臺灣近代工業與有關洋務運動開展的年代，先有丁日昌的建議將臺灣建設為南洋海防的中心，沈葆楨派人赴英國採購新式開採設備，開始在基隆進行煤礦的開採工作，並且推動新式的輪船，行駛於臺灣與福建之間。

1884 年法軍開始進攻基隆，以及 1885 年 3 月的派艦佔領澎湖，益發滿清政府加強對臺灣的防務，旋即於閩海地區實施戒嚴，由於臺灣缺乏水師戰船，只能改採以陸師為主的鄉勇策略，並由林維源擔任全臺團練大臣，但綠營仍未完全裁撤，主要是分布在塘汛，也就是在隄岸附近駐防武職人員，擔任與今日警察相同的治安職務。換言之，從荷蘭、鄭氏到清代，海上和水運都是臺灣商業交往的基礎，故水上治安也一直是治安關注的焦點。

1885 年 9 月臺灣建省，並任命劉銘傳為首任福建臺灣巡撫，1888 年臺灣與福建正式分治。此後，劉銘傳除了行政區的調整之外，更是開始興建並完成基隆到新竹段的縱貫鐵路，以及鋪設臺灣與大陸之間的海底電纜，並在臺北設郵政局；另外，積極進行與近代工業轉型有關的清丈田賦等改革政策。

然而，過重的財務負擔，臺灣自主的財政能力，一直要到 1905 年之後才達成。1890 年清政府改派邵友濂接替劉銘傳的職務，其所回復實施的消極保守政策，不但造成政府發展工業化政策的中挫，也因為助長武員及班兵跋扈的破壞了治安工作，是吏治腐化導致官僚資本主義的失敗。

清末自強運動期間，主其事的大臣都有協辦者、顧問、秘書、代理人、合作夥伴構成的人事網，這個複雜關係網也管到了「官督商辦」系統中的商人，但是官吏並不負責生產事業，自強運動時期推動洋務者便是利用這個官僚綜合體而運作，權力仍歸官方。

然而，近代化的推行，必須靠官商兩方的私人關係和利潤分享才能達成。清末採行的不是「國家資本主義」(state capitalism)，而是官吏們的「官僚資本主義」，因而延緩了臺灣整體發展的進程。

七、結論

綜合以上論述，本文的結論歸納如下：

第一、論述荷蘭人東印度公司體制、漢人鄭氏王國的受封體制，以及滿人的皇權體制，其政權的更迭，都是在兵戎相見的武力征戰下完成交替。

從「相互主體性」和「歷史結構性」的角度而論，其權力結構和族群因素，影響了政權的正統性與合理性，造成了對不同政權和對國家認同的紛爭，不但導致荷治時期重商政策與鄭治、清領時期重農政策的不連續性，更突顯了臺灣傳統治安制度在臺灣政治經濟發展過程中的獨特性和複雜性角色。

因此，接受臺灣發展歷史的「相互主體性」和「歷史結構性」觀點，才有助於解決統治政權的合法性爭議，以及建立移民社會多元族群文化的包容。

第二、檢視臺灣傳統治安制度，主要建構在地方治安和基層治安的兩大體系。荷西時期治安制度是地方治安的公司法庭，和基層治安的結首制，扮演的是偏重於亦法亦警角色；鄭氏時期軍團政府，和清領時期帝制政府的地方治安則是建立在鎮署審判，而基層治安則依賴鄉治的保甲、團練，和墾首制，亦即扮演的是偏重於王即是法律的亦兵亦警角色。

因此，本文指出臺灣傳統的治安制度，基本上是偏重扮演戰時軍人和平時國家安全的維護政權角色，以及秩序維持與打擊犯罪的執行法律角色，對於傳輸福利與追求效率的公共服務角色明顯比較不足。但隨著當前國內政治民主的深化，警察的治安除了維護政權、執行法律之外，應該強調公共服務角色，以達成臺灣現代公民社會的日標。

第三、臺灣從荷治時期獎勵中國漢人經濟性移民、鄭氏時期漢人的政治性移民，以及清領時期早期的政治性禁止，到最後的全面開放經濟性移民，其政府組織的設置與調整，都牽涉到社會治安與移民開墾事業的互動因素。

因此，對臺灣整體發展無論是政治性的或經濟性的都極具歷史意義，雖然未能如西方由官方鼓勵推動的拓殖移民政策來得有計畫、有規模，但就勞力供給、技術與資金的輸入、邊界管制、人民偷渡、貨物走私等等的移民經濟學而言，這是一部豐富又精采且時間長達四百年的臺灣移民史。

當臺灣面對全球化挑戰的關鍵時刻，這一段所謂「沿海中國」(Maritime China)發展的歷史經驗，值得重視國內治安和兩岸發展互動關係的探討並引為借鏡。

第四、臺灣產業發展從狩獵、初級農業經過農業成長，發展到晚清時期推動近代化改革，雖然在農業的轉型工業發展中未能順利，導致臺灣產業失去了與西方近代資本主義市場經濟同步發展的契機。但是，臺灣產業發展自始即與中國大陸的關係極為密切。

在 1895 年臺灣被割讓給日本統治以前，臺灣海峽兩岸的人民和商業之間的來往頻繁，檢視荷蘭統治時期臺灣產業發展有了與國際接軌的經驗，扮演了大陸市場的轉口貿易；鄭治與清領政權的建立更是與大陸的社會、文化背景有關，突顯臺灣以大陸市場為導向的發展經濟論。

也因為隨著政權更迭與市場轉向的互動關係，當日本殖民政府取得政權之後，極力將臺灣扭轉為以日本市場為主；而當 1945 年臺灣回歸中華民國統治時，雖然受到國共內戰結果的影響，中華民國政權在 1949 年退守臺灣。

然而，經過了半百年以上的分裂分治事實，臺灣產業結構業已從製造業轉型為服務業，並轉向以大陸市場為主的發展，因此當前兩岸關係的發展，兩岸在政治經濟發展上如何創造雙贏，更是受到兩岸關係是否能正常化和制度化發展的牽動和嚴厲考驗。

第五、本文的研究，有關荷蘭統治時期的資料得力於近年來許多學者對這方面的研究成果，對本文的撰寫助益甚大，更希望藉由相關新文獻資料的出現，能有助於國人對於臺灣傳統治安史的研究。

臺灣日治時期殖民治安分析(1895-1945)

一、前言

日本統治臺灣時期經濟發展的為戰後臺灣建設累積了一些基礎與經驗，對於許多研究臺灣經濟發展者而言，不論從臺灣或從中國大陸的角度都是很難忽視的歷史事實。

然而，日本在臺灣厲行殖民化經濟的過程中，為達成預期的目標，透過警察功能的發揮，亦是形塑臺灣殖民體制的核心要素。而在殖民化的過程，臺灣經濟發展與警察角色的互動亦同時受到國際與日本本土政經環境，和臺灣本地政社結構的制約。

殖民主義是 19 世紀的產物，代表西方發展資本主義的帝國向外展開殖民掠奪。東方的日本既早已捲入世界經濟體系，其工業化程度也領先東亞諸國，尤其受到殖民主義的衝擊，始得在明治維新之後，成為「東方的西洋」，對亞洲其他國家發動戰爭，特別是侵佔臺灣與朝鮮。

然而，日本取得臺灣之時，國內的資本主義發展實力，尚不存在需要佔領臺灣的內在必然因素，只是在歐美帝國主義列強競相奪取他國領土的熱潮中，促使其佔領臺灣與朝鮮的行動也具有了帝國主義的意義。因此，其殖民主義性質被視為是「早熟的帝國主義」。[1]

---

[1] Albert Memmi, *The Colonizer and the Colonized* (London：Earthscan Publications, 1990).

事實上，日本觸動佔領臺灣的動機，從日本德川末期以來的南進思想就已經存在，國防上的考慮是日本佔領臺灣的主要原因。同時，1895 年甲午戰爭之前，由於日本必須向臺灣購買大量的糖，為改善日本嚴重的貿易逆差，經濟因素亦成為日本佔領臺灣的理由。

對於日治臺灣殖民化經濟理論的研究途徑，主要以矢內原忠雄與川野重任的論述為最具代表性。矢內原對臺灣經濟發展的研究是以臺灣糖業作為研究重心，呈顯臺灣在日本殖民體制的政治與經濟支配下，探討資本積累如何透過分解(dissolved)和改造當地既有的生產方式，而達成資本集中化及本地生產者的「無產化」，或「普羅化」。

川野則以米作為主要研究對象，分析資本主義的市場法則如何在殖民地運作和擴展，以及如何透過價格機制平衡部門間生產力發展的落差而達成經濟均衡。至於戰後對臺灣殖民化經濟理論的研究亦難跳脫這兩項範疇，諸如分別延續矢內原研究途徑的凃照彥，與川野研究途徑的何保山（Samuel P.S. Ho）和馬若孟(Ramon H. Myers)。另外，陳玉璽則從依附發展(dependent development)的概念來論述臺灣的經濟發展。

上述研究途徑，基本上是源自 1960 年代以來國家發展理論(theories of national development)的主要派別，分別代表依附理論(dependency theory)、現代化理論(modernization theory) 及依附發展理論(dependent development theory)的研究途徑。

本文採用文獻分析法，檢視日治臺灣時期殖民化過程，發現同時都部分存在意涵有上述三個研究途經的糾葛，是很難釐清並單獨而作完整的呈現。因此，本文將依整合途徑(comprehensive approach)的論述，在對照臺灣「相互主體性」與「歷史性結構」的觀點之下，並從環境因素形塑警察的功能論，來探討臺灣殖民化治安的演變。

二、現代警察國家與殖民治安分期

日本現代警察制度的建立，可溯自明治 4 年(1871 年)的參考西方文明國家，並於明治 7 年(1874 年)將司法警察與行政警察分離，創設警視廳。同時期從英國引進滅火設備，成立消防組。而警察的治安權力來自政府，尤其是殖民地政府，不但具有武裝的軍事化力量，而且在打擊犯罪之外，更多地承擔政治職能與行政職能。所以，日治臺灣治安的政策主要隨著日本本土的因應國內外政經情勢，及壓制臺灣人民抗爭的雙重因素，而加以調整策略。

(一) 現代警察國家體制的建立

首先，清領時期臺灣為確保治安，要求地方實施保甲制。然而，清領保甲制的功能僅是負責戶口工作，並未能成為實質維持地方治安的組織體，徒具保甲制之名。

日治之初，殖民政府即依據日本通過的《六三法》，總攬立法、行政與司法權，為因應臺灣政經環境的特殊情勢，亦是實施殖民體制和對臺灣人差別待遇的法源，每一重要層級的工作都特別指派日本官員負責監管。

1898 年總督兒玉源太郎及民政長官後藤新平為了徹底控制臺灣，加強維持社會治安，強調只有積極改革警察制度，才能解決殖民地的統治問題，經採納辜顯榮建議，並參考 1733 年清領臺灣所實施的《保甲法》，制定〈保甲條例〉，作為警察體系的補助機關，其性質有如「自治警察」，因而形成臺灣特有的警察和保甲兩輪運作機制。

日本帝國稱殖民地的臺民為日本國民，但不承認臺民為日本民族，在臺灣的日本國民被分為三個民族：第一類為日本民族，依日本的國內法律統治；第二類為漢民族，依《匪徒刑法令》等殖民地統治；第三類為原住民族，日本稱蕃族、高砂族，不需要法律。保甲制度的實施對象只是針對平地臺灣人（漢民族），日本人及原住民並不包括在內。[2]

保甲制度更因隨著警察機關職權的變動與擴充，成為行政系統的末端組織，有效掌控臺灣人的生活作息。殖民政府將原先依賴軍憲鎮壓的政策，轉以警察機制為中心，進行軟硬兼施的招降政策。保甲制度一直延續到 1945 年 6 月 17 日殖民政府為收買臺灣人心，採納當時擔任總督府評議會評議員辜振甫的建議之後才宣告廢止。[3]

保甲的組織，依土地面積、族群分布的關係，雖有例外的情形，但原則上以十戶為一甲，十甲為一保；另為使市、街、庄內各保之做法一致或其他必要情事，各保得組織聯合會以討論相關事項。

保設有保正，甲設有甲長，除採用形式上的公選產生之外，前者應獲州知事或廳長的認可；後者則應獲郡守、支廳長或警察署長的認可，例如辜顯榮擔任臺北保良總局長，及陳中和被選為苓雅寮外 13 庄聯合保甲(局)長。保甲長職務都為榮譽職，應受各警察署長的指揮監督，並接受召集、訓練，協助市街庄長執行職務，從事維持保甲內部安寧的工作。[4]

保甲設壯丁團，由保甲的住民當中選拔 17 歲至 50 歲的男子為團員，依總督府所頒的訓令及準則辦事。工作範圍擴大包括：戶口調查，轄區者出入的管制，風、水、火的防災與盜匪的安全警戒與保安林的保護，各種傳染病的預防，鴉片弊害的矯正，小型道路橋樑的修繕及維護，及稅賦徵收等等。推動保甲工作所需經費，係採用自行負擔方式，以一戶平均一年徵收六角錢以下為限編列。

保甲制度行連坐責任及怠忽處分。連坐制度的目的主要在於防止隱匿犯罪，保甲成為警察掌握地方行政的有利工具。行政區越是基層，警察與行政結合的程度越高，管制臺灣人民的活動就越嚴密。

保甲制度到了 1903 年，全島共有 4,815 保、41,660 甲、1,058 壯丁團、134,613

---

[2] 許介鱗，《臺灣史記(卷四)》，(臺北：文英堂，2001 年 11 月)，頁 99。

[3] 黃天才、黃肇珩，《勁寒梅香——辜振甫人生紀實》，(臺北：2005 年 1 月，聯經)，頁 81。

[4] 持地六三郎，《臺灣植民政策》，(東京：富山房，1912 年)，頁 76-79。

壯丁。截至1943年底，殖民地政府在臺灣設置保甲的數量達6,074保(里)、58,378甲(鄰)。[5]

其次，1895-1901年的軍警察改制官警察。根據1895年8月日本由陸軍制定的〈總督府條例〉，開始在臺灣實行軍政，臺灣的警察權歸屬軍權。1896年3月政府正式公佈〈總督府條例〉，美其名實施民政，警察權開始由軍憲體系還交警察機關。但軍憲與警察之間的權限分際，仍然混淆不清。

殖民政府遂參考法國治理阿爾及利亞的經驗提出《三段警備法》，不過《三段警備法》實施以後，除了造成軍方的工作負擔過重之外，由於警察職權也受到不當的制約，致使警察維持治安的工作無法落實，導致1898年2月兒玉為統一警察事權，及淡化軍警察色彩，而廢除《三段警備法》。然而，軍警察名稱雖改制官警察，制服是換了，但實際上並未削弱殖民地警察的功能。

第三，1901-1920年的警部兼任支廳長。兒玉進行的警察制度改革，即在總督府設警視總長。警視總長是警察機關的最高首長。在警察行政組織上將臺灣劃分為20廳，1909年改為12廳。各廳設警務課，輔佐廳長管理警察事務；廳之下，以「警部」(巡官)為支廳長，兼掌支廳長職務。其最大的特色，就是負責第一線行政工作的支廳長，委由警部兼任，而其下屬又大部分由警政人員充任。[6]

這種支廳長由警部兼任的特殊警察體系，在許多殖民地國家中是特有的現象。特別是依據〈臺灣住民治罪令〉，憲兵、將校、下士守備隊長、兵站司令官、地方行政長官、警部(巡官)都可以行使檢察官的職權，案件交由警察署長及分署長裁判即可。

1904年實施的〈犯罪即決例〉，對於違反行政規定及賭博的案件，得以判處三個月以下的刑罰；到了1920年，這項權力更擴及郡守、支廳長、警察署長。總督府與地方行政系統都掌控了司法權力，警察權當然被擴大擁有司法權。

---

[5] 山本壽賀子，《臺灣統治概要》，(臺中：大社會，1999年)，頁127。

[6] 竹越與三郎，《臺灣統治志》，(東京：博文館，1905年)，頁49。

最後，1920-1945 年的郡守兼掌警察權。警部兼任支廳長的特殊警察制度，延續到 1920 年秋季，才在第一任文人總督田建治郎任內提出修正。田建廢除廳，改設州，置知事，州所包含不到的地域才設廳，置廳長，州之下除特別設市，置市尹之外；州、廳之下設街、庄，州、廳與街、庄之間設郡，置郡守。

警察機關全般而直接的指揮權則移給知事或廳長；知事之下設警務部長，廳長之下設警務課長，市尹之下設警察署長；至於，郡守則兼理警察權，即在郡守之下雖置警察課長管理警察事務，但僅為郡守的輔佐人員。

而當時東部的 2 廳，因受限於當地的環境，仍沿用舊制，下分支廳，支廳長仍由警視或警部兼掌警察及一般行政事務。由郡守兼掌警察權的體制，幾乎維持到日本戰敗投降，無所修正。[7]

田健改革警察制度的特點，是在劃分一般行政機關與警察機關的職權，普通行政事務改由普通文官任之。然在改革之後，警察雖已不直接管理行政事務，但是一方面由於警察權力的無所不在，輔之保甲制度的雙軌嚴密掌控，特別是賦予可以指揮監督街庄的郡守兼有警察權，警察權力仍然全面掌控行政大權。

(二) 殖民治安階段的分期

分析國家(state)在經濟社會中的汲取性(exploitative)、保護性(protective)，及生產性(productive)等三種角色。因而突顯與國家治安相關的國家安全的保衛、犯罪的預防、犯罪的壓制、公共安寧秩序的維護、交通管制與交通事故的處理、善良風俗的維持、災害的防止與搶救、戶口查察、為民服務，及諸般行政的協助與其他行政執行事項等警察業務。

加上，日本警察制度源自德國，警察權限雖不及德國之廣，但對諸如建築、衛生、商業、財稅等經常作出干預取締的處分。

日治臺灣警察的業務，除普通的警察、衛生工作之外，還負責戶籍事務；甚至於稅賦、築路、治水的土木工程、耕地防風林的設置、催促種甘蔗、種蓬

---

[7] 鹽見俊二，〈警察與經濟〉，收錄周憲文，《臺灣經濟史》，(臺北：開明，1980 年)，頁 950-951。

萊米的勸業工作、日人會社收買土地與募股、政府募集公債，以及勸告儲蓄也都要靠警察執行。尤其到了推動戰時統制經濟工作，對於農作物的指定、物質的分配、人力的動員、強制儲蓄的分擔等亦都藉由警力的貫徹才得以順利完成。

基於警察執行國家的治安工作，國家又對社會具有汲取性、保護性及生產性的角色，亦即衍生警察業務是應具備秩序維護、犯罪打擊及公共服務的功能。換言之，影響治安的環境因素除了國際性的涉外性治安因素之外，國內的政治、經濟、社會環境也都與治安關係非常密切。

本文僅透過治安因素將日治時期殖民治安分為初期軍事性治安(1895-1920)、中期政治性治安(1921-1930)、末期經濟性治安(1931-1945)等三個時期加以分析。

三、日治初期軍事性治安的分析(1895-1920)

1895 年 5 月 21 日本國內依據〈臺灣總督府臨時條例〉，發布臺灣重要警政人事，6 月 17 日舉行始政典禮後，即實施〈臺灣人民軍事犯處分令〉，以唯一死刑確保統治權。當時臺北以南的武裝抗日仍然發生，內閣總理伊藤博文遂將總督府改為軍事型體制。在軍令立法時期，民政局內務部必須依軍令施政，並開始從日本國內招募警職人員來臺。

11 月總督府透過〈臺灣住民刑罰令〉，和軍警參與司法檢察及審判的〈臺灣住民治罪令〉，下令警察協助憲兵維持治安及進行搜查、逮捕等工作。憲兵則依據〈內臺憲兵條例共通時代〉，分為若干守備管區，其下設憲兵警察區派置分隊，並將三縣一廳的臺北縣保持警察部，下屬支廳則設警察署、分署；尚未靖定的臺灣縣、臺南縣改稱民政支部，其下設出張所；澎湖島廳則設警察署、分署，建構以武官軍事性警察為主的中央集權式體制。

1896 年 3 月日本政府為了臺灣 4 月起實施的民政，頒布《六三法》，賦予臺灣總督委任立法權，使其可頒布具法律效力的命令。表面上是將軍令立法改以律令立法，確立司法常態制度，但實際上是日本國內承認委任殖民地制定法律的臺灣特殊化總督專制。1897 年乃木希典為鎮壓武裝抗日，推動三段警備制，和從熟蕃中招募護鄉兵。

三段式警備制強調將臺灣各地分為三級：未曾確立治安的地方為第一級區，派駐憲兵及警備，以警備隊長兼任地方行政官；山岳及平原緩衝區為第二級，憲警聯合共同負責治安行政；臺北、臺南等社會治安已確立的為三級區，由警察擔當治安責任。同時，將地方行政區改置六縣三廳，廢支廳，將警察署、辦務署與撫墾署並立，仍直接受縣警察部長指揮。

護鄉兵制的實施突顯日軍因為水土不服與不熟悉環境而導致戰力效果不彰，必須依靠本的壯丁來彌補日軍在第一級區警備能力的不足。之所以要從熟蕃中招募，是總督府企圖利用熟蕃來牽制與隔離漢蕃的來往，並且利用蕃人的種族敵視達成以蕃治蕃的目的。

1898 年兒玉源太郎基於治安與殖產需要，特制定《保甲條例》，做為警察機關的輔助單位，其性質有如自治警察；加上保甲幹部與基層員警的人事交流，形成臺灣特有警察和保甲的治安雙軌制。保甲制度配合警察職權調整，成為行政系統的末端組織，一直實施到 1945 年日本戰敗才廢止。

同時，兒玉為解決地方行政與治安系統的混亂現象，遂廢三段警備制，將警察署、撫墾署併入辦務署；1901 年為強化警察功能，更將總督府的警保課改設警察本署，設警視總長，凡地方行政涉及警察業務時，授予直接指揮各廳長；地方則廢縣廳與辦務署，將全島分為 20 廳，其下設支廳；又將全島分南北兩個警察管區，設警察區長，各廳的警務課長也由警部擔任，廳以下的支廳長須為警部職等，屬員需為警察，完備統一指揮體系的全面警察化。

1902 年帝國議會三度有效延長《六三法》，並於 1906 年 12 月底《六三法》有效日屆滿之時，發布《三一法》取代《六三法》，但基本上仍維持「律令立法」時期引入日本國內法律體系的嚴刑峻法為主。同時，為有效理蕃，殖產局遂將其管轄的蕃人、蕃地事務，移由警察本署，警察又成為理蕃政策的執行者。

1909 年雖一度成立蕃務本署，廢除警察本署，由警視總長兼任內務局長；

1911 年，鑑於要儘速解決治安問題，乃廢內務局，重置警察本署，而為充實基層員警人力，放寬臺灣人擔任巡查的資格限制，以及納入隘勇、隘丁，改稱警手。

到了 1914 年太魯閣戰役成功討蕃，和 1915 年平定噍吧哖事件，大規模武裝抗日已近銷聲匿跡，因此廢蕃務本署，將其事務移交警察本署，地方廳的蕃務課也併入警務課，達成臺灣無論平地或山地，漢人或原住民完全納入警察體系的目標，也逐漸弱化軍事性警察的角色。

1919 年 6 月更藉同化政策，將警察本署改為警務局，隸屬民政部，總督只能在認為須保持安寧秩序時，得以請求在其管轄區域內的陸軍司令官使用兵力維持秩序，亦即隨著臺灣軍司令官制度的建立，軍事指揮權已從總督轉移到軍司令官。10 月臺灣總督更改派文人田健治郎出任。

日本佔據臺灣有兩個主要目的，第一是掠奪資源以補日本之不足，第二是作為日本南進的基地。所以，日治初期殖民化經濟強調「工業日本、農業臺灣」。因此，臺灣農業發展的目的，首先是在提供日本工業化後所短缺的糧食，以節省日本外匯的支出。

加之，受到第一次世界大戰的衝擊，導致日本轉變為糧食進口國，從 1914 年到 1920 年日本稻米的總生產量都小於總消費量，日本本土面臨稻米供需嚴重失調的窘境。但是隨著爆發戰爭的因素導致世界糖價大漲，但 4 年之後又因戰爭的結束致使糖價大跌。

由於臺灣被迫從事米、糖的單一耕作生產，不但造成殖民化經濟農工部門之間的不平衡發展，就連為農業發展的米糖產品，也因配合日本本土的經濟條件，為維持日本米價的平穩而抑制臺灣稻米生產與輸入；而又為滿足日本市場對於糖製品的需求，強迫臺灣農民大量種植甘蔗。

換言之，1902 年公布的〈臺灣糖業獎勵規則〉除了對從事甘蔗耕作或是砂糖製造的人給予補助金、免繳土地租金，以及糖業資本的累積之外，係建立以停滯的米作部門及其所致生的低米作收入為前提，這種農工部門之間不平等分工的經濟模式，一直強制執行到 20 年代中期才產生了新的變化。

日治初期的臺灣是日本無業者、商人及公務官吏淘金的天堂，真正從事農工業生產者畢竟不多，尤其對加強工業發展的技術人員更是少之又少。此外，當初募集來臺的警察並不專業，素質也很差。尤其是部分自願性警察由日本動身時，就順便帶了泥水匠的工具，其來臺的目的只是為了支領旅費，心存在進入警察教育所受訓時，若萬一犯規被開革就打算可以馬上回到老本行；另外，有些警察則是由陸軍省的雇員勉強充任警察官，在臺灣執行警察的工作。

當時政府為順利進行殖民化經濟的資源調查與開發，必須藉由警察力協助。除了土地及林野等資源調查之外，1905 年 10 月政府又全面展開人口調查，之後並每隔五年調查一次，除了能充分掌握勞動力的動態調查資料外，更把戶口制度與警察行政結合。

而三段式警察從 1895 年 6 月即開始實施，警備部隊除了三個聯隊約 1,000 人之外，還有憲兵 4,039 人，警官 3,350 人。軍、憲、警三個單位都在行使警察的權力，甚至司法處分權。

所謂三段式警察就是把臺灣各地分為三級，將未曾確立治安的地方為一級區，派駐憲兵及警備，以警備隊長兼任地方行政官；山岳及平原緩衝區為第二級，憲警聯合共同負責治安行政；臺北、臺南等社會治安已經確立的為三級區，由警察擔當治安責任。[8]

為了順利推動殖民化，特別將大島久滿次由警察系統調升為民政長官，以強化警察維護政權的角色；同時，投下巨額經費將軍隊、警察、隘勇、腳伕等編成大隊，藉由誘降與彈壓雙管齊下，加強對臺灣人的鎮壓。

從 1899 年至 1904 年每年警察經費在歲入決算所占比率幾乎都達 8%以上，突顯了三段式警察在殖民化經濟過程中的重要性，也因而造成 1898 至 1902 年間臺灣人激烈武裝抗日，被殺死的人數高達 12,000 人以上，其中 2,998 人係被抓後，依〈犯罪即決例〉處理。統計當時的警力，包括了全島 20 廳的警察課，97 個支廳的 992 個派出所，實際員額警部 177 人，警部補 271 人，巡查 3,224

---

[8] 喜安幸夫，廖祖堯譯，《臺灣武裝抗日秘史》，(臺北：金園，1984 年)，頁 83。

人，巡查補 1,524 人。[9]

因此，警察為了協助推動「日本工業、臺灣農業」不平等分工的農工模式，臺灣警察人數占人口的密度，根據 1922 年的統計資料顯示，在日本帝國的領土範圍，臺灣地區的警察密度已經是最高了，每一名警察管理住民的人數為 547 人、南樺太(庫頁島)572 人、關東州 797 人、朝鮮 919 人、「內地」(本州地區)1,228 人、北海道 1,743 人，特別是標榜軍人專政的朝鮮，從住民人數的比例來看，警察的數目大約只是臺灣的一半，就面積比例而言，朝鮮每一平方公里有 1.3 名警察，臺灣則是 3.1 名警察。[10]執行殖民化的警察單位儼然成為地下總督府。

四、日治中期政治性治安的分析(1920-1930)

1918 年一次世界大戰後，日本國內受大正民主的民本主義激盪，和美國總統威爾遜（Woodrow Wilson）民族自決、共產國際社會等情勢變化影響，加上在日的臺灣留學生、仕紳因受 1911 年中國辛亥革命和 1919 年五四運動鼓舞，相繼在東京發起《六三法》撤廢運動。

鑑於民主風潮迭起，臺灣總督府遂於 1920 年 8 月展開政府體制的變革，改地方為五州二廳，州設警務部，郡設警察課，市設警察署與分署，廳設警務課與支廳，並由警部兼任支廳長，將中央集權式權力結構調整為地方分權體制。

1921 年更透過《法三號》取代《三一法》，將臺灣的法律基礎由總督的律令改為天皇敕令，以利將警察政治隱形在地方分權的民政制度下，被當時的臺灣社會詭稱其為「草地皇帝是警察」（Country King Policeman）。此時期也是日警在臺機構組織最充實的時期。

[9] 臺灣總督府警務局，《臺灣總督府警察沿革誌第二編(下)》，(臺北：臺灣總督府警務局，1942 年)，頁 328-329。

[10] 臺灣總督府，《臺灣現勢要覽》，(臺北：臺灣總督府，1924 年)，頁 45。

嗣後，《六三法》撤廢運動順勢轉成臺灣議會設置請願運動，但臺灣人自覺殖民政府不可能同意臺灣實施議會政治，將目標轉向爭取地方自治，透過成立的臺灣文化協會和發刊的《臺灣民報》，以提高文化的名義，來實際推動農民與勞工的運動，導致 1923 年蔣渭水等人根據《治安警察法》其所申請成立臺灣議會期成同盟會的結社失敗，因而爆發多位成員被捕的「治警事件」。

1925 年日本國內為防範政治性活動蔓延，在臺灣同步實施《治安維持法》。由於 1927 年，臺灣議會設置請願已轉成臺灣民族運動，加上臺灣文化協會出現路線之爭，蔣渭水、林獻堂、蔡培火等人退出；蔣渭水乃成立臺灣民眾黨，主張民族自決；林獻堂、蔡培火、楊肇嘉另組臺灣地方自治聯盟。

臺灣地方自治運動發展到 1931 年，由於臺灣民眾黨受到臺灣共產黨成立及其思想的鼓動階級意識和民族矛盾，終致被解散。臺灣議會設置運動亦有感於長期受到政治警察壓抑，1934 年宣布中止請願運動。隔年，臺灣地方自治聯盟雖推派候選人參選，但是這種不會影響權力結構，採半數官選、半數由市會及街協議會員行的間接選舉，實與該聯盟的理想相去甚遠。

檢視這時期的文官政治性警察職權，因應臺灣政治和文化活動的抗爭，特別將保安課的組織擴大，分設高等警察、特高警察、圖書警察三股，改設獨立單位，強調警察業務為取締危險思想，防範共產主義與民族自決的言論，及負責出版事務，以加強對政治文化思想的監控。

到了 1937 年，受到日本國內反制大正民主，和發動戰爭的影響，不但臺灣地方自治聯盟解散，也導致政治性警察與地方分權體制隨著調整。此時期的重要業務措施尚包括：管理特種營業、執掌衛生行政、加強消防組織及設備、整理戶籍、治理蕃族、取締流氓、刑事偵查科學化等。

1925 年以後，臺灣米的生產與出口因配合日本本土需求的劇增而急速成長，臺灣蔗農要求取得與米農等同收入的壓力隨之而來，殖民政府遂陷入蔗農或因收入偏低而轉作稻米或訴諸抗爭，以爭取調高收購價格及改善收購條件，引發了糖業危機。

1925 年至 1935 年的稻米生產量係在穩定中成長，產量是由 6,443(千石)至

9,122(千石)逐年增加；而甘蔗的生產量則從 1925 年的 8,340(萬斤)，1927 年的 7,412(萬斤)，1929 年的 12,292(萬斤)，1934 年的 8,884(萬斤)，1935 年的 13,477(萬斤)幾乎每年呈現非常不穩定的現象，金額也都出現很大的波動。[11]

政府面對臺灣農民為爭取米糖平衡利益的殖民化經濟發展，以及演變成日漸升高的民族運動，1928 年川村援引日本國內特高警察制度，成立臺灣高等警察，加強對臺灣人的控制。

日本在 1910 年正式併吞朝鮮之後，即在朝鮮總督府下的警務總監部設置高等警察課、警務課、保安課、衛生課，及庶務課等五個單位，其中高等警察課負責新聞、雜誌、圖書出版等有關思想活動的審查；二次大戰末期，亦如臺灣設置經濟警察。[12]

凡是日本與臺灣來往的船隻都分派警察官，防範彼此之間作思想交流和政治活動的聯繫，以及查緝人犯的潛伏或偷渡；亦在往來臺灣與中國大陸之間的船隻分派警察官，更在大陸口岸長駐警察官，加強監視中國大陸與臺灣之間的來往，達到鎮壓無產運動與民族主義份子活動的目的。高等警察除了被賦有與日本國內同樣鎮壓無產運動的任務之外，還必須肩負壓制臺灣民族主義高漲，和推動殖民化經濟受到阻礙的責任。

高等警察執行法律的角色，導致臺灣人不停的抗爭活動。從 1921 年開始到 1934 年為止，臺灣議會設置運動每年不斷的向日本帝國議會提出臺灣議會設置請願書，總計 15 次，簽名人數高達 18,528 人。特別是 1923 年「臺灣議會期成同盟會」在臺灣成立，嚴重觸犯了《治安警察法》而遭到強烈阻止與逮捕。

而 1930 年霧社事件的起因，除了原住民與日人所謂「內緣妻」的婚姻問題，及馬赫坡社頭目莫那・魯道不滿的因素之外，主要還是勞役剝削，舉凡建築、修繕工事，勞役即使有償，亦遠低於應得，且勞役過重；加上，警方帳目不清，

[11] 涂照彥，《日本帝國主義下的臺灣》，(臺北：人間，1993 年)，頁 434。

[12] 李炫熙，《韓國史大系——日本強佔期》，(漢城：三珍社，1979 年)，頁 36~37)；朴相吉，《韓國統治機構發達史》，(漢城：成文閣，1969 年)，頁 280。

引起不滿而爆發「霧社事件」，更包括曾被總督府表揚模範青年而任命為巡查的花岡一郎、花崗二郎兄弟也都參加了抗日活動的行列。

高等警察的另一特殊任務，就是面對逐漸形成高漲的臺灣意識，開始取締涉嫌主張臺灣獨立的陰謀者，予以酷刑逼供。但也出現警民互助的個例，例如《送報伕》作者楊逵在接受內村剛介訪談時指出，其在經濟上最困難的時刻，幸好有位日本警察入田春彥並不因為其為臺灣人而接濟他。

透過高等警察體系來推動利益不均衡的殖民化經濟，使臺灣成為世界殖民地中的稀有事例。對照英屬印度殖民政權，印度人有結社的自由，可以使用自己語言出版報紙書刊；有自己隸屬的政治團體和政黨，在議會擁有發言權；仍在部分工業中持有所有權與經營權。儘管印度人在行使這方面的權利有限，總比臺灣人來得自由與幸運許多。

五、日治末期經濟性治安的分析(1930-1945)

1930 年代中葉以後的國際政經局勢，由於世界體系缺乏共同霸主，導致整個世界分裂為若干地區性集團。日本恐被孤立在安全防衛體系之外，遂於 1936 年將南進政策列為國家發展目標；1937 年 7 月發動侵略中國的戰爭，也開始在臺灣實施米穀管制政策。

此時期值二次世界大戰期間，警察納入戰時體制，警政特點有二：一為警察權極度擴張，舉凡刑事、兵事、防空、經濟等都為警察管轄；二為機構與人員增添。

戰時動員體制警察主要透過 1939 年實施的《國家總動員法》，確立經濟性警察的統制經濟和安定戰時國民生活。特別是在總督府警務局，及州警務部增設經濟警察課，市警察署、郡警察課則增設經濟警察股，專司取締違反統制令的業務。同時，因應戰爭總動員的需要，為加速推動臺灣皇民化、工業化及南進基地化政策，在總督府分設防空課與兵事課。

1941 年，總督府更為了對應日本國內的大政翼贊會，在臺灣成立皇民奉公會，要求其配合各地經濟警察的統制戰備物資。1942、1943 年先後實施陸軍與海軍志願兵制度，和高砂義勇隊。隨著 1944 年日本太平洋戰線失利，臺灣軍司令官安藤利吉策動日本內閣准其自兼臺灣總督，復行軍政。

1945 年 8 月 15 日日本昭和天皇宣布戰敗，戰時動員時期被徵調南洋軍伕的臺灣人紛紛遣返回臺。9 月 1 日陳儀被任命為臺灣省行政長官兼警備總司令，奉命編組接收臺灣。1946 年 4 月 13 日總督府臺灣官兵善後聯絡部解散，5 月 30 日天皇敕令第二八七號廢除臺灣總督府。

殖民化經濟的專賣獨占事業，始於 1887 年的鴉片專賣，此後逐漸擴大專賣對象，諸如 1898 年的樟腦，1899 年的食鹽，1905 年的菸草，1922 年的酒精和酒，以及 1943 年的石油等 10 餘種物品。在政府的特別會計經常收入中，專賣收入所占的比率，最高曾達 55%，最低也有 36%。[13]

除依據《專賣事業法》推動殖民化經濟之外，又因 1931 年發生中國九一八事件，臺灣遂成為日本向大陸華南及東南亞推進的主要基地。日治時期不但使臺灣與中國大陸的長期經貿關係由密轉疏，九一八事變之後，更使臺灣與中國大陸分別處在交戰國的不同一邊，導致臺灣原在東南亞的茶市場因當地華僑抗日而縮減；滿洲國則不再買中國大陸茶，而改買臺灣茶。

為便於支援日軍的後勤補給，殖民政府恢復明潭水力發電工程，其目的在供給廉價電力，帶動 1930 年代末期臺灣工業化的腳步，臺灣開始製鋁、矽鐵、化學肥料、蔗渣工業、火柴工業，以及酒精、製麻等農產加工業的發展。

1937 年中國盧溝橋事變以後，臺灣被要求編入日本的總體戰時體制，殖民政府援引日本本土的《臨時資金調整法》，規定金融機關的貸款必須依照政府指示投資用途，優先貸款給直接參與軍需工業有關的企業。

1938 年日本政府依據《戰時總動員法》，制定生產力擴充計畫，要求臺灣應擴充工業、農業及礦業生產。尤其加強工業方面的生產，如鋼鐵(特殊鋼及鍛

[13] 涂照彥，《日本帝國主義下的臺灣》，(臺北：人間，1993 年)，頁 543。

鑄鋼、錮鋼)、輕金屬(鋁、鎂)、非鐵金屬、石油(航空石油、汽車用石油、無水酒精)、鹼(工業鹽)、紙漿、金、鐵路貨車等產品。為了達成擴充生產力目標，殖民政府不但在資金、勞力、物資等方面實施統制管理。

殖民政府更在總督府增設企劃部，負責物資統制與配給，抑制民生產業減少生產，並以其重要設備、原料優先配給軍需產業，並由經濟警察擔負戰時經濟統制之責。

同時，政府透過三菱、南方拓殖等大企業合併各不同產業的企業公司，並掠奪荷屬東印度的鐵礬石、大陸東北的菱苦土礦、緬甸的砒化鎳、西伯利亞的礦砂鎳礦、越南鐵礦、菲律賓的雲母礦，以及日本八幡的鐵屑等海外資源，直接協助發展臺灣工業，雖完全為了配合戰爭的需求，但也間接有助於臺灣本土家族企業的形成與經貿發展的全球化。

1942 年太平洋戰爭爆發，日本政府更將其本土淘汰或老舊的民間工業機械運來臺灣設廠生產，再將成品銷售到東南亞，並將東南亞的工業原料轉運來臺灣生產，形成「工業臺灣、農業南洋」的分工型態。

殖民化的統制策略，是透過臺灣鐵工業統制會，制定〈臺灣戰力增強企業整備要綱〉，以及成立臺灣戰時物資團，加緊對各項工業物資、人力、資金的統制，並集中在發展軍需工業上。

所以，殖民政府在臺灣發行的馬克、票券、保險、郵政儲金等數十種債券，在日本戰敗之後，一夕之間化為烏有。依據中華民國對日本求償協會 2002 年 3 月的統計，已知臺灣民眾持有的債券金額超過 6 兆日圓。

戰時政府為因應統制經濟的需要，經濟警察的組織始於 1938 年 9 月在總督府警察局警務課之下增設經濟保安股，辦理經濟警察有關事務，以遂行國家戰時經濟統制，執行經濟統制法令，和安定戰時國民生活。

當時經濟警察的統制範圍包括：價格管制與取締，物資管制與取締，勞務調查與管制，總動員物資運輸管制，企業許可與管制，貿易管制，電力調整與管制，資金調節與匯兌等金融管制，暴利行為取締，奢侈品販賣與使用管制，以及生活必需品管制等多項經濟統制。

實施戰時統制時期的經濟警察，在臺灣全境配置有經濟警察 225 名，辦理所有與戰時經濟活動有關的業務。1939 年 10 月日本實施《國家總動員法》，臺灣經濟警察為配合加強經濟統制，亦於 1940 年 2 月又增加了 380 名。但因戰時物資的缺乏，糧食及其他重要物資都必須實施配給，經濟警察人力仍感不足，導致所有的警察人力幾乎經濟警察化。

然而，經濟警察的工作實在過於繁重，且隨著戰爭的長期化，工作量更是急遽增加，只得將經濟警察的工作調整為專辦重點取締工作，而其他部分的工作則交由受過經濟警察訓練的一般警察人員來分擔，充分扮演警察公共服務的角色。

經濟警察的具體成效，就單是以 1944 年為例，經濟警察一共處分了 34,991 件與違反經濟活動有關的案子，犯案人數多達 40,691 人，其中主要是違反臨時措置法的 9,790 件案子、犯案人數 13,162 人，及國家總動員法的 24,476 件案子、犯案人數 26,751 人。

另外，被檢舉而受牽連，但獲未處分的案子高達 428 件，關係人也高達 531 人，所受影響的經濟項目舉凡舊銅鐵屑等數千百種真是無所不包。[14]

臺灣與日本的政治統一和臺灣經濟的現代化，是透過各地的警察功能來完成的，警察兼具平民憲兵與現代化普及者雙重身分，不但強迫民眾順從日本殖民統治，又可以強行將臺灣經濟納入日本的殖民資本主義體系。

六、結論

根據上述殖民化治安的分析演變，本文所獲得的結論：

第一、日治時期的治安是臺灣殖民化的直接實踐者和間接推進者：日治時期治安得力於警察功能的發揮。警察維護治安不但是協助國家發展的直接實踐

[14] 山本壽賀子，《臺灣統治概要》，(臺中：大社會，1999 年)，頁 166-170。

者，亦是經濟發展的間接推進者；但從殖民政府角色而言，它是臺灣經濟建設的推手，亦是臺灣資源掠奪的禍首。

第二、日治時期的治安是兼具政權維護、法律執行和公共服務的綜合性角色：日治初期殖民政府推動三段式警察的治安是偏重強調警察是政權的維護者，扮演戰時軍人與維護國家安全的角色，導致農工業嚴重失衡的現象。

日治中期高等警察的治安階段偏重強調警察是法律執行者，扮演秩序維護與打擊犯罪的角色，導致米糖相剋的嚴重後果。

日治末期經濟警察的治安階段偏重強調警察是公共服務者，扮演傳輸福利與追求效率的角色，導致獨佔企業的初現。

第三、日治時期的治安催生了臺灣本土家族企業與經貿的全球化：從帝國主義擴張時期的殖民經濟觀點，1900 年的世界比現在更全球化。

臺灣從 1895 年被日本統治起，在強調國家資本主義系統的殖民化經濟過程中，臺灣商人累積了一些自有資本，同時也曾隨著日本帝國的擴張而有較多人跨出本島，在滿洲國，在中國，在東南亞諸國展開跨國經貿合作，也由日商學得一些國際促銷手法。

本文印證殖民化政策也間接帶動臺灣發展，警察的治安功能則是部分催生了臺灣本土企業與經貿全球化的發展。

第四、日治時期的治安相對地突顯臺灣意識的主體性與複雜性：臺灣的政經活動，在清領時期與中國大陸來往比較密切，而日治時期臺灣人深感在政治、經濟上受到不公平的待遇，在不斷爭取政治民主與經濟自由的過程中，高漲了民族意識與凝聚了生命共同體，相對地突顯了臺灣意識的主體性與複雜性。

最後，日治時期臺灣治安史的發展與演變，提供了當前警察與國家發展關係的許多省思。臺灣在 1980 年代以後出現的後威權國家時期，民主政治、自由經濟、公民社會和多元文化亦漸趨於成熟。尤其在全球資本主義化的浪潮中，如何強調臺灣政治經濟主體性發展，與全球化治安關係所產生新的互動關係，以及治安在扮演維護安全、執行法律與福利傳輸角色的同時，也能營造一個有利於全球化國家發展的總體優勢環境，值得關注。

中華民國臺灣時期戒嚴治安分析 (1945-1992)

一、前言

政治經濟學(polical economy)是一個相當多樣化的研究領域，而政治經濟學的出現，是源自於政府(state)和市場(market)二者得同時存在，及二者之間存在互動關係所致。

因此，政治經濟學在內容上所呈現的重要特徵是：第一、它同時涵蓋規範(normative)與經驗(empirical)的層面。第二、它的研究是以政策為取向(policy-oriented)，但並非僅是政策分析的一支。第三、透過它可以嘗試在歷史的系絡中來了解現在。第四、它的研究結合了結構與行為的分析層次(structureal and behavioral level of analysis)。第五、它非常強調國際政治與經濟的互動。

如何界定政治經濟學，有人批評它還不是一門嚴謹的學科，只是一個將社會生活加以概念化的循環表現方式，但在不同時代，其研究範圍會隨著其意識形態與思考方式的變化而擴張或縮減。

所以，依據庫恩(Thomas Kuhn)的典範(paradigms)概念指出，典範是科學社群所共有的範例，它包含理論、研究方法、研究工具等等的學科本質，能夠界定具有挑戰性的研究問題，提供解決問題的線索，並且保證只要研究者有足夠的知識，能夠全力以赴，必然能獲得答案。[1]

[1] Thomas S. Kuhn, *The Structure of Scientific Revolutions* (Chicago: Chicago University Press, 1962).

而思想信仰是一種根深柢固的東西，很少能為邏輯或相反的事實所動搖，這是由於這些思想信仰均宣稱，它們提供了世界如何發展的科學描述，以及世界應當如何發展的正確主張。

因此，社會科學的研究領域雖然很難精確或「通則化」(generalization)，但通則化仍不失為社會科學的研究方法之一。[2]因此，吉爾平(Robert Gilpin)將許多不同的政治經濟學研究途徑(political economy approach)命題於三大典範之下，分別是經濟民族主義(economic nationalism)、經濟自由主義 (economic liberalism)及馬克思主義(Marxism)。[3]

而根據上述，本文嘗試歸納將吉爾平(Robert Gilpin)的三大政治經濟學的研究途徑，以政府中心(state-centered)為經濟民族主義理論、以社會中心(social-centered)為馬克思主義理論，和以市場中心(market-centered)為經濟自由主義理論來加以論述。

以政府中心(state-centered)理論的受到重視，起自斯科奇波特(Theda Skocpol)與伊文斯(Peter Evans)等主張「找回政府機關」(bringing the state back in)。[4]政府中心理論有意與馬克思主義的「社會中心理論」和資本主義的「市場中心理論」作出區隔。政府因對社會與市場具有強大影響力，應視政府為一自主的制度和組織，亦即將政府視為較接近韋伯(M. Weber)的定義：在一個領域內，具有壟斷合法暴力的一套行政、立法、司法、國防和警察的組織和制度。[5]

---

[2] Thomas Herzog, *Research Methods and Data Analysis in the Social Science* (New York: Addison Wesley Longman, 1996), p.20.

[3] Robert Gilpin, *The Political Economy of International Relations* (N. J. : Princeton University Press,1987).

[4] Theda Skocpol, *States and Social Revolutions* (Cambridge, Mass.:Cambridge University Press,1979); Peter Evans, Dietrich Rueschemeyer and Theda Skocpol, *Bringing the State Back in* (Cambridge: Cambridge University Press, 1985) ; Peter Evans, *Embedded Autonomy: States and Industrial Transformation* (Princeton:Princeton University Press, 1995).

[5] Max Weber, *Economy and Society:An Outline of Interpretive Sociology*. 2 vols. ed. Guenther Roth and Claus Wittich (Berkeley：University of California,1978).

熊彼得(J. A. Schumpeter)指出，所有與個別廠商行為的分析有關的事實與工具，不管過去和現在，都屬於經濟學範圍之內，正像與政府治理有關的事實與工具也屬於這個範圍一樣，因此必須加之於過去狹義政治經濟學的內容。[6]

以政府中心理論是由近代政治家的社會實踐發展而來，主張市場要服從國家利益，並由政治因素確定經濟關係。此觀點特別強調實力原則在市場中的作用，及國際經濟因素的對立本質，而經濟的互賴關係必有其政治基礎，從而為國際衝突開闢了另一戰場，並形成一個國家利用和控制另一個國家的機制。

換言之，政府在政治過程中的地位，必須積極追求國家民族的利益，並以其所處的世界權力體系，衡量自身所擁有的力量，做為計算國家民族利益的標準。這種強調國家民族利益的生存法則，經由獨裁政體及計劃性經濟的運用，建立起連結國內外政經的網絡。

但過於強調國家民族利益的結果是，國防軍事力量成為所有政治德行的基礎，警察為維持秩序而犧牲了人民的權利與自由，而司法重視法律的作用，無非為聽訟與決獄。

鄒文海指出，以國家目的為分類標準，有人將國家分為警察的國家(police state)、司法的國家(judicial state)，以及文化的國家(culture state)。[7]市場必須遷就國家民族利益，政府治理因素確定經濟發展的市場關係，正是經濟民族主義所謂國家建設最基本的信條。

就如同近代歷史的演進，以政府中心理論反映了 16、17 及 18 世紀政治、經濟和軍事的發展，及往後的反動。這些在長期競爭中崛起的民族國家，起先致力於商業市場，爾後越來越致力於製造業中產階級的興起。

同時，由於發現美洲大陸和歐洲自身的產業結構變化，也引起市場經濟活動的加速轉變。因此，以政府中心理論遂決定產業發展的順序，制定優先政策，以克服稟賦(endowment)因素的不足。

[6] Joseph A. Schumpeter, 朱泱等譯，《經濟分析史》(卷一)，(臺北：左岸，2001 年 11 月)，頁 21。

[7] 鄒文海，《政治學》，(臺北：1972 年 8 月)，頁 58。

檢視以政府中心理論的發展，在過去幾百年中經歷了無數變革，從重商主義、帝國主義、保護主義、德國歷史學派到今日的新保護主義，其名稱雖不斷改變，但基本主張的內容卻十分相近，且所導致的政府失靈(government failure)現象更常受到指摘。

以市場中心理論起源於 18 世紀歐洲啟蒙時代，最早可溯自史密斯(Adam Smith)古典經濟學派(classical economics school)和馬夏爾(Alfred Marshll)新古典學派(neo-classical economics school)的論述，而現在已和傳統經濟學融為一體，認為政治與經濟分屬不同領域，市場應從效率、發展和消費者選擇的利益出發，不應受到政治干預，除了國防、司法、警察等維護國家安全和維持社會治安等必要介入市場，避免市場失靈(market failure)的發生之外，政府應該退居第二線。

自由經濟學者傅利曼(Milton Freidman)指出，

> 一般人都相信政治和經濟是天南地北、毫不相干的；人們以為個人自由是政治問題，而物質福利是經濟問題；而且任何政治體制都可和經濟體制相結合。這種思想的體現主要見諸於當前許多人提倡「民主的社會主義」，這些人毫不留情的責難蘇俄的「極權的社會主義」對個人自由所加之的限制，但是他們也相信一個國家可以採取蘇俄體制的基本特色，而卻能經由政治方式來保障個人自由，這種看法是錯覺，畢竟經濟和政治之間有非常密切的關係，只有某些政治和經濟體制的結合才是可能的，特別是，如果一個社會實施社會主義的經濟體制，它就不可能保證是個人自由的民主社會。[8]

以市場中心理論強調自由競爭、生產分工及財富累積的正當性，認為市場那隻看不見的手(invisible hand)建立的機制，可以確保所有個體利益及彼此間互動關係的自由表現，群體利益應當是所有個體私有利益的總和。所以，一切皆

[8] Milton Freidman, 藍科正等譯，《資本主義與自由》，(臺北：萬象，1994 年 12 月)，頁 5-7。

決定於市場價格機能，強力主張政府與市場之間的關係應該是分離的，也因此忽略了生產與分配過程中弱肉強食的不平等現象。

換言之，以市場中心理論的經濟自由主義並未將政府治理視為自主的、具有決定影響力的機構，而將其視為社會團體競爭或遊說的應變項，而非自變項，其理論可謂「經濟理論」或「市場理論」。

以社會中心的理論出現於 19 世紀中葉，它認為經濟推動政治發展，政治衝突起因於財富分配過程中的階級鬥爭，因此政治衝突將終結於市場及階級的滅亡。儘管所有的馬克思主義者都承認帝國主義階段的資本主義開創了國際市場經濟，但馬克思主義理論對於無產階級的定義，很難適用於財產權(property right)普遍化且價值多元化的現代社會，而工人階級永遠被剝削的觀點也並非百年來資本主義發展的真實現象。

所謂對生產工具的控制，也無法作為階級分類的標準，而強調剝削觀點的勞動價值論，亦隨著勞動在生產過程中所占比率的遞減而被否定。近年來更隨著蘇聯解體、東歐國家及中國大陸轉向市場經濟，馬克思主義所強調的「政府(國家機關)是資產階級的管理委員會」已非國際霸權主義的經濟思想主流。[9]

政治經濟學常將政治與經濟同時化約存在以競爭性國家為基礎的系統(a system of competing states)，及以世界性資本主義為基礎的系統(a world capitalist system)。因而，分別形成強調國家(state)和市場(market)的二大範疇。

無論是以國家為分析中心，或以市場為重點的理論，都將使純粹的國家或市場觀點，處在一個國家發展中光譜分類（spectrum classification）的兩個極端位置，而依其核心觀點的差異程度，界在於兩者之間的相互傾斜。

經濟國家主義（economics nationism）主張政治重於經濟，市場要服從國家利益；經濟自由主義（economics liberalism）則認為政治與經濟是分立，堅持市場應從效率與重視消費者的利益出發，不應受到政治的干預。

---

[9] Karl Marx and F. Engels, "The Communist Manifesto" in R. Trucker, ed. *Marx-Engels Reader* (N. J. : Princeton University Press, 1978).

換言之，能滿足人類行為追求利益的動機，如果是屬經濟性利益者，關心的是經濟資源的有效利用，企求資源利用的極佳化(optimization)；如果屬政治性利益者，關心的是權力資源的累積，企求資源汲取的極大化(maximization)。

二、後現代威權國家與戒嚴治安分期

根據上述三大政治經濟學的典範理論，不論「以市場中心」為研究途徑理論，主要承襲自經濟自由主義，認為市場的逐步演進，是人們為提高效率和增加財富而作出的反映，是強調市場面的資本主義理論；或是「以社會中心」為研究途徑理論主要受到馬克思主義的影響，認為國際市場不過是資本主義國家在經濟上剝削低度發展國家的一種機制，是強調社會面的資本主義理論，如華勒斯坦(Emmanuel Wallerstein)與佛蘭克(Andre Gunder Frank)所指出的「現代世界體系論」(the theory of the Modern World System, MWS)。[10]

以及「以政府中心」為研究途徑理論的從一個或數個自由強國輪流主宰國際市場的觀點，闡明近、現代政經發展的崛起和運作，是強調政府面的資本主義理論。如金德爾柏格(Charles P. Kindleberger)所謂的「霸權穩定論」(the theory of hegemonic stability)。[11]

因此，對於有關政治經濟體制的分類眾說不一，根據麥克利迪斯(Roy C.

---

[10] Immanuel Wallerstein, 郭方等譯，《近代世界體系(第一卷) ——十六世紀的資本主義農業和歐洲世界經濟的起源》、《近代世界體系(第二卷) ——重商主義與歐洲世界經濟的鞏固(1600~1750)》、《近代世界體系(第三卷) ——資本主義世界經濟大擴張的第二期(1730~1840 年代》，(臺北：桂冠，2000 年 9 月)；以及參閱 Andre Gunder Frank,Latin America: Underdevelopment or Revolution (New York: Monthly Review Press,1970).

[11] Charles P. Kindleberger, *Power and Money: The Economics of International Politics and the Politics of International Economics* (New York: Basic Books, 1970). 以及參閱 Paul Kennedy, *The Rise and Fall of the Great Power: Economic Change and Military Conflict from1500 to 2000* (N.Y.: Random House, 1987). and Robert O. Keohane, *After Hegemony: Cooperation and Discord in the World Political Economy* (Princeton:Princeton University Press,1984).

Macridis)指出，在20世紀80年代被列為民主類別的有39國，有18個國家被列為極權主義國家，有60個國家被列為威權主義國家。[12]而蘭尼(Austin Ranney)則以光譜分類(spectrum classification)方式，將民主與專制置於政治光譜的兩端。[13]

薩孟武指出，

> 歐洲自文藝復興以後，社會的發展可以分為三個階段。第一階段是重商主義時代，政治的目的在求國家的統一，而其形式則為專制；第二階段是工業革命時代，政治目的在保護人民的自由，而其形式則為民主；第三階段是帝國主義時代，政治目的在於干涉與統制，而其形式則為集權。[14]

這是近代政體(regimes)的政治形態(form of government)，亦是本文研究途徑所參考使用近代臺灣政經體制與治安關係的演變。

紀登斯(A. Giddens)指出，

> 在傳統國家中，政治中心對暴力手段相對不穩固的掌握，意味著幾乎沒有可能實行現代意義上的警察制度，意味著隱含針對中心的武力挑戰，意味著強盜、劫匪、海盜以及城鄉地區形形色色幫派的廣泛存在。[15]

---

[12] Roy C. Macridis, *Modern Political Regimes: Patterns and Institutions* (Boston: Little, Brown, 1986), p.280.

[13] Austin Ranney, *Governing: A Brief Introduction to Political Science* (Hinsdale, Ill.:The Dryden Press, 1975), p.212.

[14] 薩孟武，《政治學》，(臺北：三民書局，1971年9月)，頁160。

[15] Anthony Giddens, 胡宗澤等譯，《民族-國家與暴力》，(臺北：左岸，2002年3月)，頁200。

換言之，傳統的警察體系是行政、司法不分，負責治安的警察人員鮮有專職，以現代警察角色論述「亦法亦警」、「亦兵亦警」的情形普遍存在。同時突顯西方國家警察的設立偏重解決治安問題，而東方國家警察的任務則在於政治控制。

因此，警察權在市場經濟中的行使，仍要保障私人契約中處理有關信用擴張、非個人的管理和合資的服務能力，而這法律的後面即有一個國家的陰影。

對警察功能的定義，根據梅可望列舉我國警察業務有國家安全的保衛、犯罪的預防、犯罪的壓制、公共安寧秩序的維護、交通管制與交通事故的處理、善良風俗的維持、災害的防止與搶救、戶口查察、為民服務，及諸般行政的協助與其他行政執行事項等十大項。[16]

而楊永年則將其分為：行政、刑事、督察、戶口、保防、民防、保安、訓練等。[17]李湧清是從當代民主社會警察的本質思考認為，警察是秩序維護者，也就是社會秩序的維持；犯罪壓制者，也就是犯罪案件的防制；服務提供者，也就是為民眾提供必要的服務。[18]

章光明認為警察具有秩序維護、執法及服務等三項功能。[19]因此，就警察業務的內容而論，其功能和角色是很難明確強加區分。基於警察業務是政府職能的一部分，而政府對社會是具有汲取性、保護性及生產性的角色。[20]

[16] 梅可望，《警察學原理》，(桃園：警大，2000 年 9 月)，頁 287。

[17] 楊永年，〈警察行為〉，《警學叢刊》第 30 卷第 6 期，(桃園：中央警大，2000 年 5 月)，頁 203-216。

[18] 李湧清，〈論當代民主社會中警察的角色與功能〉，《警學叢刊》第 30 卷第 6 期，（桃園：中央警察大學，2000 年 5 月），頁 86。

[19] 章光明，〈警察與政治〉，《警學叢刊》第 30 卷第 6 期，（桃園：中央警察大學，2000 年 5 月），頁 178。

[20] James E. Alt, and K. Alec Chrystral, *Political Economics* (California: California University Press, 1983), pp.28-29.

(一) 後現代威權國家體制的確立

因此，本文的研究擬從政治經濟學理論的國家中心理論(state-centered theory)出發，探討警察與國家發展的關係中所涉及經濟性治安的議題。換言之，在治安與經濟發展的互動過程中，必須顧及政府部門是構成市場之外在權威結構的重要環節，其政策對市場的運作影響至鉅。

相反地，市場發展也是國家行動的主要對象，其動向與意見自然成為政府施政的重要依據。因而在諸多政經理論中，威權主義(authoritarianism)對國家經濟與治安間互動關係的論點，所強調的是國家在政經過程中的角色，並以其所處世界權力體系衡量自身國家的力量，做為計算國家利益的標準，同時經由重視國家治安的角色，從而建立起連結國內外政經的網絡，然往往過於追求國家利益，往往犧牲人民權利與自由。

所以，威權主義就國內政經環境而言，強調治安與經濟存在著種種結構性關係與互動，這種結構性關係與互動也蘊含著經濟市場對國家治安自主程度的限制。國家治安對經濟社會具有不同角色，國家治安透過這些角色取得必要的資源，以確立國家治安公權力的基礎，並有效踐履對經濟社會的保護功能，且要能控制來自經濟市場的壓力。

基此而論，國家治安與社會間存在著利益交換的關係，有依賴，也有相對的權力(relative power)與不同程度的相互自主性(mutual autonomy)。

從日本和亞洲新興工業化國家(Newly Industrializing Countries, NICs)的發展，印證強勢政府執行一貫的經濟政策，公、私營企業必須制定「非政治化」產業政策，並且提供國內與國際經濟接軌的條件。這些國家的治安同經濟市場關係的相輔相成，國家治安的干預必須建立在市場機制的基礎上。

因此，國家利益並非單由國內價值和制度來決定，也受制於國際規範和制度，如對國家安全的關切，不同類型的國家會以不同的方式來界定，而其利益也受共同文化和制度的影響。

而這裡所使用的「後現代」一詞，是指「後工業社會」(post-industrial

society)，或是「資訊社會」(information society)。「後工業社會」是建立在當代工業發展中經濟生產部門逐漸被服務部門所替代，尤其資訊服務業的根據理論知識來創造技術，發展出嶄新科技的面貌，這也是後工業社會中的所謂「資訊社會」。

(二) 戒嚴治安階段的分期

承上論述威權主義體制的觀點，本文在處理戰後臺灣治安的變遷時，將依歷史結構途徑（historical-structural approach）進行跨時間序列的將戰後戒嚴時期臺灣治安的分期畫分為：戒嚴初期軍事性警察的治安分析（1945-1974）、戒嚴中期政治性警察的治安分析（1975-1987）、戒嚴末期經濟性警察的治安分析（1988-1992）。

因此，本文在章節安排上，首先緒論，說明研究動機與目的；其次，論述威權國家確立與戒嚴治安的分期；第三、第四、第五將分別分析戒嚴初期軍事性警察、戒嚴中期政治性警察、戒嚴末期經濟性警察等三階段的治安分析；最後，結論。

三、戒嚴初期軍事性治安的分析（1945-1974）

1945 年第二次世界大戰結束，臺灣雖然重歸祖國的懷抱，但是國共鬥爭並未因而停止，戰火不斷，直到 1950 年年底中國國民黨政府撤退到臺灣，形成臺海兩岸分隔、分裂、分治的局面，國共雙方仍然相互開火，強調的是以發展軍事力為主軸的階段。

從日本 1945 年 8 月 14 日宣布無條件投降，到國府政府 10 月 5 日的派員來接收臺灣，中間有兩個月的真空期。根據辜振甫回憶：

> 有一天，臺灣軍司令部兩名中校參謀中宮悟郎、牧澤義夫來訪，表示

> 在中國軍隊還沒有來到臺灣接收前，臺灣可能發生斷亂，因為日方已失去統治之權，治安會有問題。他們探詢是不識有組織治安維持會的必要。……他們還出示一份「臺灣治安維持會」委員的建議名單，主任委員是林獻堂，委員有楊肇嘉、羅萬俥、許丙、陳炘、辜振甫等，都是臺籍的代表性人物，大部分是貴族院議員或總督府評議員。辜振甫一看這份名單，心中了然，日本軍人別有用心。他敷衍過了兩名日軍參謀，決心阻止日本少壯軍人的妄動。[21]

溯自 1944 年政府為順利完成戰後對日接收臺灣的工作，在國府中央設計局內成立「臺灣調查委員會」，統籌規劃收復臺灣事宜；以〈臺灣接管計劃綱要〉作為戰後復臺治臺最高指導綱領。

1945 年 9 月 1 日國民政府公布〈臺灣省行政長官公署組織大綱〉，任命陳儀上將為臺灣省行政長官兼警備總司令。9 月 28 日臺灣省行政長官公署及臺灣警備司令部設立聯合機構的前進指揮所，任命葛敬恩為主任、范誦堯為副主任，並於 10 月 5 日由美國軍機載來前進指揮所官員，及代表盟軍的美方人員。

國府人員除了葛敬恩、范誦堯之外，還包括黃朝琴、李萬居、王民寧、蘇紹文、林忠等人，還有《上海大公報》、《重慶大公報》、《重慶中央日報》、《掃蕩報》的記者隨行。這是國府第一批到臺灣接收日軍武裝與警察的人員，其領導成員的組成主要突顯軍警政一元化結構。

1945 年 10 月 25 日在臺北市公會堂，舉行中國戰區臺澎區受降典禮，陳儀代表中國戰區最高統帥受降，在日方代表臺灣總督兼第十方面軍司令官安藤利吉簽署降書，並從陳儀手中接受臺灣省行政長官發布的〈第一號令〉，以及簽具「受領證」後，立即轉達所屬及政治軍事機關及部隊的各級官長士兵遵照，結束臺灣總督對臺灣的統治權力。

依據〈臺灣省行政長官公署組織條例〉，臺灣省行政長官公署就是臺灣省最

[21] 黃天才、黃肇珩，《勁寒梅香——辜振甫人生紀實》，(臺北：聯經，2005 年 1 月，)，頁 81-82。

高行政長官，得發布署令，制定臺灣省單行法規，及具對在臺之中央各機關的指揮監督權，確保政府的法源基礎與強大權力，是掌控社會政經資源的重要法令依據。

陳儀亦任命安藤利吉為「臺灣地區日本官兵善後聯絡部」部長，負責處理遣送日本軍人、官吏、僑民的事務，直到 1946 年 4 月遣送工作告一段落，該單位隨即解散。而就在 3 月臺灣行政長官公署公布〈臺灣漢奸總檢舉規程〉的時間點，辜振甫、許丙、林熊祥、簡朗山、徐坤泉等人被遭到約談拘禁，並於 1947 年 7 月以涉嫌「臺灣獨立」、「共同陰謀竊據國土」的罪名被判刑。

檢視國府的接收臺灣工作，分別以「臺灣省接收委員會」負責接收日本政府轉交的企業，及以「日產處理委員會」，接管日本在臺民間的財產，將鐵路、公路運輸、電話電報通訊系統等大部分收歸國有、省有，或改組為國營、省營，或國、省合營；同時，依據〈臺灣省菸酒專賣局組織規程〉，將菸酒收歸專賣事業。

另外，藉由銀行的公營與貿易的壟斷，管制較具規模的重要企業及金融貿易等經濟活動。1949 年 5 月當時還在廣州的行政院特別授權臺灣省政府成立「臺灣區生產事業管理委員會」，確定發展生產事業的方向，凡生產國防需用及民生用品、外銷物品、進口貨之代用品等應予增加。因而，確定了臺灣的電力、肥料及紡織的工業發展。

戰後臺灣復員重建的工作，首先就是透過土地改革，增加農業生產。政府為避免徵收與補償地價造成通貨膨脹，除了頒布〈新臺幣發行辦法〉，實行幣制改革外，乃以七成實物土地債券及三成的四大公營企業(水泥、紙業、工礦、農林公司)股票給付。

這四大公營企業的開放民營，不但解決土地改革所需地主的補償金問題，同時促成臺灣傳統地主從農業生產轉型企業經營的契機。然而，面對通貨膨脹壓力及米、糖徵集的戰時管制，政府大量從民間汲取，支援中央政府在大陸陷入內戰的需求，直到大陸淪陷為止。

對於解決糧食欠缺問題，除要求所有可資開墾荒地儘速輔導人民墾殖外，並訂定〈臺灣省管理糧食辦法〉，力求在改善農業生產技術與農會組織結構下，因應臺灣劇增人口壓力，維持與管制民生物資。尤其，藉土地改革導致財富重分配，透過「肥料換穀制」的掌控，因應龐大軍公教人員的「米穀配給制」。

由於農業資本的漸次建立，汲取多餘資金轉投資輕工業，是以農業支援工業發展的重要產業策略，在發展農業階段政府統制市場，以確保價格與需求尤其明顯。

1947 年 2 月臺灣發生「二二八事件」，臺北等地陷入緊急狀態，政府為控制混亂情勢，宣布臺北戒嚴，並增援警察與軍隊，展開壓制行動，7 月間宣佈〈厲行全國總動員戡平共匪叛亂方案〉，與中共展開全面作戰，並於 1948 年 5 月公布實施〈動員戡亂時期臨時條款〉，和接著公布實施修正後的《戒嚴法》。

1949 年 4 月 6 日臺灣又發生「四六事件」，使國共在臺鬥爭表面化，戰線從大陸地區延伸到臺灣。為求軍事安全與經濟穩定，政府實施全省戶口總檢查，並自 5 月 20 日零時起全省戒嚴。

臺灣省警備總部即於 5 月 27 日根據《戒嚴令》與 6 月 21 日通過的〈懲治叛亂罪犯條例〉，對率隊投共、擾亂治安、金融及煽動罷工罷課罷市者，皆處重刑，以遏止共產黨在臺灣蔓延的勢力，鞏固國民黨在臺灣絕對統治地位。

同時，為因應中共一再高喊「武力解放臺灣」，1949 年 8 月裁撤臺灣省警備總司令部，分別成立東南軍政長官公署與臺灣省保安司令部，並嚴令加強入境臺灣的檢查，嚴格取締縱火的破壞社會秩序行為，舉發與肅清中共間諜，禁止與中共地區的電信往來等四項緊急措施。

10 月 1 日中國共產黨在北平宣布建立「中華人民共和國」，11 月 2 日行政院會議將臺灣省劃定為戒嚴接戰地域，有關域內的權限都歸屬軍事機管統理的戡亂動員體制。

回溯 1947 年國府雖辦理行憲國民大會代表選舉，及選舉蔣介石、李宗仁為總統、副總統，惟鑑於當時戰況危急，乃制定超乎憲法的動員戡亂體制。戰後國共內戰的時戰時和，加上美國政府對國府所持的「袖手政策」(the hands-off policy)，使得國府的局勢更加不利。

臺灣受到國共內戰的影響，政府並以「防衛捐」的課稅方式，籌措國防經費，大量從民間汲取資源，以支持國防上的支出，以致對福利等其他支出產生排擠。換言之，因治安工作近似軍事模式(military model)的強制權行為傾向，遂行警察戰時軍人與保衛國家安全的角色。

特別是依據〈經濟警察組設計劃大綱〉，成立經濟課執行經濟警察業務，執行〈經濟作戰委員會組織規程〉、〈取締擾亂金融平抑金鈔波動具體辦法〉及〈船舶總隊編組辦法〉等法令，加強對金融秩序與船舶管理，確保海防安全與社會治安。

除外，政府管制與積極參與經營公營事業、公用事業與公賣事業的商業活動，這種結構關係中雖蘊含著中央對地方的資源汲取；但透過公營事業體系的利潤汲取，除了籌措地方建設經費與國防支出，配合國家政策的政治任務外，公營事業對促進經濟穩定、增加財政收入，及增進人民福利等績效，有助警察扮演傳輸福利與追求效率的公共服務角色。

1950 年 3 月 1 日蔣介石以中國國民黨總裁復行總統職務，任命陳誠為行政院長，吳國楨為臺灣省主席。最先為鞏固領導中心，遂進行國民黨的改造，確定革命民主的政黨屬性。透過中國青年反共救國團、政工幹部學校等外圍組織，建構以黨領政、以黨治軍警的所謂「革命民主」體制，雖然遭致胡適、雷震等人在《自由中國》雜誌的強烈言論批評。

但隨著國民黨組織的整頓與改組的完成，以黨對政、軍、警、情治，及社團等機關的一元化領導，軍事性威權政經體制於焉形成。除了在國家安全上除了透過警備總部情治系統的進行肅清匪諜工作之外，同時嚴密偵防涉嫌反國民黨及支持臺獨運動的人士，這種強調軍事性的監控方式，被批評是一種「白色恐怖」的統治。

在政治權力的運作上，蔣介石依憲法賦予權力，主張代表全中國的正統政權，雖然地區僅限於臺、澎、金、馬，但在政府的組織結構上，仍意涵維持整個中國大陸的中央體制，除賦予總統緊急處分權、戒嚴令外，更為因應總統於 1960 年任期即將屆滿而不能再連任的壓力，國民大會以增訂〈戒嚴時期臨時條款〉的方式，不但總統任期不受連任次數的限制，而且還擴大總統權力。

同時，立委、監委及國大代表任期亦分別依據大法官解釋函，與適用憲法第28條的條文，形成罕見的「萬年國會」，以維護中華民國法統於不墜。

質言之，在戒嚴初期的國家軍事性威權體制，除了突顯總統與中央民意機構長期可以不改選之外，也特別是以〈動員戡亂時期臨時條款〉、〈動員戡亂時期檢肅匪諜條例〉、〈臺灣地區戒嚴時期出版物管制辦法〉及〈戒嚴令〉等相關法令，來箝制人民的言論、集會、結社、出版，及新聞等自由。

戒嚴初期威權國家體制在經濟政策的管制上，自1951年起實施所謂的「計畫性的自由經濟」（planned free economy），避免稀有資源的不當分配，以及有效運用美援。

50年代初期，臺灣原可供外銷的農產品米、香蕉與鳳梨等，已因日本與大陸市場的流失而無法獲得利潤；加上大量軍民自大陸遷來，消費增加，可供外銷之產品數量減少；同時，初萌芽的一些勞力密集的農工產品，又受制於日貨競爭，政府決定採行進口替代及出口擴張的管制策略。

進口替代管制策略是以自製非耐久性消費品代替進口貨，一方面可以節省外匯，另一方面可以保護幼稚工業(infant industry)。進口替代策略採取複式匯率，徵收額外進口稅；以高關稅管制進口項目及外匯分配抑制消費性產品的進口；透過公營金融機構對進口替代業的優惠資金融通；確保原料供應，對棉紡織業，以「代紡代織」的管制，解決資金及原料問題，為輕工業發展奠下基礎。

出口擴張管制策略是以〈外匯貿易改革方案〉，確立1美元兌新臺幣40元的單一匯率，並繼續簡化退稅手續、放寬退稅條件，同時放寬外銷低利貸款項目；實施〈加速經濟發展方案〉，建立股票市場、證券交易所，及區分中央銀行和臺灣銀行業務等金融體制，並將預算與軍費開支提交審計和複查的方式健全預算；透過〈獎勵投資條例〉，減免租稅方式獎勵投資；及首創加工出口區，結合自由貿易特區與一般工業區的優點，吸引僑外投資人來臺投資。

政府實施計劃性自由經濟的進口替代及出口擴張策略，是「以工業發展農業，以貿易培養工業」的保護性政策，仍藉高關稅與管制措施，因應通貨膨脹壓力及國際收支不平衡，而履踐政府較強烈色彩的保護功能。

相對地，這也是成功地將臺灣從國內導向、進口替代轉化為國際導向、出口擴張的經濟結構。雖然，出口擴張策略，已較進口替代策略時期較能擺脫直接的行政管制，但並不表示政府完全放鬆對市場機能或民間經濟活動的干預。然而，間接顯示警察在執行法律的角色上的比較能受到重視。

整體而言，這階段的治安工作在這警備總部的「以軍領警」的體制之下，扮演的是戰時軍人的角色，加強對於國家安全與社會秩序的維護，仍然延續軍警政一體的結構，警察擁有行政、立法及司法裁判權，其所採取各項強勢管制的經濟性治安，顯示在戰時軍人與國家安全上，突顯當期治安仍以軍事性的延續維護政權為主。

四、戒嚴中期政治性治安的分析（1975-1987）

1975 年 4 月蔣介石過世，嚴家淦繼任總統，蔣經國續任行政院長，並被推舉為中國國民黨主席，實際掌握黨政大權。1978 年嚴家淦總統任期屆滿，推薦蔣經國繼任總統。

當時臺灣正面臨因為國際糧價、油價暴漲，企業生產成本巨幅上升，降低出口競爭力的挑戰；加上，退出聯合國及與美國斷交等國際因素，引發我國政府的正統性危機，致使民間投資意願低落，大量資金外流。危急的政經情勢迫使政府更意識到政經自主性的必要性。

因此，為化解國內外政經危機，調整軍事性威權國家體制的工作已刻不容緩，政府遂改以強調政治力發展為主軸的國家總體目標，以弱化軍事體制的現象。因此，遂將蔣經國主政時期的這個階段，稱之為戒嚴中期政治性威權國家體制的治安階段。

由於臺灣內部長期以來，一直存在國家認同與族群意識，或是本土與非本土的爭議問題，尤其「臺灣獨立」的訴求，近乎與臺灣民主運動形影相隨。上述 50、60 年代，臺灣雖出現「中國民主黨」的組黨，及《大學雜誌》強烈的政治改革訴求，處處撼動執政當局的威權體制，惟其活動仍囿於「中國」體制內的改革運動，基本上仍不脫傳統士大夫知識份子的論政或書生報國。

至於《臺灣政論》創刊，由於主導者幾乎是由臺灣本土精英組成，訴求主題已隱約可以看出較為鮮明的「臺灣意識」。特別是 1977 年地方選舉所引發的「中壢事件」，更激勵反對運動的激進抗爭，到了 1979 年《美麗島》雜誌創刊，不但突顯臺灣意識，並且強烈主張改革體制的群眾激進抗爭路線，終於發生「高雄事件」。

在面對國內新興團體要求改革的呼聲，政府深切了解到本土化(indigenization)策略乃是臺灣永續生存與發展的關鍵，遂以修正〈動員戡亂時期臨時條款〉的方式，於 1972 年、1975 年完成自由地區第一、二次增額中央民意代表選舉，1978 年的第三次選舉，適逢美國與中共建交而延至 1980 年辦理，以後則依規定改選。中央民代的開放增額選舉，不但擴大吸納地方派系人士及政治精英參與中央決策，也影響中央權力結構的組成與特質，由 1950 年代的革命精英，經 1960 年代的技術官僚，到 1970 年代的本土化精英。

加上，當時海外臺灣獨立團體的呼應，對臺灣體制改革運動顯示了民間社會已普遍從省籍權力分配、社會利益分配，及政經主體性等實際結構和意識型態層面，直接向威權體制挑戰。

因此，1986 年民進黨的成立，接著《動員戡亂時期國家安全法》、《動員戡亂時期人民集會遊行法》，及《動員戡亂時期人民團體組織法》的陸續立法通過，將臺灣政經體制的改變又推向一個新的形態。

在這時期的經濟政策上，政府為因應國際能源危機及國內通貨膨脹壓力，決議實施〈穩定當前經濟措施〉方案，從穩定物價、健全財政，及限建措施等來帶動經濟持續發展。尤其，在逐步推動國家建設的同時，由於經濟的快速成長，許多基礎設施已不敷需求，形成經濟發展的瓶頸；而且工業發展所需的基本原料日增，能源亦感不足，只能完全依賴進口。

另外，政府以推動十大建設，因應當時惡劣政經環境的挑戰，及解決臺灣經濟所面臨結構性的問題。國家繼續維持引導市場的經濟政策，不但要帶動公營事業投資，更彌補私經濟部門投資與有效需求的不足，以減少臺灣對外依賴的程度，並促使臺灣產業從輕工業進入重工業階段，更藉由經濟層面的起死回生，連帶促使政治局勢穩定的效果。

但是中華民國退出聯合國、美國斷交，這些接踵而至的外交挫折與衝擊。特別是國內發生「高雄事件」，成為國際人權與政治民主化程度關注的焦點，政府以軍法公開審理方式，強調警察打擊犯罪、維持秩序的執行法律角色。

國家推動法治化，戒嚴中期國民黨政府開始改革的時候，也就是最危險的時候，卻讓臺灣政經體制順利過渡，從戒嚴初期蔣介石主政的硬式威權體制逐漸弱化，過渡到戒嚴中期蔣經國主政的軟式威權政經體制，降低了警察的戰時軍人角色。

同時，《國家賠償法》的實施，對於國民個人權益、自由，若因可歸咎於公務員或代表政府執行業務之公司的傷害，可以訴請國家賠償損失，有助於提高警察的公共服務角色。

整體而言，警察在這階段也能由以往偏重維護政權的角色逐漸調整為以維護秩序與打擊犯罪來執行法律角色為主。若以 1981 年為界，之前警察不僅有法規制定權，且依《違警罰法》，持有警察司法裁判權，以及在衛生、消防、工商、安全以及風俗等事務的行政權。我國警察權的涵括行政、立法及司法裁判權等權力，可謂類似警察國家的警察權。

對於 1985 年起開始實施的〈檢肅流氓條例〉、1987 年的取消戒嚴，及《國安法》、《集遊法》、《人團法》的相繼實施，相對強調警察維護社會秩序與打擊犯罪的法治功能，顯示警察角色的定位在這階段是以偏重執行法律的角色為主。

五、戒嚴末期經濟性治安的分析（1988-1992）

1988 年 1 月 13 日蔣經國過世，李登輝繼任總統，並兼任國民黨主席，為因應國家政治民主化、經濟自由化、社會多元化及文化活潑化的激烈變遷，在威權政經體制的轉型上，除了通過《集遊法》、《人團法》、《國安法》，及《刑法》第一百條等重大修正案外，影響權力結構最深遠的就是修憲、廢除動員戡亂時期臨時條款、資深中央民代自願退職，以及兩岸關係的發展。

1990 年 3 月李登輝當選中華民國第八任總統，並於 6 月召開國是會議，1991 年 4 月展開第一階段修憲，以後在 1992 年至 2000 年的八年間，陸續進行第二階段至第六階段的修憲工作，修憲的結果爭議尚存，但對臺灣威權政經體制轉型的影響卻是不爭的事實。

1992 年第二屆立委選舉，民進黨獲得 31%的總得票率及 50 席的立委，相較於國民黨的 53%及 102 席，選舉結果影響政治權力結構的重大變化，國內政黨政治隱然形成，對國民黨長期一黨優勢的政治生態，產生極大衝擊。加上，1993 年新黨成立及 1994 年臺灣省長、北高市長與省議員選舉，1995 年第三屆立委選舉之後，朝野政黨因內部權力結構的調整與理念的歧異，臺灣政治生態出現黨派分立與意識形態之爭。

1996 年第三屆國大代表與中華民國第 9 任總統、副總統的選舉，是我國建立自由民主體制最關鍵時刻，顯示臺灣已能從威權政經體制的轉型中，建立了以「主權在民」為機制的自由民主政經體制。2000 年 5 月陳水扁、呂秀蓮當選中華民國第 10 任總統、副總統，更完成我國歷史上首次的政黨輪替，完成對臺灣威權政經體制轉型的政治工程。

同時，臺灣也面臨兩岸關係的微妙變化。中共自 1979 年採取改革開放以來，提出「三通四流」、「葉九條」、「鄧六條」、「一國兩制」等和平統戰手段，政府雖仍以「不接觸、不談判、不妥協」的三不政策做回應，但到了 1987 年，由於國際政經環境因素的影響，在蔣經國任內的最後期間也不得不開放人民赴大陸探親。

1990 年政府設置國家統一委員會、1991 年成立大陸委員會與海峽交流基金會，推動兩岸關係的發展。到了 1995 年李登輝總統的美國之行，發表「民之所欲常在我心」的演講，及 1999 年提出特殊國與國關係的主張，兩岸關係的陷入低潮。2000 年 5 月 20 日陳總統水扁就職演說的「五不政策」及「政治統合論」，期能解開兩岸之間的困難與複雜情勢。

在經濟政策方面，政府除了加速國營事業民營化之外，仍繼續推動經濟自由化、國際化及制度化的「三化策略」。在貿易自由化，以降低關稅，開放進口市場，拓展出口貿易；在國際化，以解除外匯管制，促進金融自由化；在制度化，以調整產業結構，建立自由競爭環境，促進科技產業的發展。同時，為因應國內投資意願低落的問題與美國新保護主義的反彈，1993 年通過〈振興經濟方案—促進民間投資行動計劃〉就長程發展，是要建設臺灣地區成為一高度自由開放的經濟體。

1995 年通過〈發展臺灣成為亞太營運中心計畫〉，希望進一步提昇臺灣經濟自由化、國際化的程度，促使國內外人員、貨品、資金及資訊能夠便捷地流通，藉以充分發揮臺灣在亞太地區的經濟戰略優勢，吸引跨國企業並鼓勵本地企業以臺灣作為投資及經營東亞市場。

然而，亞太營運中心的推動工作，隨著 2000 年 5 月的政黨輪替而為推動全球運籌中心所取代，而政府與市場的關係也已從父權式型態退居為背後輔導的方式，來帶動國家高科技產業的發展。

回溯 1990 年代之後臺灣的經濟環境，面對國內充滿泛政治化風氣、統獨爭議、法制不足、治安不良、社會運動畸形發展，及行政效率有待提昇等，影響民間投資意願與經濟發展。政府為改善國內的政經環境，開放黨禁、通過《集遊法》、《人團法》，廢止《出版法》等，加上兩岸走私、販毒的犯罪率增加。換言之，警察需要扮演維護治安與打擊犯罪的執行法律角色。

1997 年臺灣度過亞洲金融風暴的衝擊，有助臺灣威權政經體制的順利轉型，是將國家強調發展經濟力社會為主軸。政府不但要解決國內因資本累積而造成的所得分配不均，及大量社福支出增加。同時，對青少年、婦女、殘障、勞工，及原住民等弱勢團體的保護，也要提供市場公平競爭的環境，及對消費者、環境生態的保護，處處需要警察扮演經濟性傳輸福利與追求效率的公共服務角色。

在兩岸關係上，政府先以解除戒嚴、終止戡亂的「除內戰化」來緩和中共的敵意，但又因兩岸經貿發展受到戒急用忍、特殊國與國關係政策的影響，兩岸緊張關係依然存在，警察維護國家安全的角色仍然未能稍有鬆懈。

整體而言，警察隨著國內政治民主化、經濟自由化、社會公民化及文化多元化，以《社會秩序維護法》取代《違警罰法》，重視對有關對人民身體自由所為的處罰回歸《憲法》。由於《違警罰法》實施的過程中頗受爭議，因此到 1991 年 7 月 1 日，才改由《社會秩序維護法》取代。

同時，在警察任務上，消防、水上、移民、外事、保安等也都朝向「除警察化」的趨勢，不再隸屬制服警察之任務。加上，政府重視《性侵害防制法》及《保障兒童福利法》的付諸實施，警察角色的定位除兩岸安全因素外，已較弱化維護政權及執行法律的角色，而調整為「法治化」(rule of Law)的以偏重公共服務為主的角色。

六、結論

本文的研究成果如下：

第一，在 1945-1974 硬式威權政經體制的強調軍事性動員戡亂階段，警察扮演的是以偏重維護政權為主的角色；1975-1987 軟式威權政經體制的強調政治性本土化階段，警察扮演的是以偏重執行法律為主的角色；1988-迄今轉型威權政經體制的強調經濟性產業升級階段，警察扮演的是以偏重公共服務為主的角色。

第二，警察角色受到政治與經濟逐漸脫鉤、政府弱化對市場干預的影響，由經濟國家主義向經濟自由主義傾斜，警察角色也由偏重維護政權、執行法律，而受之調整為以偏重公共服務的角色為主。

第三，根據警察角色的變遷可以檢證，在硬式威權政經體制階段的治安工作，警察偏重維護政權角色，是比較重視國防軍事力發展的階段；在軟式威權體制階段的治安工作，警察偏重執行法律角色，是比較重視政治經濟力發展的階段；在轉型威權體制階段的治安工作，警察偏重公共服務角色，是比較重視社會文化力發展的階段。

第四，整體而言，我國警察角色的變遷也可檢證美國警政歷史的政治干預時期（維護政權）、改革專業時期（執行法律）及社區警政時期（公共服務）的三個發展階段。

第五，我國警察角色的變遷也符合戰後先進國家民主化的潮流，也因社會進步與承平的朝為民服務之趨勢而演進，而其警政哲學思考與策略取向的演進類型又可區分為建立時期的警政哲學、專業化時期的警政哲學、社區警政的警政哲學，及整合時期的警政哲學。

綜觀我國警察角色的變遷，隨著政治民主化與經濟自由化的程度，突顯警察的執法功能與政治發展呈正相關；而秩序維護功能則與教育、經濟與社會力呈負相關。國內的警察角色應從偏重維護政權，逐漸轉型為偏重公共服務為主的角色。

文末，特別要指出的是，臺灣威權體制的威權轉型，之後臺灣在更確立政治民主化、經濟自由化、社會公民化及文化多元化的環境下，我國警察應發揮整合性功能，以均衡兼顧戰時軍人、國家安全的維護政權角色，及維護秩序、打擊犯罪的執行法律角色，暨傳輸福利、追求效率的公共服務角色，值得更深入探討。

同時，經由本文對警察角色的釐清和定位，期有助於警察法制(rule by rule)工作的推動，以及在政府的組織運作上，提供制定政策的參考。

第三部分

臺灣企業與中國式管理

- 近代管理思潮與臺灣企業管理演進
- 中國式人間學管理的探討
- 多元化一體發展的臺灣文創產業分析
- 臺灣媽祖文創產業的客製型服務管理

近代管理思潮與臺灣企業管理演進

一、前言

各位鄉親！因為老家在後壁鄉安溪寮，今天很榮幸有這個機會，能夠回到自己的家鄉，將自己所學及在學校裡教書的經驗與心得，與各位敬愛鄉親，來話說管理並談談現代社會工作中的人際關係。

由於人心是善變的，為什麼善變？主要因為整個環境也是變動不居的，所以我們才要學習管理，假若說人心及外在環境都是靜態的話，那也許管理的方式與發展可能就沒這麼精彩了！正因為人心一直在變，環境也在變，所以管理才有它的意義及存在的空間，值得去做深入的探討。

各位大概也時時可以感受得到，幾乎在人們每天的生活當中。時時刻刻都跟管理發生關係。因為，我自己在研究所階段是學管理科學的，所以有時常開玩笑說：要過管理的人生，人生本身就必須要管理．我們可從各種角度來探討，像今天各位來聽這場演講，若運用管理的角度來分析；從開始要聽這場演講，時間上怎麼規劃？上午的工作怎麼安排？要以什麼方式到文化中心來？來了以後大概預定停留的時間有多久？希望達成的預定目標是什麼？這就是管理。這可說是我們以這個角度來說明了管理的意義。

今天講演的大綱的主要內容是朝著：管理與管理者，管理理論的發展，後工業時代企業的組織與管理形態，及如何在工作中建立良好的人際關係等領域，最後做一個簡單的結語。在提到比較純理論性的地方，我會盡量把它口語化，而本文重點我們還是擺在後工業時代的企業組織形態和管理新趨勢，亦即在後工業時代，當人類歷史進入所謂資訊化的社會，我們的管理工作，應該怎麼做？如何調整？

二、管理的意涵

先從管理的整個基本概念上跟各位介紹，什麼叫做管理？從比較簡單的字面上來講：管理等於是從規劃、組織、領導到控制執行，形成完整體系的一個程序。這樣一個方式，各位大概在工作上、生活上隨時都可以應用得上。

換句話說：要達到一個目標，我們必須要做規劃，要把它組織起來，然後去執行，最後做一個評估。在這個過程當中，要能夠運用我們手上所有的資源，這個資源就包括你的學識、你的人際關係、你的物力，還包含了你擁有了哪些科技或機械化的資源，然後有效率地來利用這些有限的資源，達到你效用極大化的最終預期目標，我想這就是管理的意義。

光從字面上講可能各位會覺得非常生硬，有點跟在學校裡面上課一樣，舉個例子來說明，各位可以隨時把它運用到生活上，假如說你今天要創業，在創業過程當中，你會想到：我要成立一家公司，牽涉到我怎麼來規劃這一家公司，要從事於什麼行業？我的資金大概要多少？投資那一方面的產品生產？這就是規劃的階段。

之後，這個公司是以什麼形態成立？我到底要找哪種人來幫忙？成員要多少？必須要把它組織起來，基本上組織是靜態的，可能只是一個架構。此時，必須要發揮機制，要有人去領導、運作，讓整個組織架構健全，公司才能夠很順暢地運作起來，於是進入開始執行的階段。

接著便到了管理中非常重要的控制階段，在公司成立或推動工作的過程當中，發現有不理想的地方，可能就隨時要做修正，最後是隨時作評估的階段，也就是所謂的回饋、續效，這就是所謂的管理機能。

在這樣的一個管理機能裡，如何能夠有效率、有效能的運用各方面的資源，包括公司裡面的人力、物力、機械、資金等資源，有效地統合運用、相輔相成，來達到目標。

這樣的循環體系，就是一般所謂的管理，而所謂懂得管理，就是有什麼事情到你手上的時候，你能透過這樣的一個程序、概念，把它很快地組織起來，在這樣的情況下，懂得管理的人，就會覺得人生很有意思，碰到事情來的時候，能夠馬上應用管理的這一套模式，工作來了，就不會推卸責任，或是說這個工作你覺得太複雜，幾乎沒辦法達成，而你卻能夠在很有效率的情況之下，完成這個工作，且不會抱怨。

在工作崗位上，可能是只怕事情太少，不怕事情多啦！事情再多，你能夠把管理的理念套上去，事情就能夠處理得非常好，懂得這樣的一個方式，每一項工作對你來講，都有步驟、有方法。

我們若能夠把這樣的一個概念應用到你的人生裡面來，這就是我所說的「管理的人生」。再往下介紹，各位就會更了解到，管理有好幾個層次，不過在講管理的範圍之前，我想跟各位再介紹和管理的定義非常有關係的效能跟效率，這兩者的區別是：一個是「做正確的事情」，一個是「以正確的方式來做事情」。

各位認為效率跟效能那一個比較重要，應該是效能，因為所謂效能就是要做正確的事情，就像在選擇對象、選擇行業一樣，所做的事情，到底是對的或不對的？是有意義的還是沒有意義的？這個就牽涉到效能的問題，有些人是把它稱為效果，在字面上來講它是同樣的意義。

那效率呢？效率就是說在工作的過程當中，如何能夠節省成本，時間上能夠節省，以發揮效率來。所以，必須要能先選擇有效能的工作，然後在工作的過程當中，去追求有效率的達成，假如只是一直很強調效率，工作一直求快，但是沒有選擇適當的效能，也就是說選擇了做不對的事情，或是說從事的行業是個夕陽產業，產品在整個市場上已經不符合時代潮流了。

譬如紡織業，屬於比較勞力密集的產業，雖然說懂得管理，能夠很有效率地來從事生產，問題是這個行業，已經不符合外在環境的需求，雖然很講求效率、懂得效率，結果產品還是在國際上沒有競爭力。

例如在臺灣地區，土地取得使生產成本增加了，生產成本一提高，縱使效率再好，產品價格還是太高，在國際上根本沒辦法與東南亞國家或是大陸地區來競爭啊。所以，要轉而選擇從事高科技的產業，然後在工作進行當中去追求效率的提升才行。

在管理裡面，你必須要有效地來運用你的人力（Man-power）、原料（Material）、機械（Machine）、技術（Method）、金錢（Money），這是早期強調的五 M，因為時代的變遷，後來又強調市場（Market），強調員工的士氣（Morale），又從五 M 發展到所謂七 M 的時代，但即使是七 M，在管理者來講的話，可能還有所欠缺。

因為科技進步，所以要加入資訊、電腦、科技方面，既然要把這些尖端的科技運用到工作上，為了增加管理的效率，所以又增加了管理資訊，另外又考慮到所強調的不只是純粹在看得到，所謂形而下的物質方面，也必須要強調一些所謂的形而上的管理哲學，在管理的發展過程當中，如果僅完全偏重於很尖端的科技，或是說在各方面條件都非常優厚，是不是就能夠達到管理的目標呢？那也不見得。

因為人的因素非常重要，就是說必須要進行人性化的管理，這就牽涉管理哲學形而上的這一個部分，另外我們也要考慮到所謂的管理環境，瞭解四周的環境是在怎樣的一個情況之下，因環境不同，所採取的管理方式就會不一樣。

尤其現在強調的所謂心靈管理，可能有時候藉宗教的力量才能夠來協助達成管理的目標。從以上眾多狀況，會讓人感受管理的範圍這麼廣泛，到底該如何掌握。所以，我也特別強調人生就是管理，或稱所謂管理的人生，人生管理或是管理人生也好，如生涯規劃就是管理人生，也是管理的一部分。

三、管理的範圍

至於管理的範圍可以分成六個層次：

首先，是屬於「個人層次」管理的範圍，各位在你的人生、生活、工作範圍裡面，個人時問怎麼管理，老天很公平，每人每天都只有二十四個小時，但是懂得時間管理的人就能夠發揮比較大的效果，譬如說你今天到底要不要來聽這一場演講，選擇權在你，因你今天來聽這場演講，也就沒辦法去做其他的事情，而且牽涉到你個人的決策管理，甚至於個人的婚姻管理，個人的身體管理，身體是自己的，一天裡面你要撥多少時間來做運動，這都是屬於你個人層次的範圍，你應該有周詳的規劃，採取怎樣人生管理的方式會比較理想。

其次，現在我們將「組織層次」管理的範圍擴大，在一個公司或團體中，可能牽涉到的是財務管理、人事管理、行銷管理、生產管理、策略管理、危機管理、科技管理，這些都是屬組織層次方面的。

第三，是屬於「產業層次」的管理，譬如說一個單位、一個行政系統、一個政府單位、或是一個社團裡面，私人企業是屬於營利事業範圍，有些社團是屬於非營利事業單位，譬如說基金會，或是一些慈善的社團，不管是福利事業單位或是營利事業單位，一樣要把管理的概念應用到這裡面來。

第四，這一個層級進入到所謂的「政策層次」，亦即政策管理，譬如汽車責任保險，這樣的一個政策，到底如何讓政府或是立法院能夠通過這個法案，最近在報紙上各位也看到，有位柯媽媽為了讓這個保險法能夠趕快在立法院通過，為了讓外界能夠了解這個汽車責任保險的重要性，採用什麼方式，能夠讓政府向立法院提出，並在立法院順利通過，她努力推動的過程其實也是一個政策管理，在整個目標達成的過程當中，就必須要去做規劃、組織、運作，就屬於政策管理。

另外如環境管理、衝突管理，像憲法，將來還要在修改，所謂的修憲管理，如此專業的領域裡面，都可以應用在管理上。以上都屬於政策層面上的管理。

第五，是比較高的層次了，就是「民主層次」的範圍，譬如說國與國之間的，或是東方與西方的不同的管理模式，我們說這是中國式的管理，那是日本式的管理，說臺灣話或是臺灣俚語，依某個目標就可能會突顯說臺灣話，它有什麼特別的意義，它跟其他語言比較有什麼不同，或是它有什麼特殊的時代意義，關係到如何整理、管理等問題。

最後，是所謂的「國政層次」管理，一個國家的方向，國家的定位，如何治國、平天下，就是屬國政管理的範圍。從個人層次，然後一直到國家的層次，都可以涵蓋在管理的範圍裡面。

四、管理者的角色

我們再看所謂的管理者的角色，掌握時機是很重要的，記得以前在念書的時候，有一個老師跟我說：「做生意要靠時機，做官要靠貴人，做學問要靠自己。」然後他就問我：「你到底要選擇走哪一條路？」這是個人將來的努力方向，我大概野心比較大，也想做學問，也想服務社會，這兩個方向希望兼而有之，時機、貴人、或者靠自己也好，我想都是必要的呀。

雖然有這樣的區別，尤其要成功時機非常重要，有時候我們講「大位不與智取」，也要看你的命啦！當個科長、股長最辛苦，是最基層的主管。靠你自己的努力，很容易達成，因為你努力了，不努力的人顯然是被你比下去了嘛，而所謂大位譬如說當部長、司長，甚至總統這樣的位子，可能你很努力呀，然後又有貴人相助，有更高層次的長官來提拔你，每人機會又不相同，此時你用管理的方式，也許能夠有助於達成，但是能不能達成有時候要靠你有沒有這個命了。

管理學界流行這麼一句話，常講：「人一定要努力，但是，你努力並不一定成功；但是你不努力，一定不會成功。」個人努力是應該的，各位大概有時候常常這樣想：我都這麼努力了，二十四小時我都不睡覺，但是我事業的經營還是沒辦法成功，我怎麼沒辦法賺大錢，或是不能夠在職務上調升。

然而，我們每個人都有機會從事於扮演著管理者角色的工作崗位上，不僅兩個人以上就需要管理，個人也需要管理。有時候我們容易把管理者跟領導者會混在一起，最明顯的區別兩個人以上就有領導者出現，有時候你稍微觀察一下，兩個人中一個走前面一個走後面，或是一個走右邊一個走左邊，你就知道是那一個職位比較高，或是那一個資望比較深，或是那一個是長輩，其中心也涉及到互相的影響力、權力。

再就「管理者」而言，工廠裡生產線上的領班就是一個管理者，兩個人裡面只要有一個是主管、負責人或是班長的話，他就扮演著管理者的角色；

「連絡者」，負責各部門的連繫；

「偵察者」，可能要去了解整個事情的真相；

「傳達者」，董事會開會之後，有新的指示下來，總經理要把董事會的訊息傳達給公司裡面的員工、同事；

「發言者」，負責對外發表聲明；

「企業家」，負責公司的成敗；

「清道夫」，負責處理有些事件發生之後的一些善後，可能是大家都不喜歡做，不願意去處理大大小小的事件；

「資源分配者」，譬如三位裡面只有一位考績能夠八十分，上頭給的獎勵、獎品有限，到底要送給表現比較好的，還是比較特殊的，你就要妥善分配；

「仲裁者」，同事間彼此發生口角，鬧得不愉快的時候，你就要出面調停。以上介紹的管理者角色，在我們的生活領域裡隨時都會出現，跟我們生活是息息相關的。

五、管理是藝術或科學

再談到管理是科學還是藝術，管理因為是屬於社會科學的領域，在社會科學中能歸納出來的，普遍性的、或是通則性的一些概念，來做規範。它不像自然科學，氫加氧出來是水，自然科學的結果是可以預期的，是不變的，又如一加一等於二，屬於自然科學的數學範圍，都有一定的結果出來。但是管理科學就像我們剛才所講到的，你很努力，但不是一定成功。

若把管理列入在藝術範圍，可能又讓大家覺得管理跟藝術怎麼能夠扯得上邊呢？依照管理學大師彼得杜拉克的意思，他認為管理是一種實務，管理者跟醫生、建築師扮演同樣的角色，工程師建造一棟大樓，醫生替人治病，建築師必須把他的生命昇華，變成它的作品，不是純粹的建築物而已，而是有生命的、建築物可能是藝術，醫生替人治病，不是單純的把病治好的概念，而是應該昇華到服務人生、尊重生命的崇高理念。

管理者我想也是一樣的情況，我們不只是單純的在一個範圍內、在一個工廠裡面，如何把效率達成、目標達成，應該將你的感情跟你的生命融合在裡面，所以管理應該是一門藝術，因為它也是沒辦法像自然科學一樣，有一定的實驗結果，有一定法則，它是變動的。

講到管理，到底應該採用比較柔性的管理，如老莊哲學的方式：或應該是採用比較剛性的管理，如法家亂世用重典的方式，就因為管理沒有一定的模式，所以說管理是一門藝術。

六、管理思潮的演進

以下跟各位介紹管理理論的發展過程。人類歷史自 18 世紀末、19 世紀的工業革命之後，因為開始用機械化大量生產，必須考慮到怎樣使產品、產量能夠愈多愈好，所以這個時候的代表人物講的是科學管理，重視的是生產量怎樣能夠增加，這是第一個階段，德國管理學者韋伯(Max Weber)所謂的官僚體制就是金字塔的組織結構，認為每一個人在他固定的工作崗位上，做同樣的一項工作，因為他很熟練，生產量就能夠增加。

大致說來，在 19 世紀初，強調的是大量生產的時代，那時候管理的方式認為組織要非常嚴密，每個人在固定的工作崗位上，就能夠管理得很好，法規制度要規定得非常清楚，強調的是職權階級、還有責任感。其中管理大師費堯(Henri Fayol)談到企業功能跟管理的機能，管理機能，就是剛才提到的規劃、組織、領導和控制，而企業功能，就是我們講的財務管理、生產管理、行銷管理、人事管理、電腦資訊的管理、研究發展，希望能夠達成大量生產的目標，但卻不一定能夠達成，後來感受到這樣的方式，還是有所欠缺。

換句話說，因為完全沒有考慮到員工的心理因素。所以到了 1930 年代左右，進入所謂的行為科學時代，重視的是員工的行為，因為科學管理只重視到生產產量、強調的是機械化，沒有去考慮到員工能不能接受，行為學派認為要達到一個好的、有效的管理，除了金字塔的組織架構外，必須要重視員工的心理因素、員工的行為。

實際上，員工能不能接受管理，對管理的效果、績效會有很大的影響，麥格里戈(Douglas McGregor)的 X 理論，認為人是好逸惡勞的，是被動的，是有惰性的，管理者必須要採取嚴格的方式，監視員工是不是有在偷懶，採很嚴格的管教方式，使員工努力工作。這和荀子所講的「人性本惡」相近似，要把法律、規章定得很嚴格。反之， Y 理論就像孟子認為「人性本善」，人是積極向上的，會主動去做工作的，管理方式不必那麼嚴格，只要能夠用適當的機會開導他。或是採鼓勵的方式使他能夠接受。

X 理論和 Y 理論都有所偏差，儒家講究的是中庸之道，他既不偏 X 理論也不偏Y理論，用我們中國式管理來講的話，另派管理學者梅克利(John E. Megley)的 Z 理論等於是儒家思想的管理方式，認為強調行為科學。由於太討好員工，所以管理沒辦法達成，最有名的就是日本式的管理，這是第三個階段。

在 1960 年代左右，所謂管理科學的階段，科學管理跟管理科學有點不太一樣，管理科學強調的是要有數據、要有科學的理論、要應用到所謂的微積分、統計學、能量科學、決策理論。到了 1970 年代，運用很多用數據邏輯的理論，統計的方法，建立起一個管理的模式，有助於管理的績效。但即使到了這個階段，還是有它不理想的地方，因為這樣的一套模式，完全是用數據、用邏輯的理論去做整體的管理方式，我們沒辦法預測員工或是這個單位裡面可能會發生的事情、行為，在管理上也有它的盲點。

因此，到 1980、1990 年代，甚至在今天的第四個階段，比較偏重強調一種情境因素，即是有些人稱為權變理論，例如：員工因為他個人的家庭影響他的情緒，使他由原本很開朗，變得很消沉，管理者在管理上可能就要用不同的方式；或則是東、西方國家，可能因為人性的不同，在行為上的表現、觀念上的不同，你的管理的方式就要隨著情境、環境、情緒而變化，剛才我們講到管理是個藝術也是基於這樣的一個認識。

因為在變動的環境裡，管理很難說你用哪一套、由誰建立的模式，就一定能夠達到管理的效果，因為情境是隨時在變化，也許今天天氣非常好，心情非常好，都會影響到員工的工作情緒，管理者當然要把這些因素都考慮在裡面，才能夠達成管理的效果。

我們談到進入後工業化時代的組織與管理，在《第三波》一書中提到：第一波是所謂的農漁牧時代．第二波是工業時代。開始用機械化生產，第三波就是所謂的後工業化時代，這是我們從經濟發展的觀點裡面來做分類，臺灣現在也慢慢進入所謂後工業時代，也就是所謂資訊化的社會。

因為管理專家重視管理環境已受國際（international）、投資（investment）、個人（individual）、資訊（information）這四個 I 的影響，資訊時代最主要也是因為電腦的革命變成沒有國界，或是超國界的，像 INTERNET 網際網路，在這樣的情況下，社會形態就產生了影響，因為形態不同，資訊社會所呈現的現象也不同。

我們很榮幸，生在這個時代，工業時代與後工業時代的兩個階段，我們都能夠恭逢其盛，工業時代與後工業時代主要是從 20 世紀到 21 世紀，工業時代與後工業時代不同的地方，我們可以做一個對照：工業時代政府推動民主國家或是中央體制，屬於比較中央集權，對邊界很敏感，強調對於國內的資金運用，保護本國的公司，是透過開發與出口來導向生產階段。

各位回想一下，這與臺灣以外銷為導向，來發展經濟的過程很類似，其產品的生產週期是比較長的。一些先進國家像德國、日本、英國、美國在進入資訊時代後，民間的資本愈來愈重要，強調資訊和主權在民、社區主義，本質上沒有國界之分，希望外資跟國際工業能夠來投資，重視企業的精神領導，產品的週期、壽命期卻非常短，產品經過兩、三年後馬上有新的產品出來競爭，對整個區域的情況，很多的國家為求能適合在資訊社會中發展，所以其顯現出來的企業組織形態、方式也就不同，而管理方式針對企業形態的不同，就會調整。

至於後工業化時代的資訊社會裡，在組織形態有什麼特徵呢？第一，從金字塔的組織形態，層層節制的管理方式，變為朝向扁平化的組織形態，就像橄欖球一樣，換句話說中間的層級減少了，最明顯就像現在省級政府精簡，從企業經營的觀點來講，也是為了能夠提昇工作效率。

扁平化的結果使每個人就是第一線，像以前的業務員、上面還有副理、經理、副總經理、總經理、董事長，現在可直接就面對總經理了，根本沒有中間這些層級。這當然有它特殊的用意、優點，有時總經理馬上要這個資訊，馬上要了解你這個行銷業務成果怎樣，就可以跳過副理、經理等層級，直接跟第一線這個行銷業務員連繫，既能節省很多時間。管理效率也能夠提升。

第二、由中央集權式走向分權式。以往很多企業設有總管理處的，慢慢調整，成立很多的子公司，所以會有控股公司的形態出現。

第三、從僵硬解化為變形蟲，以前的金字塔組織形態，從這個部門調到另外一個部門，或是說從這個部門要支援到其他部門，可能都有困難，有時他是你這個部門的，實際上他在這一年裡面，卻都調到別的部門去工作了，考績、獎懲就很難處理。

在這種情況下專案經理就出現了，很多的專案小組，這些專案小組它是隨時可以機動調整的，也許這個時候我們需要行銷部門，因為有新的產品出來，行銷這一方面我們要加強，就可以成立行銷專案小組，我們可以把其他部門的人機動性的調到這個部門來支援，採取所謂任務編組的方式，當這個任務完成之後，他又馬上歸建回去了，隨時都根據任務的需要來做調整。

第四、由大趨小且目標集中，專業化時代在產品上要採取特定的市場區隔理論，必須開發針對自己比較有把握的、比較專長的、比較有創意性的產品，所以很多有創意性公司、廣告公司、管理顧問公司、投資股份公司等形態就出現了，組織形態裡也必須運用科技與環境的變化而改變，管理趨勢已經朝向所謂創新與學習的時代了。

七、臺灣的企業管理發展

臺灣的產業發展過程是從勞力的密集產業到技術密集產業，然後到所謂的科技或是稱策略性產業，再到第四個階段高科技的產業，高科技的產業就是屬於知識管理的領域。臺灣在 1950、1960 年代的時候是屬於勞力密集的產業，那時的紡織廠或是一些加工業重視的是很多的工人，譬如臺南縣關廟地區很多的手工製品，如藤製品、竹製品的外銷。

到 1970 年代，政府推動十大建設後，如中船、中鋼這些產業，讓臺灣能夠逐漸進入所謂的技術密集產業階段，到現階段臺灣發展的都是高科技的產業，像電腦、資訊方面的是屬於知識性的產業。當我們面對這環境的快速變遷時，整個管理方式都要調整、改變。

臺灣面對未來管理趨勢的新方向、新的發展就是資訊管理，因為產品的生命週期短，競爭環境激烈，所以我們必須不斷地創新、學習，而且必須要能夠跟資訊科技相結合，隨著資訊科技的發展而做調整，另外必須要跟消費者、顧客群能夠直接接觸，這與主權在民、民主政治一樣，政治人物要直接跟選民能夠結合在一起，生產者跟消費者能保持第一線的接觸，就能夠了解市場的變動，產品及管理方式才能夠在很快的時間內調整過來。

另外，所謂的知識管理，強調的是一種知識性的密集產業，強調專業、有創意的如廣告公司、管理顧問公司等，都是屬於知識性的密集產業，在高科技的產業情況之下，愈來愈重視所謂的知識力量，能夠創造知識就能夠創造力量，這也就是將來的管理方式，愈來愈偏重知識密集產業的原因。

特別是近年來臺灣的重視個人財富的規劃與管理，成為大家關心的話題。然而，有些對金錢的正確觀念是有待建立的。

(一)打開創造財富之門

對於財富提出革命性見解的托佛勒(Alvin Toffler)指出，要進入貨幣經濟必須通過「通往金錢的七道門」。第一道門是創造可銷售的東西；第二道門是找個工作；第三道門是繼承；第四道門是獲得餽贈；第五道門是結婚；第六道門是領社會救濟金；第七道門是偷竊，這是最後還有個選擇，罪犯的第一選擇，窮人的最後手段。當然還有其他方法如賄賂、意外之財等，但幾百年來，人類主要透過這七道門進入貨幣經濟。[1]

相對於前述七道門，通往隱藏或無紀錄的經濟卻有上千道門，當然這種看不見的經濟不應與地下經濟或黑市混為一談，後者指的是恐怖主義、獨裁者、毒梟等靠犯罪、洗錢、逃漏稅等手段吃香喝辣的世界。黑市是用來交流與隱藏貨幣的，也屬於貨幣經濟的一部分。另外還有一個龐大的「隱藏」經濟，當一個人或一個團體的產出是自己生產、自己消費，我們稱之為「產銷合一者」，也稱之為「非貨幣」產銷合一經濟。

非貨幣產銷合一經濟的概念包括：透過無償工作創造價值，與半個世界外的陌生人分享。不論是照顧生病的家人、在社區或消防隊擔任義工，產銷合一者都具有社會價值。

[1] Alvin Toffler, 張美惠譯，《財富革命》，(臺北：時報文化，2007 年)，頁 166-169。

產銷合一的形式千百種，可以是設計分享軟體、更換燈泡、烘烤蛋糕為學校募款等，也包括追蹤炭疽病菌、拯救地震受害者、蓋教堂、尋找外太空的生命現象、到圖書館當義工、擔任社區組織的秘書、或偏遠地區架設臨時診所等等，皆是產銷合一所創造出來的非貨幣經濟性質的生產活動，亦是廣義財富的內涵，也就是托佛勒所特別強調的財富革命(revolutionary wealth)。[2]

因此，創造財富的人生應該是貨幣經濟與非貨幣經濟結合，才算是構成完整的財富創造系統，未來的貨幣系統必然會大幅擴充，但使用貨幣的活動將越來越受到非貨幣活動的影響。諾貝爾經濟學獎得主貝克(Gray Becker)和沈恩(Amatya Sen)是這理論的提倡者。

從古至今，財富一直背負罪名。古代的亞里斯多德等先哲認為，追求自給自足以外的財富就是違反自然；19 世紀的社會學家與無政府主義者認為，財富就是侵占致富；今天也有許多堅定的環保人士鼓吹「清貧」、「自發性簡樸」(voluntary simplicity)，視「消費主義」為大惡。但從財務管理策略觀點而言，財富本身是中性的，關鍵的問題在於，誰擁有財富，誰無法擁有，以及財富運用在什麼地方。

卡倫(Mary Colum)曾對海明威(Ernest Hemingway)說：「有錢人和其他人唯一不同的是，有錢人比較有錢。」不論你是生活舒適的有錢人，在困苦中掙扎的窮人，還是力爭上游，努力工作的中產階級或警官，有錢人和窮人的差距，對每一個人來說，都是一個重要且有趣的研究議題。1962 年諾貝爾文學獎得主史坦貝克(John Steinbeck)，在他的長篇小說《人鼠之間》(*Of Mice and Men*)指出，在資本主義的社會中，窮人還不如老鼠。

羅馬人有句話：「錢是沒有氣味的。」賺錢的人或他賺錢的方法或許不討喜，但是他的錢還是會受人歡迎的。從另外一個角度看，錢不但有氣味，氣味還十分強烈，不由分說地將人將遠近不一之地都吸引過去。如何獲得財富就變成一個重要的問題。如果一個人靠辛苦與汗水賺得財富，他是得不到誇獎的。韋布

[2] 同上註。

倫(Thorstein Veblen)指出，不流一滴汗就能「被動地」賺進財富的人，才會受到欽佩，並讓社會大眾想要迎頭趕上，休閒階級於是產生。

王世貞在《金瓶梅詞話》一書中提到理「財」的觀點：「錢帛金珠籠內收，若非公道少貪財。親朋道義因財失，父子懷情為利休。急縮手且抽頭，免使身心晝夜愁。兒孫自有兒孫福、莫與兒孫作遠憂。」充分代表中國傳統金錢觀。[3]

韋伯(Max Weber)指出，財富的累積，只要是與樸實無華，勤奮工作的職業相關，道德上不須否定；財富只有被用於支付無謂的奢華或放縱享樂的生活時，才是可鄙可厭的。所以，韋伯嚴肅的指出，資本主義精神的實質就是賺錢、賺錢……賺錢本身純粹就是目的。因此，從個人的快樂和個人的實用價值的角度來看，這似乎是完全難以理解的，絕對缺乏理性的。[4]

我們需要自利的經濟人在經濟上向前進化。在滿足物質慾望之後，人們可能提升對仁慈與愛情的渴望。然而，我們不見得從此就過著幸福快樂的日子。存在的不安或許充滿這飽足、淫樂的世界。喜樂通常來自於為目標奮鬥，而不是來自於達成目標。所謂非為必需使用而擁有財產是為賊。

財富並不等於金錢，金錢只是財富的許多象徵之一。事實上，財富有時候可以買到金錢買不到的東西。所以，狹義的「財富」二字，通常狹義地指資產，但是廣義的財富應該包括家庭關係、財務狀況、工作、社區和朋友、健康、個人自由，以及個人價值觀，也就是英國經濟學家萊亞德(Richard Layard)所指出，影響快樂「七大因素」的經濟學。[5]而欲望可以是迫切的需要或短暫的欲求，無論是哪一種，凡是能滿足欲望的任何東西都叫財富。

簡單地說，就是可以解飢止渴之物。換言之，我們可以粗略地將財富定義為個人獨有或團體共有、具有經濟學家所稱的「效用」(utility)的東西，亦即本身或所交換的其他財富可提供某種福祉。無論是何種情形，我們都可以說欲望

---

[3] 王世貞，《金瓶梅詞話》，(北京：北京大學，1932 年)。

[4] Max Weber, *The Protestant Ethic and Sprit of Capitalism* (N.Y.: Free Press, 1958).

[5] Richard Layard, 陳佳伶譯，《快樂經濟學》，(臺北：經濟新潮社，2006 年 11 月)。

為財富之母，而這也是為什麼有些人會對財富反感。而所謂管理欲望也正式財富創造的第一步。

很顯然地，光是提高欲望或獎勵貪婪，未必能讓人富有。宣揚欲望與追求財富的文化未必然就能致富，但主張安貧樂道的文化通常確實都能如願。因此，廣義的財富是指任何能滿足需求或欲望的東西，財富系統則是創造財富的方式，而財務規劃則是方式之一。

(二) 個人財務規劃的意義

財務規劃並不是要把追求財富當成是生命的唯一目標，它只是希望讓人生規劃更充實，生活水準提高，生命更具有意義。前警大校長蔡德輝以 12Q 的理念與警大師生討論人生規劃和價值。12Q 指的是 SQ(Smile Quotient)微笑商數、MQ(Morality Quotient)道德商數、AQ (Adversity Quotient)處逆境商數、RQ(Relationship Quotient)人際關係商數、TQ(Time Quotient)時間管理商數、PQ(Patience Quotient)耐心商數、IQ(Intelligent Quotient)智力商數、GQ(God Quotient)宗教商數、BQ(Bliss Quotient)處順境商數、EQ(Emotional Quotient)情緒商數、CQ(Creativity Quotient)創造商數、HQ(Health Quotient)健康商數。[6]

王永慶指出，你賺的一塊錢不是你的一塊錢，你存的一塊錢才是你的一塊錢。[7]談個人財務規劃的第一課就是必須先累積個人資產。然而，累積個人資產談何容易，俗話說錢滾錢，沒有錢那來財務規劃；又說，錢兩腳錢四腳，再怎麼努力追逐也追不到。財務規劃與投資策略都是有錢人的玩意兒，但是有錢人又從何而來，不是也有人說：「大錢是由小錢累積而來」。

所以，也有人說：「小錢靠儲蓄，賺大錢靠機運」。既然小錢靠儲蓄。例如大學生的生活開銷可劃分為「食、衣、住、行、育、樂」六大項，然後依項選

[6] 蔡德輝，〈警官人——應終身學習，追求卓越〉，《警大月刊》89 期，(桃園：警大，2004 年)，頁 3-5。

[7] 臺灣「經營之神」王永慶在赴臺塑美國總部紐澤西州視察，不幸於美國時間 2008 年 10 月 15 日凌晨在睡眠中安詳辭世，享年 92 歲，臺灣痛失了一位企業巨人。

擇自己最省錢的發用方式，嘗試讓自己成為一位超級「省長」。

有位警大 721 期學生父母為鼓勵其放棄國立大學就讀警大，仍然提供日常基本費用，如書籍費、娛樂費、交通費、電話費等，而將享有公費的每月零用錢 14,190 元全數存下，採最保守的單利計算，該名學生四年後畢業，至少可儲蓄 681,120 元，預定作為出國唸書之用，達成留學的夢想。所以，選擇唸警大就是成功理財規劃的第一步。也就是說必須重視財務管理策略，而財務管理的第一步先從自己的財務規劃做起。

人生才不會有「活得太短——責任未了」和「活得太長，錢不夠用」的憾事。所謂年輕時省錢、中年時要好好管錢，老年有錢之後要懂得花錢，或許也是一種金錢觀。所以，財務(finance)就是研究有關人們隨著時間經過，如何分配資源和管理風險的領域，而所謂財政是管理公共錢財或物財之事，財政政策則是政府利用預算管理的方法，以調整其財政收入或財政支出作為手段，來影響人們的經濟活動，達成各項經濟目標的方法和策略。

1. **管理、投資與理財**

2005 年 11 月過世，享年 95 歲的現代管理學之父杜拉克(Peter F. Drucker)在 50 年代強調企業管理的概念，以及管理在企業經營的重要性，先後出版了許多專門著作，諸如《企業的概念》(*Concept of Corporation*)和《經濟人的末日》(*The End of Economic Man*)，遂將管理學由經濟學的領域中衍生出來。

所以，史蒂格勒(George J. Stigler)指出，曾幾何時，經濟學被定義為一門研究財富生產和分配的科學。[8]即經濟學的邏輯可以用「天下沒有免費的午餐」來概括。沒有免費的午餐的說法是經濟學研究對象的一個縮影。

管理(management)係指對企業資源的規劃(planning)、組織(organizing)、領導(leading)及控制(controlling)，廣泛地應用於人事(personal)、財務(finance)、生產(product)、行銷(marketing)、資訊(information)和研究與發展(development and research, R&D)等層面，強調公司治理(company governance)，對個人而言，管

---

[8] George J. Stigler, *Memoirs of an Unregulated Economist* (N. Y.: Basic Books, 1988).

理就是要你作對的事情，而且做得有效率。

杜拉克(Peter Drucker)指出，努力不一定成功，但不努力一定不會成功，也就是要選擇作對的事，而且懂得管理的方法，讓事情做得有效率。[9]而目標的達成程度便稱為效果，當效率與效果衝突時，當以效果為重。

一個主管通常必須兼顧管理者級領導者角色。領導者重視的是前瞻性眼光，去尋找問題，預測未來走向，屬於方向導向，率領他人做正確的事，講究平等關係，希望透過自願性的行為，鼓勵大家一起奮鬥，重視無形資源，諸如士氣、向心力、創意等。

管理者的任務是尋找答案，解決問題，為方法導向，督促部屬以正確有效的方法工作，強調上下關係，透過契約行為，雙方以勞力、金錢報酬為交易，偏重有形資源，致力於降低成本、創造業績。

所以，企業管理的機能就是包括了人事管理、財務管理、生產管理、行銷管理、資訊管理，以及研究與發展。而管理學早先在歐洲或英國體系等國家，只是放在經濟系底下研究管理議題的領域。杜拉克讓管理學成為受重視的獨立學門，而且是同時整合社會、經濟、心理等相關領域，且還逐漸受到企業經營者的普遍重視。

企業組織的形態，基本上可分為獨資(single proprietorship)、合夥(partnership)及公司(corporation)三種。其中以公司的企業組織型態最具代表性，依據公司法，規定公司為以營利為目的，公司分為無限公司、有限公司、兩合公司和股份有限公司四種，其中以股份有限公司最具普遍性和發展性。

韋伯(Max Weber)指出，所謂企業者，係為獲取交換利益而把市場機會當作目標而進行的一種營利經濟。[10]羅爾富(Sidney Rolfe)則定義為：國際企業(international enterprises)是指經營國際業務，如進出口貿易，但在國外並無直接投資的企業；多國企業(Multinational Enterprises, MNE)是指在國外擁有直接投

[9] Peter Drucker, 蔡伸章等譯，《管理學導論》，(臺北：桂冠，1983年5月)。

[10] Max Weber, 鄭太朴譯，《社會經濟史》，(臺北：臺灣商務印書館，1991年11月)，頁8。

資，設有子公司或附屬機構，建廠產銷的企業，此類企業雖可不問國境分配資源，但其所有權及控制權仍操於某一國人之手；越(跨)國企業(transnational enterprises)是指所有權及控制權亦由多國人士持有的多國企業；超國(全球)企業(supranational enterprises)是指完全無國家性，由一國際機構按國際公司法核發營業執照所成立的企業。[11]

根據韋伯和羅爾富所指出資本主義企業的定義，基本上有兩大核心概念，第一是按照企業資本的形成，包括了以一個人的財產為基礎的獨資企業，和由許多人集合資本的企業或集團企業；第二是企業與政府之間的權力關係，包括完全與公共權力無涉的自由企業，和直接依附公共權力的受拘束的專賣或特許企業。

投資的誘因一半決定於投資需要表(investment demand schedule)，一半決定於利率。投資(investment)是透過實體投資(physical investment)、人力投資(human investment)、金融投資(finance investment)等方式提供經濟成員犧牲目前消費，藉以換取未來不確定收益的經濟活動。

理財(finance)或可謂財務管理(finance management)係指企業財務資源的規劃、組織、執行及考核，其目的在增進企業財務功能與財務健全。例如財務經理人所做的決策可分為三個範疇：投資決策(investment decision)、融資決策(financing decision)和股利決策(dividend decision)。《富蘭克林自傳》(*Benjamin Frankli's Autobiography*)指出，當事業興隆時，他體認到賺到一百鎊之後，兩百鎊就更容易賺，金錢的本身具有繁衍的特色。

上述觀點著眼於企業，而個人財務規劃則是強調個人運用其資金，以創造個人投資報酬的極大化，從而累積財富，追求個人理想的幸福人生。[12]聰明與賺錢是兩碼事。美國俄亥俄州立大學札戈斯基在一項長期的研究中發現，智商

[11] 劉厚醇，《多國性企業通論》，(臺北：聯經，1980 年 6 月)，頁 1-2。

[12] 彼得(Laurence Peter)所創的「彼得原理」(Peter Principle)指出，在一個科層組織中，每一名雇員都趨向於升到他不稱職的地位。

在平均值(為 100)以下者與較高智商者(約 130)所擁有的財富是一樣的，推翻了以前「較聰明的人可能賺較多錢」的說法。例如當年被哈佛大學摒棄於門外的股神巴菲特(Warren Buffett)，卻憑著敏銳獨到的投資數，成為全球數一數二的富豪。

IQ 高的人不一定都會理財，科學家牛頓(Isaac Newton)曾經破產，就是一個最好的例證。不過，理財靠的是方法，理財術是可以經由學習而得來，但絕不是靠升官、靠從政，甚至靠貪瀆而來。我最喜歡引用這麼一句話：「做學問靠自己，做官靠貴人，做生意靠機運」，似乎有點傳神。

因此，經濟學上的投資是指資本形成所做的投資支出，由於這種投資方式可以增加財貨與勞務的需求與供給，從而達成經濟成長的目的；投資學上的投資是指經由金融市場的資金供需來達到獲利的一種投資。所以，前者是直接投資或稱廣義的投資，後者是間接投資或稱狹義的投資。

這裡的財務管理策略是比較傾向於個人財務規劃，也要提醒投資大眾，愛因斯坦應該是 20 世紀最偉大的科學家，但是您大概不能期待他幫您換冷煤。同樣的道理，許多經濟學家縱使是得到諾貝爾經濟學獎，如 1997 年得獎的莫頓(Robert Merton)和雪勒(Myron Schole)，並不表示您就應該把錢交給他們管理。因為，莫頓和雪勒組成的長期資本管理公司，在 1998 年 8 月破產，引起全球金融市場的一陣混亂，雖然他們兩人是以衍生性金融商品定價的研究而獲獎。事實證明長期資本管理公司只是「短期」，在幾天之內就賠掉所有的資本。[13]

2. 個人財務規劃的意義

公共選擇學派大師布坎南(James M. Buchanan)指出，希望人們能夠領會威廉斯(Tennessee Williams)的著作《玻璃動物園》(*The Glass Menagerie*)中，溫菲爾德提到的一句話：「未來終將變為現在，現在終將變為過去，如果您不好好規劃，過去將變為無止盡的懊悔。」[14]

---

[13] Joseph E. Stiglitz, *The Roaring Nineties* (N.Y.; W. W. Norton, 2003).

[14] Todd Sandler, 葉家興譯，《經濟學與社會的對話》，(臺北：先覺，2003 年 7 月)，頁 107-127。

少年成長過情愛觀，中年創業過名利關，老年休閒過寂寞關。在人生規劃上，要勇敢高飛不寂寞，過關才能看到遠景。想像有一家銀行每天早上都在你的帳戶裡存入 86,400 元，可是每天的帳戶餘額都不能結帳到明天，一到結帳時間，銀行就會把我們當日未用盡的款項全部刪除。這種情況我們會怎麼做？當然，每天不留分文地全數提領是最佳選擇。

我們可能不曉得，其實我們每個人都有這樣的一個銀行，她的名字是「時間」(TIME)。每天早上「時間銀行」總會在我們的帳戶裡自動存入 86,400 秒，一到晚上，她也會自動地把我們當日虛擲掉的光陰全數註銷，沒有分秒可以結轉到明天，我們也不能提前預支片刻。

如果我們沒能適當使用這些時間存款，損失掉的只有我們自己會承擔。沒有回頭重來，也不能預提明天，我們必須根據我們所擁有的這些時間存款而活到現在。我們都應該善用時間投資的運用，以換取最大的健康、快樂和成功。因為時間總是不停地在運轉，努力讓每一個今天都有最佳的收穫吧！

3. 建立正確的理財觀念

民間流傳這樣一則「賺錢方法」的笑話，有某位仁兄每日都在想著怎樣才會賺錢，有一天來了一位其貌不揚的聰明人，說會教他賺錢的方法。不過在傳授此方法之前，要先付一千元。這位仁兄心想如果真的學了賺錢方法，付出的一千元當可以很快收回來。於是就给了錢，錢入聰明人手上，聰明人就說：「您看，這就是很容易地能夠賺錢的方法，您也可以用這種方法賺錢啊 ！」

羅伯特・T・清崎(Robert T. Kiyosaki)在《富爸爸與窮爸爸》一書中指出，他有兩位爸爸，親生爸爸是一位公務員，不具投資觀念，一生都在財務的泥沼中掙扎，死後還留下一堆待付的帳單，可真是一位窮爸爸；另一位則是朋友的爸爸，透過不斷地投資而累積財富，死後為慈善機構和家人留下巨額遺產，可真是一位富爸爸。作者學習富爸爸的投資理財，當他 47 歲退休時，他已成為新一代的快樂富爸爸。

他的富爸爸與窮爸爸的不同重要理財觀點，整理如下：

(1)對金錢的認知不同——貪婪 vs 貧困：窮爸爸對金錢的認知是，貪婪是罪惡的根源；富爸爸認為貧困才會造成犯罪。

(2)對支出的理念不同——低消費 vs 高消費：當孩子想要購買高價物品或其他支出時，窮爸爸總是以付不起為理由，打消支出念頭；富爸爸會動腦筋開闢財源，讓高消費激勵自己努力賺錢的動力。

臺灣民間有這麼一則〈貧富之差〉的笑話：富人向窮人誇口說：「你知道吧！我有二十萬元的財產」，窮人回答說：「那不稀奇，我也有二十萬元」，富人不信，「我沒有聽說你有那麼多的錢，你說有錢，到底放在什麼地方，是不是真的？」窮人說：「此事是真是假，你何必過問，反正您雖然有錢，您也未肯花一分錢，若說我沒有錢，也不過是我沒有錢可花用而已，說起來，您有錢和我沒有錢並沒有多大差異」。

一般觀念是累積財富，但財富的增加結果是什麼呢？正如愛因斯坦(Albert Einstein)指出，我堅決相信，財富不能引領人類向前，即使在好人手裡亦屬如此。唯有偉大而純潔的人，才可以導出善的觀念與善的行動來，你能想像摩西、耶穌、釋迦摩尼成天背著錢口袋亂轉動嗎？

麻省理工學院史隆管理學院前院長梭羅(Lester Thurow)指出，財富對個人社會階層一直非常重要，但是財富卻日漸成為評論個人價值的唯一面向，如果你要證明自己的氣概，就只能參與這場遊戲，這是一個大聯盟。如果你不加入，就定義上來說，你就是次等人。好像唯有追求財富，才可能在時間之流留下足跡。[15]

每一個投資人都認為，自己可以在股市崩盤前全身而退，沒有人認為自己是投機份子。所以，傅利曼(Milton Friedman)指出，由於經濟行為主體始終是明理的，因此市場經濟中不會發生投機行為，大多數人所謂「投機」其實是投資者保護自己免受政府非理性行為之害的一種努力。然而，儘管單一投資者可能是講理性的，可是金融投機正是許多個人貌似合乎理性的行為，導致了非理性

---

[15] Lester C. Thurow，齊思賢譯，《知識經濟時代》，(臺北：時報文化，2000 年 5 月)。

結果的一種「牧群現象」。[16]

大體上，經濟學上的投資與投資學上的投資的定義並不盡相同。經濟學上的投資是只為了資本形成所做的投資支出，以增加財貨與勞務的需求與供給，從而達到促進經濟成長的目的，故稱之直接投資或廣義的投資。投資學上的投資是指經由金融市場的資金供需來達到獲取利潤的一種投資，由於其是利用資金來間接獲取利潤的投資方式，故稱之間接投資，或金融投資，又因這種投資方式大都是透過證券買賣方式來交易，故亦稱為證券投資。

市面上經濟學家都是在談與經濟成功運作有關的供需、均衡、成長等理論；而企業教父則幾乎毫無例外的引用成功的案例。英國經濟學家歐墨洛(Paul Ormerod) 所著的《為何大多數事情都失敗：演變、滅絕和經濟學》，歐墨洛再倡導一種從未有人談過的「失敗學」或「失敗經濟學」。

17 世紀英國南海公司股市泡沫(The South Sea Bubble)時，聰明絕頂的牛頓爵士就損失不少，智慧不敵貪婪。才能與報酬之間的關係是非常的非線性。所以，摩根(J. P. Morgan) 認為，一個人對於華爾街的影響往往決定於他的性格，而不是他的金錢。[17]

克魯曼 (Paul Krugman)也指出，導致這世界絕非由效率市場理論所主導的七個習慣：短線心態、心有貪念、認定別人比我笨、從眾心理、過度以偏概全、趕流行，以及反正燒的是別人的鈔票等七種心態。[18]

換言之，也就是投資人的七個習慣。專門從事於掠奪企業的蓋柯(Gordon Gekko)在 1987 年電影《華爾街》(*Wallstreet*)中的演說指出，關鍵在於，各位女士及先生，貪念是好事，貪念很管用，貪念是對的……。貪念，記住這句話，不僅能夠拯救泰達製紙公司，更能夠拯救被稱為美國的這家艱困企業。他最後咎由自取，但在現實生活裡，他的理念主導了公司治理。美國企業如今被一連

---

[16] Milton Friedman, *Capitalism and Freedom* (Chicago : Chicago University Press, 1962).

[17] John K. Galbraith, *The Age of Uncertainty* (Boston: Houghton Mifflin, 1977).

[18] Paul Krugman, *The Great Unraveling-Losing Our Way in the New Century* (N. Y.: W. W. Norton, 2003).

串醜聞所侵蝕，背景可追溯到這則故事。

例如《富蘭克林自傳》所講述的奮鬥故事，首先是赤手空拳爭生存，然後則是經濟上的賺錢方法；他一方面嚴厲律己，一方面抓住自我升遷的機會。自傳中所揭舉的道德機械原理，在在都說明富蘭克林是一位唯物主義者。自傳的顯著特色，是世俗的現實主義而不是空想的理想主義。但富蘭克林則辯稱，他在努力說服青年人相信誠實而正直的品格乃窮人致富之源。[19]

八、結論

最後做個簡單的結語，有部連續劇「大地之子」，是大陸跟日本 NHK 一起拍的，它的主題曲中有一句話：「有大地就有城牆，有故鄉就有希望。」今天剛好有這個機會回到故鄉，跟各位鄉賢在一起探討話說管理兼談現代社會工作關係的建立，我覺得非常適合用這句話與各位互相勉勵，謝謝。

[19] John Bigelow, 楊景邁譯，《富蘭克林自傳》，(臺北：協志，1979 年 4 月)。

中國式人間學管理的探討

一、前言

今天我們演講的重點，在於中國式管理的人際溝通與關係建立與運用。臺灣是一個儒家文化思想為主體的社會，在生活上或工作上特別重視人際的溝通與建立。加上近年來受到環境變化的影響非常大，儒家強調人間學問的溝通與關係建立的探討，遂成為企業管理發展中的顯學。

《金瓶梅》上說：「巧厭多乖拙厭閒，善言儒弱惡嫌頑，富遭嫉妒貧遭辱，勤有貪圖儉又慳；觸目不分皆笑拙，見機而作又疑奸，思量那件合人意，人人難做做人難。」

尤其在許多大學設立的企業管理學系，都還特別選擇有關中國儒家思想中的理論，提供學生學習和未來就業的重要參考。而中國儒家思想中的理論，我們將其統稱為中國式人間學。

二、現代人的十大壓力

宋朝茶陵郁禪師有首詩：「我有明珠一顆，久被塵勞關鎖，今朝塵盡光生，照破山河萬朵。」明珠象徵每一個人本具的光明佛性，代表我們都有解脫煩惱、活得自在的成長空間。

我們每個人都有趨樂避苦的本能，這就預示了解脫煩惱纏縛、追求永恆快樂的可能性，只是大家往往是以錯誤方式來獲取快樂，未能洞悉世間苦樂的無常性，以致更加貪執、放不下。

中國禪宗思想強調真正的安樂永遠來自解脫貪瞋癡後的內心寂靜，清淨光明的佛性則是我們解脫自在的源頭活水。雖然這顆明珠暫時被各式煩惱塵勞所遮掩，卻絲毫不減它圓潤無瑕的本質，只待「塵盡光生」，照破山河萬朵！

由於個人在面對與期望事物有關的機會、限制或要求下，知覺到這個結果很重要，但又充滿不確定時，所處的一種動態狀況，而其最通常突顯在生活壓力的關係，使現代人無法輕鬆的生活，每人扮演不同的角色而有不同的壓力。

管理學在探討壓力與工作關係時，一個完全缺乏壓力的工作情境，是無法激勵員工的工作士氣，適度的壓力提升工作的績效，但到達一定限度後，若壓力再繼續增加，工作績效則會逐漸降低。

簡單說來，壓力產生的因素有十項，如下：

第一、生活感官化：現在的生活是一種講求物質的滿足，故為生活感官化。

第二、生活理想化：大家都在追求理想，但築夢要踏實，因人們追求理想，而產生壓力。

第三、生活僵直化：即生命有疏離感、生活標準僵化、不夠彈性。

第四、生活技術化：因生活太強調技術、機器而形成壓力。

第五、生活表面化：人成為多面的夏娃，不同的場合扮演不同的角色，強調表面之應對。

第六、生活市場化：因生活迎合市場的要求而產生壓力，故生活市場化。

第七、生活大眾化：即人在江湖身不由己。

第八、生活匱乏化：因人們無法滿足的慾望需求而形成之壓力。

第九、生命無根化：人們生活在水泥叢林的社會中，即水泥式的文化。

第十、個人主義化：認為群體和個人間的定位很難擺放，大家都偏向個人主義，個人有個人之品味，於是和群體的關係越來越疏離。

明朝憨山德清大師有詩：「春日才看楊柳綠，秋風又見菊花黃；榮華總是三更夢，富貴還同九月霜。」亦即突顯春去秋來似三更夢，世事如霜露，人間真是苦空無常。如何在這消極的層面上，積極開創我們的自己人生呢？

三、人間學的三度與四類概念

人生活在十大壓力的社會中，生活上受到人間學的「三度」與「四類」的影響，因而特別重視人際溝通的管理。

而人間學的受制於三度空間的存在，所以讓人覺得有不如意的矛盾存在，譬如常見語言溝通的出現以偏概全、言過其實、道聽塗說、陰錯陽差、陳腔濫調、強詞奪理、口不擇言等障礙，也容易導致古人所擔憂的「聞言未審，而以定善惡，則是非有錯，而飾辯巧言之流起矣。」

因此，人間學的「三度」，指的是重視三度空間概念，可分為：

第一、空間：因別人佔了你的一點空間，而與他人在相處上產生了不愉快。

第二、時間：朋友之間的約定，不遵守時間或時間的安排不恰當，而令人討厭，形成人際溝通上的困擾。

第三、人間：人在世間，其名份、名譽是否符合，是否自己是虛有其表，或追求的是浪得虛名，而使你在人間中生活得不是很愉快。清朝的何閑庭說：「百歲開懷能幾日，一生知己不多人。」

人際溝通上相處得不理想，即是在此「三度」中，遭遇到上述的情況。因為時代的變遷使我們在工作上、在人際溝通建立的目的除了建立關係、擴大學習、產生影響、分享分擔、紓解壓力、提供服務、達到休閒的目的之外，最重要的還是解決問題。

人間學的「四類」，就是為解決問題而將人際關係的分成四大類型：

第一、是職務型的，工作上長官和部屬，同事之間，同在一個單位裡面工作，職務上的關係必須要跟他人做好人際關係。

第二、是利益型的，因為彼此間有利害關係存在，譬如從事企業經營的人，為了生意上的來往，所建立的人際關係。

第三、是感情型的，男女之間、有血緣關係的親戚之間、朋友之間，如何建立起良好的人際關係。

第四、是綜合型的，上面三種關係同時或部分存在，譬如透過政治利益關係而結合的婚姻，人際關係就是綜合型的，這個婚姻有感情成分，又有政治利益糾葛。

各位想一想，你每天所接觸的以及必須要面臨的，是什麼樣的人際關係？有了這樣的概念，釐清跟他人是什麼關係後，對你處理、經營、維持的管理人際關係，其效果較能事半功倍。

四、人間學的本體觀與應用觀

《禮記》指出，「夫禮者，所以定親疏，決嫌疑，別同異，明是非也。」因此，人間學的管理人際關係亦可從「本體觀」與「應用觀」的兩方面來分析。在「本體觀」方面，《論語》指出，「性相近也，習相遠也。」

「性」指的是人的本性，是心的本體。「習」指的是積久養成的慣性行為，是行為的應用。性無善惡，故無有所謂的「性善」或「性惡」說，而完全取決於人後天的環境所影響。

因此，人間學的「本體觀」可從自人、家人與眾人三方面來觀察：

第一、自人(我)：即自己要先接納自己，否則人際關係的推展會很困難，自己要常反省自己的優缺點，多請教他人的意見，多聽聽他人對你的諫言。沒有人陪你走一輩子，所以你要樂在其中；沒有人會幫你一輩子，所以你要建立強大的自我。

生活本是聚散無常，當背後有人蜚短流長，任你舌如蓮花亦百口莫辯，世本是起伏跌宕。得志時，好事如潮漲，失意後，皆似花落去。不要把自己看得太重，委屈了、無奈了、想哭了，這些都是你生命中不可或缺的一部分。《老殘遊記》若讀得透徹，自然會懂得：有時自認是清官，會變成酷吏。因為太自我了，會完全否定別人。

第二、家人：人際關係再加上擴大即包含家人，自己要認為是家庭的一份子，血濃於水，對家人要有一份責任感，對父母要孝順，友愛兄弟姐妹，彼此親戚應常來往。《周易》指出，「積善之家，必有餘慶。」下一句是「積不善之家，必有餘殃。」是儒家強調積德累仁的觀點。

第三、眾人：即如何利用群眾造勢，即如何利用群眾的關係。如何維護此群眾與我的關係。群眾的關係如水般，能載舟亦能覆舟。所以弘一大師在晚年寫了一首詩：「君子之交，其淡如水；執象而求，咫尺千里。」故如何經營，持續人我之關係是非常重要的，要慎重處理，適時讚美他人，將有意想不到的好處。

所以，自己本身要能做到「10 自」：

第一、自知：即自我了解。一個人總在仰望和羨慕著別人的幸福，一回頭，卻發現自己正被別人仰望和羨慕著。其實，每個人都是幸福的。只是，你的幸福，常常在別人眼裡。幸福這座山，原本就沒有頂、沒有頭。你要學會走走停停，看看山嵐、賞賞虹霓、吹吹清風，心靈在放鬆中得到生活的滿足。

幸福不會遺漏任何人，遲早有一天它會找到你。人生就是這樣充滿了大起大合，你永遠不會知道下一刻會發生什麼，也不會明白命運為何這樣待你。只有在你經歷了人生種種變故之後，你才會褪盡了最初的浮華，以一種謙卑的姿態看待這個世界。

第二、自修：即自我充實。有首打油詩：「奉勸諸賢及早修，光陰似箭去難留；寒來暑往催人老，不覺青年白了頭。」有句諺語：「救寒莫如重裘，止謗莫如自修，斯言信矣。」一個真正強大的人，不會把太多心思花在取悅和親附別人上面。最重要的是提高自修的內功。自己是梧桐，鳳凰才會來棲；自己是大海，百川才來彙聚，花香自有蝶飛來。

第三、自新：即自我調整。《論語》指出，子貢說：「君子之過也，如日月之食焉：過也，人皆見之；更也，人皆仰之。」

第四、自制：即自我指導。《魏志》指出，「夫能屈以為伸，讓以為得，弱以為強，鮮不遂矣。」老子《道德經》也提到天之道，損有餘以補不足。多想想自己的錯，就會慢慢忘記別人的過，或許本無對錯，只是立場不同，在誰的場要捧誰的場。請不要冒然評價別人，或許我們只知道或聽聞別人的名字，卻不知道別人的故事或經歷。

第五、自得：即自我整合。這就是蘇東坡的藝術哲學——在己體道。人性都是相通的，真正屬於自己的，也屬於大家。在己體道，其實也是成功之道：先要把握住自己，才能把握住別人。把握住了自己，也就把握住了別人。

第六、自強：即自我實踐。無論你今天怎麼用力，明天的落葉還是會飄下來，世上有很多事是無法提前的，活在當下，正向提升。

第七、自立：即自我成就，如此將能使人際關係更好更和諧。

第八、自愛：即自我潔身自愛，絕不為非作歹。《孟子》指出，「夫人必自侮，然後人侮之；家必自毀，而後人毀之；國必自伐，而後人伐之。」所謂「潔身自愛」，就從自我要求開始。

第九、自省：即時時刻刻自我反省。《鬻子》指出，「大忌知身之惡而不改也，以賊其身，乃喪其軀，有行如此，之謂大忌也。」《論語》上也指出，「躬自厚，而薄責於人，則遠怨矣。」所以，我們要求自己要從嚴，要求他人要從寬，就能遠離怨恨。

《論語》曾子曾指出，「吾日三省吾身：為人謀，而不忠乎？與朋友交，而不信乎？傳不習乎？」

第十、自尊：先懂得自己尊重自己，才會受到別人的尊重，也才會提會尊重是人際關係的基礎，如何抓準角度、傳遞溫度、展現氣度，都需要費思量。

每個人在這人世間都會有不同角色或不同面向的扮演，例如《紅樓夢》裡的王熙鳳，當她對下人說話時，她非常高高在上，很有主子的氣勢；面對丈夫賈璉和尤二姐時，又有不同的算計。當然有些時候難免會被批評是極富心機的女子。

所以，基本上人間學的管理人際關係在「應用觀」方面，可分為：

第一、自信：即人要充滿自信，擁有自信之人，自然而然即能顯得大方、美麗，外表的美麗，自信心佔著有極大的比例和重量，勇敢地接受挑戰。

第二、合理：即要理性思考，懂得人情事故，此就如儒家表現於為人，道家精神表現用於修身，墨家精神表現於濟事，法家精神表現於治事，兵家精神用於應變。

第三、傾聽：傾聽的目的是創造一個安全、開放的環境，讓對方可以盡情的表達他的想法和感受，藉此來緩和對方的情緒，所以傾聽的時候，需要有耐心，唯有讓對方儘量宣洩他的苦惱，才能澄清真正的問題所在。

第四、讚美：即多讚美他人對人際關係之應用有很大的好處，儘可能不畏懼面對面讚美他人，找機會請教對方的專長，亦是一種尊重及讚美的方式，另外在讚美他人時應具體說出讚美的項目，以顯示出誠心。

《論語》上有子貢問孔子說：「君子亦有惡乎？」孔子回說：「有惡。惡稱人惡者，好稱說人惡，所以為惡也。惡居下流而訕上者。惡勇而無禮者，惡果敢而窒者。」

第五、謹言：即所說的幽默，幽默並不代表輕浮，故要幽默外亦需謹言，亦即以幽默輕鬆的語調給予他人建議，注意更不可在他人背後說人長短，對於他人之批評，應在私下告知，不應在大眾場合喧嘩，談話之語氣，因彼此關係之不同而有不同，各位應加以建議。星雲大師指出，以言語譏人，取禍之大端。以度量容人，集福之要領。以勢力折人，招尤之未遠。以道德化人，得譽之流長。

古人說：「不怕虎生三個口，只怕人懷兩樣心；逢人且說三分話，未可全拋一片心。」俗話說：「畫虎畫皮難畫骨，知人知面不知心。」老子《道德經》上說：「夫輕諾必寡信，多易必多難。是以聖人猶難之，故終無難矣。」

第六、慎行：在你的行動不小心，打破一個平衡的局面，就會引起大家心中的不滿及不平衡，此時你應更加謙虛，且要注意環境的變化，配合自己的一舉一動，盡量不要引起他人的猜忌，另外要事先之行動要考慮的更周延。

如果你是一位善良的人，你就不會輕易或隨意評判他人，因為你善於將心比心，明白這世界上每個人都有自己的思考和行為模式，這樣的性格特徵讓你比較容易與人相處得融洽，善與人溝通的成為一位無與倫比的人。有時善良比聰明更難得，聰明是一種天賦，善良是一種選擇，而能善良又聰明更難逢。

馬克吐溫說：「每個人都是月亮，各有其黑暗的一面，永遠不被人看見。」人間學管理講求的不是光注重外表，人間學重視的必須誠於中，形於外。人間學重視的恭敬，恭是外表，敬是內心，敬是禮之本，亦是同理心之展現。

人間學的作用，在於確定人際之間的規矩法度，以及明辨是非善惡的道理，使長幼有序，應對進退合乎道德修養。強調謙虛是一個美德和面對各種關係的修養。向尊長謙恭是本份，向平輩謙虛是和善，向小輩謙虛是高尚，向生人謙虛是安全。

依人間學行為的管理而行，對人就不會為圖私利而逢迎奉承，也不會動輒侵犯侮辱別人；於己則嚴以自律、言行一致，合乎仁義的道理。

五、中國式人間學管理的三個 10 論

人間學的人際關係是人跟人之間種種關係微妙的存在，是彼此互相的結構體，在這情況下，中國式管理人際關係可就像佛家所講的要有修持，要修什麼呢？

星雲大師指出，所謂的「10 修」：修人我不計較、修彼此不計較、修處事要有禮貌、修見人要微笑、修吃虧不要緊、修待人要厚道、修心中無煩惱、修口中多說好、修你所交的朋友都是君子、修有接受別人的雅量、修大家成佛道。

所以，要有好的人際關係，就要達觀、積極進取，以誠心待人，把別人都認為是好人，都是可以交往的朋友，多多藉用佛家的說法，相信做這樣歸納整理後，你的人際關係處理才會比較有方法、步驟。

《論語》上說：「益者有三友，友直、友諒、友多聞。」研究人際關係的曾仕強教授，他特別提到我們要注意所謂的「10 要」與「10 同」。

「10 要」指的是：

第一要有一表人材，你要注意你的儀容，隨時注意到你的身份。即人需注意自己的儀表，外表應整齊清潔。

第二要有兩套西裝，是要能夠保持整潔，在衣著方面怎樣依場合來做適當的換穿，衣服應因應不同的場合，而有不同的穿著，以示尊重。

第三要有三杯酒量，如果你完全都不喝酒，可能朋友會減少，但為了人際關係的擴展，你可能要有些許酒量。即是要注意禮節，知道應對之道。

第四要會四圈麻將，有時候交際應酬，陪長官打麻將，可能對人際擴展有所幫助，當然跟你的長官打麻將一定不能贏他，你贏了的話，反而比不打還糟糕。即希望你自己培養自己的嗜好和休閒，此法亦可和朋友有交集之處，增進朋友之關係。

第五要有五方交遊，以結交各方面的朋友，並增廣見聞。希望你多遊覽、多方面涉獵，而增廣見聞，但同學應遊必有方，事先要告知父母，且固定去的地方、了解此地方的特點。但我們也體會「世人結交需黃金，黃金不多交不深；縱令然諾暫相許，終是悠悠行路心。」

儒家的荀子指出，「不知其子，視其友；不知其君，視其左右。」亦即「不了解某人，看看他的朋友就清楚了；不了解君主，看看他左右的近臣就清楚了。」

第六要有六出祁山，像諸葛亮在非常艱困的過程中，仍能夠不屈不撓、不怕困難。即不要怕挫折，屢敗屢戰，不屈不撓。在人際關係上的建立，應有此精神，外出工作，更應有此精神。

第七要有七術打馬，打狗要看主人，要察顏觀色，要尊重長上。體會甚麼是 EQ？就是說話讓人喜歡、做事讓人感動、做人讓人想念。

第八要有八口吹牛，因為是行銷的時代，個人的意願，要做適度的自我表達，別人才了解你，要學習表達方式，具備與人溝通的能力。吹牛應不可過分，人當然需要自我宣傳和包裝，在別人可容許下，稍微自我膨脹是無可厚非，但不可過分。

第九要有九分努力，努力去建立、去維持你的人際關係，建立自己的專業知識，贏得別人尊重。成功是九十九分的努力，加上一分的天才，人在於人際關係的建立上，更應努力。

愛因斯坦曾經提出 A=X+Y+Z，即成功是由努力、方向、時間所組成的，管理學大師彼得‧杜拉克(Peter F. Drucker)曾指出，人需努力，努力不一定成功，但若不努力，則一定不會成功。

第十要有十全能耐，有句話：「人來謗我我何當，且忍三分也無妨；卻為兒孫榜樣計，只從柔處不從剛。」古人說：「忍字上面一把刀，為人不忍禍自招；能忍得住片時刀，過後方知忍為高。」

俞大綱曾讚美顧正秋：「用隱忍來協調一切矛盾，使生命歸於和諧。」這不只是一種美德，更是一種修行。

佛門更有首〈忍辱歌〉：「忍辱好，忍辱好，忍辱二字多奇寶，一朝之憤不能忍，鬥勝爭強禍不小，身家由此破，性命多難保，逞權勢、結怨仇，後來要了不得了，讓人一步又何妨，量大福大無煩惱。」

我們也可以學習日本文化中如德川家康的「堪忍哲學」，另外，豐臣秀吉、織田信長，在忍術上都非常有名，但德川家康更因忍耐功夫而建立幕府時代。

以上，是從人際溝通與關係的管理角度，這「10 要」的功夫可以提供給各位作參考。

另外，在拓展人間關係上除了重視中國式管理傳統所稱「君臣、夫婦、父子、兄弟、朋友」的五大倫理關係之外，隨著現今社會群眾和自己的關係越來越密切，越來越重要，故應多加一項「群我關係」，也就是李國鼎所稱的「第六倫」。

「群我關係」是強調群眾跟個人之間的關係。在群我的人際關係上，雖然群眾不必然都是我們認識的，但為了擴展人際關係尤其是當你要認識某個人，若無適當的管道，若彼此之問有交集，有個切入點，或有談話內容的話，對你人際關係的建立就會有幫助。

網路上有則異中求同的智慧，話說一個南方姑娘和一個北方大漢成了家，姑娘的口味清淡，大漢無辣不歡。一天，姑娘回娘家吃飯，父親做菜鹹了些，母親一聲不響拿來一杯水，夾了菜，將菜在清水裏涮一下後再入口。忽然，姑娘從母親細微的動作裏，領悟到了什麼。

第二天，姑娘在家裏做了丈夫愛吃的菜。當然，每一個菜裏都放辣椒。只是她的面前，多了一杯清水。大漢看著她津津有味地吃著清水裏涮過的菜，眼睛裏有微微的濕潤。之後……大漢也急著做菜，但是菜裏面已找不到辣椒。只是，他的面前，多了一碟辣椒，吃每一口菜前，在辣椒裏蘸一下，每一口他都吃得心滿意足。

為了相處，也為自己，他們一個堅守著一碟辣椒，一個堅守著一杯清水。他們更懂得怎麼堅守一份細水長流的相處哲學。你在什麼樣的位置，就會有什麼樣的考驗，相對的要有什麼樣的智慧，否則苦肯定趕不走……。

全世界近 70 億人，會出現在你生命中的家人、朋友或同事，如果不是結下很深的緣，哪有那麼簡單會遇見呢？緣生最奇妙的是每個人因緣都不一樣，是要我們從中領悟到同一根性能生萬法，一切眾生與我無二無別。「懂得惜福和感恩，珍惜當下的一切，知足常樂不結惡緣，是世上最幸福的人。」

《六韜》書上說：「天有時、地有財，能與人共之者，仁也。仁之所在，天下歸之。免人之死、解人之難、救人之患、濟人之急者，德也。德之所在，天下歸之。與人同憂同樂、同好同惡者，義也。義之所在，天下歸之。凡人惡死而樂生，好得而歸利。能生利者，道也。道之所在，天下歸之。」

俗話說：「物以類聚」，天下人各行其道而以類聚集，物各有其群而以類相分，性質相近的東西會聚集在一起，同於善同於君子的就吉，同於惡同於小人的就凶，這樣，吉祥與凶險也就產生了。

我們可以應用曾仕強教授所提出的「10 同」來分析擴展人際關係。

第一重視同鄉：也許你跟某人是同鄉，你如何透過同鄉的關係把關係拉進來。

第二重視同年：都是同屬狗或同屬猴的。

第三重視同社：同一社團，如扶輪社、獅子會。

第四重視同好：都喜歡打電腦、喜歡泡茶、喜歡文學。

第五重視同宗：同樣都姓李的家族。

第六重視同情：可能針對某一項事情，你們有相同的看法，英雄所見略同，也可能針對哪一個事情有相同的心情、相同的看法。

第七重視同學：國小同學至博士班同學，或是同一學校的關係。

第八重視同行：從事同一行業，同是教師、勞工、新聞媒體。

第九重視同事：同一工作單位、同一辦公室。

第十重視同區：來自同一區域的社區居民。

我們都是可運用「10 修」、「10 要」、「10 同」來建立和擴大人際關係，並善加累積社會資源。

六、結論

多元化管理精神，道家精神強調「修身」；墨家精神強調「濟事」；法家精神強調「治事」；儒家精神強調「為人」；兵家精神強調「應變」。現代社會強調「世界是平的」，溝通重視傾聽、接納、同理等的水波雙向流動。

企業的管理更重視人際關係，尤其在華人社會的中國式管理更要朝向人際關係在：第一、利人利己的人際關係的建立。第二、雙向的溝通及傳播。第三、善用人際關係上集思廣益的效果。

人間學的人際溝通與關係的管理，發展到了極致，也就成為一種人文藝術的境界。最後建議，每人對於人際關係應有自己的目標，對於個人欲達何目標。

在人間學的人際溝通與關係的管理上，自己已經具備何條件，欠缺那些條件，應從何處努力才可達到目標，自己應該隨時隨地隨心的清楚了解，以掌握方向，實現自己的理想。

尤其自己千萬不要常有懷才不遇的心理，有時雖難免會有「龍游淺水遭蝦戲，虎落平陽被犬欺」的遭遇，但總要有「人情似水分高下」的智慧，和秉持「世事如雲任卷舒」的灑脫。

所謂:「紅塵白浪兩茫茫,人我是非難計量;隨緣安分延歲月,忍辱柔和是妙方。」曾國藩在家書中提到:「胸懷肚大須從平淡二字用功:人我之際須看平,功名之際須看淡。」

七、建議

現代人們已經進入網際網路溝通的新時代,Email 、Facebook 和 Line 的溝通新型式,我們在通訊軟體、在社群網站,在幾萬幾億閃跳的畫素叢林,刊出即時動態,刷新大頭貼,近似瘋狂般敢曝自己的溝通模式,讓人類進入一個臉書的時代,卻是一個無夢的時代。

最後要我介紹「人間學」的閱讀書目時,我會建議除了閱讀中國古書中論語、孟子、大學、中庸的《四書》之外,在家庭關係上可以讀《紅樓夢》、在朋友關係上讀《水滸傳》、在同事關係上讀《三國演義》、在商場關係上讀《戰國策》。

如果中文基礎好的話,我會再建議熟讀《世說新語》一書,對於我們在個人心胸、智慧、品德、言詞等方面多會有所幫助,尤其我認為對於年輕學子在人間學管理或藝術的境界上,能與時俱進的建立個人願景,做好現代人際溝通與關係的管理。傳播正能量,給人希望、給人方向、給人智慧、給人力量、給人自信、給人快樂、給人幸福。

多元化一體發展的臺灣文創產業分析

一、前言

2013 年 3 月英國文創通訊產業部長維濟(Ed Vaizey)來臺訪問指出，當所有人都關心文化藝術，文創力量才有可能發揮，政府的政策及商業手段只是臨門一腳。

當《文化創意產業發展法》於 2010 年 1 月 7 日立法院修正通過，2010 年 2 月 3 日公布施行也正式宣告政府對於臺灣產業(industry)發展的結構轉型，從第一級的漁牧農產業開始，經 1860 年代晚清時期近代化工業的初露曙光、到日治臺灣末期的農工業轉型，以及國民政府統治臺灣的 1963 年，臺灣由第二級產業的工業(製造業)產值超越農業，以及到 1988 年的工業產值被第三級的服務性產業所取代，乃至於 21 世紀以來的文化創意產業(簡稱文創產業)時期的來臨。

臺灣產業發展在歷經產業結構的改變，其市場經濟與政府角色之間的關係為何？政府政策對產業發展的影響又如何？

另外，臺灣社會的形成，基本上歷經初民社會、移墾社會、定耕農業社會、殖民社會，與公民社會的發展過程。換言之，臺灣政權更迭與市場轉向的頻繁，導致臺灣社會上不同族群並立，形成多元文化，更孕育出政府與社會文化發展之間關係的獨特性。這一種形塑臺灣文化創意產業的「獨特性」，亦即本文強調「多元化一體」，或成為「多元化的文化一體」思維。

即臺灣社會文化發展的動力，到底政府扮演怎樣的角色，和代表民間活力的企業(enterprise)和宗教信仰的關係為何？政府對推動文創產業發展或媽祖文化創意產業發展是正面或負面，這都是本文所要探討的主題。

企業指的是個體公司，產業指的是某些企業集合體如汽車產業。[1]因此，本文對於媽祖文化創意產業的定義採取彈性的說法，舉凡做出對媽祖信仰有新的思維或改變，以符應現代社會需求的活動或商業行為，都稱之為「媽祖文化創意產業」。

所以，本文嘗試透過政治經濟學(Political Economy)的研究途徑，將其受影響最重要因素之一的政府政策視為一個動態過程。

在研究方法上除了文獻分析、參與研究之外，輔之筆者進行的深度訪談。所以，在本文的結構安排上，首先，敘述研究動機；其次，要釐清政府角色和市場經濟之間的關係；第三，深入分析文創產業的內涵；第四，論述政府在發展媽祖文化創意產業中的應有作為；最後，簡單的結論與展望。

二、市場經濟與政府角色的論辯

政府要發展文化創意產業化，首先面臨市場經濟在描述整體經濟活動的市場中，是容許有不同市場間價格、數量的互相影響，而達成再也無法不損及他人利益而增進某人福利時的「柏瑞圖最適境界」(Pareto optimum)，也就是經濟資源已經得到最有效率使用的狀態。

換言之，政府存在的目的應當是保證個人可以充分地以自己覺得最合適的方式利用其知識和才能。但市場經濟的柏萊圖最適境界往往很難達成，因為：

第一，在某些情況下，市場經濟的充分發揮並無法維持市場的完全競爭。

第二，即使市場完全競爭能維持，但存在外部性(externalities)與公共財

---

[1] Michael E. Porter, *Competitive Advantage: Creating and Sustaining Superior Performance* (New York: The Free Press, 1985), pp. 56-61.

(public goods)的問題，導致市場經濟難圓滿達成效率。

第三，為追求經濟效率，在調整競爭成本的過程中，增加了社會成本的支出。

第四，由於交易成本過高，致使不能形成市場經濟交易的因素依然存在。

第五，非經濟面的市場歧視，諸如對性別、種族等弱勢團體的歧視，視作為一項「物品」，對歧視作需求、對歧視有偏好，必須支付代價。

政府為有效處理市場失靈(market failure)的現象，不得不強調透過介入市場經濟的必要性，而政府主要的基本經濟功能是：需要訂定法令規章，維持經濟秩序；需要重分配所得，維護社會正義；需要提供公共建設，發揮經濟效率；需要建構投資環境，穩定經濟成長。

因此，政府角色不只是針對市場經濟所探討生產、消費、投資、國際貿易與匯率、產業等政策問題，還包括制度經濟學上主張的潛在犯罪者、選舉、法規等制度層面，以及家庭經濟學上所主張的結婚、離婚、生兒育女、教育、贈與等所做的決策，也都應納入政府政策的經濟分析，以解決現存政經社會文化中的問題。

市場上雖有政府角色介入市場經濟的必要性，但是也常會發生政府失能(government failure)現象。因為，在公共政策的選擇上，容易產生決策過程的缺陷，諸如：因過於考慮政治導致未能符合經濟學理；一般人缺少確實求知的態度，容易產生「理性的愚昧」(rational ignorance)；由於利益集團介入，扭曲政策的真正目標；為符合民主程序，有損經濟效率的發揮與資源的遭受誤用；過於強調行政層級，影響行政效率。[2]然而，現實狀況亦不必如此悲觀，從政治經濟學(Political Economy)的角度，經濟活動乃建立於較廣泛的政治結構上。

所以，如何在市場機能與政府職能上各有所欠缺的情形下，就是兩者如何整合功能的智慧。因此，即使是最強調自由競爭的美國經濟，自1930年代以來，為解決當時發生的經濟大蕭條(The Great Depression)，發展出強調自由市場經濟

---

[2] 施健生，《經濟學原理》，(臺北：大中國，1997年8月)，頁225。

競爭與有效能政府角色的「整合型經濟」模式(mixed economy style)。特別是1997年亞洲金融風暴、2008年世界金融危機，和2010年歐洲債務的相繼發生，讓美國所宣揚的「自由市場神話」成為最大的諷刺。

廣義而論「整合型經濟」，即為政治經濟學的研究途徑之一。因為，「整合型經濟」在論述政府與產業之間關係時，政府應該發揮應有的基本經濟功能，如擴張性財政政策、寬鬆的貨幣政策、刺激大眾消費的凱因斯(J. M. Keynes)式政策，以促進經濟發展。

因此，容易導致當該項產業有利可圖時，通常企業會要求政府開放市場、減少干預，而強調市場競爭機制；但當該項產業無利可圖時，該企業則會要求政府獎勵、補貼、降低關稅，甚至於實施保護主義政策等等的「大政府」作為。質言之，產業政策就是指政府系統設計的有關產業發展，特別是產業結構演變的政策目標和政策措施的總和。而當前政府通過《文化創意產業發展法》，即屬於「大政府」角色。

所以，當政府努力去推動《文化創意產業發展法》、《文化創意產業發展法實施細則》，而過度介入市場經濟的自由競爭本質時，千萬不能讓文化創意失去了應有的自主、多元本質，別自認為政府萬能，透過政策就可以扭轉文化創意產業在市場經濟上個別產業所發生的諸多不順利，這是大家應該給予特別關注的焦點。

因此，跨部會組織的政府協助產業發展政策，才能建構一個有利於文化創意產業的推動。所謂「創意經濟」(creative economy)，是指以創意產業為核心的新經濟領域，包含了「傳統文化展現」、「文化場所」、「表演藝術」、「視覺藝術」、「出版和印刷媒體」、「視聽產業」、「設計」、「新型媒體」及「創意服務」等九大產業。

由於創意產業的高附加價值，與景氣波動的相關程度較低，同時具備工作機會的創造能量，遂成為各國政府擬定產業轉型及經濟復元力的政策重點。而發展文創產業並非富國和已高度開發國家的專屬產業項目，在許多開發中或轉型經濟體所形成的全球貿易網絡中，諸如印度在設計上、以色列在音樂上，和韓國在韓劇上透過產品的創意特性，得以突顯產品的創新，並打開出口的市場，在文創產業項目皆表現得極為出色。

相較於扶植製造業所需高額資本，不但不需要如資本或技術密集產業的動輒數億元的廠房設備，而且會對於許多資本不足的經濟體產生排他作用。反觀培育文創產業首重的發展條件是擁有獨特、濃烈的文化特質，所需資金和技術的投入相對較低，對擁有豐富文化資產的經濟體來說，文創產業更具競爭「軟實力」(soft power)。

三、文創產業的內涵與範圍

「文化創意產業」(Cultural and Creative Industries)基本上意含三個概念，在「創意」、「文化」、「產業」中，哪一個最具關鍵性？負責發展經濟的部門會強調「產業」，負責推動文化事業的單位會強調「文化」，而從事企業經營者則會認為「創意」最重要。三者之中，當然「文化」是最為重要的。因為，「文化」意指著以新形式(new form)創造新意義(new meaning)的過程。

因此，「文化」自然地就是「產業」，也必然地有著「創意」的外觀，在當代的經濟世界裡，只要販賣「意義」的都是文化創意產業，此乃因文化的創造必定衍生特定的創意而遲早會產業化。亦即「文化」既是一種形塑社會新成員的意義、方向系統，也於日常生活中被各種個人或團體的形塑過程。因此，「文化」是為經濟行動的基礎、限制與機會。

文化創意誠然重要，產業發展更攸關國計民生，但文化如同教育，是立國精神之所在，有其核心價值與發展脈絡。文創產業所指涉內容與產值，都從「文化」本質發揮經濟效益。換言之，文化部門的核心業務並非文化創意產業，而是以「文化」內涵作主軸，執行保存、傳承文化資產，鼓勵藝術、文學創作，提昇國民人文素質的施政計畫。

因此，舉凡食衣住行與空間的生活文化、藝術展演與信仰禮儀，都由此開展，並產生人文科技與經濟活動。有歷史人文意義的古蹟、遺址、藝術活動與自然景觀，即為觀光產業實質內涵；具深厚文化基礎與人才養成管道，設計、電影、出版、工藝、表演藝術、數位內容等產業就會生生不息。

從文創產業的本質來看，與其說它是一種新行業，倒不如說是一種理念、創意或人文素養。文創產業的精神在於強調產業發展要有文化思維，藝文也需兼顧應用與行銷的部分，並搭建跨界合作的平台，擴大文化影響層面，提高產業品質與競爭力。

文創產業的特性具有多樣性、小型性、分散性，以及最重要的是能結合在地特色與全球性市場的文化創意產業。根據 2010 年元月政府通過的《文化創意產業發展法》第三條指出，文化創意產業的意義所指的是，凡源自創意或文化積累，透過智慧財產之形成及運用，具有創造財富與就業機會之潛力，並促進全民美學素養，使國民生活環境提升之產業。

因此，在第三條的內容，對於文創產業的範圍或項目有更具體的指出，它包括：(一)、視覺藝術產業。(二)、音樂及表演藝術產業。(三)、文化資產應用及展演設施產業。(四)、工藝產業。(五)、電影產業。(六)、廣播電視產業。(七)、出版產業。(八)、廣告產業。(九)、產品設計產業。(十)、視覺傳達設計產業。(十一)、設計品牌時尚產業。(十二)、建築設計產業。(十三)、數位內容產業。(十四)、創意生活產業。(十五)、流行音樂及文化內容產業。(十六)、其他經中央主管機關指定之產業。

四、 多元化一體發展的臺灣文創產業

近年來臺灣產業發展隨著中國大陸經濟的崛起，有關以中國市場為中心的區域經濟發展趨勢，也成為全球經濟體系中的重視主題，中華文化更是形塑臺灣多元文化底蘊的基本元素，亦即突顯明代儒家王陽明所說具有「多元化一體」特色的發展，造就了臺灣特色的文創產業。

然而，臺灣文創產業發展為因應目前亞太經濟合作會議(APEC)只是會議性質，和參與東南亞國協十加三的區域經濟所遭遇的難題，政府對於兩岸文化經貿交流的加強確實有其必要。

如果文化、宗教是引導人類發展的另一隻看不見市場的手，媽祖信仰也可以代表漢人文明史和開拓臺灣的移民精神，臺灣媽祖文化創意產業更是兩岸文化經貿和參與東亞經濟區發展的一股活水。

基於此，當前政府協助發展文創產業，積極推動文化創意產業化，如果重點選擇媽祖文創產業，不但有助發展臺灣產業，也可結合兩岸文化經貿優勢，是臺灣產業經由兩岸途徑走向區域化、國際化的最佳策略。

因此，除了民間企業和文化團體本身的努力積極投入文創產業發展之外，政府的重點政策可朝下列幾個方面加強推動：

(一) 在資金挹注及財管方面

政府選擇發展文創產業應配合政府現有扶持文化創意產業所採用挹注資金方面的策略。一般而言，從事文創產業者普遍比較缺乏財務管理方面的知識與能力，資金的運用欠缺靈活度。

特別是藝文創意向來崇尚自由、超脫及跨界游離的特殊性，要將其轉化為創意經濟的產業，除了必須面對「文化藝術」在「產業化」過程中所遭遇的價值衝突外，對有心投入文化創意產業者，如何獲得創投基金及金融機構的投注，亟需一套完善的財務管理機制在背後支撐。

同時，文創產業又不同於一般產業，文創產業的價值幾乎全是無形資產，又多屬中小型企業，一般金融機構貸款意願向來就不高，突顯文創產業的獲利模式或還款能力相對不容易。

所以，政府為協助企業解決資金困難，政府可以採取補助和融資方式協助文化創意產業化。諸如：整合經濟部、文化部、原民會、客委會，乃至於交通部觀光局等部會的文創產業補助機制，提供文創產業創業資金的補助；仿經濟部成立中小企業創新育成中心的方式，輔導學術單位、學校及專業機構設立成立文創產業的創新育成中心；透過補助文創產業的研發、生產、推廣活動的經費，健全文化產業經營團體的發展；大量、多元提供種子資金，協助文創產業化；寬列各級政府預算，協助推動文創產業，舉辦各類型活動。

而政府發展文化創意產業除了可以比照上列方式加強推動之外，文化創意產業化更要結合觀光產業、教育產業、藝文產業、媒體產業、地方特色產業等，以擴展和縱深文化產業的底層和實力。

(二) 在產品研發及輔導方面

根據《文化創意產業發展法》，政府為協助加強文創產業的研發及輔導，在提高領導層級上計劃成立「中央文創產業政策小組」，以負責最高決策；建構政府諮詢輔導體系，作為文創團體的單一服務窗口；建立文創產業全球資訊網，提供最快速、最完整的資訊服務文創團體；植入創新文化元素，推動異業跨界整合；推動結合數位科技產業的平臺，特別是以藝術數位典藏加值的應用，媒合藝術與創意設計及科技研發，開發創意商品；利用典藏藝術作品的原創元素，透過創意設計製作產業化後，帶動相關創意生活產業的發展及產值的提升。同時，配合建立一套授權機制後，媒合藝術家、設計師、科技人才及製造商、多品牌策略聯盟等跨領域合作，提高文化創意產業的產值。[3]

上述政府規劃和執行的有關文化創意產業的研發和輔導方案，都是空泛而籠統的大原則，實際作為上很難有成效，特別是在文化創意產業的研發和輔導上。

(三) 在市場行銷及推廣方面

為協助文創產業的市場擴展，政府規劃的主要項目除了培養國民創意品味，打造創意品牌，以拓展國內外市場之外，重點還是以辦理各類型活動為主，

[3] 文建會，《創意臺灣 Creative Taiwan「文化創意產業發展方案」行動計畫 2009～2013》，(文建會、新聞局、經濟部，2009 年 10 月)，頁 12-13。

諸如：每年定期舉辦臺灣國際文化創意產業展或博覽會；參與中國大陸重要文創產業博覽會，並建立兩岸文創產業合作及市場開發機制；協助文創業者參與國際重要競賽、觀摩展、研討會、國際文創組織，建立跨國技術合作機制，藉此促進國際市場拓展與流通。

對於開拓文創產業市場，政府首先要培養人民對文化有感覺，才有可能進一步促進文化的產業化。例如原民會已分別提供原住民族農特產品、手工藝品固定長期於臺北、高雄、臺中等都會區據點銷售，並有效投入部落產業特色行銷鄒族特色茶業、咖啡伴手禮 CIS 品牌，建置原住民文化多樣性創意行銷電子商務網站與交流平台等。

(四) 在人力規劃及培育方面

文化創意產業的核心資產在於「人」。因此，文化創意人才的培育更要關注到感性創意人才和理性經營人才的結合。根據《文化創意產業發展法》，政府為協助文創產業培育創意人才，除了已分別針對影視、流行音樂、設計、數位內容、藝術等各個領域加強培育及扶植相關專業人才外，推動工作的重點應該在於如何將「文化」和「創意」轉化為「商品」，更需要有扮演「觸媒」角色的中介者，來協助文化人、創意人與產業人的接軌策略。

政府規劃的項目包括：第一，培養文創中介人才，推動文創經紀人機制；第二，針對特定人才需求，於高等教育及技職教育體系中，建立重點人才輔導措施；第三，鼓勵大專校院增設文化創意產業相關領域之系所，並規劃輔系或跨系所院、跨校際課程，鼓勵整合藝術設計、科技、管理、行銷及智慧財產權等學科領域之學程，以培養學生跨界整合能力。第四、鼓勵大專院校相關系所開設實習課程，推薦學生進入產業實習，使學生提前與職場接軌。[4]

上列工作項目是朝向技職教育的人才培育，問題在於如何將有關文創產業

[4] 參閱：文建會，《創意臺灣 Creative Taiwan「文化創意產業發展方案」行動計畫 2009～2013》，(文建會、新聞局、經濟部，2009 年 10 月)，頁 14-25。

分設在各系所的整合研究與教育方面，以至於延伸至產業界的實習與就業。

(五) 在產業集聚及跨業方面

產業群聚的效益，主要是藉由地理優勢，串連區域內具有相同質性但不同類型的業者，運用價值鏈整合提供產業群聚之最大效益。對內，群聚產業的園區內各公司可相輔相成，協調人力或技術互補，工作者及工作室、公司可互相支援、激盪創意、整合資源；對外，群聚效應不僅可塑造、提昇參與業者在該產業領域之專業形象，更因技術整合之全方位，相對其同行更具產業競爭優勢。

為加強文創產業的集聚效應，政府除了由各部會賡續建置及推動文創園區之外，亦規劃進行文創園區的軸帶串連，先以臺北市作為示範點，整合相關文創資源及據點，累積成果之後再推展至其他區域。

五、結論

政府的推動文化創意產業政策，基本上還是政府實施經濟管制政策的一部分，就如同政府先前訂定實施的〈獎勵投資條例〉、〈促進產業升級條例〉等措施，政府的過度介入難保不會發生官僚體系行政效率差、官員貪污腐化、受制於利益團體而扭曲政策、預算經費受到排擠而導致資源分配不公平等問題。

所以，發展文創產業的基礎，還是要回歸市場經濟自由競爭的本質，也就是「人文」與「民主」的根本思維。

「人文」代表歷史文化的傳承，是突顯文化的在地性；「民主」代表自由競爭的機制，是尊重人性的自由意志。結合歷史文化的在地性和產業市場的自由競爭機制，文化創意產業的發展才能深根與茁壯。

審視臺灣「多元文化一體」的發展歷程，之所以能夠深入民間，主要還是仰賴有效率的廉能政府支持，與來自民間活力與企業經營的結合所發展起來的「軟實力」(soft power)。

展望未來臺灣型塑「多元文化一體」特性的文化創意產業發展，應朝下列方向努力：

(一)強調文化創意產業化的社會責任

政治經濟學如果作為實證科學，而科學的功能又不在於研究倫理判斷，那就可以避開倫理道德層面。但是只要涉及到人的行為，而解決實際問題的辦法又沒有什麼可以認為是完備的，除非我們考慮到倫理方面的因素。因此，關於政治經濟事務的現實討論，是不能與道德相分離的。[5]

換言之，本文強調文化創意產業化的社會責任，是以政治經濟倫理學的觀點而論，是強調形塑臺灣獨特多元文化一體的創意產業倫理觀。

當 19 世紀末，美國許多企業集團從市場經濟競爭形態，發展成托拉斯(Trust)的特殊組織。因此，歐美先進國家的一般企業經營難敵市場經濟的獨占或寡占競爭，形成類似洛克斐勒(John D. Rockefeller, SR.)經營的標準石油公司(Standard Oil Company)在 1879 年和 1882 年分別以私下運作方式達成石油跨洲持有的壟斷策略，導致美國政府不得不通過《薛曼反托拉斯法》(*Sherman Antitrust Act*)，突顯了標準石油公司的經營者違反企業倫理，至少是有礙社會觀感。

1998 年發生亞洲金融危機，接著 2009 年爆發全球金融風暴，乃至後來發生的歐債危機，主要導因於金融企業集團的違法亂紀，大玩金錢遊戲，喪失企業經營的社會責任所造成。

曾任世界銀行首席經濟學家、諾貝爾經濟學獎得主的哥倫比亞大學教授史迪格里茲(Joseph E. Stiglitz)指出，市場並未依照應有的方式運作，既缺乏效率也不穩定，政治體系(尤其是執政的政府)無法矯正市場失靈，經濟和政治體系從根本上就不公平。問題不在於全球化不好或者錯誤，而是政府管理得十分差

[5] John Hevill Keynes, 黨國英、劉惠譯，《政治經濟學的範圍與方法》，(北京：華夏，2001 年 1 月)，頁 32。

勁，尤其是圖利了特定的利益團體。[6]

所以，杜拉克(Peter F. Drucker)指出，基於一般商人或是主張自由市場經濟的經濟學家認為企業是賺錢的組織，企業的經濟論往往強調「利潤的最大化」，它實際上只是「賤買貴賣」的複雜化說法而已，利潤本身並不是企業的目的，而是它的一種限制因素。事實上，企業的存在是為了提供經濟貢獻，並因此而獲取報酬，企業的目的是為了創造顧客，也就是提供社會文化的經濟需要與滿足。[7]

2018 年就連平日生活極為低調的美國電商龍頭亞馬遜公司（Amazon）創辦人貝佐斯(Jeff Bezos)，也在與好萊塢巨星共同出席金球獎頒獎後宣布，捐款 3,300 萬美元給非營利組織，主要提供獎學金給幼年隨父母非法抵達美國的無證年輕移民，讓這學生能夠實現自己的夢想。

這正是突顯發展文化創意產業所要強調的社會責任，也是發展媽祖文化創意產業的另一個特殊意義，亦即突顯在崇尚利潤極大化的企業目標之外，應樹立一種新型態的商業機制，在有效能政府與優質企業的共同努力下，推廣以關心社會文化問題、關心人性真實的多面向需求為特點的「社會事業」(social business)。

(二) 建構東亞文創產業園區的經濟效益

已故的大陸海協會會長汪道涵於 1998 年在北京參加第二屆「東方思想國際研討會」，發表「東亞文明與世界潮流」演講中指出：

> 生活在中國、日本、朝鮮半島，東南亞及其周邊地區的人民，是空間上的近鄰。在二十多個世紀的漫長歲月裡，這一區域產生過各有個性

[6] Joseph E. Stiglitz, 羅耀宗譯，《不公平的代價：破解階級對立的金錢結構》，(臺北：天下，2013 年 1 月)，頁 21-23。

[7] Peter F. Drucker, 蔡伸章等譯，《管理學導論》，(臺北：桂冠，1983 年 5 月)，頁 43-54。

> 的民族文化，由此形成的，是一種植根於歷史的多樣性。然而近鄰間彼此的交往，又促成文化的傳播、融合與認同，這個過程的積澱，匯生出富有特色的東亞文明。[8]

明清政權更迭交替，讓媽祖信仰取代了玄天上帝，成為大清國推行的臺地神祇，而媽祖在華南沿海地帶的盛行與清政權的擴張有關，宗教的收編反映了政治的收編。鑒於早期媽祖信仰傳播在東亞海域國家所累積的基礎，建構「東亞媽祖文化創意產業園區」的經濟效益，將已有「東亞天后信仰圈(祭祀圈)」的基礎，轉型「東亞媽祖文化創意產業園區」的新思維，亦是將 17 世紀以來，媽祖信仰在東亞各地已經逐漸在地化總成果的累積和檢驗。

祭祀圈是指以一主祭神為中心，共同舉行祭祀的居民所屬的地域單位；信仰圈是指一神及其分身之信仰為中心，區域性的信徒所形成的志願性宗教組織。[9]

藉由媽祖信仰的區域性影響力，強化了文創產業所強調創意、創新、創業、創造性推動區域文明進步的驅動力。在整合文化創意產業概念的推動下，「東亞媽祖文化創意產業園區」爆發性的經濟效益，遂成為該區域政經發展的最大滋養元素。

換言之，建構「東亞媽祖文化創意產業園區」將是再現「東亞天后信仰圈」和「東亞媽祖文明經濟圈」的歷史光華，積極作為就是先從開發福建湄洲媽祖祖廟、泉州天后宮的所謂「峽西經濟圈」，和結合在大陸的臺商，或即將前往大陸投資的臺商共同開發，不但可以繼續發展「峽東經濟圈」的臺灣，更朝向北方擴大到寧波慶安會館(天后宮)、上海天妃宮，乃至於「天津媽祖文化經貿園區」的發展，形成「兩岸媽祖文化創意產業園區」的經貿文化交流模式。

---

[8] 汪道涵，〈東亞文明與世界潮流(上、下)，參閱：(臺北：中國時報，1998 年 10 月 8-9 日)。

[9] 參閱：林美容、許谷鳴，〈關渡媽祖的信仰圈〉，《媽祖信仰的發展與變遷——媽祖信仰與現代社會國際研討會論文集》，林美容、張珣、蔡相煇主編，(雲林：北港朝天宮，2003 年 3 月)，頁 150。

(三) 重視文創產業化牽動的兩岸和平發展

文化創意產業是當前臺灣政府所極力強調的新興產業，而華人文化創意產業更是兩岸產業共同發展，以及發展文化創意產業的主要利基。例如 2011 年的「辛亥百年」，廣東中山市政府準備將孫中山誕辰訂為「孫中山紀念周暨旅遊文化節」，加強相關紀念館(園)的管理，發掘、整理和保護孫中山的遺物遺址及相關文物，並加強與臺灣的聯繫，爭取與臺灣合作創設「海峽兩岸文化產業園區」。

所以，從「多元化一體」的思維，以中華文化為底蘊的兩岸文化創意產業交流，逐步推動了具有共同基礎的文化交流，再藉由臺灣海峽兩岸的經貿活動，擴及東亞區域性的文化經濟發展，突顯現階段兩岸在簽訂〈海峽兩岸經濟合作架構協議〉(ECFA)、〈海峽兩岸智慧財產權保護合作協議〉(IPR)生效之後，接下來有關〈貨品貿易協定〉、〈服務貿易協定〉、〈投資協議〉、〈爭端解決〉等 4 項協議，將繼續展開協商，以促進兩岸經濟文化發展的正常化，乃至於未來建立「非傳統安全」的〈兩岸海上人道救援協議〉機制。

(四) 政府協助舉辦國際性活動

政府既然選擇了發展文化創意產業做為國家發展新興產業的主軸之一，當前政府除了通過《文化創意產業發展法》和〈實施細則〉，以及舉辦國際文化創意產業博覽會之外，最具代表性與規模的國際性文化創意產業活動，就屬「2010 年臺北市國際花卉博覽會」，其他方面則未見有非常具體的成效。

如果媽祖文化創意既可以豐富臺灣人的精神內涵和穩定社會民心，又能為中小企業創造產值，那政府就更應該投入較多資金和人力，加以善用臺灣媽祖文化資源，以利中小企業的經營與發展。

(五) 強調有效能政府、自由市場經濟，和活力公民社會

我們在政府與市場之外的第三領域，存在著所有使人生值得活下去的家庭、信仰、藝術、人權、尊嚴、和平，和文化等等。檢視人類發展的歷史，除

了在政治領袖的夢中之外，不會有完美的政府；除了在經濟學家的抽象理論中之外，不會有完美的市場。當然也沒有所謂的完美社會，我們只能在人類現有的基礎上努力。

特別是現今政府面臨複雜環境及財政惡化，已無獨立解決重大問題的能力。在政府失能下的新經濟革命，就是政府必須號召民間參與共同推動「解方經濟」(solution economy)。

發展多元一體化的文化創意產業核心概念，有如《金剛經》所說的「是世界，非世界，是為世界」的觀法，特別是媽祖文化創意的發展正是在這不完美的政治、經濟和社會上努力，希望為人類創造一個輝煌歷史文明的時代，而中小企業的創意經營管理與發展，不也正是要為我們繼續向前邁進的一條途徑嗎？我想：人類應作如是觀。

臺灣媽祖文創產業的客製型服務管理

一、前言

近年來，我參加了多場媽祖文化學術研討會，比較具規模的正式研討會諸如 2005 年 9 月中華媽祖文化產經慈善發展協會與中國海洋大學舉辦的「2005 年國際媽祖文化」學術研討會，和 2006 年 10 月年由上海社會科學院和上海天妃宮聯合舉辦的「第一屆海峽兩岸媽祖文化」學術研討會、2008 年 11 月的「第二屆海峽兩岸媽祖文化研討會」，以及 2009 年 11 月由上海社會科學院與寧波慶安會館舉行的「第三屆海峽兩岸媽祖文化研討會」，最近一場則是 2010 年 9 月由天津天后宮和天津文化傳播局聯合舉辦的「第五屆中國天津媽祖文化論壇」。

綜論參加這 5 場的研討會令筆者獲益匪淺。因此，本文除了將透過個人參加這五個場次的基礎和心得加以敘述，並參考所蒐集的文獻資料之外，亦將藉由部分田野調查的結果加以論述，以補原有資料之不足。

同時本文將採取跨領域學科的研究途徑，從文化公共財的觀點，透過媽祖文化傳播的特色和理念，應用現代企業「客製型服務精神」的行銷管理模式，檢視當前各地宮廟舉辦媽祖文化活動，和媽祖文化休閒旅遊觀光的方式，提供未來推動媽祖文化產業傳播活動的參考。

二、研究途徑與文獻探討

本文的研究方法主要以文獻分析法為主，並輔之實地訪察的田野調查法來佐證，盡求立論的嚴謹和完整。在媽祖研究文獻探討上，媽祖自宋元以降，官方累封為夫人、妃、天妃、天后等，民間通常則尊稱為「天上聖母」。

媽祖家世及生卒年月雖有不同說法，本文採用《天妃顯聖錄》中的〈天妃降誕傳〉指出，媽祖姓林名默(娘)，福建莆田人，宋太祖建隆元年(960 年)生，卒於宋太宗雍熙四年(987 年)。仙逝後更迭顯靈蹟，護航運、救災難，保國衛民、綏靖海疆。清朝更提升為政府祀典，並令沿海、沿江各省建祠崇祀，目前除臺灣、中國，海外華人社區均見廟祀。[1]

有關媽祖文獻可以追溯到元、明之間刻印的《天妃明著錄》和《聖妃靈著錄》，然此二書早佚。現存與上述二書類似的著錄刻本，則始自僧人照乘等編撰的《天妃顯聖錄》。

所以，《天妃顯聖錄》是第一本有系統記載媽祖的文獻，內容包含：〈歷朝顯聖褒封二十四命〉、〈歷朝褒封致祭詔誥〉、〈天妃降誕本傳〉等三部分，為後世奉為祖本。然而，《天妃顯聖錄》一書係明末原刊本已未存世，在臺灣主要依據臺北中央圖書館臺灣分館典藏雍正五年(1727 年)後增刪本。

換言之，媽祖信仰早在南宋是依附在政府的祠祀制度發展出來的信仰。祠祀神可享官民春秋祭祀，政府依禮祭祀，廟宇並無僧侶或道士住持，其道德教化的成分超越宗教的成分，故無以闡揚神明個人的經典存在。然因宋代累年動盪，朝野亟望天下太平，對宗教寄望甚深，使得祠祀漸趨多元而活潑。媽祖林默娘之由人而成神，即在宗教氣氛瀰漫的北宋時代形成的。

及至明永樂 14 年(1409 年)道教人士為編撰《太上老君說天妃救苦靈驗

[1] 蔡相煇，《臺灣民間信仰專題——媽祖》，(蘆洲：國立空大，1996 年 12 月)，頁 21。

經》，意在將媽祖信仰納入道教神祇體系，成為媽祖被納入宗教信仰體系之首。清代前期方行慎、尹衍撰《天后經懺》、李存默修訂之《弘仁普濟天后聖母經懺》、楊浚編撰《湄洲嶼志略》所錄《天上聖母真經》皆依據《太上老君說天妃救苦靈驗經》編成，內容都無法呈現教化功能，故留傳不廣，臺灣各圖書館及廟宇俱未見收藏。

到了清朝後期，因社會動盪及列強侵華，西方宗教在中國傳教的刺激，促使民間對固有信仰做進一步思考，逐漸恢復扶乩請神降鸞訓示，並將乩詞編印成書，以經為名，向外傳授的風氣，臺灣民間受此風氣影響，自道光以後，也有此類精典被創造出來。

但有關媽祖經書則於光緒年間開始傳入，日據時期始有臺灣人賴玄海自編之《湄洲慈濟經》和李開章編撰《天上聖母經》產生，以及 1972 年北港朝天宮委請僧人傳妙編撰《天上聖母經》，其等內容雖都不出《天妃顯聖錄》，但仍為目前各媽祖廟誦經時之依據，亦可反應臺灣媽祖信仰之進展。

1979 年旅日學者李獻章在其學術專著《媽祖信仰的研究》，將媽祖史料彙成《文獻資料篇》，專題附錄於書後。1990 年蔣維錟出版《媽祖文獻資料》是第一部獨立成書的文獻資料彙編，繼之，澳門媽祖研究專家劉玉蓮《清代媽祖檔案史料匯編》是根據中國國家檔案館首次依法公佈的媽祖檔案史料。

2007 年 10 月中華媽祖文化交流協會、莆田學院媽祖文化研究所、福建省社科「十五」規劃重點項目組、湄洲媽祖祖廟董事會共同合編《媽祖文獻史料彙編》，彙整媽祖史料大約有 4,000 篇，300 萬字左右，共分三輯出版，已出版第一輯的內容包括：

一、《檔案卷》，蔣維錟、周金琰輯纂，即彙編自南宋至清末有關媽祖信仰的朝廷檔案，如詔誥、敕諭、御題、奏疏、題本、咨文、起居注、御祭文及宮中造辦處的活計檔等。

二、《碑記卷》，蔣維錟、鄭麗航輯纂，即彙編現存於各地媽祖宮廟的碑刻資料及歷代典籍刊載的有關媽祖信仰的碑文史料。

三、《散文卷》，蔣維錟、鄭麗航輯纂，即彙編寫作的內容涉及媽祖而又獨立成篇的各種體裁文言篇什，如筆記、傳記、序跋、疏引、紀遊、志異、論辯及祭祝文等。

四、《詩詞卷》，蔣維錟、劉福鑄輯纂，即彙編見於各種載籍、摩厓和 1949 年以前報刊雜誌發表的吟詠與媽祖信仰有關的詩、詞、曲作品。

第二輯和第三輯的內容包括：

五、《著錄卷》，即彙編以媽祖信仰為題材、歷史上曾獨立成書的各種著錄版本，如《天妃娘媽傳》、《天妃顯聖錄》等。

六、《史摘卷》，即彙編夾存於正史、野史、類書、地理總志、歷朝實錄等典籍中涉及媽祖史蹟而又不獨立成篇的章節或段落。

七、《匾聯卷》，即彙編各地媽祖宮廟所存及史籍記載的具有史料價值的匾額、聯對，其中款識文字尤具史料價值。

八、《方志卷》，即彙編 1949 年以前歷代各級地方政權主持修纂的省、郡(府、州)、縣三級地方志及一些鄉鎮志中有關媽祖祠廟、祭祀、民俗等方面的記載。

九、《經文、籤詩卷》，即彙編各種媽祖經籤文刻本和各地媽祖宮廟所沿用的籤詩文本。

十、《綜合卷》，即彙編資料份量不足以單獨成卷，而又無法歸入以上各卷的零星史料，如祭器銘文、各種圖說等。[2]這一大部書，是目前提供媽祖史料最完整、最具參考價值的文獻。

上述媽祖文獻皆屬於研究媽祖信仰的史料，偏重於媽祖文獻的整理和保存，對於媽祖信仰在各朝代的社會文化影響的深入分析較為不足，特別針對臺灣媽祖文化資源與中小企業的經營管理的研究更付闕如。

目前對臺灣媽祖信仰的分析則有蔡相煇的《臺灣民間信仰專題——媽祖》[3]

---

[2] 蔣維錟、周金琰輯纂，《媽祖文獻史料彙編(第一輯)》，(北京：中國檔案出版社，2007 年 10 月)，〈前言〉頁 1-6。

[3] 蔡相煇，《臺灣民間信仰專題——媽祖》，(蘆洲：國立空大，1996 年 12 月)。

的研究比較完整和有系統的論述，從《天妃顯聖錄》版本及編輯緣由考、《天妃顯聖錄》媽祖事蹟考釋、《天妃顯聖錄》為核心的媽祖歷朝褒封、湄洲媽祖元始金身考、以李邕〈泗州臨淮縣普光王寺碑〉為核心的僧伽信仰考、媽祖信仰探源、白塘李氏與聖墩祖廟，到明清時期臺灣地區的媽祖祠祀、北港朝天宮與臺南大天后宮的分合、日治時期的北港朝天宮、兩岸交流與臺灣媽祖認同的轉變——以大甲媽祖進香為例、臺灣地區流傳有關媽祖的經書等章節，其中明清時期臺灣地區的媽祖祠祀、北港朝天宮與臺南大天后宮的分合、日治時期的北港朝天宮、兩岸交流與臺灣媽祖認同的轉變——以大甲媽祖進香為例等四部分。

至於與本論文的研究主旨較為接近，則有蔡泰山的《探討媽祖文化資源與創意產業發展》[4]。該書內容雖涉及媽祖信仰與文化創意產業的相關性，但其並無系統性單獨針對臺灣媽祖文化資源與中小企業的經營管理提出分析，而本文正可以補其不足之處。

三、媽祖文化的特性

余英時指出：

> 臺灣的人文傳統一直存在，當梁啟超訪臺時，林獻堂和許多臺灣詩人來歡迎他，和他唱和極多，顯示臺灣保留中國古典詩文的傳統，也就是人文傳統的延續。臺灣的民間傳統更是有其連續性，媽祖信仰就是其一。[5]

[4] 蔡泰山，《探討媽祖文化資源與創意產業發展》，(臺北：蘭臺，2009 年 9 月)。

[5] 余英時，《人文與民主》，(臺北：時報，2010 年 1 月)，頁 68。

(一) 媽祖文化是公共財

文化具有經濟學中「公共財」(public goods)的概念，也就是文化財的特性。既是具有公共財的概念，有些工作就需要政府以非單純的經濟效率的觀點來推動和協助，以確保具有文化性質的產業能發揮經濟成長和社會教化的功能。

例如興蓋捷運對公共運輸的效益，大家都可以享用，就不會發生相對比較消費的問題，要不然光是私人的消費增加，只增加其私人效用，其表現外溢到別人身上可能反使別人效用減少，也就是有負的外部性，其他消費者不一定能接受。因此，公共財具有的兩項特徵是無排他性與非獨享性。

經濟學家凱因斯(J. M. Keynes)指出，我們一般皆認為，世界所累積的財富乃是由個人拋棄了消費的直接享受，克勤克儉地建立起來的。但是很明顯地，光憑節慾與節儉本身是無法建立起城市或排水道等等。建立及改善世界財務的乃是企業的經濟機能，如果企業發展起來的話，那麼財富便可以累積節儉所得到的一切；如果企業沒有生機的話，那麼不管我們怎麼節儉，財富還是會衰退的。[6]

例如資訊也是一種公共財，屬於集體消費型，一個人知道彼此競爭的品牌之間的優劣，或者同一產品在不同店面出售的價格，其他消費者如果也知道這資訊，前面那個人並不會受損，因此，私人機構很難以提供消費者訊息來維持營運。[7]

公共財亦有如選舉的經濟觀，假若選民認為自己一票不是決定性一票，它不具關鍵性，選民往往不願意前往投票。因為，選民會聰明的認為，如果前往投票，自己必須付出個人成本，因此，選民會產生搭便車(free riding)行為。

簡言之，政府要做的事有兩個條件：第一是這個社會有很多事情大家想要，

[6] J. M. Keynes, *The General Theory of Employment, Interest and Money* (N. Y.: Harcourt, Brace, 1936).

[7] Steven E. Rhoads, *The Economist's View of the World: Government, Markets, and Public Policy* (Cambridge: Cambridge University Press, 1985).

但又沒有人願意做，只好要求政府來做；第二是有一種事情(產品)很特別，一但生產出來後，在怎麼多人消費享用，都不會增加成本，也就是所謂的「公共財」。

1998 年印度籍諾貝爾經濟學獎得主沈恩(Amartya Sen)就認為消防、國防、治安等公共財的提供，政府在這方面的表現要比透過私人市場機制來得好。沈恩(Amartya Sen)指出，強調基本自由是經濟發展的構成因素，經濟發展誠然需要秩序，然而絕不是一味壓制人民自由的威權主義，所謂「亞洲價值論」只是支持威權政治的護身符，不利經濟發展。[8]

自由、人權都是普世價值，並非西方所獨有，儒家、佛教、伊斯蘭教都各有重視自由與人權的思想與主張。先發展經濟，再談自由、人權，及民主，是有心人士長期以來刻意的扭曲。因此，發展的意義不僅限於經濟層面的財富累積、提高國民所得，更應該向上提升到增進生活和享受自由的境界。

媽祖文化既是具有公共財的特性，它的文化傳播功能，政府是很能推卸責任的。當然政府有時候考量一項產業或一個社區的預算政策，主要是根據該地區面對主要問題的民意測驗來決定，或是民眾認為當財政困難時應該削減的工作項目的民意測驗結果而制定。

然而，從經濟學的觀點，通常消費者被問到這一類的問題時，幾乎沒有人告訴他有關可能後果和成本的詳細資訊，結果是回答的人在回答時只考慮到總效用(total utility)，而忽略它與邊際效用(marginal utility)所產生「價值的矛盾」(the paradox of value)。

也因為如此，文化產業的推動往往是政府最不重視的一環，民間推動的文化活動又受限於地方或企業的財力不足，政府的補助經費成為推動文化活動的主要活水。媽祖文化的民俗性活動也許民間藉助於信眾的捐助，每年的活動也都辦得熱熱鬧鬧的，有如嘉年華會。但是比較偏重具有長期性教化社會功能的媽祖文化學術研究和研討會，經費總是要靠政府相關部門的補助才能順利推動。

[8] Amartya Sen, *Development as Freedom* (N. Y. :Random House, 1999).

(二) 文創產業發展的趨勢

美國未來學家托佛勒(Alvin Toffler)人類產業發展階段從西元前 8 千年左右，直到約西元 1650 到 1750 年的第一波農業時代，繼之而起的是到 1955 年左右的第二波工業時代，此後進入所謂《第三波》(*The Third Wave*)的電腦資訊化的服務業時代。[9]

而 1980 年代當網際網路興起，美國哈佛大學甘迺迪政府學院院長奈伊(Joseph Nye)提出「軟實力」(soft power)的強調文化和價值觀的概念，可以說就是進入第四波的知識革命的時代。農業文明生產依賴的是以人力，輔之以鐵材料製成犁、鋤等耕作的農具；工業文明生產依賴的是以機器，輔之以馬達、蒸氣機的發明，和運用在機械化大量生產線上；服務業文明生產依賴的是電腦，輔之以資本密集，技術改良，人性化服務品質的提升；知識業文明生產依賴的是智慧，輔之以知識密集的網路連結，人才想像力、冒險精神、自由創作為本的創意產業為發展目標。

換言之，文化創意所蘊含的基本元素包括：1.文化力導致的改變；2.文化創意的邊陲性，流行就是從邊緣向核心演進的過程；3.文化創意需要社會有容忍的空間；4.文化創意需要了解需求與供給；5.文化創意是一種生活型態的提案，製造風潮是這個行業最重要的一件事；6.文化創意的在地經驗；7.文化創意是自由但團結的，文化本身是自由的，但要學會團結合作的方式來面對全球競爭；8.文化創意需要有熱情的投入，熱情是一種生命信仰，因而激發思考；9.文化創意多元動態組合，文化產品的組成元素可以是團隊對上主題的動態形式，會隨著市場的變動而變動；10.文化創意需要跨業跨領域的合作資源整合；11.異業結盟再造多元文化；12.文化創意的藝術本質是取得獨創與產量的平衡點。[10]

---

[9] Alvin Toffler, 黃明堅譯，《第三波》，(臺北：時報文化，1994 年 6 月)，頁 11。

[10] 鄭自隆等，《文化行銷》，(蘆洲：國立空大，2010 年 6 月)，頁 27-33。

整體而言，文化創意產業有以下四項發展趨勢：第一、產業創新的關鍵角色：文創產業有不錯的環境調整能力，主要是歸功於產業的創新以及市場的靈活反應。第二、大者恆大的狀態：臺灣的產業發展有個明顯的趨勢，即規模越大的企業越具有競爭力，出現大者恆大的樣貌。第三、集中化的問題：文化創意產業出現集中化的現象。第四、越來越嚴酷的市場競爭：文化創意產業市場的競爭變得越來越激烈、非常嚴酷。[11]

臺灣在全球華人中的文創產業具有下列優勢：

第一，臺灣擁有海洋文化的特性，介於東北亞和東南亞的交會處，具有得天獨厚的地理優勢。

第二，臺灣是一個移民社會，具有原住民、荷蘭人、日本人和中國人的多元民族的包容特質，具備開放自由的胸襟，開創新局的勇氣，和寬廣的世界觀，充滿追求創新的能量。

第三，臺灣擁有深厚的中華文化傳統，底蘊溫厚，特別是保存著儒家精神，成為創新的人文基礎。

第四，臺灣教育普及，網際網路的科技發展迅速。

第五，臺灣具有市場經濟的企業管理和知識管理經驗。

第六，臺灣是華人社會最先具有實現民主制度的地方，擁有自由開創的心靈，提供可以自由創作的環境，是文化創意產業的生命力。

因此，特別是經過了相互融合的文化，匯聚人才的創意，累積經營的產業，朝向發展具有「臺灣特色的中華文化」優勢。所以說文化是融合的，創意是人才的，產業是經營的。而文化產業化的目標就是轉型文化公共財為民間私有材的企業經營和接受市場競爭的結果。

臺灣發展文創產業，溯自 2002 年政府宣示推動文創產業，並列為〈挑戰2008：國家發展重點計畫〉的〈文化創意產業發展計劃〉中，政府提出五大策

[11] 文建會，《創意臺灣 Creative Taiwan「文化創意產業發展方案」行動計畫 2009～2013》，(文建會、新聞局、經濟部，2009 年 10 月)，頁 8-9。

略要來推動國內文化創意產業，包括整備文化創意產業發展機制、設置文化創意產業資源中心、文創園區與工藝產業發展計畫、振興流行文化產業方案與臺灣設計產業起飛計畫等。

根據 2009 年 5 月 14 日行政院院會通過〈創意臺灣——文化創意產業發展方案〉，執行期程為 2009 年至 2013 年，主要係針對臺灣當前發展文化創意產業發展之優勢、潛力、困境及產業需求，提出推動策略，期能達到以臺灣為基地，拓展華文市場，進軍國際，打造臺灣成為亞太文化創意產業匯流中心的願景。

2010 年 1 月和 10 月政府先後通過了《文化創意產業發展法》和〈文化創意產業發展法實施細則〉」希望藉由政府的積極推動，以獎勵、補助的方式，加強與民間文化工作者、企業界的結合，同時也要教育消費者的支持，共同來帶動臺灣文化創意產業的發展。

(三) 媽祖文化品牌特性

一般文化商品的特性具有：第一、文化商品生產過程特殊，第二、文化實體可以大量複製，第三、成本預算連動期望報酬，第四、文化商品有明星化元素的存在，第五、文化商品是生活型態的表徵，第六、文化商品是必須快速完成的壓縮銷售，第七、文化商品必須跨界多元整合。[12]因此，文化商品的意涵有符號、遞送模式、形象加值、文化商品的連結、文化商品必須活化在地資源以主題式行銷。

檢視具有普遍性、世界性媽祖信仰傳播的發展歷史，最早當可溯自 960 年(北宋元年)原名林默的媽祖誕生在福建莆田縣的顯良港。到了 987 年(北宋雍熙 4 年)，據說林默曾從福建渡海到臺灣，同年於湄州嶼羽化成神，被民眾敬奉為海洋女神。此後的 1 千多年，崇信媽祖的傳播遍及全球五大洲的 16 個以上的國家，世界各地保存的媽祖廟宇有 4 千多座，媽祖信眾約計有 2 億之多。[13]

---

[12] 鄭自隆等，《文化行銷》，(蘆洲：國立空大，2010 年 6 月)，頁 60-62。

[13] 曲金良主編，《中國海洋文化》，(北京：中國海洋出版社，2006 年)，頁 91。

媽祖除了宗教信仰的特殊性之外，從現代傳播行銷的角度而論，基本上媽祖也可以是強調一種品牌的概念。「品牌」可以是名稱(name)、標誌(sign)、符號(symbol)、口號，或是上述元素的組合。

品牌的功能不只在於區隔競爭者與突顯而已，其最終目的係提升消費者認知與促進購買。如果以媽祖這一品牌為訴求，其功能除了有區隔其他宗教信仰的意涵之外，最終目的係能號召更多媽祖信眾，增強信徒對媽祖信仰的熱忱(亦即建立品牌的忠誠度)，並具有社會教化的意義，和提昇人類心靈的平靜。

如果我們把「媽祖」也可以視為一種品牌的話，媽祖品牌的文化資源就具有其崇高性、特殊性，和普遍性。因此，媽祖文化創意產業的品牌效應主要可以顯現在信眾對媽祖信仰本質的效應、廟宇建築藝術的效應，和歷史文化意義的效應等三方面。以下分別就這三種效應加以論述：

第一、祖信仰本質的效應：媽祖文化是宗教信仰的一部分，臺灣媽祖信仰源自中國大陸。雖然媽祖信仰是強調人的內心精神世界，信眾供奉媽祖是為了求取保佑，藉其道德性的宗教信仰，透過對其神話、傳說、祭典、建廟、雕塑、文物的熔鑄，使抽象的觀念轉化為具體形象的事物，玄妙深奧的宗教哲理已成為人的生活指標，也顯現在市場的經濟活動中。

因此，媽祖顯靈的聖跡彰顯其在人類生活中的影響力，不但共構了信眾的文化思維，其資源更創造了衍生性的商業契機，有助於媽祖文化創意產業的發展。

藉由信眾對媽祖的虔誠信仰，許多媽祖週邊產品的資源孕育而生。例如早年神像雕刻師會直接幫助神明雕飾外衣，神明衣需求不大，但隨著社會經濟進步，信眾會想到獻上新衣服。中小企業的廠商則透過「神明衣走秀」的行銷概念為媽祖縫製衣物，而與時尚服裝的創意產業結合，為中小企業創造商機。

所以，「神斧創意精品刺繡」的商品還藉由嘉義蒜頭糖廠內擺設神明衣物的展示。另如，南方澳進安宮則以全臺唯一供奉寶石珊瑚媽祖為號召，吸引信眾前來參拜，同時也推出「寶石珊瑚媽祖公仔」等周邊產品，寶石珊瑚媽祖文化資源不但帶來進安宮的香客增多，更吸引來自大陸、香港甚至泰國等地的遊客前來臺灣東部旅遊觀光和消費。

因此，透過信眾對媽祖信仰本質的效應，發展媽祖文化資源與周邊產品的經營，是中小企業可以選擇的標的。諸如將《媽祖顯聖錄》的內容，透過漫畫和 3D 的數位科技方式，廣泛傳達媽祖分神出海搭救父親、為民救苦救難的聖蹟，不但達到教化社會的目的，也讓研發出來的媽祖周邊文化創意產品產業化。

最近更有臺灣漫畫家的創意新作《冥戰錄》，把民間視為天上聖母的媽祖畫成「萌系美少女」，內容敘述高中道士陳柏戎協助警方辦案，意外破獲黑道濫用神明力量的陰謀，並將其塑造成為媽祖林默娘的守護者。

另外，中華卡通製作有限公司出版的「海之傳說——媽祖」DVD，和「海之傳說——媽祖電影臺語主題曲 CD(孫翠鳳主唱)的周邊產品，都是以媽祖文化資源衍生發展的商品效應。

對於媽祖信仰本質的效應還可以與其他更多產業結合。根據受訪者指出，2009 年潔兮杰舞團在臺北國家戲劇院演出的《媽祖林默娘舞劇》，就是採用結合宗教影像、動畫設計、燈光文學語彙、中國曲風的音樂鋪陳，以及時尚服裝設計，將媽祖信仰與文化創意產業結合的創新經典作品。[14]

另外，特別是媽祖文化資源最為受人稱道的是與醫療產業結合，根據受訪者指出，北港朝天宮媽祖醫院的宗旨是發揚媽祖精神、服務病患、關懷弱勢為目的，更是將媽祖文化資源與醫療產業結合，不但創造周邊中小企業發展的機會，更是充分顯現媽祖慈悲為懷、救苦救難的偉大情操。[15]

第二、廟宇建築藝術的效應：媽祖宮廟起始建造的歷史久遠，已為其建築雕刻藝術創造了難以估算的無價寶貴資產。筆者田野調查的湄洲媽祖廟建築和神像、寧波天后宮的戲台、雕刻和媽祖神像、天津天后宮和媽祖神像、上海天妃宮、北港朝天宮和戲服文物、臺東天聖宮等宮廟，除了臺東天聖宮未滿百年

[14] 2009 年 8 月 31 日筆者訪問潔兮杰舞團團長樊潔兮、攝影大師柯錫杰夫婦紀錄。

[15] 2009 年 12 月 27 日筆者訪問北港朝天宮訪談財團法人笨港媽祖文教基金會董事長、朝天宮媽祖醫院副院長李俊億紀錄。

之外，其他宮廟的起造時間、建築文物都是超過百年以上，而且早就都被政府單位列為古蹟永久保護。

臺灣最早媽祖廟的建築可溯自 1573 年至 1616 年的明朝萬曆年間，首先在澎湖馬公建造媽祖廟，現在廟內還留有一座「沈有容諭退紅毛番碑」。接著，1662 年鄭成功家族在打敗荷蘭之後，迎奉媽祖進入鹿耳門。1684 年(康熙 23 年)清朝納臺灣為版圖時，即於現今的臺南市大天后宮敕封媽祖為太后。[16]

清領臺灣初期，大陸來臺的移民以信奉媽祖居多。所以，早期臺灣西部沿海地區便有許多香火鼎盛的媽祖廟，例如臺南大天后宮、北港朝天宮、新港奉天宮、大甲鎮瀾宮、鹿港天后宮等都是建造歷史久遠的廟宇，因而留下來許多有價值的建築、雕刻、刺繡、金銀工等等藝術作品。

早期臺灣彫刻藝術雖有石雕和木雕之別，但兩者充分融合在寺廟的建築物上，當時的臺北龍山寺、雲林的朝天宮建築藝術不但都是模仿自福建泉州和漳州一帶寺廟建築的樣式和風格，而且都還要特別從泉州一帶高薪禮聘建築師父，委以工程設計和施工。

至於，媽祖神像的雕塑和神具的工藝技術也都精心製造，才得以保存至今，其文化資源都是充分與中小企業的生存與發展結合。

第三、歷史文化意義的效應：媽祖文化是聯合國選定的非物質文化遺產。臺灣位於東北亞和東南亞的交會處，正是東亞媽祖信仰的中心。東北亞國家中的韓國、日本現在也都還保留有信徒參拜的媽祖廟；而東南亞國家的菲律賓、馬來西亞，還有香港、澳門亦都有媽祖廟和許多的媽祖信徒。

這些國家的歷史文化也都深受媽祖文化的影響。而臺灣的開發歷史更與媽祖文化的關係密切，諸如 1721 年 5 月(康熙 60 年)臺灣爆發朱一貴入居臺灣道署，建號永和，稱中興王，並於臺南大天后宮舉行登基大典。

這事件係由施琅的第六子福建水師提督施世驃平定，而施世驃少年時期曾

---

[16] 根據筆者 2006 年 10 月 12-15 日與時任臺南大天宮管理委員會主任委員曾吉連先生，同時受邀參加上海社科院媽祖文化研究中心主辦「海峽兩岸媽祖文化研討會」時的訪談記錄，特此致謝。

經追隨施琅參與攻臺軍務，對其父親運用媽祖信仰的情事甚為熟稔，曾指出，「攻進鹿耳門，克復安平鎮，正及退潮之際，海水加漲六尺」的媽祖陰佑神蹟。[17]

另外，隨族兄施世驃從軍的施世榜，在 1726 年(雍正 4 年)曾向臺灣原住民的馬芝遴社社購地，並在鹿港海口修築天后宮，此即今鹿港舊媽祖宮的由來。同時，來臺參與攻打朱一貴事件，官拜臺灣總兵的藍廷珍家族也於現今的臺中市修建了藍興宮，突顯寶貴的媽祖文化資源與臺灣開墾歷史過程的不可分。

其他不論由官、民建立的廟宇，諸如彰化市鎮南宮、南瑤宮，竹山鎮連興宮、關渡的關渡宮等等，也都與臺灣早期發展有深厚的淵源，這些都是臺灣中小企業值得參與開發的寶貴文化創意資源。

因此，媽祖文化品牌化成為文化創意在市場上熱門的行銷品牌，其傳播策略的思維就不能顧及：1.突破文化產業發展瓶頸，2.由功能與市場定位著手，3.整合功能提升競爭力，4.設立海外據點跨國競爭，5.與國際社群保持良好互動，6.傳統藝術型態升級更新，7.衣食住行加入文化元素，8.文化產業無法以寡占市場模式發展，9.必須找出通則以利典範轉移。

上述的文化性產業的傳播思維，可作為媽祖文化傳播的基本要領，把握媽祖文化品牌的特性，將媽祖信仰、文化和精神傳播於全世界。

四、企業發展客製型服務精神意義

(一) 市場經濟的企業精神

文化產業化的政府，重視國家經濟發展和文化建設兩者不可偏廢。著名的

[17] 蔡相煇，《臺灣民間信仰專題——媽祖》系列，〈朱一貴事件後中部地區的媽祖信仰〉，(臺北：臺灣新生報，2007 年 6 月 13 日)。

財經專家李國鼎先生服務政府前後長達 50 年之久，2001 年過世，享年 92 歲。李先生的一生致力於推動國家的現代化，追求經濟的穩健成長，為臺灣發展奠下了良好的基礎。

雖然李先生在追求經濟發展時，並非一味的追求高度的經濟發展，而是從很多面向來考慮，例如教育發展、人才培養、公衛健保、水資源、防災科技、人文素養等等，並非因為追求某一個目標，而犧牲了其他的部分，素有「臺灣科技教父」的美譽。

可是他的最大遺憾應是看到臺灣在經濟富有、政治民主之後道德上的墮落。所以，他在 1981 年提出「第六倫」的主張。

第六倫是相對於中國傳統的第五倫而言，五倫是個人對特定對象之間行為的規範，包括君臣、父子、夫婦、兄弟、朋友，第六倫則是指個人與非特定之一般社會大眾之間的關係，由於一般大眾是陌生的，在很多情況下甚至是不可確指的，個人行為對之發生傷害，較少引起罪惡感，而且傷害分散，也較少引起反應，因之公然為之，不知節制，也不以為恥。小如亂丟垃圾，不遵守公共秩序，大如貪污、偷工減料，都屬這種性質。

李國鼎先生對國家經濟發展的貢獻，和提出現代資本主義市場經濟的「群我倫理運動」主張，我們可以把這種精神稱為「儒家新教」或是「李國鼎精神」，值得現代政府官員和企業界學習的典範。

(二) 現代企業客製型服務精神

因此，現代的企業經營的傳播策略也非常重視社會功能與責任，來適應社會變遷和消費者的需求，因而逐漸地發展出「客製型服務」(Hospitality)。

根據日本 Hospitality Bank 研究所代表浦鄉義郎指出，Hospitality 的「客製型服務」概念，其源自拉丁語「hospes」，是「客人的保護者」，衍生英文的 Hospital(醫院)、Hospice(招待所)、Hotel(飯店)、Host(主人)等字。所以，原義來自於旅客或朝聖者，在旅途中感到飢渴或是生病之時，週遭的人伸出愛的援手來款待、照顧他們。[18]

所以，Hospitality 的「客製型服務」概念並非只單純的「款待」「留意用心」之意的表面意涵，而是指「企業對精神面、倫理面所做的貢獻活動。」唯有在企業工作的每一個人都貫徹「客製型服務精神」(HOSPITALITY MIND)，顧客與營業員及經營者之間的零距離理想才可能縮短拉近，彼此也才能共享喜悅與幸福。

因此，不僅是從企業行銷的角度而論，顧客是最終裁決者的「客製型服務精神」也被充分運用在慈善志工、醫務、金融保險、觀光旅遊等服務性產業，乃至於現代社區警察服務的獻身歸屬感(commitment)上。獻身歸屬感強調的是「參與者」(participant)與服務對象融為一體的整體性(totality)概念。

深入分析 HOSPITALITY MIND 的「客製型服務精神」定義，H 指 Hearty 的誠心誠意，O 指 Original 的能夠隨機應變，S 指 Self-controllable 的能夠駕馭自己，P 指 Polite 的恭敬尊重，I 指 Identical 的視對方為伙伴並予以認同，T 指 Thoughtful 的體貼周到，A 指 Attractive 的具有吸引對方的魅力，L 指 Liberal 的想法開朗、能做公正的判斷，I 指 Impressive 的能夠感動客人，T 指 Thankful 的能夠表達感恩的心情，Y 指 Youthful 的朝氣蓬勃；M 指 Mannerly 的舉止行儀得體不造作，I 指 Interested 的關心顧客的需求，N 指 Neutral 的行為謹守分寸、行事立場中立，D 指 Delightful 的能取悅對方。

而將每一個英文字的自首連接起來，就是 HOSPITALITY MIND 的「客製型服務精神」。所以，誠心誠意、隨機應變、駕馭自己、恭敬尊重、伙伴認同、體貼周到、魅力吸引、開明公正、感動對方、感恩之心、朝氣蓬勃、行儀得體、關心顧客、謹守分寸、取悅對方等 15 項大原則，成為現代資本主義市場經濟中所要求企業應具有「客製型服務精神」的人文修養。

[18] 浦鄉義郎，黃深勳監譯，《Hospitality 與零距離行銷》，(臺北：中華中小企業研究發展學會，2009 年 8 月)，頁 95。

五、媽祖文化與客製型服務精神結合

根據上述的「客製型服務精神」檢驗當前媽祖文化傳播的型態和內涵，各地媽祖宮廟所進行服務信眾的方式，乃至於擴大辦理文化民俗、文化創意產業等內容，都還有發展和改進的空間。

以下，就個人所進行田野調查的結果，分為媽祖文化民俗活動的客製型、媽祖文化休閒旅遊的客製型，和媽祖文化創意產業園區的客製型等三項的服務精神來加以個別檢視：

(一)媽祖文化民俗活動的客製型服務

臺灣的神明們已巧妙融入臺灣人的世俗生活裡，媽祖是臺灣人其中的最重要信仰，每年的文化活動也最多，尤其媽祖祭祀和遶境成為在臺灣是重要的媽祖民俗活動之一。每年大甲鎮瀾宮的遶境盛事，從大甲到嘉義的新港的奉天宮，徒步遶境九天八夜。

這一民俗活動的舉辦已行之多年，也都引起非常多的迴響，沿途的信眾和各地的宮廟也都熱烈的參與。當然不只有臺灣中部大甲鎮瀾宮的舉辦，北部地區的關渡宮、慈祐宮也都會舉辦類似的遶境活動，只是在規模和行銷手法上不如大甲鎮瀾宮的聲勢浩大。2011 年大甲鎮瀾宮除了遶境活動外，最引人注目的是「變身媽祖鑾駕，大陸救難船訪臺」的活動。

根據報導，兩岸 60 年來頭一艘，具有官方身分，造價人民幣兩億的大陸救難船舶「東海救一一三」輪，應中華搜救協會的邀請訪臺，除了將與相關救難協會、船長公會等單位進行救難交流，並提供海洋大學等海事院校師生登船，實際體驗海難救助教學之外，「東海救一一三」輪還護送大甲媽與湄洲媽回鑾娘家鎮瀾宮。

其遶境過程是「東海救一一三」輪先至福建湄洲，迎接兩年前、分靈至當地的鎮瀾宮媽祖上船，同時還有一尊湄洲媽祖隨行，且還將巡迴臺中、高雄、花蓮和基隆等四主要港口，這是首次媽祖小型的海上遶境活動，盼能在進行救難交流之餘，同時發揚媽祖海上救難的精神，庇佑臺灣、中國沿海船隻平安。

這一活動雖然舉辦得非常有意義，但也突顯這一類似活動，如果不是藉助官方政府的支持，單靠民間宮廟自己的條件和財力來舉辦是有其困難度的。

早在 2010 年 9 月本人應主辦單位天津市人民政府，承辦單位南開區人民政府旅遊局、市文化廣播影視局、天津天后宮、天津媽祖文化促進會等單位的邀請，參加「第五屆中國・天津媽祖文化旅遊節」的活動，並在「中華媽祖文化學術論壇」的討論會上，發表了〈發展文化創意產業的政府角色分析——以臺灣媽祖信仰為例〉一文，文中本人就提出：天津天后宮發起規劃「東亞媽祖宮廟巡禮」和「套裝東亞媽祖文化旅遊」的客製型聯合活動，擴大經濟效益的有關議題。

這也是呼應本人於 2009 年 12 月應上海社科院、寧波市文化廣電新聞出版局主辦，上海社科院媽祖文化研究中心、寧波市文物保護管理所承辦，在寧波舉行的「海峽兩岸媽祖文化學術研討會」上，發表的〈媽祖信仰傳播與東亞文化產業園區的建構〉一文中所論述的區域性文化經濟觀點。[19]

另外，2011 年 5 月北港朝天宮舉辦了媽祖義子義女的回宮祭拜媽祖儀式，參與人數高達千人以上。媽祖的義子義女都是尋常人家可能是身體不好或是成長過程不順利，而尋求媽祖保佑平安長大，這是信眾感激媽祖的庇護，其激動場景透過電視畫面的傳播，都令觀眾為之動容，確實達到了訴之以情的典型客製化行銷效果。

(二) 媽祖文化休閒旅遊的客製型服務

臺灣目前在推動媽祖民俗活動的客製化服務方面是滿成功的，只是活動性

[19] 陳添壽，〈媽祖信仰傳播與東亞文化產業園區的建構〉，《海峽兩岸媽祖文化學術研討會論文集》，收錄：(北京：中國文史出版社，2010 年 8 月)，頁 144-159。

質都是單方面效果，熱鬧有餘，附加價值並不高。因為，地方性的民俗活動畢竟只限於鄰近地區的鄉鎮，對於觀光休閒旅遊的效益無法發揮。各地宮廟辦理民俗活動，尤其是大型的國際性民俗活動，一定要結合地方的觀光休閒旅遊業，設計配套的觀光旅遊活動，不但要激起當地信眾旅遊休閒的興趣，而且讓遠到來的信眾，乃至於國外的觀光客願意住宿留在當地消費。

例如已經舉辦五屆的「中國・天津媽祖文化旅遊節」活動，就是典型的媽祖文化休閒旅遊的客製型服務，藉由舉辦媽祖文化活動來帶動地方，例如配合文化特色的商業街，和夜裡海河上搭船遊覽的觀光產業發展。當然這種大型的活動單靠天津天后宮的能力是沒法辦得轟轟烈烈的，還是要靠政府出面，提供經費，整合社會資源，才能提供一套完整的觀光休閒旅遊的客製化服務。

所以，「中國・天津媽祖文化旅遊節」活動，和「天津媽祖文化經貿園區」的建構規劃都可以提供臺灣宮廟規劃活動的參考，諸如大甲鎮瀾宮、北港朝天宮、臺南大天后宮，乃至於彰化南瑤宮都具備舉辦大型的國際媽祖文化旅遊節活動，和規劃媽祖文化產業園區的條件。

近年來，中國大陸積極推動兩岸的「抗戰紀念地」，山東的「台兒莊大戰紀念館」、「李宗仁史料館」都屬這類性質。同樣是具有「抗戰紀念地」意義，位於上海閘北區的「四行倉庫」周邊，目前也正進行打造以具有兩岸共同記憶的 1937 年淞滬會戰，謝晉元率軍死守「四行倉庫」為概念的文化園區，並將蘇河灣於 1884 年仿造閩南漁民所建的天后宮等文化遺產規劃其中，成為具有深厚媽祖特色的客製型文化休閒旅遊景點。

(三) 媽祖文化創意產業園區的客製型服務

由於客製化觀光休閒旅遊服務的興起，舉辦媽祖文化活動的內容才能顯得多采多姿。因此，現代文化創意產業園區的構建和形式，也成為媽祖文化創意產業園區模仿學習的對象。湄洲島媽祖祖廟的文化創意產業園區正積極朝這方向努力，2010 年 1 月筆者曾應湄州島國家旅遊度假區管委會的邀請，前往湄洲島和媽祖祖廟天后宮考察。

大家都知道湄洲島上的天后宮是媽祖祖廟，但是沒由實際到過湄洲島的信眾或旅客，很難想像這島上除了是媽祖信眾的心靈殿堂和戲台之外，其神奇迷人的海島風光，和旅遊度假的海上勝地，都已規劃成為島上的國家旅遊度假區，目前國際觀光旅館、海邊浴場等硬體工程都已大致完成，只是在軟體部分要符合客製化服務還有待努力的空間。

尤其是商街的部分，商家並不多，可能是不舉辦活動的話，平時來的信眾就顯得有點冷清。然而，這並不絲毫減少湄洲島發展成為媽祖文化創意產業園區的理想目標。

因為，湄洲島的岸線、岩石、礁盤，經過海風海浪的不斷侵蝕，造就了獨特的海蝕風蝕地貌，加上港灣、灘平沙淨、浪白水藍，湄洲島是有這個發展條件的。

北港朝天宮的文化景觀園區也有媽祖文化創意產業園區的性質，只是受到面積太小的限制，還有發展的空間。若是積極的發展北港媽祖醫院的特性，結合醫療，再配合各式民俗活動，並與鄰近的商街、觀光景點整體規劃一套休閒旅遊的度假活動，對於現在重視醫療、養生的消費者提供客製化服務，北港朝天宮的文化創意產業園區發展仍大有可為。

2011 年 4 月本人應山東台兒莊古城管委會之邀，前往古城考察，順道考察了蓬萊天后宮。重建中的古城媽祖廟和蓬萊閣天后宮，都同樣已具備規劃媽祖文化創意產業園區的條件，只要假以時日，再透過客製型服務的傳播行銷，打開知名度，古城媽祖廟和蓬萊閣天后宮將是兩岸媽祖信徒參拜兼旅遊的理想觀光景點。

這次雖親自體會了「蓬萊仙境」美景，惟未能前往在中國北方黃渤海地區的媽祖廟中，影響最大的、規模最大的廟島顯應宮考察，是一大美中不足的憾事，希望日後能有機會達成這個心願。

廟島群島和廟島顯應宮地理空間方位的重要性，可見天津的天后信仰實際上也是通過廟島這一海上通道傳播過去的。不僅天津，更直接的旅順、大連，丹東等等，所有這些環渤海的北方沿海天后信仰及其天后宮文化，應該說主要是由於廟島群島這一天然海上「橋樑」，由於廟島顯應宮的建造和海神媽祖信仰的興起而傳播輻射的結果。

如果將蓬萊閣天后宮和廟島顯應宮依據客製型服務精神，聯合規劃成為一個文化創意園區，做為未來發展山東的主要媽祖文化觀光旅遊區，應是一個實際可行的方案，並且預估可以為山東帶來很高的文化價值和產業的經濟效益。

六、結論

2011 年 1 月筆者應邀參加中華中小企業研究發展協會，和日本 Hospitalitybank 研究所，在東京箱根舉辦的「客製型服務精神研習會」並發表論文。3 月東日本大地震引發慘酷海嘯和核災難，倖存者表現出臨危不亂、沉著以對、謙抑自重、相互扶持的動人文化涵養，使本人想起在「客製型服務精神研習會」上日籍教授浦鄉義郎所強調在「不欠缺任何必需品的消費社會」的今天，由於商品或服務的品質差異也已經消失，因此 Hospitality 的意義便益形重要。

Hospitality 原本的意義就是「給與他人喜悅與感動，自己也從中獲得喜悅」。這就是客製化服務精神之所在，不也正是與媽祖文化要融入世俗生活所要傳播的基本精神相一致嗎？

北港朝天宮刻壁上有清朝曾遒七絕詩二首，其一：「鯤身鹿耳東復東，巍巍廟貌何壯雄。后之神祐大無外，舳艫萬里乘長風。」其二：「波平浪靜悉神力，彌綸八荒無不同。敬溯莆陽發祥地，累朝祀典常褒崇。」[20]

臺灣媽祖既是屬於民間的一種信仰，既容佛也容道，且又非佛亦非道。而這一神祐、神力特色的文化內涵是為未來客製型服務精神的最大考驗之一。客

[20] 曾遒(1869-1954)，字振仲，號升文山人，福建泉州人，清光緒 28 年舉人。工書法，善詩聯，著有《桐陰舊跡詩紀》。參閱：蔣維錟、劉福鑄輯纂，《媽祖文獻史料彙編(第一輯)詩詞卷》，(北京：中國檔案出版社，2007 年 10 月)，頁 221。

製型服務精神不只是企業實務界所要重視的行銷管理，亦是從事媽祖文化創意產業要結合客製型服務精神應用在傳播上所面臨的重要課題。

國家圖書館出版品預行編目(CIP) 資料

臺灣政治經濟思想史論叢. 卷三 / 陳添壽著. --
初版. -- 臺北市 : 元華文創, 民 107.08
面 ;　公分

ISBN 978-986-393-993-1(平裝)

1.臺灣經濟 2.政治經濟 3.經濟史

552.339　　107011237

臺灣政治經濟思想史論叢(卷三)

Proceedings: The History of Taiwan Political and Economic Thought III

陳添壽　著

發 行 人：陳文鋒
出 版 者：元華文創股份有限公司
聯絡地址：100 臺北市中正區重慶南路二段 51 號 5 樓
電　　話：(02) 2351-1607
傳　　真：(02) 2351-1549
網　　址：www.eculture.com.tw
E-mail：service@eculture.com.tw
出版年月：2018（民 107）年 08 月 初版
定　　價：新臺幣 560 元

ISBN：978-986-393-993-1(平裝)

總 經 銷：易可數位行銷股份有限公司
地　　址：231 新北市新店區寶橋路 235 巷 6 弄 3 號 5 樓
電　　話：(02) 8911-0825　　傳　　真：(02) 8911-0801